余让与诡异

夏可君 著

世界哲学的重新开端

南京大学出版社

图书在版编目（CIP）数据

余让与诡异 : 世界哲学的重新开端 / 夏可君著 . --
南京 : 南京大学出版社 , 2024.5
ISBN 978-7-305-28014-6

Ⅰ.①余… Ⅱ.①夏… Ⅲ.①哲学—研究—中国
Ⅳ.① B2

中国国家版本馆 CIP 数据核字（2024）第 037753 号

出版发行　南京大学出版社
社　　址　南京市汉口路 22 号　　　　邮　编　210093
书　　名　**余让与诡异：世界哲学的重新开端**
　　　　　YURANG YU GUIYI：SHIJIE ZHEXUE DE CHONGXIN KAIDUAN
著　　者　夏可君
责任编辑　陈蕴敏

排　　版　南京新华丰制版有限公司
印　　刷　江苏凤凰通达印刷有限公司
开　　本　880mm×1240mm 1/32　印张 14.75　字数 395 千
版　　次　2024 年 5 月第 1 版　2024 年 5 月第 1 次印刷
书　　号　ISBN 978-7-305-28014-6
定　　价　88.00 元

网址：http://www.njupco.com
官方微博：http://weibo.com/njupco
官方微信号：njupress
销售咨询热线：（025）83594756

11 有之以为利，无之以为用。

——老子，《道德经》

命题67：自由的人绝少想到死；他的智慧，不是死的默念，而是生的沉思。

——斯宾诺莎，《伦理学》

2.03 在事态中，对象有如一条链子的诸环节那样，互相勾连。

——维特根斯坦，《逻辑哲学论》

5 对于罕有者，他们以至高勇气而一道走向孤独，为了思考存有的高贵，为了道说存有的唯一性。以唯一的方式，另一开端之思具有本源的历史性：对存有之本质自行合用的适用。

——海德格尔，《哲学的集萃》（第65卷）

目 录

0
一无所用
"让让让"的绝对句法

0.1. 独一的句法：哲学的绝对表达

0.0. 什么是哲学？这是一个哲学家创造出专属于自己的绝对概念与绝对句法，而没有绝对概念与绝对句法表达的文本，就不是哲学文本。

0.1. 在哲学表达上，一个哲学家集中于倾听专属于他的唯一字或词，并由这个词或相关的两个词，形成绝对的普遍语句。一个哲学家一生所纯思的心法，也就由此而纯粹表达出来，在这"一个字"与"一个句子"中，聚集了这个哲学家身心的所有注意力，而一下子"综观"或"玄观"到了思想的一切！

0.11. 一个字一个字地推敲、倾听、停留与咬住，直到其内爆；一个句子一个句子地推达、重复、回返与悖反，直到其播撒。这是自柏拉图的对话辩证法、老子《道德经》的玄化辩证法以来，东西方哲学共有的、做哲学的方式与方法。

0.111. 一旦有此共法，而《道德经》又如此独异，开启了道家与道教，在轴心时代与随后的中国文化中，"道"又具有普遍性，并不仅仅属于道家或一家一派。而且，道的教义，进入现代性，被西方哲学以无

1

用的方式所广泛吸纳，从布伯到卡夫卡，从本雅明到海德格尔。"道"之庸用在肯定西方现代哲学及其翻译的优先性之余，试图开启哲学的另一种可能性，敞开另类的道路与思考地带，"哲学"由此变异为——"庸道哲学"。

0.12. 这些绝对之词，或者自身重复，或者自身反对，或者自身区分，乃是孕育所有句法生成的种子，哲学由此而有着不同的绝对句法。

0.121. 比如，从笛卡尔的"我思故我在"，到德里达的"我哀悼故我在"，从康德的"自由与必然"或者"有限与无限"的"二律背反"，经过黑格尔的"否定之否定"，到海德格尔的"无无化"，以及德里达的可能性与不可能性的双重约束之绝境，等等。

0.122. 甚至，整个德国古典哲学与文学，可能都在回应赫拉克利特的这个金句："一即一切"（hen kai pān / ἑν καὶ πᾶν / unum et omnia / Eins und Alles / one and all），因为从"个一"到"整一"，有着很多种相等的方式，不同的哲学家与文学家给出了不同的等式或变式，正是对此语句的绝对倾听，形成了"绝对的文学"或"绝对的写作"！没有此绝对的句法，就不可能形成哲学语言的纯粹表达，德国古典哲学就不会成熟。

0.123. 海德格尔自己从传统形而上学之"存在存在"的句法，到"存在不存在"的句法，到后期思考"Es gibt Sein"（予有着存在，不大准确的英文翻译为：It gives Being）或者es gibt „es gibt" (it gives "It gives")的无人称句，就是如此。

0.124. 而德里达的句法则是《声音与现象》中那句——"无限的延异是有限的"，以及思考"给予的可能性与不可能性之双重约束"，而解构列维纳斯的"每一他者都是整全他者"（tout autre est tout autre / every other [one] is every [bit] other），这个法语习语的内在互反，也是如此。

0.2. 道道道：一无所用

0.2. 中国哲学将如何回答？中国现代哲学如何走向成熟与绝对？为了摆脱以往认为中国只有智慧而没有哲学的比较方法，只要中国哲学家给出了绝对的句法或绝对的表达，那么，就不能说，中国没有哲学。

0.21. 中国传统的战国时代，《道德经》第一章的“道可道非常道”，就是绝对句法，就是纯粹哲学的表达，这个被置于开端的语句，甚至可以在连读的气息强弱与轻重的节奏变化中，仅仅倾听到：道道道。

0.211. 或者，把“可”与“非常”的声音降低或者默去，道（可）道（非常）道，就可以单纯地“统听”为“道—道—道”，或者就连读为“道道道”。

0.212. 道道道：这是绝对的倾听，但同时，似乎又仅仅是噪音的重复，如同后面的“玄之又玄”，都是绝对的句法，但也一无所用，却又是传统玄化辩证法的极致表达。

0.22. 在这个意义上，中国哲学之为哲学，乃是“玄学”，而不是一般意义上的所谓“形而上学”，此玄学的哲学表达与逻辑，乃是“玄之又玄”的玄化辩证法。

0.221. 庄子的《齐物论》当然有着大量的绝对句法，只是研究者对此不甚了了。王阳明的“四句教”（或“四无论”的“无善无恶心之体”）、王夫之的“理势合一”，当然也是绝对的句法。

0.222. 20世纪的中国哲学，如果有哲学家的话，金岳霖《道论》中的“道是式—能”（“道有‘有’，曰式曰能”），是一次尝试；熊十力的“功用以外，无有实体”（或者说“若彻悟体用不二，当信离用无体之说"，或者：即体即用，即用即体）也是哲学句法，只是表达还过于传统；而大约以牟宗三先生"诡谲的相即"最为明确，"即有限即无限"。李泽厚尽管有"情本论"，有对"天人合一"的重新阐释——自然的人化与人的自然化，但他自己的专属句法，那绝对的语句，其实并不明确，这其实体现了中国当代哲学的困境，能够以现代汉语、现代性的思维，以中国人的当代经验，付诸哲学表达的哲学，还有待于出场。

0.23. 除非，中国当代哲学家，给出自己的绝对句法，新的绝对句法，让中国现代哲学，走向自觉与绝对，让一无所用的哲学，成为大用。面对"道"的断绝，变异传统的"玄化辩证法"，进入现代性的第二轴心时期，与生命技术的普遍性相关，走向"庸用辩证法"。

0.3. 诡异哲学的绝对句法：让让让

我们名之为"三让"的句法：让、让、让。听起来，它好像是"道道道"的现代重写。

0.310. "让让让"——之三重"集让"，展开为：

0.311. "让"在让着，"让自身"之为主语，是"让自身"在让着，"让"要求着我们的让出。

0.312. 让"让"去让，动词化的让出，让"让出"的行为得以具体地发生，让"让"让开一条路。

0.313. 让让"让吧"，"请让一让"，敬请的原初语气，作为宾语的要求，召唤余地空间的让出。

0.32. 让让让：总是有让在"让着"，总是让"让"有机会去让，总是"让"让有可能性去让，总是让"让"可能，哪怕看起来如此的不可能，也要让“让”可能！“让”已经渗透在每一次的表达中。

0.321. 让让让！这听起来几乎是某种噪音！甚至有些诡异！但这是绝对的句法！这是当代哲学在汉语中第一次表达出来的绝对句法！

0.33. 或者说，“让让让”（让-让-让）的三让句法，就是诡异哲学的绝对句法之一。就像法语的sans sans sans（无无无：without without without），如同无意义的噪音（呜呜呜），或反词（否否否），如此的怪异与诡谲，不就如同玄化辩证法的“玄之又玄”（无之又无，玄秘之玄秘，深之又深，回旋之回旋，等等）？如此经过转译，经过语音混杂之后的玄学，就转变为现代性的“庸道哲学”或“庸用辩证法”。

0.331. 但三个否定词的连续书写，彻底拓展了海德格尔后期的根据律，这是布朗肖（Blanchot）、德里达（Derrida）与南希（Nancy）等人都共有的诡异逻辑，这是后现代式“绝对之绝对”以法语所独特表达出来的核心句法。

0.332. 也许它也是最为极端的句法，也是所有随后的哲学必须面对的根本句法，并且要求随后的哲学，面对传统“道哲学”通道的断绝，再次打开其间的余隙，展开其间几乎不可见的余地。

0.34. 何谓哲学？哲学来自对于日常生活某种直观经验的惊讶，同时付诸唯一性的概念，哲学乃是原初惊讶的概念命名，“惊讶”是元现象的原初情调，并且一直保持在惊讶的直觉之中，如此简单的原初经验却具有最为一般的普遍性。

0.341. 而“概念”则是一个“不是词的词”，并非一般性的命名，而只是形式显示的标记，只是对那个原初经验的形式指引，否则就会被意义所限制。

0.342. 一旦付诸概念，就会形成语句，但最初的语句，并非命题及其真假，也非逻辑判断及其不矛盾，恰好相反，原初的语句，要么是同语反复，要么是吊诡的：什么都说了，却什么都没有说，或者，什么都没有说，却说出了一切。

0.343. 如此的语句表达，之为哲学的句法，就只能是"同语反复"：在在，予有予有，道道着，让让着，余余着，变化变化着，我自我着，变异变异着，物物化，无无化，世界世界化，沉默沉默着，等等，增加的"着"没有意义，只是重复的语气加强而已，增加的"化"也只是时间性的肯定。

0.344. 但在同语反复中，有着差异。打开同语反复中，那看似并不存在的差异，才是哲学思考的展开。

0.35. 什么是哲学？哲学的思考来自哲学语法的形成，哲学有着自身所要求的语法与逻辑。

0.351. 一个哲学家不同于常人，甚至不同于优秀的学者，他必须发明出自己的句法，那绝对的句法。

0.352. 当然这个句法，既是从传统的哲学句法里面，慢慢衍生与推导过来，也是从中，全然地突破与演变出来，这才是哲学内部的思考。

0.4. 庸用辩证法：玄之又玄

0.4. 庸用辩证法，之为"庸用哲学"的方法论，在无用的文学与无用的哲学中，有着来自"梦中"的独特方法论，进入梦之玄冥与玄秘的启示；哲学不是科学的实证与检验，而是把个体的明证经验上升为普遍的直观；一个关涉梦幻的诡异哲学，一定从梦中获得过某种启示。

0.41. 新哲学，体现为庸用辩证法，也是诡异的辩证法，不同于症候的阅读法，不同于解构的边缘异质性书写，而是有着自己的方法论。这是在梦中获得启发，在梦中得到灵感，比如庄周梦蝶与蝶梦庄周。

0.42. 以《道德经》第一章的书写为例，也体现了庸用辩证法的方法论，是本体论与方法论同时的呈现，是悟性表达的加密书写。

0.421. 首先是"挖空法"或者"空白化"：就是去除完整表达中的某些文字而凸显唯一字，比如"道可道非常道"中：把其中的"可"与"非常"去掉或挖去，而形成："道道道"的自同性句法，即，道自身——在道化中——开道，回到"道自身"的三重运化，这就需要去掉多余的字，进入思想自身的轨道，也是物自身的诡异变化，打开了其间的空白，但又不允许去填补其间的空白。

0.422. 其二是"钻空法"或"空隙法"：就是在看似完全没有间隙的地方打开余隙，在看似死地处打开余地，比如"常无欲"与"常有欲"的语句中，就是在"无-欲"与"有-欲"之间，打开"寂然不动感而遂通"之间的空隙，如同庖丁解牛所体现出的普遍方法论，在看似紧密的关节中看到空隙，并且放大空隙，才可能打开余地；或如同卡夫卡在中国万里长城修建中悟到"分段修建"的方法，因而看到了无处不在的裂隙；而中国式悬置法则的机会主义就来源于此，但打开了并不存在的余地，并且激发出"细薄"（inframince）的精微感知。

0.423. 其三是"玄门法"或"玄空法"：就是让空无回旋，越是回旋越是形成边缘振荡的余波，在语句阅读或事物直观中，让打开的空无不是静止，而是进入回旋，空无的回旋会塑造边缘，形成微明的振荡节奏，如同"玄"这个字本身，不是只有一种固定的含义，而是这个字的含义及其直观，都需要回到原初经验的振荡之中，即，"玄之又玄，众妙之门"，要打开复多之门，就需要进入玄空的多重经验：玄暗——玄秘——回旋，此微妙的振荡会形成幻象的余波，任一语词的原初经验，都进入此空无回旋的振动之中，才可能形成美妙的感应，并且得到未来的回应。

0.424. 这三重方法的同时运用，是庸用辩证法本有的工夫论，只是一直没得到明确的哲学表达，当然，我们的主题化操作，已经经过了技道哲学的转化，"道哲学"就被现代性的"庸用哲学"所置换。

0.425. 中国哲学，遗忘了思考"用"，如同海德格尔认为西方哲学遗忘了"存在"，但正是海德格尔与本雅明等西方思想家唤醒了"庸用"的现代性与普遍性，并且超越了第一轴心时代"道"的思想，也只有认识到"道"的通道已经断绝，才可能以"用无"的庸用辩证法，开启未来的世界哲学。

0.5. "集让"的多重来源

0.5. "让让让"的"集让"诡异句法，有着几个来源：

0.51. 其一，从西方礼物的思想而来，接续后期海德格尔与德里达的深入思考，连接"给予"（所与／给与：geben）与"放让"（让出／任让／泰然让之：lassen）。海德格尔后期思考了礼物给予与拒予的可能性，但没有思考礼物给予的不可能性，这是德里达最为明确的展开，并且让可能性与不可能互为条件，推进了康德以来的二律背反的哲学句法。

0.511. 但德里达也并没有"明确"与"深入"地展开海德格尔后期在"给予"与"泰然让之"之间的含蓄张力，因此，德里达的双重约束会陷入"绝境"之中，陷入可能性与不可能性互为条件的瘫痪之困局的危险。

0.512. 随后的思想就是进入此不可逃避的困境中，如何展开自身存活的余地，这需要把"给–予"与"让–予"联系起来，而形成广泛的"让予"（Geben-Lassen）或"集让"（Ge-Lassen）之思。

0.5121. 但整个西方，尤其是法国的现象学及其现象学神学，都没有把"给予"与"让予"深度关联，这是我们思想的开始。

0.5122. 一旦我们一般化地用"让予"来思考，既是同时指明给予与让予的差异，也是更为强调"让予"中"集让"的重要性。即，让予，在我们随后的表达中，既可以就是简单化的"让出"（lassen），也可以是更为普遍的"集让"（Ge-Lassen）。

0.52. 其二，中国思想开端时的绝对价值，中华民族一开始就把"让予"（lassen）作为至高的伦理德性，或者一种原初伦理，无论是儒家尧舜禹时代的"禅让"之为政治神学的传递方式，还是儒家后来的"辞让"之礼，或者是道家的"谦让"与"让王"。

0.521. 但，吊诡的是，中国历史的禅让充满了狡计与诡计，并没有成为普遍的规则。尤其是进入现代性，中国式的让予具有普遍性吗？现代性难道不是以竞争与斗争为主导的文化形态？禅让或谦让，忍让与宽让（Ver-Hältnis），可以成为现代性的普遍价值吗？

0.522. 让予成为问题，不等于让予就没有可能，或者说，越是不可能，越是要"让"让予可能，这也是诡异的逻辑要求。

0.53. 其三，现代性离不开竞争，甚至现代性充满了战争的危险，离开了"争斗"的让予也没有价值，因此，充满张力的思考，或者说让予要进入现代性的境况，反倒是能够重新塑造出新的矛盾句法：

0.531. 让竞争可以让予，让让予可以竞争，这样就脱离了竞争或者让予的单一逻辑！体现出"诡异哲学"之庸用辩证法的转化潜能。西方现代性的思想对于"承认"的思考，看似接纳了他者性与异质性，但实际上并没有彻底给他者留出余地。

0.532. 当然这是与西方唯一神论的内在不可调和，以及信仰与理性的两极冲突，还有东西方文化的差异，都密切相关。

0.54. 其四，2020年之后的世界，进入巨大的停顿之后，在新冠病毒无处又无时无刻不在的侵袭，与个体生命的感染以及自身的抗体之间，人性到底还有着多大存活的余地？在网络总体敞视监控与自然灾变频发的意外之间，当今的世界还有多少余地，可以让人类平安度过这所谓的"人类世"？传统的"道哲学"并不能回应这些挑战！

0.55. 如同阿多诺所言，在哲学丧失了现实性之后，单靠哲学本身已经无法获得真理性的内涵，面对严酷的现实，哲学应该召唤多重的让予而获得具体的行动力，让自然余存，让生物余存，让生命余存，一种普遍性的让予的原初伦理，应该得到更为广泛的展开。

0.6. "集-让"的三重绝对律令

0.6. 无用哲学有必要给出关于礼物与让予的三个"绝对律令"。

0.61. 严格说，它不是陈述句，但也不是康德的命令句，而更是"祈使句"，带有宗教祈祷的祈求：

0.611.（1）愈是给予，愈是盈余。愈是给予，愈给予得更多更好；但没有最好，只有更好。

0.612.（2）愈是给予，愈是让予。给予愈多，让予也愈多；让予愈多，也给予愈多。

0.613.（3）愈是让予，让予愈多。愈是让予，就愈是彼此让予；让予要求让予，让予激发让予。

0.614. 最后即是走向：让让让，这绕口令的绝对语句，就是诡异哲学的核心句法。

0.620. 与之相关，还有必要展开让予的其他相关哲学句法，也是具体化的"三让"——这是具体化的"三让"：让天来为；让无来为；让让来为。而让让让，乃是这三重让之"集-让"（Ge-Lassen）句法，更为纯粹与绝对的表达。

0.62. 让天来为：乃是让自然来为，因为任何的为或者作为，已经是人为，相对于人为的方式，则是无为与自然，中国道家思想就是思考了人性的行为与作为本身，试图在人性的作为与自然的无为之间，建构某种看似对立，实际上则是相互转化的方式。

0.621. 这体现为另一种重新理解的天人合一，即，自然的人化——人为的行动，人的自然化——乃是让人的行为向着自然还原：

0.622. 或者拟似自然，或者拟似自然的拟似行为，或者就是让自然来为，减少人为，所谓的损之又损，乃是让人为的要素减少，让自然自身的可再生性加强，或者就是重新激活自然的可再生性。

0.623. 就如同生物技术对于可再生"胚胎全能干细胞"的提取与再生，就是充分利用了自然自身的可修复性与可再生性原理。

0.63. 让无来为：让无来为，这是让空无获得积极的作用，这是中国智慧特有的展开方式，实有与空无的同时性——在空无中造物——让空无可以活化——甚至让空无可以生长。

0.631. 一旦现代西方哲学把礼物给予与空无关联，走向"给予一个无"——把"无"作为礼物来给予，激发最高也最为困难的礼物，二者之间的相互触发就有了可能。

0.632. 这也需要重新理解西方基督教传统的"从无创造"，以及犹太教神秘主义的"后撤回缩"（zimzum），如何给出了人性自由存活的余地，而在一个元宇宙（Metaverse）的虚拟时代，让生命也成为"元生命"，有待于重新理解这个无为的反向逻辑。

0.64. 让让来为：除了让让让的绝对要求，让让来为，也是让时间来为，让潜移默化成为可能，通过让予来给出余地，通过余地来让让予可能，这是余地与让予之相互依存的辩证法。

0.641. 同时，也是让竞争来让，让让来竞争，让"让"更为富有张力地展开。

0.642. 这也是把海德格尔后期思想中礼物之给予，与余地的"宽让"或"虚让"（Ver-Hältnis），结合起来，这是另一种更具中国原初伦理经验的姿态。

0.65. 什么是哲学？哲学已经一无所用，无用的哲学如何以"无用"乃至于"用无"而重新开始？这就是发现余地，让让可能。开启无用之思的中国哲学，让无用成为大用，此庸用的辩证法，将重启世界哲学，而不仅仅是中国哲学的局部开启。

0.651. "让让让"这个句子，有着汉语的独特性，因为"让"这个词在汉语跟土壤或息土的壤、跟息壤的壤有关，让世界得以生成的息壤——传说女娲就是用息壤为芦灰去修补这个破碎的世界，面对"共工"这个最初的技术化身所导致的危机，夏鲧与夏禹后来延续此息壤填敷洪水，此柔和肥濡的息土还可以是针对人类世的减熵技术之化身，息壤的喘息之义可以引申出万物生长之称，以及自我滋养灵魂的活力（息壤之"息"与自我之"自"相通）。

0.652. 息壤也就是世界的灵根种子，息壤就是大地的昆仑，甚至是九州与君位故都的另一名称，以至藏语中的昆仑（Kala）也与之相通。而作为创世的原初材料"息壤"，如同庄子的块垒或大块之气，与柏拉图在《蒂迈欧篇》所言的阔纳（Χώρα / chora / Khôra），都是生命重新出生与世界重新开端的原初潜能与虚位所在。或者，息壤，就是让世界成为世界的"余地"，所剩无几的生命空间，却又让世界整体战栗的微小地带。

0.66. 在这个病毒全球化的时代，哲学的可能性如何重塑新的现实性？世界需要新的灵媒，去补救那原初破裂的容器，并且在容器中培育原生的种子。

0.661. 如同犹太教喀巴拉神秘主义对于创世的回缩（zimzum），以及海德格尔后期受到道家影响后形成的"允让"（葆真 / 守真：Gewähren）姿态，以此生命灵根的种子之"修真"（真生命之凝缩：Ge-währen），去补救世界，在中国文化则是以息壤的修复作用，甚至唤醒灵魂禳除灾祸疾疫的能量。

0.662. 息壤的种子，要在让世界有着存活余地的空间生长，此可再生性的要求也是余让的最初体现，所以"让"（讓）不只是一个动作，也是一种材质，一种独特的原初生命质料，还是生命灵根的原初种子，即，元生命，一直可以保持再生（regeneration）。

0.7. 一无所用与太初有让

0.7. 一无所用，

但太初已有让。

让与神同在。

让与让同在。

太初有让。

让让让开端。

让让让让开端。

1
一无所剩

新哲学的反向开端

一无所剩……

1.0. 一无所剩

1.0. 一无所剩，一开始，倾听这句话，就意味着：

不可能开始！一开始就不可能！

一无所剩！那就没有什么剩下了，一切都完结了，一切的一切——都终结了！

一无所剩，一开始，倾听这个语句，你就必须停止下来，保持安静！

一开始，语言与思想，就处于平庸又无用的状态。

一无所剩。

一无所有。

一无所用。

1.1. 三重倾听

1.1. 一无所剩，一无所剩？一无所剩！

一无所剩：抹去语气词，停止在这个枯燥的句子上，安静地来倾听：一无所剩，停顿下来，或者减慢速度，试图换一口气，断一下句：

"一无"——"所剩"！

一无——剩下了？！增加的语气词，也只是断句时带出的粗糙声响，无意义的声响而已！

1.101. 如何会有一个"无"剩下来？无即是无，无如何还能够剩余？也许，这个世界不是"有"少了，而是"无"在减少。

1.102. 不过，20世纪不就是"虚无"在增多的时代吗？所谓虚无主义的客人们，好像还来得不够多似的？

1.103. 一无所剩：断句也断开一个间隔——一个"所"，一个不可见的间隙，一个微妙的所在！一个并不存在的空无之所，也许剩下的——仅仅是这个不断敞开的空余而已？

1.11. 让我们尝试以不同的重音标记，来倾听。

1.111. 一方面，一无所剩。转身，转身，重音落在前面的两个字上，安静地倾听，可以为："一无"（一个无？整全的无？什么样的无？几乎没有的无——几无？）——（还）剩下着！只剩下这一个"无"（或：没有什么）。只剩下这个"没有什么"了的"无"。只剩下唯一的字："无"。倾听的重心落在了这个"无"上！

1.112. 另一方面，转身，转身，换一只耳朵来听，静止中倾听，重音落在后面的两个字上："一无所剩"——似乎有一无"所剩"——似乎一个无"剩下"来了，"剩下"什么呢？剩下还总有所"剩下"，"剩下本身"在这里——一个无意义的所在——还"剩余"着。这一次，倾听的重心落在了"剩余"上（"剩"或"余"上）。

1.12. 但是，同时：一无所剩，来回的反复倾听中，无与余，还有着相互的交错，一无所剩或所剩一无，无所一剩或无一所剩，汉语的弹性或可塑性得到了张力的展现。无与余，也可能是"剩余"都没有了，也可能是"无"还有着剩余。

1.121. 此外，中断，打断，在中间停顿下来：在"一无"——"所剩"之间，一个不存在的空无间隔，或者一个空余之"所"——一个几乎不存在的"所在"，被书写出来，多余出来。

1.13. 一无所剩，我们听到了这个多重断裂的异音以及无尽的噪音。

1.131. 或者，确实没有什么意义了，一切都归于虚无与死寂、静止与取消。

1.132. 或者，静止中，这个异音被打断：一个"无"还剩下着！但此乃一个什么样的"无"？全然无意义的无？无意义之中——余出了——另外的一个"无"？何谓另外的、余外的"无"？无意义的"无"——还剩余着意义？

1.133. 或者，一无所剩——还剩下着！这个"一无所剩"的"事态本身"——作为余外的事件——还剩下着！这需要更加安静地来倾听，倾听更加寂静的声音——"无"之音？或者是语词自身打断时的声音？

1.14. 或许（perhaps），换一句话说："无"剩余着——但仅仅"无"在"余"。或许："无"剩下——仅仅"无"还剩余着。

1.141. "或者"，"或许"，并不允许选择，我们并无选择的余地，书写仅仅打开空隙，在空余中，让"无"穿行；让"无"击穿"余"。

1.15. "一无"并没有什么"所在"，这个"无"没有自身的位置。

1.151. 无，一直保持这自身的空无，如果有着余地，那也是空余！

1.16. 一无所剩：不就是庸用辩证法之阅读与书写方式的体现？打开语词之间并不存在的空隙，让语词自身纯粹地自行展开，并且彼此之间在空无中撞击，形成回响的余音。

1.2. 余之余化

1.201. 一无所剩：那个看似毫无意义的"一"，看似多余的"一"，也是"余"的标记。

"余"，无论它是多么多余，无论它有多少的剩余，已经开始惊扰我们，开始进入思想的事情！

"余"，之为多余，一开始就要求自身：空余自身。

余之余化就要求：余让，让——余让——来让出自身——让"无"生长出来。

在这里，从一无所剩，从"无"到"剩"的碰触中，多出来一个"余"——异音中的异音，一个并未直接写出的"余"，一个多余的"余"，一个意外的剩余物，一个次生物，多余出来。

"余"：一直是次生的，迟来的，在噪音与异音之中，破裂而出。

1.21. 一无所剩（Nothing remains, Rien ne reste, Nichts bleibt）。

什么都没有剩下，或者，仅仅剩下"无"。尼采面对虚无主义绝境，曾经写道："在虚无主义之外，一无所有。"这个句子也可以倾听为："在虚无主义之外，还剩下一个无。"——如同让-吕克·南希的独特倾听：il n'y a rien au-delà du nihilisme（Nichts jenseits des Nihilismus）。

"一无所剩"：几无，这一缕异音，一次次的重复中，带来一缕缕有待清理的端绪，当它触及"余"，就出现了一些余绪。

1.2101. 它既可以，什么都没有剩下的了；也可以，还有一个"无"剩余下来——几无（presque rien），非常之少（very little），几乎没有（almost nothing）。

思想的展开，仅仅是两端的一些头绪而已。纷乱之间，这个不合法的语句，带来意义与标记的交错、扭结、牵缠，这些错乱的端绪，有待于分疏，甚至这个句子有着内在的断裂，最后仅仅剩下余骸而已。

1.211. 一无所剩。

据说，所有伟大的思想都不知道其实一切都已经被思考过了！据说，哲学已经终结了，那么，剩下的还能做什么？只有平庸的重复？重复的庸用而已！

我们可以接着这个句子问：哲学终结了，那就什么都不剩了？一无所剩了？没有什么剩余了？哲学进入了庸常的终结状态？

面对伟大的思想，面对——伟大思想的思想，我们只能怯生生地回答说：是的，是的，一无所剩了！没有什么剩下了！

现在，只有这个"没有什么"还剩下着！只有这个"无"还剩下着，或者说，只有"剩下的"还剩余着！

1.2111. 或者说：余下的仅仅是"无"，无余着的仅仅是一点点几乎不存在的"几"。这是思想不多的机会："几"，即，微妙的机会或时间性，瞬间生发与消逝的瞬间！

1.2112. 剩下的，保持剩余，或者无法保持剩余：这是"余"的问题，瞬间如何生发的问题。

1.212. 这一次，思想面对自身虚无的本性与无根性：多出来一个"余"，思想从"余"来思考"无"，一条意外的端绪，露出了端倪。

1.2121. 一无所剩：一无与剩余之间，有着什么样的关系？这成为思想之新的出发点，以"余"来思考"无"，或者从"无"来思考"余"，无余——二者之间的悖反关系："余"（reste / Rest）与"无"（rien）之间，在汉语的倾听中，一开始就有着吊诡的关系，就成为汉语思想的一个新的出发点，而这是东西方思想都还尚未思考的诡异逻辑。

1.22. "余"，要成为思想的事情，还得经受"无"更加彻底的冲击。

1.221. "余"之无化：尽管在传统之中，"余"要显露出来，也异常艰难。一旦历史成为进入终结的剩余状态，剩余的情态就会显露无遗，世界已经是剩余和盈余的叠合，剩余之为剩余，一旦耗尽了之前的盈余，就会无余；或者，剩余之为剩余，一旦成为残余，"余"也要被"无去"，被抹去。既然"余"总是要求有余，"余"的逆转就需要更大的余：这是余自身的多余，以及新的余地的敞开，是"余"之无化，余之自身去除。

1.222. "无"之余出：无已经是无，无无——"无"剩余"无"，剩余从"无"中生成出来——无之无！"无"剩余着"无"——无之余！但无之剩余——有着双重性：在没有余地之际，余着"无"——

要去敞开"空无"——"余"敞开为"空"，无之余——无之空余而已——或者是要被替代的，或者是要变异的，空无一直保持为空无。

1.23. 一无所剩：我们倾听到了这个自身打断着的语句的多重声音，声音回响在一个指向空余的——并不存在的场域：需要在思想中，在标记中，打开可能的场域。

剩余并没有自己的位置和所在：一无所剩。剩余只能来源于"无"，又归于"无"：一无所用。

剩余已经出自无余了。我们应该倒转过来理解：剩余之所以还有些许剩下的余地——乃是以"无余"（无无、空无、空空）——为前提，但"无余"在世界上没有自己的所在！

1.231. 第一重打断：一无所剩，没有什么剩下了，当然，总还是有剩下的，那是剩下的在剩下着，呈现为一种历史终结的后历史状态，即剩余状态，而这个剩余状态可以展开为剩余，余外与多余的模态。

1.232. 第二重打断：一个"无"剩下来。这个无也许仅仅是否定的无，虚无主义的无，但是保持此虚无也异常困难，它体现出思想忍耐的品格。

1.233. 第三重打断：一个空无的所在，一个几乎不存在的间隙，一个空余的游戏空间（Spiel-Raum），一个有待打开的余地，一个只有被打开才形成的敞开事态。

余余余。

1.24. 一无所剩：倾听这个断裂开来、播散开来的习语，在"余与无"的交错、打断与渗透之间，有着多重的听法，思想由此而摸索到一些端绪，分开纷乱的思绪，可以清理出少许的端倪，这就拉开了一层"余与无"关系的面纱。

1.3. 无之异音

1.3. 一无所剩。

是的，无——所剩的很少了。无，少了。无，已经很少了，很少很少了（very little）。

1.301. 无，几乎没有了（almost nothing），仅仅是几无（fast nichts / presque rien）。

1.302. 无，仅仅只是剩下一点点了，只有几无的剩余了（nothing remains），那是几无之"几余"而已（presque reste）。

1.31. 无，从来都没有如此的稀少过，稀缺过；无之缺乏，甚于上帝名字的缺乏。

因此，现在是时候了，是到了挽救"无"的时候了。

1.3101. 让无到来，让无增加，让无生长，这是思想的良机。

1.3102. 如何让无到来？让无来为？让无生长？除非有着余地，有着空余。

故，无不可能自身拯救，除非"无"有着空余，有着余地。

1.3103. 在这个意义上：除了无，没有一切，有着无余，乃是有着余，独特的余：空余，空余之为空余，乃是让无空无化，敞开余地，而空余之敞开，不断敞开，就是余地。

1.3104. 而柔和地保持空无的敞开，就是非暴力的生长，就是余让。

1.311. 如何让无增加？"无"会增加？

1.31101. 无之生长，是打开余地：无不可能自身拯救，无并没有自身，否则把"无"转变为一个新的神了；是"无"在余让，是我们有限的生命存在让"无"在余地之中生长。

一无所剩：啊，一无所剩！一无在无着：从无来抽离，仅仅有"无无"，确实一切都终结了，完结了！

1.312. 以法语或者英语来倾听，借助于异音，可以带来别样的思绪吗：

sans sans sans：无无无（没有没有没有）：纯然的噪音、玄秘混杂的声音、漠然的异音。

但是为什么要如此重复？在噪音之中的追问，打开了思想自身的悖论。而在重复之中，有着差异的打开（sens 之为感觉、意识与看法，sang 之为血液、生命和种族，cent 之为许多与很多）与能指的无尽播散，也有着最为细微的节奏变化，可以是sans的一次性否定，为何要重复三次？否定要否定自身三次，不是两次，而且彼此否定，如此的否定，打开了一个永远缺席的肯定。

1.3121. 比如，换一种声音，without-without-without：也是噪音，尽管增加了一些曲折变化。不同于上面更加单纯的否定，在英语中，without有着自身的折返，回旋，自身击打：with是携带与伴随，即肯定，out是去除与离开，即否定，尽管二者并列传达的是否定，都是无，但是三者的重复，更加明确地打开了间隔，或者被书写所标记，似乎其中出现了间隔与缝隙。

1.313. "无无无"（sans sans sans）打开了间隔空间和创造的可能性！

汉语与外语，在相互的转译中，彼此共生；在看似毫不相干中，相互激发。

我们要感叹，我们只剩下感叹，感叹我们来得太晚太迟了。如此的感叹、叹息，已经是语词的来临，打开了思想的气息。

在为时已晚的绝望中，不可弥补或不可补余的绝境中，只剩下无尽的叹惋！对于思想，不再有任何周旋和挽回的余地。

啊！仅仅"无"——无无——无化——没有"余"：无之无，只有无，没有余。

此即我们这个时代对虚无的经验。此即我们要进入的处境——一无所剩的无余绝境：一无所用。

1.32. "无"无化着，"无"如何运动？无——一个纯然概念的幻觉？一个黑格尔式的纯然概念设定？一个空洞的直观与概念游戏？不同于黑格尔哲学开端于"有"或"在"（是），我们这里的思想开始于——无，不，是同时开始于"无"与"余"。或者说：并没有什么开端，开端之为"有"——已经被一无所剩所扰乱，已经被"无"所无化，被"余"所余化，被"无-余"所空无化，并且，一直保持在"无-余"之间：并没有什么开端，开端之为打开的端倪，仅仅在无化与余化之间。

1.321. 但，在这里，还并没有"余"，只有"无"："无"并不存在，"无"也并非"非存在"，"无"来自思想自身的悖论："思"面对着自身的"无"，思想仅仅面对自身的空无，并且一直保持在与空无的关系之中，思想自身乃是无化的多余，思想自身面对无，即是多余的，但是，思想面对空无，还能够保持思想，这是在"无"之中打开余地：铭刻出"无-余"之间的空余。

1.322. 或者，以混沌来思考"无"，"无"并非指什么都没有，尽管所有规定性丧失了，但在混沌那里，因为思想的闯入，打开了混沌的裂隙，而在思想者那里，"无"也暗示着一种清廓的姿态，一种空无化——倾空一切的冲力，让空无一直可以保持为空无。

1.323. 在思想中，让"无"在无化之中保持自身——其实"无"哪里有什么自身？"无"的"不-断"无化——"无去"了自身。"无"的动词化——"无去"与"无-化"——体现了汉语思想独有的魅力！

1.324. 无，都可以"化"，这是"化"——化去自身，是化在化：无敞开，无敞开无。"无-化"——暗示了变化和化生，此乃"无"的无限创化。

这是思、思想的事情。

1.33. 在世界已经发生的意义下，无化也隐含了"无"的"盈余"：无之无限化。

1.331. 就无无与无化的最初发生与再次创发而言，"无"并没有"余"下什么，无化仅仅默示为：混沌-无无-无化：空无-抽空-倾空过程！如同without without without的乏味重复，不断打开又不断抽空自身。

1.332. 但，从世界的已然发生——过去的过去——不可追忆的过去而言，世界已经经过了一次或几次创造的无尽展开了，已经是一个"剩余-余外-残余或盈余"交错的世界：即，"无"已经被"余"所浸染！

世界仅仅是现存品堆积的世界，一个或者无数个，剩余的世界，现存的庸常世界，世界是剩余的现存品。

1.333. 当重新开始创化之时，一方面，需要还原与剩余的去余过程，这是"余之无"的余自身去除自身的过程：余之剩余——被"无"所减少，余外——已经被"无"所渗透，盈余——被"无"所空洞化；另一方面，则是"无之余"——"无"要重新开始无化，此乃从"无无"之创化而言：无无的展现乃是空无——根本就没有"余"，如果有，也仅仅有空余。

1.34. 激进地思考无余，就不再有传统"有余"之中的余地之"余"了！如果有余地，也是从无余而来的余地——经过了彻底倒空、虚空、空空与倾空的——"空余"——因而最终把"余"也要空掉！只是空无！

1.4. 空之余化

1.4. 一无所剩。从无无的充实而言：

1.401. 一方面，无无展开之际，什么都没有给出，但无无在敞开，这敞开之为敞开，已经打开了自身，不是空间，不是事物；另一方面，一"无"——却一直在"无着"，"无之无"。

1.402. 无—无着—无：sans sans sans: *with*out With-out *with*out: *with*-out without *with*-out: without *With-Out* without（有着很多种的重点标记与不同读法）。

1.41."无"之运行中，打开了细微的间隔，即空余，尽管还必须一直保持为"空无"：一无所剩！

"无之余"！无在余着，从"无"中剩下"余"，仅仅作为：无之余！

"无之余"："如果"还有什么剩余或余下（"如果"即虚拟，即假设）——也仅仅"无"在"余"着。

1.411. 余余余。再次倾听：sans sans sans。因为sans这个声音，在法语中有着与别的声音的交错、混杂，可以是sens（意义、感觉），可以是cent（百分之比），可以是sang（身体的血液），无化之际，可以带出一些意外的、其他的指向性。

1.412. 带着"一无所剩"的三重倾听，来思考sans sans sans。不是倾听第三个词"剩"，尤其不是第一个"一无"，而是中间那第二个词"所"，即，无之余，"无化"出来的仅仅是一个"空余"：尽管sens（意义）可以临时性填补一下空无，但是立刻要被无化，被无去，"无还有无用"，不是"无用"的名字化，而是"用无"的动作化，是无化的不断转化，不断变异，空余仅仅是提供变异的"场域"，其中并没有同一性，而是保持变异。

1.413. 如果倾听without With-Out without：仅仅注意倾听中间的那个With与Out之间的分联：左右的否定还是否定，还是无化，之间打开了一个细小的裂缝，并不存在的裂缝，因为表面看，还是否定，只是在表面的标记中，思想看出了否定与肯定之间转换的契机，一个机会敞开了，无得以可用——"无之以为用"。

1.42. 在"无"倾空的过程，在"无"无化之际，给出了"无之余"，空：空置自身，乃是打开了空余。从无的打开而言，有着无，但出现了余，也仅仅是无之余：无在无化之际，打开了空余。

1.421. 当然，在无无的创发中，"无"并不一定与"余"绝对关联，比如西方"从无的创造"就与"存在或是"相关联！从无之无的生变而言，可以超越所有关于"余"的继承方式，超越各个文化的边界之外。明确二者进路之异，对于有余-无余之区分的皱褶，会有更为内在的经验。

1.422. 这也是汉语思想的吊诡：尽管当下的思考试图第一次内在紧密地连接"余"与"无"，但是，当下的思考不得不承受自身的多余和无余的命运，"余"并不必定与"无"相关。一方面，"无无"不相干于任何东西，在这个意义上，只有"无"是绝对他者——如果有绝对他者的话！另一方面，"余"的多余与无余，也是自觉要求自身的消失；但是，在这一看起来不可能的连接之中，一个即断即连的接触，细微的接触，却打开了一个空余。这一次，思想要打开的仅仅是这"空余"的分联。

1.423. 此外，让人迷惑的是，后来再次的无余化，或去除"余"的过程，与第一次创发之际所形成的盈余的过程是交错的，重叠的，尤其容易混淆。再次，"无"与"余"有着交错，甚至体现为剩余的双重性——就会出现折叠与相互的翻卷：有余之剩余，无余之剩余，以及二者的细微差异，这只有哲学在一个危机时代，转折之际，才可能区分，这是思想要标记的几微之余隙。

1.43. 无化之际，也是"化"的融化，乃是渗透，渗化，融入，"无"空出自身——这是世界的发生，"无"让出自身——这是思想的姿态。空出与让出，让"余"渗透进来。在造物之中，翻卷也是渗化。

1.431. 如果再次倾听sans sans sans，以杂多的声音来分辨，也许有着一些余外的可能性：sans可以是cent / sens / sang等等的回响，混入了一些多余而看似不可能的意义，走向一个混音的巴别塔式书写，或音乐的回响。

1.44. 一无所剩：从"余"的角度而言，一无——剩余下来，如果"无"都可以剩余，一切都可以剩余了，一切也都需要剩余。这是"余之余"：余在剩余自身。

1.441. 这就是我们要再次倾听的异音，相对于西方自身也是异音，对于汉语，也是如此。*with*-out without *with*-out，现在倾听的重音在，两端之肯定的端点上，头绪被抽出，但仅仅是余绪，因为否定并没有被去除，"余"从来不是完全的肯定：这是思想面对世界的悲观态度，也是思想面对思想自身的绝望肯定，总是带有虚无的尾音以及音调，或者余韵，倾听这肯定的加强的音调，于是出现了剩余者。

1.442. 如果倾听法语，那是sans被另一个词取代，pas取代sans，成为pas sans pas，这是法语思想对汉语思想更加恰切的对应：以"余"来代替pas，恰好pas有着自身曲折与反转的断裂，step / not，即，即便有着步伐，也是无法迈出的；同时，一个否定，一个虚无，却又似乎迈出了步伐；在界限上超越了界限。

1.443. pas sans pas：重音在pas的肯定步伐上，有着步伐，只是这步伐还是要自我否定，如同余，之为剩余，还要余化减少，成为多余。

1.45. 一无所剩：尽管有着余，但"余"必须无化自身，如果余一直有着剩余，如果世界竟然被剩余物充满了，反而没有了空余。而"余"无化自身，也会彻底取消自身，导致自身的悲剧与背反：一无所剩！

1.451. 如果余，还一直还余着一个"无"：这就是"余之无"。还剩余着一个"无"，因为要一直给"无"留出一个位置，一个所在。

1.452. "余之无"：这个剩余的"无"——虽然也是剩余，但已经是转向"无"之剩余，从"无"而来的剩余，不同于从"有余"而来的剩余！

1.453. With-*out* without with-*out*，如果书写向着否定倾斜，这是向着外在，向着不确定性转移，就是向着外在外展开来。

1.454. 对于法语而言，如果重音落在pas的否定上，还是如同sans sans sans一般，pas sans pas，这是余之无化，余还是要无化自身，不再有余，是要保持克制，绝对的克制，如同策兰诗歌中所言的没有眼皮的语词，一直保持空洞的凝视，但是在凝视中警醒着。

1.46. 无余呢？不同于西方要么陷入虚无主义，要么陷入从无创造的神秘，中国思想的无余：一方面，是无无之无余，并没有余，而是把"余"让出，把余地打开，这是空余的敞开；另一方面，与空无化相关，一直保持空无，不是回到"有"，这是对唯识宗的彻底转化，无余之有，而且，仅仅是空余的通道，一直保持余让，这是神圣的姿态，也是姿态的放弃与沉默，更加彻底的无余与无用。

那么，在"无"与"余"之间，如何有着内在的转换呢？如果从剩余出发，就仅仅是余绪，如果从无出发，如何还可能有着余？这是思想要展开的张力！

1.461. 传统西方形而上学不是遗忘了思考"存在"，甚至也不是遗忘了思考"虚无"，而是没有思考"余化"或者"剩余"：一旦历史进入后历史的终结状态，剩余生命的本相就显露出来，"余"才会得到主题化思考，而且以此"余"的眼光去思考传统，传统的内在问题才会显露出来。西方如果仅仅是在自身之内，还继续以存在和虚无等等来思考自身，就还拘囿在自身之内，而以"余"（有余和无余）来观照，既可以明确西方为何走向历史的剩余状态，也可以以此"余"打开与"无"之外展的新关系。

1.462. 而中国文化，虽然不是以存在和虚无来展开，而是以"生生"的变化为核心，无论是儒家的"生生之谓大德"，还是道家的"道生一、一生二"，都与易学的"生生之为易"相关，生化与变异是中国文化的核心，但面对现代性对于个体有限性与必死性的肯定，此生生之思，无法进入生死与死生的艰难转化。那些在当今还重复这个生生之思的大量思考，其实就根本不具有现代性的张力。

1.463. 但是一旦中国文化进入与西方文化的深度交往，剩余就会以更加明确的方式显露出来：一方面，是中国文化本来就以"余"隐秘地引导着这个文化，无论是生生还是变异，其背后都是"余"，相信有余地，要留出余地，在起着调节作用；另一方面，随着世界的西方化，西方的后历史带入中国文化，中国文化本身与西方现代性的相遇，面对西方的强烈冲击，自身文化的剩余状态乃至无余状态更为彻底地暴露。

1.464. "余"成为与西方共同面对现代性危机的出发点，在这个意义上，无论是西方还是东方，都有必要从是否还有余地出发，来思考人类的未来。

1.465. "余化"之有无的相互转化，势必代替黑格尔的"扬弃"。

1.5. 余之为第四人称

1.5. "一无所剩"——这是一个在汉语中也并不存在的习语，我们一般会说"一无所有"，但是"一无所剩"之不同于"一无所有"，在于思想不再进入"无"与"有"的关系，而是打开了"无"与"余"的另一种关系，即，"一无所剩"——其实还有所曲折：隐含着"剩"与"余"的微妙转折关系，这个句子还可以改写为"一无所余"。这样，似乎就更加几乎不可听，但，它召唤着倾听。

一开始，倾听这个几乎不存在的语段，就意味着：不可能开始，一开始就不可能！

1.51. 一无所剩：这是一个几乎并不合法的汉语语句，并不是现存的习语，汉语一般说，一无所有，所剩无几，或再造出一个——"一无所余"，等等，其间也隐含着"有"与"无"、"无"与"剩余"、"无"与"几"、"几"与"余"之间在相互隐约碰触的可能性。

1.511. 而明确写出"一无所剩"，就可能已经受到了异音的扰乱，或者，这个句子本身就是一个异音？一个外来习语的翻译，比如对almost nothing (presque rien)，nothing remains的翻译，尤其是对法语il ne reste rien或rien ne reste（没有剩余了），以及il ne reste presque rien或il reste peu de chose的翻译，奇妙的是二者之间几乎没有差别；同时，"无所剩余"也有另一种习语游戏的可能：(tout) le reste n'est rien（余者皆无）；这个"几乎"却有着几微的机妙。也许思想就在于展开这些几微的差异。

1.512. 一无所剩：在这个句子的自身重复中，它会带来一个思想的事件？

一无所剩：剩下的，我们还能做什么？

几无！

还有什么比这更加平淡无味的句子："一无所剩"？！

还有什么语句如此枯燥而平淡：一无所剩了。

1.513. 严格说，这个句子仅仅两个词组："一无"（"没有什么"）与"所剩"（"剩下了"）。因而它要求我们以平淡的方式来听它，一个微不足道的语气词"了"似乎也增添不了什么，仅仅加强了无意义，就不仅仅是异音，也是噪音了。

一开始就是开始的不可能性。是的，不再可能说什么或规定什么。一开始，就没有任何的余地被留给我们，我们不得不在这个平庸的句子上停顿下来：一无所剩——仅仅在这个句子本身上踌躇。

这个并非合法的语句，似乎要在我们的书写与吟咏中，成为口头禅了！是的，这也许是一个太晚才补余的禅语，也许是禅宗终结之后的另一种暗示。

一无所剩，这是一个习语，或者庸常的成语，为什么从一个成语，一个还并不存在的成语开始？这是汉语思考的习惯或者惯例？但是这个有些发明意味的并不存在的习语，带来的是习语及思想习惯的断裂，甚至是三次的自身打断。

1.514. 一无所剩：如果我们反复倾听这个语句，我们就会被这个句子所折磨，折磨得几乎发疯。

一无所剩：如果一切的一切都终结了，我们就抵达了一个一无所有的无余的境地，如果一切都不再有意义，如果一切剩下的也没有意义——无意义！确实没有什么剩下的了！——我们就被这个句子带入了话语的旋风之中！话语与思考都处于眩晕、绕转之中。

那就在旋转中——也许打开了我们要处于的"所"在，那就在旋风中倾听吧！带着旋风的噪音来倾听吧！但如何倾听？我们必须能够在旋风中停顿下来，才能够倾听。这个倾听的转身，如同舞蹈！

1.52. 而对于剩余的"余"而言，这是汉语的可塑性与弹性，既可以是剩余，具有西方当代思想对于残剩与例外状态的思考，也可以带入汉语思考的新方向，因为汉语的余更具有广博性，或者更具有新的可塑性。

1.521. 尽管中国文化的现代性是晚生的，但是具有余化的丰富性。

1.5211. 其一，具有西方文化历史不具有的关于余化的经验，而且更为丰富，这也是因为古代中国文化更具有弹性，对于有余与无余的经验更为丰富，当然奇怪的也是，余还并没有得到自觉和彻底的主题化思考。

1.5212. 其二，进入现代性，中国文化的失势，有着对于残剩与剩余，还有无余，更为彻底的经验。

1.5213. 其三，中国文化的复杂性与杂乱性，中国文化的可塑性，重写现代性的必要性，有必要再次激发对于余的思考。或者说，中国文化对于残剩与无余的经验，比其他文化将更为彻底与丰富，也可能给出更为可能的解决方案，这是思考的希望。

1.5214. 其四，这依赖于思想的激发与彻底性。以及建构的张力。这是思想的事情。余，是中国文化独特的自身存在的根性经验，如何建构起来。

1.53. "余"，在汉语中，有着如下的标记，仅仅是区分的标记，而不是意义的分类，因为"余"乃是一个多孔性的单子，有着不同突触的可以渗透、延展的海马体，余觉着有微知觉，对"余"涌动的觉察，一直保持在这个细微开端的觉察之中，"余"不是一个固定的视点。

1.531.（1）作为"个我"的指称，"余"在汉语中，有着独特的人称指向，既是"个我"，也是"几余"——自己之余。书写出"余"这个字，就是在标记出个我的独一性，独我的孤独。

1.532.（2）作为"多余"的指向，个我的存在也是多余的，是要去除的，是要抹去的，无论是被抹去，还是自我抹去，这也导致任何个我的言说和思考一开始就处于吊诡之中。

1.533.（3）"余"，同时兼具剩余之"少"与多余之"多"，是量化的不确定性，看似有着质性的界限区分，但又可瞬间转化，"余"之度——有着需要打开的内在皱褶与余隙，它总是要求"余觉"，一种转化的警觉。

1.534.（4）作为"余外"的情形，一直有着"余外"或者"例外"（"余外"比"例外"更具有思考的张力），不可能封闭为整体，思想必须一直保持敞开，给"余外"留出余地。

1.535.（5）作为"无余"的危险预觉，思想者一直处于"无余"的警觉之中，并且冥想其他余地的可能性，在"无余"的死地之际，还渴望有着"余地"之不可能的可能性，这是信仰，是非神学的信仰。

1.536.（6）作为"空余"的深渊的经验，"余"自身并不存在，"余"一直要空出自身，要给出"余地"，为未来给出"余地"。

1.537.（7）"余"乃是思想自身的余觉，思想并没有自身的位置，一直要空出自身，空让自身，因此，并没有主体的标记，只有那个并不存在的"空轴"被无形之手转动。

1.54. "余"，就每一次书写"余"而言，这是个体之为个体在不确定的眩晕之中，被瞬间铭刻的纯我（几余），是独一性与独异性的标记。"余"，仅仅是一个意念或者念头在身体上的标记，纯余的铭写事件。

1.541. 这是独一的个我，成为余者，成为独余者，成为无余者！无余者是一个比海德格尔的"达在"（Dasein）更加彻底的追问"无"的追问者。

1.542. 余余余：余者以多余余存自我。

1.543. 德勒兹曾经提出"第四人称"的新主体，可惜并没有彻底展开，当然，梅尔维尔的巴特雷比这个人物角色就是一个余化的第四人称主体，一个没有主体的主体，"我宁愿不"，表达的乃是一个不可能的主体，用我们的说法，就是一个余化的主体，一个第四人称的"余"。

1.5431. 对于死亡的非知识，对于他者之内心的痛苦经验，只能通过第四人称来思考：我的死亡不可能，你的死亡是你的，与我没有关系，我无法经验，你也无法经验我的死亡恐惧，他者的死亡也是无人称的匿名状态。只有进入第四人称，是我的，每一个独一者的独一死亡，但又可以普遍分享，生命也是如此。

1.544. 这是"余"：作为第一人称，是"我"；作为第二人称，"你"也是"余"，也要进入余外的经验，相对于我，你是余外的特别的；也是"他"，相对于世界，他作为"余"，是多余的，一直是多余的其他人；因此，需要进入"余"的第四人称，余化是我，绝对的我，也是无余的我，虚化的我，在无余中如何还有着我你他——但已经余化了——成为"余"的第四人称！

1.55. 余化的哲学，必然打开生命的思考，让生命成为余在与余生的余觉者。

1.551. 余化的时间不是自然的循环，不是《月令》阴阳五行八卦的图式循环，也不是钟表的物理测量时间。如果生命来自宇宙的大爆炸，那么生命仅仅是大爆炸的剩余物！即便以物理时间来看，人类也仅仅是一瞬间的存在，从历史长河来看，人性已经是余生。人之为人，一旦觉悟到时间的短暂，已经就处于余生的经验中，已经是一个余觉化的"余者"。

1.552. 余，是生命对时间的唯一经验，二者相切，就是余生。余生，不是过去的，也不是未来的——既然未来已经终结——而是意识到终结的虚无性。余生有着虚无感，因为那是对死后生命存在的发现：如同外语的表达（Nachleben / afterlife），乃是死后的余存，似乎自己死去了，这是未来的未来，不是未来的先行！这是髑髅一般的存在：过去的过去。未来的未来呢？这是打开另一种存在的可能性，既然剩余的余生已经没有意义！

1.553. 这是双重意义上的余生：一方面是在生命的长河里，在宇宙的尺度下，生命仅仅是一次余生，仅仅一瞬间而已！这是短暂、有限、瞬间，这是必死性所规定的余生。另一方面，而一旦意识到这种处境的短暂性，此后只能以余生的方式来看待自己和世界：我其实已经死去了，剩余的时间——不过是按照自然规律死去而已，我必须以另一种方式来看待我的余生。这里，这个余生已经有着虚无感，是被虚无充满的余生。——此后的余生，看似有着未来，其实没有了未来，这个未来也是虚无的未来。

1.554. 这样，就需要第三重的余生：既然如此，要么是短暂的、必死的，要么已经意识到虚无感，试图发现另一种可能性。如何在余生的虚无感之中，发现另一种可能性呢？

1.56. 我们甚至要用"余生"的态度，来面对尼采所提出的挑战——"生命的不义"。

1.561. 一方面，一旦哲学面对每个个体的痛苦与生存的无辜，发现人世间的痛苦并没有减少，反而在增加，那么，这个生存的残酷现实，即深渊般的真理，没有任何的宗教可以化解这海沙一般的个体化苦难；尼采提出永恒复返或者永恒轮回的思想观念或思想实验，不过是对此"生命不义"之极端恐怖的想象与可能情形的事先预估，即，每一次当下的痛苦都会再次重复，同样的痛苦会再次来临，而且还不可能避免与拒绝，个体生命还必须去接受与承受它，必须爱此命运！而不是逃避与回避，如同尼采以道德的谱系所批判的那些方式。如何面对此生命的不义与痛苦的重复？这是尼采的爱命运，去爱这个痛苦，肯定生存的痛苦，我"现在"要意愿它如此，哪怕它"曾是"如此，但同时在每一个未来的当下去改变它，从当下的疾病痛苦中转化出快乐健康，这就是艺术与音乐的力量，哲学宗教成为医学医药。

1.562. 另一方面，以"余生"的生存方式来看，就是把此痛苦不幸的永恒轮回，作为极端恐怖的重复，真切地接受下来，同时，把我们的生命过程延长或者放大，使之具有某种宇宙的"整体性"，那么，我的前生与后世，都已经如同当下的痛苦与不幸，但我要在当下，就是在此时此刻的生命经验中，去改变它。不是佛教去除欲望的各种修行，不是回避颓废的消极方式，也不是及时行乐来抵消痛苦，而是进入当下痛苦的经验，去转化它。无论转化多少，在下一次的轮回重复中，如此的痛苦就再次被转化为快乐，这就是余生的转化力量，就是生命余存的积极价值。

1.563. 哪怕一旦无法承受此当下的巨大痛苦，一旦这个当下的痛苦乃是致死的疾病，如同希腊悲剧英雄的命运，以及克尔凯郭尔所言的绝境，那么此受难的生命中还有着更为古老的种子在余存，如同基因的种子一般（如同某种被动的家族遗传疾病），或者如同基督教圣子的灵根，重新回溯那被动性的生命痛苦之根源，生存不幸的谱系一旦被更为彻底地还原，科学与艺术一道并行地深度还原，就可以加以重新塑造，这并非科学的优生学，而是生命的可塑性与可再生性的自我加强。尼采不是没有思想过此狄奥尼索斯的智慧，去唤醒人之"胚胎"中那可塑的力量，以及在其中催逼的不安与渴求，此灵根的种子不过是莱布尼兹单子式的宇宙镜子的自我觉感，能够感受到自己的痛苦，并且精微地加以改变，使之变得完善，获得自身的弥赛亚性。如果这神性的弥赛亚性乃是生命最为根本的痛苦——那不可承受的痛苦——之承受者，之极端被动的原初隐忍承受者，那它就是弥赛亚的力量，这就启发了生命面对不幸而改变自身，这就是生命感知的变形重塑，就是余生的真谛。

1.6. 余化的模态

1.6. 如何触及"无"？这个无用之"无"？"无"只能从"无"来解释：无-无着！无之为无——无为，"无"就一直在无着自身（再次说，但是"无"并没有自身！），"无"无化着自身之无。

无无：可怕的同语反复！但它并不加强自身重复的力量，反而打断了自身！请倾听这个打断的声音，"无"自身重复差异中所断开的空隙——剩余给思想的最小裂隙——即最为微妙的所在！

"余"，开始显露端倪。

1.61. "无"就一直还"有"无，"无"就一直还"有"某种东西，重新理解传统的"有"与"无"是多么的困难！可以通过"余"来切入它们之间的微妙关系并且打开新的冒险与机会？"有"余——只是作为剩余被经验——而且从无余而来的剩余；"无"余——作为"无无"来"余余"。还有什么？有着无，有无，"有"作为"无"之无化的边界与痕迹。而"余"是另一种"有"。

1.611. 一无所剩："无之无"——"无之余"——"余之余"——"余之无"，话语在"余"的弹性中慢慢伸缩！

在"无-余"与"无之余"之间，一个话语空间——"所"——被敞开！

1.612. "无"一旦被"余"触及，"无"的虚无内部或混沌之中，就开始出现骚动，一些可能的端倪就显露出来。

1.6121. 确实，一方面，"无"可以不必有"余"，无-无着-无：无无从混沌而来，一直保持，空空，空无，无无！如同庄子的无无，如同西方的创世记，如同佛教的空空。但这里有着悖论，如果"无"一直保持为"无"，这个保持（rester）已经是"余"了。

1.6122. 但是，另一方面，"余"已经开始浸染"无"："无"一旦发生，就有着无无，无无已经暗示极小的物，重复的无无是多余的噪音，已经呈现为"余"，仅仅作为"无之余—余之无—无之无"，仅仅作为极少的剩余之物，当然已经不是一无所有的"无"了。

1.62. 余，开始自身显露，就会触动整个世界。

1.621. 一方面，余自身一直在余着，从第一次的创生（哪怕是从无创造）起，世界已经很丰富，很富余，当然是作为极少的极多！现在则呈现为现成状态的极多了！但是，余之为余，一直呈现为有余的剩余-

余绪-残余！一直在减少。

1.622. 这是余的悖论。一方面，一直有余，"余"却在减少，进入剩余，直至不再有余。另一方面，"余"要保持有余，恰好要"余去"自身，恰好要"无-余"：不断地抹去自身，播散自身。

1.623. 但是，这里的自身抹去，并不是要回到第一次的开端，而是要回到更加早先的空无，而不是盈余-空余的余，而应该是无无！

这里有着交错，有着复杂性！

1.624. 一无所剩。

剩余着"无"，无化着"余"。

几无，或者，几余。

思想必须从几无或者几余开始，从自身的剩余开始！

1.63. 有余之剩余，只能从无余来思想：如果剩余只是剩余，要么会继续被征用和蚕食，作为遗余之物被传承，或者作为倒转的富余——实际上是榨取榨干剩余，直至枯竭与死寂，要么作为残余的残局状态，要么进入无意义的剩余状态，要么不会有新事件的发生，不会出现创造的契机。等等！

1.631. 剩余只有以无余的绝境为条件，才可能更加切身地感触自身的限度或法则，并且超越自身，而不是在有余的剩余中陷入自身"蚕食"，以及"自残"的假象之中！而自残依然还没有觉悟到这个自我伤害的"无意义"。

1.632. 因此，剩余要转换为余外，仅仅是例外情形而已。

而无余之剩余——仅仅在无意义之后呈现！且，一直保持为无意义。因此，无意义之为无意义，就是多余的。

1.633. 余余余：（那）余余（化着）余。

余余余：无余余化出余地。

1.64. 一直还——"余"着"无"——"有"着"无"——这是汉语思想"无无"与"余余"的表达："无"还余出着"无"。"无"被"余"所浸染，"余"被"无"所无化！

1.641. 无余着无！即"无生无"！汉语思想的"余"即"生中之生"——即对不可能的生生之另他的、余外的表达！我们就改写或者重写了"道生一"或"道生道"的句法。啊，是的，对于伟大的思想我们只能重复！

1.6411. "无生无"、"无化无"：暗示"生"之为"生变"一直还有着剩余，一直以无余为条件。剩余依然保持为空无——"间"或作为"空余"而表现——而一直要保持为"空-无"的！"无生无"的无尽，即余余的剩余——作为盈余而展现——"无"之生长！

1.64111. 剩余-空余-盈余：都仅仅以"无—余"为前提，才可能"无无"，才可能"余余"！

1.641111. 无之无——无之余——之间：依然有着不可言传，必须区分的微妙与转机的"几"。

1.6411111. "无"之纯思，被"余"之多余的思考，所反复浸染！

1.642. 思想，从此要开始对"无"和"余"的双重书写，不同于西方唯一神论传统的"从无创造"的思想，汉语思想表现为"从无而余"。如果把"一无所剩"翻译为西语，大概也三四个词而已：Nothing remains! 或：Rien ne reste!

1.643. 一无所剩。

此外，余外的，极少可以成为极多，因此有了剩余的盈余-空余-剩余，在衰落枯竭之余，还有所剩余，这三者只能在还原中才可能显明！

1.6431. 在所谓哲学的终结之后，思想，即去思想"无余"的"剩余"，这个剩余着的"无"，从无尽、无无着的深渊——剩余的余地之中——艰难地敞开一个位所！传统的汉语思想已经隐含了"无余"与"剩余-空余-盈余"之间的复杂关系，虽然，传统并没有直接揭示出无余的绝境，主要在剩余中开掘自身。或者说，当下的我们已经进入了无余的境地，一切的思想都必须从无余重新开始。

1.6432. 无余的灰暗背景一直在闪烁，让我们隐约看到了剩余展现的轨迹：从极少的剩余，通过空余的敞开，变异为无尽的盈余——这已经以对无余的经验为前提了，这里有着汉语哲学透露出来的端倪，有着汉语哲学的预兆，也是汉语哲学面对自身的无余之绝境，思考自身（／不）可能性的机会！

1.65. 如何从"余"来展开新的思考？

1.6501. 这是展开对"余"，之为有余的三重模态：剩余、余外和多余的思考，以及对无余之为余地的打开与保持。无余的模态：余存，余让，空余。

余化的褶子被打开：在有余与无余之间展开。

1.651. "余"，在余化之际，显露为剩余，剩余不同于西方的存在-非存在，剩余也在同一性与非同一性的斗争行为之外。——这是"余之余"，"余"总是有着剩余。

1.652. "余"的余化，不同于西方——因为接纳或者同化他者或非存在，走向了"例外"的模式，因为"余"一直有着余外，"余"乃是在自身去除之际、自身无化之际，还有着自身的繁殖：一方面是假象，表面上似乎是"余"的自身去除，实际上是假象成为幻象，是幻象在繁殖；另一方面，则是"余"触及他者的关系中，在其他有着"余"的他者那里，看似要自己去除自己，其实在他者那里，借用了存在，这是借与或者借余的存在。——这是"余之无"，但其实并没有彻底无余化，仅仅扩展为"余"的外在化。

1.653. "余"的余化，进一步展开为"多余"，不同于西方对同一与非同一、存在与非存在关系的矛盾，悖论化处理而打开张力，并且彼此消解，中国思想的"多余"一词，有着足够的弹性，也是因为与无用的思想相关。既是来自庄子的虚化之余地，也是因为已经隐含了无用，多余与无用相关；在佛教，多余则是佛教的杀佛，让佛自身成为无用的。西方有时也会出现多余的思想，尽管并不常见，比如埃克哈特大师的"祈求上帝让我免除上帝"。——这是"无之余"：仅仅是无之无化之际的余化，其实第三个层面上会出现多余，也是因为多余已经以无余为前提了，多余之为多余，乃是因为本来就是无余。"多余"，对于佛教，仅仅是方便说法而已。西方对此并没有真正洞见，只是在很少的被离弃时刻才有此经验。

1.654. 空余呢？不同于西方要么陷入虚无主义，要么陷入从无创造的神秘，中国思想的空余，一方面，也是与空无化相关，一直保持空无，不是回到"有"，这是对唯识宗的彻底思考，无余之有，仅仅是借余之余的余数，一直需要假借在不是他物的他物上而余存。另一方面与无无的总体词相关，是无无之无余，并没有余，"余"已经被空掉，而是把"余"让出，把余地打开，这是余让的姿态，这是神圣的姿态，也是姿态的放弃与沉默，更加彻底地无余无用，仅仅是空余的通道，一直保持让道，保持空余的通畅，余之为余，如果还有余地，也仅仅是空无化的。

1.655. 余余余：从来没有定指或统称意义上的"余"（il n'y a pas "le" reste）！

如果有余，"有"（il y a）着——"余"（reste），

那也仅仅是"无余"（reste sans reste, rest-los?）的创新，

或者"剩-余"（übrig-bleiben）的余留，

而"有余"（le reste）则是一直要被余化的，也是以无余为条件的，

进入无余，可以打开空余。

1.66. 有余转换为余外，无余转换为空余，此有余-无余之间的互转，形成余外与空余，才是不断地打开"玄之又玄"的生成过程，才可能打开那空空的道枢，但这个转换或者转化本身并不存在，就是一个庄子所言的"得其环中，以应无穷"的道枢，这个空空的转轴就是通道，就是余地。从"余"之为形而上学的触点，可以打开为内在折叠的多个层面。

1.661. "有"（have）之"无余"，有很多存在者，作为剩余的存在者，但"没有余"，因为存在者仅仅是残余状态，已经被清除，或者仅仅是立刻要被清除的剩余者：表面上看，世界是一个纯然有余的世界，一切事物都存在着，有着自身短暂的显现样式，但是从本质上思考，事物仅仅处于剩余状态，因为作为现象，事物要消失，极其短暂。即便有着非存在，也仅仅是存在的另一种形态，或者是低级形态，或者是要被排除的假象。

1.662. 没有"无"，一切皆有，以及存有的消失，但消失不可能成为存有。一切都是可见的存在者。当然也会面对假象之存在特性的问题，如同柏拉图面对垃圾是否有理念的问题，但任何残余的东西都会在被等级化之后，再度被包含进来。

1.663. 以自我（"余"）的主体而言，有之无余：一切皆有，要确保的是"我（余）"的同一性，或者是社会法则所强加的自我同一性，或者是自我要自我强化的意志，并没有"其余"——即，没有"他者"，都是一个个自我的普遍性及其同一性化模式，所有个我都是平等的个我，而且有着普遍性。

但这只是存有的假象而已，因为个我之间有着差异性，非存在的问题并没有解决。

1.664. 那么，在"无"与"余"之间，如何有着内在的转换呢？如果从剩余出发，就仅仅是余绪，如果从无出发，如何还可能有着余？这是思想要展开的张力！

1.7. 余余余

1.7. 余余余。

"余"，余化，足以承受如此的拉伸吗？

"余"，有着至极的可塑性吗？现代汉语可以经过如此的拉伸，而展开绝对的张力吗？

"十字打开，全无隐遁"：余，在打开之际，也是空无自身之时。

"余"，仅仅是从事哲学思考的一个例子而已！

"余"，仅仅是为思想清理出一些头绪，以便被未来更好地编织。

无之以为用：但因为"无用"已经被滥用，要重新进入"用无"的新经验，我们只能以"余"来进行。

从事"余"的思考者，就是剩余者，或者多余者，最终是无余者！

一无所剩：几无！

而几无之所余，却可能是一切。

2

有余论

剩余—余外—多余

一无所剩，

还有什么剩余着？

2.0. 有余的模态

2.01. 所剩余的如何余化自身？剩余在余化自身之际，如何展开自身？这是"余"之——有余论。有余论，可以展开为三重模态：

剩余（bleiben）；

余外（aus-bleiben）；

多余（übrig-bleiben）。

但在多余上，一直有着吊诡：多余之为多余，就彻底无余了！

2.02. "余"（Rest）之为"余"（Bleiben），可以按照"余化"（rest-bleiben）或者"还原"（sich reduzieren）的方式展开：

世界之物，无论是人所造之物还是自然之物，其实仅仅是"剩余"，剩余已经是余化的还原了。

剩余的进一步余化（如同现象学的还原，但是"余化"还是还原自身的消减或者简化，自减以及自除），导致剩余转化为"余外"，继续减少，剩余就成为更少的余外状态。

余外之为例外状态，一直保持下去，就成为"多余"，"余自身"成为多出的了，是要被去除的。

进一步去除，多余被彻底去除，就"无余"了，不再有余，一无所用。

2.1. 从剩余到残余

2.1. 首先是剩余的剩余化还原。万物的剩余形态，不是事物本来的存在，而仅仅是一种退变的样式：在量上是减少的，仅仅是量的变化，并不走向质的突变；但，事物既不是自身也不是他者；却还是可以辨认的某种过渡中间状态，但仅仅是剩余的状态。

2.11. 剩余之为剩余，在余化的还原中，在剩余的伸缩性中，可以从三个方面来展开其模态。

2.111. 从本源上思考，世界首先是盈余（如同生命遗传的繁殖性），因为现存的世界其实来自原发的一次爆发，如同宇宙大爆炸。随着历史的进程，世界由盈余到剩余而走向残余，而剩余仅仅是盈余与残余的中间状态。

2.112. 盈余，这是世界第一次发生时的盈余。是涌现，是喷发，是最初的无尽繁殖或者无尽涌现，因此，有着无限的剩余。对余的经验，也是对世界最初发生的经验，这是对世界丰富性，一直涌现的直接经验，这是生长的切身性，以及对生发的信念，形成了一种自然状态的信仰：对剩余的信仰。当然，这需要还原，这就是本质还原——当然没有本质与现象的区分——而是余化还原——在这里，则是剩余的还原。

2.113. 盈余，也是世界的丰富性与多样性，是对"量"尤其是"余量"的经验。因此，中国思想，就是追求模造与块量的生产，乃至于大量的复制，并非"质"的差异，也并不把"质-量"二者对立起来。既然是余，就一直有着剩余，而且是多多益善的盈余。

2.114. 盈余，还是现存的丰富性，哪怕不再是第一次创造时的涌现，就是已经退化、蜕化或者积淀的现实世界，也足够丰富了。这是现存之物的多样性，而且之间还一直有着丰富的关系，并非固定的某种功能关系，而是可以多样触及的关系，看似已经没有了用处，是多余的零件，却随时可能派上用场，其用场也是出乎意料的补余，这是一种原始智慧，即"零碎敲打"的技艺，无一物有固定用法，无一物无用。这个原始的技艺并非过时了，而是只要有着世界，事物一直有着别样的或余外的用处，当然，这是事物并没有所谓的本质唯一或者同一规定的功能，否则就仅仅是人造物的功能了，一旦丧失就作废了。但是盈余并不作废，并没有废物，任何物，只要余留了自然性，即便它之前被施加的功能丧失了，回到自然状态，还是可以继续与其他事物发生触及，而产生新的功能。

2.115. ——这是余化过程中万物所呈现的——"过去性的过去模态"。西方会认为事物还有着自身同一性，它还是它自身，只是有着现象变化，还没有失去其所谓本质，而汉语思想则相信世界之物本身就是丰富多样的，这个多样性本身就让人惊讶，而不必去追问世界本身的真相与假象，尽管有着时间变化，但是丰富性还是有的，这也几乎成为中国人的信念了。

——从剩余的眼光来观看，则世界仅仅是临时性的、短暂的有余之物，如同佛教说因缘和合而已。

2.12. 剩余，即便有着盈余，在时间的演化中，在空间的展开中，事物的盈余状态还是会减少，不是增加，相对于盈余的丰富性，确实是减少，所以，"余"首先的含义是减少。

2.121. 剩余，这是余化的自身还原，盈余会减少，尽管有着丰富性，如同自然还是显现了自身的形态，这个形态，就是形势，并不是西方的形式，有着自身明确边缘，或者通过器物来规定的边缘轮廓，而是有着自然变化的某种模糊形态。这个形势，就是在时空之中有所变样的形势。

2.122. 剩余，不仅仅是形势，没有明确固定的形式，而且是减少，这是把事物还原到其发生状态——其实已经没有本体，仅仅是事物消逝之后的余像。如同最初的事物其实并不在场了，仅仅是消逝之物的余像而已。

2.123. 剩余，余像之为余像，但还是有着某种消逝留下的踪迹，这个踪迹，甚至也是丰富的，只是相对于盈余的充盈状态而言，有所减少罢了。这些踪迹也是多样的，尽管仅仅是剩余。

2.124. ——这是"过去性的现在模态"。中国思想并不以同一性来看待事物，而是从变化中来关注，让剩余的一直保持为剩余的，任其一直有着余地。西方总是会把剩余当作现象、非存在或者等级化。而中国文化，恰好让事物保持在剩余状态，不是同一性，也不转变为另一个，而是一种游离，有着量的阶段性变化。

2.13. 残余状态。剩余之为剩余，继续余化，连痕迹都没有什么留下，或者，留下的痕迹，无法被还原，仅仅是残端。余化的还原，其实不同于西方的本质还原：在于，原初的丰富性似乎不需要还原，不需要知识，通过盈余就可以直接直观，这是自然余留的，与自然相通的某种感觉；还在于，残余的状态，需要余化还原，但是又不被看重，或者说，一旦被看重，就成为余外状态了。但是，在还原之中，还是有着剩余的减少化的情感体验。

2.131. 残余之为残余，就是剩余的残端，剩余的一个个事物堆积，成为一片废墟，不可能质化，就是量。一个个事物持久地荒废之后，似乎都不再有剩余了，但奇怪的是：剩余总是还有着剩余。悖论是：只要有着剩余，就可以进行继续征用，因为哪怕是成为残余的，成为废物，也还是有着剩余。

2.132. 残余之为残余，就是盈余，因为，如果残余足够多，如同世界满是现成品，而且是废弃的现成品，那么，这个看起来残余的极少状态，也成为丰富的了。这是极少向着极多的还原。在这里，中国智慧的狡黠就展现出来了：如果只要某一个事物还有剩余，甚至都可以成为残余的剩余，一切就都可以转变为盈余，那么哪里还有匮乏呢？这是来自对自然的信念，还是一种错觉？自然之为自然，如果没有灾变，就似乎一直有着剩余。

2.133. 残余，不仅仅是盈余，某个事物的残余还可以一直保持为残余的，尽管无法归属，这个事物的痕迹也无法确定归属主体，但是，残余本身成为一种持久状态，甚至事物自己会主动自残，只要主动自残，也只有主动自残，才可以保持余存或者存活的可能性。让自己保持残端，反而失去了规定，只有着残余的无法规定的规定，这是一种没有量的变量。此外或余外的事情是，残余就体现为某种"残局"，没有比残局的游戏更为具有决定性意义的了，这既是智慧的训练——一种坚韧的意志磨炼，去挽救颓败或者不可收拾的残局，也体现出"兵者诡道"的谋略，其中还有着对重新打开局面潜势的预判之演练。

2.134. ——这是"过去性的未来模态"：事物呈现为残余，这是事物最终的归属，但是，这个最后状态并不是彻底消亡，哪怕是痕迹，也还是有残余，而且可以做成盈余。因此，比如说中国思想，并不追求最终的终末论，乃是一直相信有着余地。

2.1341. 但，一旦进入无余呢？就没有了过去的时间性可以回溯了。残余的征用也不再可能？或者转化为盈余，其实是错觉，自然根本不可能被无尽征用，如同说自然资源是有限的。那么，剩余之为剩余，就不应该走向残余的盈余化假象。而是走向余外。

2.1342. 中国思想，甚至也可以把"残余的"转变为"盈余的"：这是对祖先的崇拜，这是让死去的祖先——这个过去的过去的——先人，在埋葬与祭祀之中，成为过去的未来。

2.1343. 但也有着庄子的无余还原：则是把这个过去的过去，还原到无法还原的过去，使之无余之后，进入彻底遗忘，让过去保持新的可能性。如果过去的过去也被进入当下化，就让过去不再有新的可能性，这是庄子对骷髅之梦的虚构。

2.2. 剩下的成为"余外"

2.2. 余外之为余外，乃是，剩余的事物还可以继续保持剩余，一旦成为残余的，成为盈余，也是一种例外情形而已，或者残余一直保持残余，也是例外。但是，余外，还不仅仅是残余而来，而是剩余保持为剩余，而且进一步余化，尤其是余外化，与其他、另他的事物发生关系，还并没有被剩余化的余外之物，于是还有着机会，进一步剩余化。

2.201. 中国思想，借助于他者，或者说，通过与他者发生关系，让他者或者自身处于余外状态，就可以继续剩余化。或者说，中国文化的他者维度并不明确，更不用说他–我的区分，与其说他者，不如说外物、外力或外在，因此一直需要外来者的闯入，乃至于暴力的打击，才可能有所改变，以此来冲击所谓中国式同化的巨大吸引力与吞噬力。而思考他者与余–我的关系，已经是双重解构。

2.202. 让剩余的继续保持剩余化，不成为残余，就成为余外，但是余外之为余外，有着滑动，首先是自身的外化，然后是与他者的关系，最后是他者的外化，他者把我外化。

2.2021. 比如，我自身的余外化，就是我的"其余"，这是从他者那里参照的，并没有借用，而仅仅是参照；

2.2022. 其次，则是"余外"，是我自身与他者发生了关联，他者触及了我，我也触及了他者，我经验到差异，但是也要余化，不过不是我之前的剩余化，因为他者是外来的，因此要余外化。

2.2023. 最后，则是他者进入我，或者他者把我置于外在，让我"余出"，或者撕裂，或者彻底带出去。对于某一个事物，在"我"的作用下，在其他"我"的作用下，发生相互作用也是如此。

2.203. 我自身中的他者——他者作为我自身——我自身作为他者（他者之中的我自身）。

2.21. "其余"。其余的之为其余，也有着不同情形。我自身与他者发生关系，我要有着余地，而且还要剩余化，还要余外化：他者已经出现，但是我并没有直接接触它，仅仅是某种传来的信息而已，我对他者的某种遥想而已。这是几种不同的模态：其余之为遥想其他的，之为虚化其他的，之为默化其他的方式。我其实一直并没有接触他者。

2.211. 其余的之为其余，乃是与他者接触，"余"也是"与"，余化也是与在，共在，打开差异的关系。差异也带来余地与间距。但是，这个间距也是距离，我并没有与他者直接接触，而是我以自己的需要，想象出他者。这是我的自由变更，我自己弹性的改变，我可以想象出一个他者，满足我的需要。这也是想象力产生的根源之一，与假象有着关联。

2.212. 其余的之为其余，如果发现自己的想象有着错觉，或者与其他传递来的消息不大相同，或者这些想象的错觉并不能满足自己的需要，或者有着出入。而一旦直接与他者接触，则要么继续保持想象，要么被他者的现实性所打碎。其余的，其中剩余的，还有着更多的剩余，就成为余外，就在于可以继续想象，这是虚化。不再是之前的遥想，现在就是虚化，虚化他者是为了更好地激发自己的潜能，其实自己的潜能——没有成为残余的——还是有着剩余，在与他者的并不接触或者虚假接触中，似乎增加了自己的某种可能性，这是虚假的剩余。所谓虚化，是一方面把他者虚化，另一方面继续激化自己的余外可能性，也会激发出一些新的要素，尽管无法生长，可以成为残余的，但是，"残余的"如果被堆积太多，困境就是：残余的成为虚假的残余；不同于之前的残余是实在的，虚假的残余反而堵塞了未来的道路。如此的虚化，其实是余外，因为，另一方面，又不是自己所有的了，而是与外在相关。——佛教中国化时"六家七宗"的争论与之相关。

2.213. 其余的之为其余的，进一步，并不触及他者，这是默化他者，其实是彻底地迷失自身，但是可以陷入幻觉，出现了幻象。似乎自己还有着剩余。还在余化或者外化，其实与残余的盈余相关，或者是回到自己的开端的盈余，以此类比，尤其是类比，带来了假象的发展，中国文化并非没有假象，只是更加隐秘罢了。中国文化总是相信自己一定会回到自身开端时的盈余，其实仅仅是虚幻的顽念，反而离他者更加远了。——比如，宋明理学对佛教的吸纳与排斥，一方面似乎是吸纳了，因为佛教已经进入了中国思想，另一方面，则其实并没有利用，仅仅保持在余外状态。

2.214. ——这是"现在性的过去模态"，现在之为现在，总是与他者发生关系，不可能与他者孤立考察，而过去似乎可以置于博物馆之中进行孤立思考。这个现在的过去模态，是因为剩余在于，通过类比他者，而回到自己的盈余开端了，似乎也与之有着并行的剩余力量，其实是余外化了。

过去被继承，如同当下博物馆的展览，如同仿古式的做旧艺术，让过去的剩余竟然成为盈余——但其实乃是"其余"的模态，因为它并非古代状态，却又有着无限解释的丰富性，如同过去的任一产品或者任一艺术品在现代的商业增值。——在余外的境况中，中国社会生活出现诸多投机取巧的行为，或者游离在事物变化之际的灰色地带，打开一个灰色区域，权贵阶层的出现就是如此。

2.22. 关系不仅仅是其余的，也是余外的模态，余外之为余外，已经与他者发生了接触。接触有着三种情形：我触及他者的外面，我触及他的边界，我触及他的里面。或者说，我要触及他者，我必须自身让自己余化，让自己成为自身的余外。

2.221. 余之余化，不得不指向自身，这是余自身的余化。这是要克制自己不以自身想象他者，乃至自己涂抹自己。自己主动、自觉地余化自己。这是有余、无余涅槃被用来翻译佛教的原因了。

2.222. 余之余外，也是自身抵达他者，触及了障碍，触及了他者的边界，是边界上的相关性。

2.223. 余之余外，是自己成为余外的了，无法回到自身了。比如，中国的佛教化，打开了一个新的外在性。

2.224. ——这是"现在性中的现在模态"：现在之为现在，总是最为余外的，一方面似乎如此在场，一方面又在消失之中，这是余者抹去自己，以及面对其他余者所遭遇到的余外感。

2.225. 在此"现在性的现在模态"，余者接近了他者，让他者成为余外的，比如替罪羊机制。

2.23. 不仅仅是余外，而是余出，我被他者带往外在了，不是我的意志，而是他者携带着我，因此，我一直有着余地，这是他者带给我的余地。他者触及我——不同于我触及他者，他者带着我——带往我到他者那里，他者一直携带我。如同海德格尔所言，此在一直携带着一个朋友。

2.2301. ——比如，跨文化交往中，中国佛教的中国化中起着最为重要中介作用的是——僧肇对于庄子与佛教的相互转化或余化——形成了"有余涅槃"与"无余涅槃"的区分，以有余与无余来言说，这是中国哲学的创造，余化在这里起了关键作用。

2.2302. 因此，需要我的去余，只有去除我自己，我才可能触及他者，是他者让我恢复我的自身。

2.231. 他者触及我，以不是我触及他的方式，而是他以他自己触及我的方式，让我感受到某种异质性与差异性，我是对差异性的感受。因此，不是简单的玄学语言，而是有所变化，是从他者以及翻译出发，来再次挖掘自身传统的可能性。

2.232. 他者带着我，把我带出去，出离自身。但是，在他者那里，他还是会给予我位置。

2.2321. 比如佛教的中国化方向，开始以佛教术语来反向格义，从佛教自身比较系统的思想出发。

2.233. 他者一直携带着我——余留我——在他者那里，他者已经开始它异化我，让我彻底余外化，彻底出离了自身。这就形成了以他者为主导的思想。

2.2331. 比如，一旦佛教思想开始成为主导，涅槃与佛性成为不得不面对的核心问题，中国思想的话语就被改变了。如同西方思想在20世纪的影响体现为对"存在论"的研究与思考，"生生观"走向围绕"有、是、在、予有"的西方式逻辑思考与前谓词的纯粹思考。

2.234. 这是"现在性中的未来模态"：因为我的未来在他者那里，是他者带给我一个未来。

2.2341. 这个未来需要一个避难所，避难所打开了保护性，一旦避难所消失，生命就可能无所保护，成为赤裸生命，或者生命成为多余的状态，这是阿甘本与阿伦特就集权主义让人性成为多余生命的发现。

2.2342. 如果余外，在外化之中，余出之后，一直保持余出，这是中国帝王的生命活动空间。

2.3. 剩余的成为多余无用的

2.3. 剩余与余外的状态，仅仅是"余"之"有余"的模态，因为剩余还是要保持为剩余的，余外一直还保持为余外，只要还有着余地，剩余与余外都还是可能的模态。

2.301. 一旦剩余被征用殆尽呢？中国文化因为相信天的广博性，相信天人的无尽感通与类比性，因此并不担心剩余被耗尽。

2.302. 但是，一旦，不再有余外的机会，一旦进入普遍的灾变时代，一旦余外本身让人无法承受，或者普遍进入余外的利用，余外就不是余外了，而成为常态。

2.303. 一旦剩余与余外都不再可能，或者当所有人都追求余外时，法则的表面性也失去了效力，余外本身就失去了针对性，余外也不再构成区分，也失去了弹性。因此，剩余者与余外者，都成为多余者！

2.304. 对于西方，一旦余外状态成为普遍性状态，就是例外成为常态，如同"9·11"之后的恐怖主义状态。对于中国，则是进入普遍无秩序的多余状态。中国人则是进入多余感之中，如果世界的秩序已经由西方建立，那么中国并不需要补充什么，如果当今世界并没有秩序，那么中国也无意为之增加新秩序，既然中国人其实也并不相信秩序。

2.305. 多余的吊诡在于：一方面，多余是不好的，是要去除的，是无用之物；另一方面，多余之为多余，可以为自己丧失了余外的机会之后，还可以继续存活，只要保持多余状态就好，让多余是多余就好，只要能够保持多余，就还有用。但是，危机在于：这种多余的状态不可能保持下去，既然是多余的，就应该被去除，要么自身抹去，要么被他者抹去。这样，中国文化就处于彻底消亡的恐惧之中。显然，20世纪中国知识分子普遍处于这种多余的惊恐之中。但中国文化也并没有消失，其多余的无用性还在大量繁殖着。这就是庸用智慧吊诡之处。

2.306. 多余保持多余，看似无用，却又要保持自身的无用，而且此无用还可以繁殖，这就根本不同于之前的剩余化，也不同于之前的余外化，而是成为多余无用的，此无可以繁殖，但此余数的繁殖，既可能最终还是无用的，又可能启发出一种庸用，或者大用。

2.31. 余算：余外持久保持，就把自身转变为多余的了。既然一直保持为余外，任何的法则就都彻底失效了，不再有例外与常态的区分了，因为既然余外已经一直保持在余外之处，就远离了法则，扩展了例外，例外反过来超出了法则。

2.311. 保持在余外状态，不回到法则，甚至与法则不发生关系，其中有着重大的计算，有着最大的狡计：一旦不受法则保护，生命就随时会处于危险境地，但是一旦法则都失效了，也就意味着一切都可以做，一切皆有可能。可以借用任何其他的力量，比如在法则之外的自然、陌生的他人等等。中国智慧或诡计的秘密就在于：让自身成为多余的，主动让自己成为多余的，在法则之外，不受法则保障，但是既然法则总是与死亡的惩罚相关，也就彻底避免了伤害。保持在余外状态，但如此的算计，最终也只有自己通过"自残"来保存自己。

2.312. 余数的法则：余化的诡计，体现为"铁板一块"与"一盘散沙"之间的任意转换。这其实体现出中国人对法则本身的矛盾态度，既然法则来自对界限的承认，一旦法则有了界限与区分，那就不是完全的了；但是，如果一切都没有限度，就陷入了任意的无政府状态。而西方则一直信任法则，无论是苏格拉底投票判决之后的服从死亡，还是神人耶稣基督的十字架受死，都处于法则或者律法的约束之下，无论如何，都肯定了法则本身的双重约束——肯定法则的同时也取消法则，但最终法则还是要被肯定，哪怕是取消法则的方式也要以法则的方式来进行，所谓法则的捆绑——法则的离弃却又让离弃成为法则：其一，"牺牲的"法则——总是需要以死亡作为代价和中介才可能形成共通体；其二，必然会走向"法则的"牺牲——不再以牺牲献祭为代价，因此要取消这个法则；其三，但其中，而且最终，还是有着法则的要求——牺牲的法则与法则的牺牲——如同爱的法则需要这个实施爱的主体牺牲自身

（让自身多余化），这还是有着牺牲，有着绝对的要求，这也是法则，这是黑格尔的《精神现象学》所彻底实施的死亡之为中介扬弃的法则。

2.313. 余数的繁殖：就中国文化自身而言，剩余之为有余，有着褒义与贬义的双重性。一方面，有着剩余，这是存活的证实，应该给彼此以余地，从一开始，这个剩余就成为一个先在的诉求，剩余是等级制存在的前提；但另一方面，悖论是，只要还有剩余，无论大小，就可以存活，无论如何压制与压榨都被允许，直到主体成为残余的（residuum）。有余之为有余，经过哲学或者现象学还原，仅仅是剩余，中国思想是以这个"剩余"成为余化哲学的出发点。

2.314. ——这是时间模态中的"未来性的过去状态"。因此，中国文化在现代性的发展压力下，对剩余价值（sur-plus）的征用为什么并没有走向西方式的批判？而是被默许！甚至持续二十年的经济高增长却没有走向所谓的经济危机？都在于此：中国人愿意承受压力，只要还有剩余的，就可以接受，就没有被剥削的反抗意识，而是接受既有的体制与严格的规训；只要还被给予了一些剩余——可以使之存活，既然存活仅仅是余存，草根式的生存，以及有着最为少余的资源也可以存活，就不会有自身的剩余——多余出来的价值以及多余的需要——被剥夺与压制的意识，而是甘于被剥夺。这也是为何剩余价值理论，并不适用于分析批判中国当前的资本运作方式。而且，剩余是一种量化的思维方式，不是西方质性区分的方式。但随着西方"质"与"量"的区分进入，剩余与个体性之间的关系得到思考，这种剩余征用的方式还可行吗？

2.3141. 中国思想表面上看起来从不否定法则，但法则从来都不绝对必要，法则之为制定的手段，其实是为余外寻求机会的策略，法则只是作为打击敌手的幌子才不可或缺；这也与中国人骨子里仅仅相信"变化无常"有关，一切都会改变，法则只是临时的约束；并没有——无常之常，而只有——常之无常，变化才是根本；一旦大多数人相信变化才是王道，就必然出现很多的无政府主义者与机会主义者，就会出现"一盘散沙"的局面；当然也不排除变异，中国文化已经经过了多次"战国时代"的混杂化过程，夷夏之防就是因为担心此混杂才出现的某种被动勉强的回应，实际上效果不大；但一旦处于绝对余外的主权主体者要去限制他人的权力，就会以法则的名义作为总体控制的手段，但也仅仅是限制他人，自己则依然在法则之外，这就出现了"铁板一块"的情形；一旦所有人都想成为绝对余外的主体，就再次出现"一盘散沙"的无政府主义；二者之间的来回转换，也不需要中介，也不需要成本，当然，这又必须以有随机应变的余地为前提，一旦没有此转换的余地，所有人就都处于危险之中。

2.32. 成为无用。多余之为多余，保持为多余，恰好是好的，多余是最好的生存方式，在一切的法则之外，无论做什么都似乎是自由的，让自己成为多余，就可以更好地保存自身。被动的无用，到主动的无能与自身去势，直到无用成为大用。

2.321. 成为多余，也是成为无用，在被动中，顺应情势而成为无用的。成为无用的恰好可以避免被征用，为自己留有余地。这就是中国智慧的奥秘或诡异——成为无用，反而在强权面前可以保存自己。让自己成为多余无用的，不被使用，自己恰好可以保存。但是，一旦进入西方文化，追求有用，就不得不进入有用价值观的强力被塑造的压力之中，也许连保持多余的机会都没有了。或者，"余"的智慧在于，面对这种多余的境况，如何保持多余？让多余的一直还可以保持为多余的，这是对独异性，对多余之"外在性"的再发现。

2.322. 甚至可以自觉地把自己多余化，并且把自己无用化，这是强权者为了更好地保存自己，或者说更好地算计，乃至于事先让自己成为多余的，多余的亦即在法则之外，自己可以为所欲为，但是其他人并没有认识到自己的多余，都在法则之内，只有帝王一人认识到自身的多余，并且把多余的做出一种巧妙的伪装或伪饰，"禅让"可能有时候就是如此。

2.323. 多余的逻辑也体现出"双重约束"：一方面，一切的逻辑都是多余的，一切的逻辑论证、是非之争，都应该成为多余，否则，就仅仅是胜利者的满足与意志的自我肯定，因此逻辑都是要被去除的，这有着西方否定神学的诉求；另一方面，这个多余本身成为逻辑，一直要保持自己的多余性。中国思想发明了一系列保持多余的方式，比如庄子的坐忘与心斋，以及禅宗的言语道断之后的定修。

2.324. ——这是时间模态中的"未来性的现在状态"：一切看似多余无用之物，却依然在繁殖，甚至到处都是，但它们可能毫无价值，但它们依然有着生长的可能性，这一方面是自然的丰富性，另一方面也是历史的积淀，或者是时间的惰性与延迟保存性，如同尼采说，死亡上帝尸体的阴影也会笼罩地球一千年。

2.3241. 对多余状态的思考，可以借助于庄子的骷髅之梦去理解，如果死后的被埋葬以及哀悼祭祀活动可以让死后的生命进入余外的余存状态，还可以成为作品。一旦成为无名的，形体被毁坏的骷髅，就仅仅是多余之物；但是，庄子与这个骷髅进行了对话，反讽了人世间欲望的虚妄。骷髅的形象就成为多余生命的体现，如同贾科梅蒂（Giacometti）艺术作品的那些骷髅一般有着疙瘩的雕塑形体，似乎是从地狱中站立起来，从世界之外向我们走来——作为多余的生命！也如同阿甘本所分析的奥斯威辛集中营所余存（sur-vivre / über-leben）的生命，作为见证者的非人的生命，但贾科梅蒂的雕塑躯体，不仅仅是残剩状态，还是余无之中的盈余，是余化之逆转的最好表达。

2.33. 无用之物的吊诡，这来自数量巨大导致的悖论：或者是一盘散沙，或者是铁板一块，都是块量的聚散关系。因为余外一直要求着余外，就会出现其余那些不可预估的情势。

2.331. 如果剩余一直保持为剩余状态，不成为盈余的，也不成为残余的，剩余还要保持自身的余化，就转变为余外了。因为一直处于剩余状态，"余"的成分就会继续增加，就会让自身处于例外状态。余外是西方例外的别名，以汉语来思考，更加明确这个例外状态。为何要成为余外的呢？成为余外的，可以在法则之外，尽管与法则有着关系，但是余外，在西方一直是在法则之外，就可以暂时性地悬置法则，形成决断或者灰色地带。在中国，则是在法则之外形成所谓的江湖义气，当然，余外也是进入一个"江湖"的地带。那就是在没有法则的空间之中，按照自己的欲望行事。思想是要发现其余的潜势，其次是与这些其余的潜在力量结盟，形成余外，最后让余外的一直保持为余出，并且保持在"其余"的待发状态。

2.332. "其余"的诡计：发现那些在法则之外的活动空间，中国思想在于把"例外状态"思考为"余外状态"，这与中国人在面对法则时的狡黠与诡计相关：一方面，肯定法则的普遍性与有效性，但并不完全当真，并不彻底服从，而仅仅是"在表面上"肯定法则；另一方面，则是试图为自己寻找余外的机会，充满了机会主义与机巧的计谋，不让自己成为法则的奴隶，这样，法则成为虚设或摆设而已，但又并不完全否定法则，有必要时还是要诉诸法则，这是所谓的礼制与法制的并行。这与西方的诡计（metis）的智慧有所不同，西方的智慧更为体现人为的技术想象，中国更为接近于自然的野生性，其中更多微妙的差异有待于别样的展开。

2.333. 但是，多余之为多余，其后果是：多余自身也会成为多余的，多余在法则之外。但悖论是，一旦离开了法则，法则自身也就失效了，余外也不是余外，余外自身也成为多余。但是（余外的逻辑总是有着那么多的"但是"，转折与折断的机会同时一直都有），多余之为多余，其悖论在于：

2.3331. 一方面，如果多余是多余的，就应该一直是多余的，一直保持（rester / bleiben）为多余；但是另一方面，既然多余是多余的，那就应该去除，被抹去，否则，多余之为无用，反而产生了多余的用处！即成为大用！多余竟然繁衍出无数的剩余了！

2.3332. 这就出现了盈余（reich）的假象，这就无法区分开剩余与多余了！要么是与余外结合，回到余外状态，但是这个回到，仅仅是让其他人回到余外，自己依然保持在多余状态，如何做到？需要借用新的力量，借用在法则之外的力量，那些离散分散的力量。

2.334. ——这就出现了时间模态中的"未来性的未来状态"，要么就是回到剩余，借用剩余的力量，把多余的自身——与剩余结合，这是借用或者召唤那些已经残余化的力量。在中国则是召唤祖先的鬼魂。因为鬼魂是在法则之外的，但是一旦对死者进行祭祀，就把死者也内在化为一种可以借用的力量了，善假于物，借用一切，也是诡异庸用智慧的体现。

2.3341. 在中国文化，这也是为什么死的拖住活的，这是与中国文化一直没有放弃祖先崇拜相关，但因为此祖先崇拜与自然天地崇拜的结合，这就导致了如下情形：

2.3342. 只要自然还可以利用，或者具有可再生性，就会有着盈余的可能性，哪怕这些多余之物如此无用，但自然本身就提供了无数的无用之物，人类正可以利用这些自然的多余与无用之物，除非出现整体的自然灾变，就如同王朝急速崩溃时的末期状态，没有了未来，但一旦进入多余无用可以再次盈余的转化，就会再度出现新的王朝帝国，进入新的循环往复之中，其实并没有未来。

2.4. 剩余的成为其余的混杂状态

2.4. 自己主动去余之余，也召唤他者去余他自己。一旦面对他者，余外还会出现另一种的情形：其余的。

2.41. 他者之为他者，并不是固定不变的，相反，是他者已经先在地自身多余化了，我才可能多余化。那些不被称作自我的，那些无名的无数的他者，到来的他者，借给我存在的机会。是在他者那里，我获得一个可能的我，但是又是去余的，因为我不在自己这里。"我在我不在的地方"。

2.411. 如果虚构一个他者，如果把自身投射在那里，或者是虚拟的虚拟，那就是有了"借余"的更多幻象。这也是宗教幻象产生的根源。当然，他者之为他者，不是具体名目，否则也会强化自身的存在，而也要涂抹自身，他者之为他者——也是自身涂抹之余，也是要成为"借余"的余生。

2.412. 有着他者，但是他者——仅仅是借余而来的存在。这是幻象产生的根源——既没有自身也没有他者，但是有着一个借来的他者——这是虚拟的幻象——这个不是他者的他者。如果不是这个他者，不是虚构的，这就成为一种原始的材质，进入了混沌。因此，在他者那里，尽管是空无化的，但是因为他者，有着他者，导致了我在他者那里借来的存在，或者说我的某种替代存在，借来的余性。如此这般，就一直有着未来。

2.413. 自己要主动自身抹去。他者也是他自己抹去，不是我抹去他。这之间有着差异。此外，自己抹去，他者也抹去，自身与他者都空去之后，呈现的是混沌。

2.42. 尽管我还在他者那里，我还是必须自身去余化，他者也要多余化。而且，他者也要如此的去余化。当然不是我强制他，而是彼此的去余化。或者说他者也要它异化。不仅仅我是多余的，他者也是多余的。他者它异化之间的间隔，仅仅是间隔空间，是之间。彼此在间隔中，借余而已，间隔中出现了新的质料。

2.421. 这是更为彻底的多余化：随着我自身与他者的双重去余化，出现了一个多余出来的余地。

2.422. 没有自身，也没有了他者，当然也没有了绝对他者，仅仅有这个多余出来的余地，再次孕育出新的要素，或者说，这个多余出来的东西，已经是佛教所言的"果"，当然，这个果，自身作为种子，一旦去召唤，并且转换自身与他者，就出现了无数的余数，把已有的有余世界之中的我与他者，都转换为去除了自身与他者之后的余数。

2.43. 去余化：尽管他者还携带着自身，但是这个在他者那里的自身，也是要去除的。不仅仅自己要余去自己，任一他者也是如此，任一余者也是如此。

2.431. 我在他者那里，他者携带我，我已经成为多余的了——相对于我自身而言，但是，我还是有着残余或者余外的存在，我因此依赖他者，这个依赖构成更大的恐惧与余气、余习。而且增加了他者的权能。他者成为我的虚假的实体，这是鬼魂的力量。

2.432. 当然，他者之为余者，不是我这样的余者，但是他者也是有着他的余——也是另一个自我，有着自身，也需要余去。而且，他不能让我如此依赖他，他之为余者，也是一个幻象。只是：不是我去余他，而是他自身也要去除他自身，这才不是暴力。因此，不是我去要求他余化自身，而是他者之为他者，在被要求去余化自身，否则就是暴力，问题是：我依赖他，我不可能要求；他者之为他者，如何被要求？他者既然是他者，乃是一直要它异化的，并没有一个他者的自身，他者的它异化，才是要求他自身余化的内在要求。

2.433. 我自身的抹去——这是我痛苦之中的纠缠——我依赖他，但是这个依赖是假象，他自身的抹去——他不能依靠我的依赖而余存——他自身也要去余——他自身也要变异，在这个意义上，我与不同他者，以及他者与不同他者之间，在它异化之中，就形成了差异的差异化方式，以及时间的错位。也产生了伦理的耐心以及教育的时差。

2.434. 尽管他者带来了未来，但这个未来其实还是有着现存性，也需要自身去除，由此这个未来才不会被未来的过去所控制，而是打开一个新的未来，但是，在这里，这个未来，尽管有着先行的未来，是他者的到来，还并不彻底新颖。尽管没有了未来的过去，却有着未来之未来的先行未来。未来与他者的全新关系是：尽管没有了未来的过去，却有着未来之未来的先行未来。这不同于之前的剩余化与余外化，而是多余化。

2.44. 去除自身与他者之后，没有什么剩下了，确实没有什么剩下了——不再有我，不再有自我与他我，不再有人类。人类之为能够自我指称，有着自我中心的人类，不同于其他物类的人类，已经自身余出了。只是人类的多余化。人类几乎处于无用与无余的境地！

2.441. 他者之间也是彼此它异化的，彼此成为多余的，并没有绝对大他者了。他者之间留下的仅仅是间隔，彼此差异化打开的是一个差异的间隔。因为，他者的它异化，打开的是距离，不是对距离的克服。如同列维纳斯所言，接近也是远离，他者一直在远离，这也是对大他者的另一种解释了。但是，这个间隔是多余出来的，其实并不存在。也不可能保持对象化与凝固，因为每一次他者都不一样，打开的也就不一样了。

2.442. 这个间隔不一样，它一直保持间隔化，还可以回到之前的剩余状态而再次转换，让已有的剩余，我的我自身剩余，也出现裂隙与间隔化，世界就得到了更新，仅仅是间隔的打开。——这是佛教禅宗的戏剧化姿态。

2.443. 这就再次出现了多余：自身与他者都是多余的，多余出来的是一块事先并不存在的余地。或者通过如此的去余过程，去除遮蔽，去除依赖，自身还没有被自我化，或者被他者化所固定，即，在第一次的盈余创生之中，已经有着大量的多余之物——盈余之为盈余体现了创造之为创发的涌现力量。或者生成之为盈余的生成，一直还有着多余的"潜能"，其余或其他的"潜势"，因此，这些没有被剩余化的"暗势"，现在反而显露出来。

2.4431. 如同佛教的区分：一是去除习气而出现的果，一是一直没有被污染的种子。这是阿赖耶识的双重性：一方面是染净之转依，去除习染，这是一个反复持久的转识成智过程；一方面则是自身一直清净，所谓"心性本净"，作为灵根种子保存着，需要的仅仅是唤醒。可以作为新的转化种子，就是可能的余数！但这还是隐藏着的，需要悲愿和启示去唤醒。

2.444. 如果无法打开未来的未来性时间模态，就只有多余的繁殖，只有一个停止的未来的现在——却还可以虚假繁衍！似乎可以再次回到剩余的层面。整个世界更加呈现出残余的局面。

一切仅仅是余数：剩余的，残余的，余外的，多余的，混杂在一起。

2.445. 在这个多余的层面上，出现了多种可能性，既可以导致多余的自身繁殖的假象，也可以向着他者敞开，还可以进入无余，这需要悲愿和启示，这也是为什么有着对真心唯识的批判，有着唯识学的再次兴起，并对佛教中国化的同化有所批判。

2.45. 思想"余"，"余"之思想，就一直处于"多余"的悖论之中：有着思考的这个我（余），但是"我"不可能成为出发点，"我"是多余的；思想之为思想本身，面对"余"也是多余的，"余"要求思想成为多余的"奇点"。

2.451. 思想如何处理思想自身的多余？思想如何面对自身的无余——不要去思考余，不要居有了"余"来思考，即不能把"余"作为对象，否则根本没有触及"余"，无论是过度还是不足，都没有触及"余"？在无余中，思想如何给出自身的余地？

2.4511. 多余，似乎是思想的一道魔咒，多余是不必要的条件，是无用的条件，多余的解释学是无用的解释学，多余不是必要或者可能性这般的条件，而是不可能之为不可能的条件：德里达仅仅思考了不可能与可能性的"准先验"关系，而思考"余"，则是不可能之为不可能的条件，不是可能性，而是多余，可能性与不可能性都是多余的了，要一直保持为多余的！

2.4512. 哲学思考的力量就在于承受这个悖论，但思想与哲学的不同在于：传统哲学意识到思想本身的悖论、不充分性和多余性，总是试图消除这种"余性"，而对于思想，则在于承受悖论，保持自身的多余性，在"余"之不断翻转的不确定之中眩晕，并且保持眩晕的姿态。这就是其吊诡之处。

2.4513. 这是阿多诺在《否定的辩证法》一开头就要承认的哲学的失败，丧失现实性的哲学，必须接受哲学的矛盾与多余，去表达不可表达的东西，"余"，就是一个充满矛盾、不确定、经验贫乏，并且无法表达的绝对概念——一个"非同一性"的"非概念"，如此才能摆脱哲学自身的概念拜物教，才能一直保持觉醒。但余化的诡异，超越了否定辩证法。

2.452. 余余余：思想，一直有着自身的自我打断，思想在悖论中自我打断，在不可决断、不得不间断之中，展开对哲学的一般思考。

2.4521. 哲学是对思维本身的总体性呈现：哲学既然言说大全，则一定以概念的逻辑建构方式做出整体的呈现，但这会导致一个悖论：因为人类思考的局部性与有限性，却要触及无限和整体，而思想与语言有着翻转或者逆觉，并且通过悖论，来承受这个张力。

2.453. 哲学，不是消解悖论，而是承受悖论，这就是吊诡的逻辑，而形成诡异的哲学表达。

2.4531. 哲学，或者对哲学进行元反思的思想：仅仅是对悖论自身反转的逆觉，仅仅是承受这个有限压缩与无限拉伸之间张力的能力，以及不断自身调整的敏感性，是在诡谲处境中，还可以施行诡异行动的庸用性。

2.5. 剩余的也成为无余的

2.5. 一直保持为余外，总是多余的，最终就是无用，甚至残局一直就是残局，而无法重新开局，那就会彻底没有了"余"。

2.501. 同时，"余"之为余化，也要求着"余去"，彻底"去余"，如果余外一直保持为余外，余外就不可能重新回到法则，余（我）之为我，不断被外在化，既不回到自我同一性的法则之内，也不仅仅保持为余外的特例，就会成为"无-余"的——已经没有了"我"的余地，"余"或"我"在出离中：不断余出、外化、陌异化与它异化，"余-我"不再回到自身，而是它异化了，被到来的他者所陌异化了。

2.502. 如果我彻底去余自身，我就成为他者。去余：我不再是面对自身的死亡——之为不可能的可能性，而是面对他者的死亡——我感到自己的无力，自己的无法经验，在他者的死亡那里没有我，却又与我相关——没有关系的关系，这是另一种绝对陌异的不可能经验的经验，但是又被迫去面对这绝对差异的不可能性。

2.51. 何谓"有余"的主体？现代性的个体，一旦成为个体，一旦开始自身的游离，就成为多余人，一直保持在边缘，最后成为彻底的残余者，乃至于无余者。现代人的多余人形象与身份，具有普遍性。现代人成为无根的人，但还可以归根。

2.511. 任一个体，进入现代性，都是游离的，不被任何团体所规范。任一个体，或者任一民族，一旦保持隔离状态，处于例外状态或者余外状态，就成为法则之外的存在类。如此的被隔离或者自我区隔的存在者或者余生的生命，或者可能被杀死，或者在灾难中成为残剩生命。比如：犹太人这样的他者，被剥离出来，成为多余人，随后被隔离于集中营，最后成为被屠杀的生命，或者成为侥幸的余存者。

2.512. 从剩余状态，到余外状态，到残余者或者彻底边缘化或者外在化，反社会化。现代性：从难民——到难民营——到牺牲品。古代城邦：外来人或者畸形——隔离区或者收养者——到牺牲品。这是生命政治的核心问题。

2.52. "有余"之"余"，有很多剩余者，但是此剩余的存在或者存活状态，仅仅是余外的极限状态：这是余外的发现。

2.521. 就"余"之为自我而言，这是自我的打断。出现了死亡打断的可能性与恐惧，是自我的外出化——余出，如同海德格尔哲学中出离（Existenz）的那个达在（／此在：Dasein），通过向死而在先行地建构出自身性（Selbst或本己的余性），成为本己——死是本己之不可能的可能性，最终还是落回到本己的可能性上了——还有着"余"的可能性，一方面是沉沦的结构，另一方面也是出离中形成了此在的时间性。这就导致"余外的我"再次回到了法则，如同施米特的例外状态也要被合法化，而赞同独裁制。

2.522. 尽管出现了余外，但是余外可能被拉回法则之内，二者还并不断裂。

2.5221. 在这个余外的层面上，尽管出现了虚无与绝望，但仅仅是以"有余"的方式来解决，或者说仅仅以"余外"的方式来解决，而且余外可以再次拉回到有余之内的法则。即便有着他者或者他我，也仅仅是另一个对称的我（余），如同列维纳斯所批判的胡塞尔现象学交互主体性中的他我，并不是陌异的他者，而是另一个对称的"我"。

2.53. 多余：主体自我已经不再存在，主体之为主体，仅仅在与自身缺席的触感中、与他者的关系之中、对陌异的经验中，而"被标记"出来，缺余的主体向着外在性，被他者所外展了。

2.531. 余，之为余，仅仅是因为在他者那里。整个原先已有的有余的世界，可以再次被打开，带着这种自身的缺余回到世界，让自己在自己身边作为多余而存在，如同自己的幽灵或者鬼魂，这是打开了自身与自身的间隔关系。如同海德格尔分析死亡之为本己的不可能的可能性——多余乃是对不可能的经验。

2.532. 这个多余化的余自身，有着各种自身抹去的方式，或者自身多余化的方式。

如果这个已经彻底多余化的自身，不再回到自身，就成为幽灵。

如果没有借余的存在，就无法返回，就会彻底消失。

或者被混沌彻底吞噬了：这是虚无，或者是一切成为幻象，或者是一切界限的丧失。

或者被整全的他者所彻底接纳，或者消融了：这些他者可以是广博的自然，可以是绝对他者的上帝，可以是绝对的神秘。

2.533. 汉语思想最大的魔力在于：一直面对生命存在与思想自身的多余性，这似乎是一个魔咒，既然自身是多余的，那就多余好了——这样就真的无余了；既然多余也可以保持为多余的——那就想方设法保持多余——让这个多余繁殖繁衍起来，最终还是多余，而一无所用。

2.54. "多余"面对着如此顽梗的吊诡，处于诡异状态：一方面，多余是不好的，多余之为多余，就是迟早要被去除的；另一方面，多余之为多余，却可以在自己丧失了余外的机会之后，还可以继续存活，保持多余的还可以存活下去，以多余的方式存活，被忽视被遗忘。

2.541. 但是，更深的危机在于：这种多余的状态不可能保持下去，既然是多余的，就应该被去除，要么自身抹去，要么被他者抹去。但这种被抹去的恐惧感始终伴随着余外的处境，余外就成为恐惧的滋生物，最终恐惧成为多余本身。

2.542. 这是中国文化特有的"无用"的逻辑，或者"无用的解释学"，无用生命的余存方式。而且，后来的中国文化把这个"无用"发展为"大用"。

2.5421. 这就进入了"无用"的逻辑，出现了所谓的"无用的解释学"：无用生命的余存方式，让生命成为无用，就是没有用处，就不被使用；但是，一旦把无用作为生存模式，生命最终就失去了任何的动力，而且，一旦把这个"无用"发展为"大用"，那就是大量白痴一般的生命被供奉起来。

2.5422. 多余之为无用，反而产生了多余的用处，即成为大用！多余竟然繁衍出无数的剩余，这就出现了盈余（Reich）的假象，这就无法区分开剩余与多余了！

2.543. 在这里就会出现混乱的可能性，甚至出现并列的假象：一方面，剩余被压榨得更加少余，成为废墟状态；另一方面，以多余为巧计的人获得更多的多余，成为盈余的假象；而且，二者之间形成了并存的局面。在中国文化传统中，这是帝王以多余自居而成为盈余的，而奴隶或者被欺压者可能成为极端贫困的剩余者。

2.544. 中国的庸用智慧似乎就在于：让自身成为多余的，就避免了伤害，成为无用的恰好可以避免被征用，为自己留有余地。这就是中国智慧的奥秘——无为而无不为，让自己成为多余无用，不被使用，自己恰好可以保存。但是，一旦被吸纳到西方文化追求有用的资本主义驱动力，进入普遍有用的价值观之强力塑造的压力之中，也许就连保持多余的机会都没有了。

2.55. 从"余"来思考，"余"的庸常皱褶有待于被再次展开，甚至翻卷开来。只有彻底揭示"余"内在的皱褶，才可能不陷入虚假的盈余之中，而且一直保持空余，一直打开余地，而不被已有的残余所遮盖、所覆盖，最后再次陷入无余的恶性循环：既要面对多余，又不让多余成为咒诅，即害怕多余，因此反而拼命回到多余的处境之中；但是面对无余，又是极端绝望而导致虚无主义；不得不处于无余之中，却还有着对余地的期待与希望。

2.551. 但是，如何从"无余"中再次产生出"空余"或者"余地"？这样，才可能出现新的剩余，新的有余，并且一直保持空余：余自身不断去余，确实是自身的多余，但是打开了空余，并且一直打开空余，一直敞开未来的余地，这是剩余所无法展开的，剩余并没有如此的弹性。

2.552. "余"的四重性如何不再陷入恶性循环？如何让"多余"向着"空余"转换？并且穿越无余的处境？尤其是多余的悖论，一直作为哲学的阴影！这是汉语思想独特的魅力与贡献：

2.5521. 一方面，"余"有着足够的伸缩性，可以左右伸展；

2.5522. 另一方面，"余"自身有着足够自身背反的力量，反转，乃至翻转的能力或者能量，激发能量转换的活性，激发无限的余力。

2.6. 余外的法则状态

2.6. 有余之为剩余的状态，相对于西方存在论而言，它是一切皆有或者一切皆存在；对于中国，则是一切都有所剩余（有余），有着剩余的存活，因为中国并没有西方的存在论，而是"生生"的生命论，即对剩余生命的确立。

2.601. 或者说，西方从存在论上来思考，只有进入存在规定的才是存在，而非存在（感性、身体、他者等等）则没有存在本身的位置，仅仅作为低级的存在被纳入存在等级制秩序。在文化历史的比较讨论上，从西方的存在论考察，就会认为中国文化处于所谓的落后状态，还没有进入存在的规定之中，因此是感性的、低级的，乃至是动物类的存在者，只有进入逻辑理性的知性世界，才有自身的存在，才有在世界上的位置与存活的可能性。

2.61. 余外状态，是对法则的打破，如同柏拉图在《智者篇》中不得不弑父巴门尼德，开始接纳非存在；如同西方，在尼采之后，以生成论来对抗存在论。对非存在的接纳，不再是以低级的感性，不再作为替罪羊或者被排斥的他者而接受，以及不再通过暴力的压制来接纳，而是承认并且肯定这个在法则之外的迷狂（hybris）与僭越，以及个体的独一性（singularity），不可分类的余外性。

2.62. 这个余外状态或者例外状态，在卡尔·施密特对至高主权（souveraineté）的决断思考中，在本雅明对无产阶级应该主动产生革命的例外状态的召唤中，以及阿甘本对法则本身之为例外门槛状态的思考中，标记出了在决断时刻的——内在之外或者外在之内的——灰色地带，决断无法被法则化——但是又面对着法则化的压力。这是西方同一性逻辑所无法接纳的余外性，而在后历史状态得到了充分思考。

2.63. 对于施密特：一切主权的决断在于面对例外状态时的决断！法则总是面对例外状态的区分而发生，同时又要求决断者使之合法化。对于施特劳斯：承认例外与超越，那是宗教的例外与信仰启示的超越，但又必须纳入法则与理性，但又不同于施密特的纳入法则，而是试图给启示在法则内一个位置。

2.64. 对于本雅明：相反，同样面对例外状态与决断，本雅明让法则进入例外，不进入法则，一直保持为例外状态，随时有着革命的可能，而且要制造例外的革命状态。

2.65. 对于阿甘本：在法则之外，接续本雅明再次发现例外状态，此例外状态才是常态，一直要保持法则外或律法外的生活，如同保罗面对犹太教的情形。不同于本雅明，此例外要么是赤裸生命的灾难，要么是另一种美好的生命形式，如同圣方济各会，纯粹之用，在制度与国家之外开辟新的潜能或庸用的不作为，或闲暇或安息日。

2.66. 对于德里达：在法则与例外之间——打开可能性与不可能性之间。一方面，正义超越法则，另一方面，履行行为进入法则，使之改变。打开之间，但这个之间的余地并不明确。

2.67. 对于中国传统：中国社会一直有两种状态并存，法则与余外，各种法则与规则都是明确存在的，但又总是有着特殊的余外状态，一个阳谋一个阴谋，二者并不冲突，而是可以并存。余外也并非全然不可以法则化，只是会有着某种隐藏与回避，而且隐含着第三项，多余与余地也都在其间了。

2.671. 因此，中国现代性的转换，都处于"机会主义"与"随机应变"之难以区分的模糊吊诡之中，到处都是诡计，到处都是陷阱，无时无刻不需要诡异的思维反省，或者可以走出陷阱，或者就已经处于陷阱之中而不自知，直到被捕鼠机的夹子牢牢夹住，痛感中才偶尔有所觉感，但很快就会陷入麻木。这让中国人的行为方式很难被普遍性理解，当前的中国思想家也无法给出一个明确的模式，我们这里以余外状态来思考，则试图指明这个灰色的庸常地带。

2.672. 在一个追求理性秩序的现代性启蒙运动之中，中国的这种余外化的普遍行为，恰好是与当前世界普遍性的例外状态对应着，这是普遍有效法则丧失之后的境况，也为中国人漠视法则提供了理由。但是这并不意味着应该取消法则，西方的启蒙现代性无论如何都要诉诸公共的普遍性法则，中国当前公共空间的敞开也需要法则与正义的秩序才可能形成。对于中国社会，如果无法区分开个体的独一性与特权阶层的余外性，那些利用身份特权在法则之外的任意行为不就变得合法而随处可行了？中国社会还是需要面对这个法则与余外的张力关系，这也是西方也要面对"世界中国化"的困境。

2.7. 哪里有着余地？

2.7. 无余之无：不再有任何的余地，只有虚无。这是无余的处境。

如果没有他者可以借余？如果拒绝他者，也无法给出差异？多余一直保持为多余，就没有了空余，就失去了余地，没有了几余！彼此都丧失了余地。

或者，在多余的层面上，因为滋生出各种盈余的假象，而被蒙蔽，一旦这些蒙蔽的假象被暴露，或者达不到欺骗的效果，无余的处境就会显露出来：

要么多余之物的虚假繁殖，最后陷入废墟的聚集，不断积累，以致废墟淹没一切，平庸之物以虚荣幻象，渗透了世界。

或者多余的一直在余化，但是并不一下子消失，而是陷入一种残端，仅仅是一个无法更新的残端——只有残余的游戏。

或者，让虚无繁衍：这是把不做当作不做，就是什么也不做的所谓无为，比如后来退化的禅宗。

或者，要么陷入现存化的盈余的庸常化假象——比如儒家。

或者，要么陷入衰老的梦幻——比如西方的崇高的想象导致的幻想。

或者，要么陷入技术所带来的幻象——仅仅被幻象所迷惑而无法穿越！

如果，无余能够不断回到多余，而且保持在多余上，又出现盈余的假象，而且假象还能够一直繁殖，那就是恶性循环，是多余的永恒复返了！这也是佛教要极力批判的恶的轮回！

从残余到盈余，从无余到余存，哪怕如此多余，都要以技术来无休止地复制。

为什么"余化"的中国式辩证法，在技术的庸用中，可以得到如此诡异的转换？

其根源在于，中国式思维总是试图做到：人为的技术复制，要完美地"再生"——生物的繁殖传导！

中国哲学的生命技术在于，任何人为的技术都要模仿自然生物的无限复制，使之再生与传导，发生共感。这导致了中国式"模造"技术的广泛性，无论是上古的玉器与青铜器制作，还是中古的书法与山水画的复拓临摹，直到进入全球化的现代性，中国沿海城市凭借技术复制的自觉与加速，成为世界工厂，都是如此。

一切技术，都要具有对应的可复制性与完美的可再生性，让人为技术与自然生产发生内在共感。如此，哪怕"残余"的也可以复制，甚至还可以催发"盈余"，只要能够充分模拟生物的多样性与繁殖性，及其可传导的再生性，生命就可以存活，信息也就可以传导。

3
无余论
余存—余烬—余影

一无所剩。

不仅仅是没有什么剩下了，而且，"剩下"的仅仅是一个"无"。

但，这是什么样的一个无？

3.0. 无余的模态

3.01. 一无所剩，无如何还有着"余下"的可能性？这是不可能的可能性。

现代性开始于面对不可能性。

西方现代性思想就是面对此不可能的模态而发生。

这是无之为礼物的给予，这是不平常的事情。

3.02. 一无所剩！

既然一切已经成为无，乃是给出你所无。

如何给出一个无？以无给出无，来余存？

这是不可能的逻辑，这也是礼物给予的逻辑。

给出你所无：

1. 给出你的生——让死者来余存；

2. 给出你的死——让你的死隐秘地陪伴你；

3. 给出你的余——成为余影却并不干扰未来。

3.03. 一无所剩。

一个无如何余化自身？一个个的无如何有着余地。

这是面对不可能性的经验，但如何让不可能可能？或者要保持不可能的不可能性，而有着积极与被动消极的不同。

从积极的生存经验上——形成哀悼的逻辑：哀悼他者——自我哀悼——被哀悼。

在被动的生存感受上——形成压抑的疾病：创伤记忆——忧郁症——吸血鬼。

3.04. 一无所剩。

剩下的仅仅是一个个的无。此无，如何余化？这是无余之余地的打开。

此无余的余地，乃是借助于虚拟而打开，总是通过借用，形成无余的借余而形成。仅仅是余数，如同佛教式的无量数影。无余之在，无余之余，乃是通过技术的借余而不断余存，不断形成余影，最后却遗忘了余心或余魂。

3.05. "一无所剩"，倾听这个语句，可以有助于我们思考"余"的三重基本状态：有余——无余——虚余。

一无所剩：第一重思考落在倾听"余"或"剩余"上，这是德里达《丧钟》（*Glas*）开头的第一个句子（quoi du reste aujourd'hui），即，在黑格尔之后，哲学还剩余下什么？仅仅有一些不多的剩余物，一些残端、残余物，到处是无所不在的废墟，即便有着知识的考古学，也仅仅是挖掘一些被遗忘与压抑的少许资源，并不构成可能的宏大叙事。这也是丧钟之为对破碎声音的倾听，对犹太人命运的呢喃，对语词错杂噪音的不可能性的倾听，思考家庭与爱感，以热奈的诗意狂想打破黑格尔的绝对知识的体系，双重书写让"剩余"这个语词的播散与游戏打碎任何本体论建构的可能性，尽管有着对黑格尔严格的学术讨论，但也是围绕黑格尔书写的边缘事件、他与妹妹的关系、他对犹太教的思考等等展开，是无法回到辩证法体系之中的残余物。

一无所剩：第二重思考是要倾听一无所剩中的"那无"（presque rien）。"无"或"几无"如何可能成为思想的对象？非对象的对象，在虚无主义之外——还剩下一个无，"无"如何"无化"？如同海德格尔那里隐含的思想阶段：澄明（Lichtung）之为存在论差异的敞开，首先是向死而在的向来我属性——我或余化（Ver-ichung），其次是无根据而进入深渊的——无化（Ver-nichtung），最好是天地神人重新汇聚的——立化（Ver-lichtung）或力化（Ver-rechtung），甚至与东方的气化（Ver-ch'iung / Ver-qiung）之间，有着声音的奇特回响，彼此之间有着浸染。"无"在无意识中的虚无幻象、"无"的敞开、"无"的非否定性，即，不可能性乃是事件发生的肯定性条件，我之为"余"如何在生命的气化中经验"无气"等等之间的相互转化？这是通过思考一系列关于无余的经验来展开的，尤其是，德里达是通过哀悼的工作来展开的，面对朋友去世、自己的余存、自我自恋或自我哀悼的余烬收集，直到自己祈祷他者可能哀悼的遗言，与成为幽灵化的余影，有着无余展开的基本结构。余烬在那里，那里有余烬，有着一个位置，但余烬并非主体，而仅仅是主体的余存，却又仅仅构成哀悼的对象，哀悼是主体不可能的工作，可以是自我哀悼——自恋（不可能的可能性），可以是哀悼他者（但不可能成功，哀悼不可能成为作品），或者被他者哀悼（不可能梦想，遗言的不可能忠实），因此对"无"的思考，与死亡的哀悼、死亡之为不可能的可能性相关（如同海德格尔所言："死是无之圣殿"），而德里达对无余的思考最为充分与彻底。

一无所剩：第三种对于余的倾听在于——仅仅有一个"所在"的虚位，这个位置并不存在，并没有"无"与"余"，无与余的关系不可能发生，它只能发生在一个虚托的位置（avoir lieu），这个虚化的位置有待于发生。尽管一切已经在那里（如同自然一直在那里），却有待于在一个虚化的想象中经过无余化，而再次发生，这是一个一直有待于打开的间隔地带，如同德里达思考间隔（espacement），打开了不可能性与可能性之间的地带，当然这个"之间"并不可见，是虚托的，但有待参考柏拉图《蒂迈欧篇》中对"阔纳"的思考，以及德里达相关著作中的思考。

3.06. Chora（Χώρα）这个希腊词，被翻译理解为"虚化"的不同名称：第三类的接受器或容受（具有女性子宫一般的宫籁或"容纳"），"阔纳"（作为一种敞开又寥廓的接纳），非位置的"成位"（不是位置，却是位置生成或"成位"的条件），即，虚位以待的"虚位"，或虚与委蛇的"虚化"，等等。一旦在chora与"余"的关系中展开，或者走向"荒漠的荒漠化"，或者让空无来打开边界，就已经暗示了"余地"的打开。在我们随后对chora的书写中，主要翻译为——"阔纳"（chora）或"虚位"（chora）。如果有着新的开端，有着另一个世界的永恒出生，那就是从chora重新开始，chora之为"虚位"，之为"绝对虚"，之为"虚托邦"之余地，乃是生命与世界可以不断重新开始的基本条件。

3.07. 无余的余地，形成不可能的三重模态，这是三重绝境的模态：不可能之为不可能的可能性——不可能之为可能性的不可能性——不可能之为不可能的不可能性。

并且具体化为：余存（survival）——余烬（cinders）——余影（infra-image）。

但此绝境的逻辑，导致了双重约束及其借用：借余或余数，只是余数，无量数影的余数，如此繁殖但又如此虚幻。最后，如何化解此双重约束，而不是不可决断？寄托于余心。

3.1. 余，在存在之外

3.1. 一无所剩，剩下的仅仅是无。

而无如何有着余地？这是不可能的绝境。

3.11. 一无所剩。

一无所剩。（Nothing there remains. Nichts bleibt da. Rien n'y reste. Il n'y reste presque rien.）

一无所剩：这是哲学的遗言，也是哲学重新开始的契机。

3.111. 如果哲学还有未来与明天（morning），如果哲学还有所剩余与保留（demeure），那是：对哲学的哀悼（mourning）！哲学仅仅是在自身的哀悼中获得剩余，乃至于无余的权能——这并非权能的权能！这让哲学变得更为卑微，乃至于丧失了对总体言说的渴求，变得渺小，乃至于多余，但正是在这种"余化"（rester / se réduire），比让-吕克·马里翁（Jean-Luc Marion）所言哲学的"极少主义"还要少的余化中，哲学，现代性的哲学，似乎仅仅只能在自身的哀悼中出场！这已经是双重的哀悼：哀悼哲学自身的死亡（不再有"剩余"），以及，个体生命有限性的自我哀悼（之为余-我，之为无-余）被带入了哲学。

3.112. 余（le reste，或者la restance），哲学要面对与思考这个"余"（ce [qui] reste），这是哲学的事情本身，哲学将重新开始面对自身的"多余"，面对哲学自身的"无余"，在黑格尔与尼采之后，哲学如果还有着未来，就是思考哲学自身的余化状态：仅仅是剩余，已经多余，全然没有了余地，即，无余。

3.113. 一无所剩：在这里，"余"是哲学要倾听的。但，"余"不是一个概念，而是一个非概念或准概念的文码标记（un quasi-concept graphématique），如同德里达说"延异"与"踪迹"等等均不是一个概念。"余"什么都不是，"余"并不存在，一旦言说余，余即多余。即便说有余，有些剩余，也是要把自身无余化的，言说我（余），也是要"无我"或"去余"。这也是为什么德里达以"余"代替或者抹去了传统形而上学的"存在"这个词（如同德里达一直试图区分开"存在"与"余化"：j'ai distingué « rester » de « être ». 比如说，并没有余烬：La cendre n'est pas !），也化解海德格尔的存在论区分，解构本真与非本真的区分，而走向延异。

3.12. 德里达，作为最为彻底思考"不可能性"的哲学家，在20世纪明确了哲学自身的合法性，即，从海德格尔后期开始，哲学不再是从笛卡尔开始，经过康德直到黑格尔，关于可能性及其条件的思考，而是思考哲学所未思的——是对哲学自身之不可能性的思考。思思想之所未思，这是现代性或后现代哲学的基本处境。如同德里达自己在《精神分析的抵制》中提倡的抵制：一方面是思考可能性与不可能性之"双重约束"的悖论逻辑；另一方面则是明确思考"余"的另类模态或诡异的逻辑。然而在德里达那里，双重约束与余化的细微差异，却一直并没有得到深入展开。

3.121. 德里达为何要思考"余"这个同样并非概念的概念？与其他这些"非概念的概念"，比如延异、踪迹、书写、礼物、宽恕等等一样，"余"为何如此"余外地"特别重要？

3.122. 德里达确立了现代性最为一般性的思考逻辑，即"不可能性的可能性"与"可能性的不可能性"二者的"双重约束"，也是一个不可解开与不可走出的"绝境"（aporia）的逻辑。如果德里达有着真正了不起的贡献，这个"双重约束"最为重要，没有人如同他这样清晰地思考了这个逻辑，所有非概念的概念之所以是非概念的，就是因为这个不可能性在其中起着不可决断的作用。

3.1221. 比如，"延异"并不存在，既不在场也不缺席；起源的开端乃是缺席的，有待于事后增补的书写，越是事后增补，本源越是被延迟；延异乃是时间的延宕与空间的自身隔离，是时间的空间化与空间的时间化，是二者的"间隔化"；而间隔是一种有着生产性、积极与创生的力量，不仅仅是空隙，而且是间隔化的隔离与间离运动；延异的踪迹已经是涂抹的涂抹，不确定性的书写标记；这标记是已经消失之物的痕迹，不可能在场与当下化。

3.1222. 再比如，不可能有着礼物的给与者，否则就会通过给予获取回报的好处；礼物也不可能有着接受者，否则就会因为亏欠而回报，重新陷入礼物的交换；同时礼物也并不在场，否则就可以比较计算；礼物只是在不断的相互给予中，不是居有礼物，而是让礼物再次给予出去，给予愈多，给予愈好！礼物由此在不断地来临。礼物就是"不可能"的别名，就如同宽恕，宽恕不可能，因此需要宽恕，但宽恕一直有着不可能性，否则暴力被轻易原谅了，也是因为受害者已经缺席，只有幽灵化的余存者承担宽恕的主体，但这个主体仅仅是余影而已，只是一种萦绕的余象（reste-image）。

3.13. 但是，"余"为何"余外地"不同？"余"，当然与不可能性与可能性的双重约束相关，这也是德里达自觉认识到，但似乎还有待于更为充分思考的"余"：一方面，是双重约束；另一方面，是余的另一种逻辑。即某种余外或无用的"必然性"：如同对于精神分析试图窥破无意识的抵制，应该把此抵制思考为余之所余，不再是简单的本体论方式（既非分析也非辩证法），此余之所余不可能进行精神分析，因为它全然地不存在，即，余并"不存在"，或者余"不是"存在着，而是一直余留着余外的可能性。对于德里达，余，不再从属于存在论的范畴与领域，甚至，也不同于延异的逻辑，或者说，在双重约束的绝境中，哪里还有余地？

3.131. 因此，思考"余"，似乎更为困难，如果不可能性与可能性有着连接的关系（对无意识的分析是必要的，通过转移压缩的解码方式，但无意识一旦被分析，就成为意识，不再是无意识了，如何进入无意识的原初创伤记忆，还能够唤醒之，却并不进入简单粗暴的治疗，也不被幻象游戏迷惑，也还一直是问题），还是要对传统形而上学可能性的逻辑进行一步步的解构：解构乃是"颠倒"——从可能性到不可能性（比如从声音到书写），以及"移位"出来——一直走向他者——乃是不可能性如何保持为不可能性，再次进入西方内部，这是不可能的可能性，之为新的事件的发生。"延异"还是与"差异"相关，与存在论的差异相关；"踪迹"还是与存在的抹消相关；礼物与给予还是与生命的献祭牺牲相关；等等。

3.132. 但"余"无需"存在"，就如同我们在汉语中思考"余"，尤其在古典语文中，并没有存在系动词的所有哲学与语言分析的负载，并没有本体论-神学的重压，那么，"余"是否提供了一种新的中西方哲学对话的方式？余之为余化论，有余-无余的诡异论，既可以消解西方传统的"存在论"（以解构的方式进行），也可以重新打开中国哲学自身，既然中国思想并没有自觉地思考"余"，也并没有把"余化论"作为思想的主题。

3.133. "余"则不同。"余"并非传统的概念，它被东西方传统这二者都彻底遗忘了，这就不是一个解构的问题，相反，是解构保持自身解构可能性的问题。因为，"余"：一方面与双重约束相关；但另一方面，余还有着其他的可能性，有着对可能性与不可能性之间的张力承受，打开更大的余地，有着余外的可能性，这是诡异的逻辑，不仅仅是延异的逻辑。

3.134. 解构必须解构自身，解构必须再次发明它者！余，就是解构之自身解构的拓展，是解构在汉语思想的外展。"余"一直要求着解构，自身解构与解构自身。"余"，在汉语中，将是解构的别名，如果解构有着未来，如果解构还将继续，如同德里达一直面对解构之如何"自身解构"（se déconstruire）的要求与难题，以至于为了回应解构自身摧毁的恐惧，为了保持解构的位置，甚至说出"正义不可被解构"。但，"余"正是可以在保持解构活力的同时，还可以让解构得以自身解构。

3.135. 解构必须解构自身！余或余化，就是解构所发现的它者。既然，"余"可以少余，也可以多余；"余"可以有余，可以无余；"余"可以让自身多余的同时，还留出自身的余地。解构的活力在于自身解构，但自身解构的同时要让所解构之物还能够有着余存的余地，那么，"余"就可以让解构得以在解构自身的同时，还有着余地。甚至让正义也可以解构，如果是生命在要求余地，如果是正义与正义之间在要求余地。

3.136. "一无所剩"！如果哲学还有着未来，那就是面对自身之"余"，为何要从德里达触及过的"余"重新开启另一个德里达？或者说让未来的哲学重新开始，借助于德里达，但又不同于德里达，跟随德里达，在德里达之后，就意味着去思考德里达所思考过，但还有待于进一步思考的那个思想的未来，这是"余"，这个并非概念的概念，就是德里达思想的未来。

3.14. 随着康德以来本体论神学的死亡，哲学对可能性的思考，进入了黑格尔绝对精神的自我终结，而在尼采之后，面对上帝已死，对整个柏拉图主义的颠覆，哲学回到大地性与身体，回到生命的感性与混沌，保持感性而不以知性与理性来扬弃感性，而是在感性之中保持哲学的思考或者思议。尤其是海德格尔以后，本体论-神学被彻底拆构，甚至都不再有着存在问题，而是面对无人称句的es gibt的给予问题，以及礼物给予与让与的思考。但是，对于德里达而言，并没有哲学的终结，尽管有着传统形而上学的封闭，关键是整个封闭的打开，从里面和外面同时开始解构。因此，哲学必须反复发现他者：面对他者，为了他者，被他者所召唤（to the other, for the other, by the other）。

3.141. 其一，面对他者（vers l'autre）：哲学不再是理性的主体，甚至都不再有主体，也没有主体自身的同一性保持，没有理性自身的根据与原则，而仅仅是面对他者的非同一性与不确定性，如同福柯所触及过的"疯狂的我思"，并没有封闭的自我与内在化的自我，内在的自身中也隐含一个更为内在的自身，比我的自身还要内在的自身性。

3.142. 其二，为了他者（pour l'autre）：哲学乃是发现他者，发现新的他者，心灵乃是他者的发现，心灵一直在发现他者之中才有着自身感发，这不是传统的自身感发（auto-affection）的保持，而是先有它异感发（hetero-affection）才有自身感发的同一性感受。因此主体已经死亡，作者已经死亡，写作不是对作者原意的还原，而是让读者重新打开文本，文本必须一直保持开放，并不封闭。

3.143. 其三，被他者所召唤（par l'autre）：文本召唤他者，书写不是自身的自传，乃是期待或者等待被一个未名的到来他者所召唤，这是一个遥感（telepathy）的他者，重写文本，文本一直有待于重写，在重写中再次向着未来或者新的他者敞开，文本自身是缺席的，除非有一个他者到来，打开文本。

3.144. 当然，这个他者不再一定是唯一神论的上帝，而是德里达的解构式句法所暗示的（tout autre est tout autre / every other [one] is every [bit] other），每一个他者都是绝对他者，所有他者都是绝对他者，绝对他者也是每一个他者，等等，这样就把传统唯一神论的绝对他者消解，并打开了差异的多样性，每一个他者都绝对独一无二，再没有一个他者之后的那个大他者与绝对他者的主宰，这是打开了面对哲学和神学的一种新态度。

3.15. 哲学总是要发现新的态度，这种新的态度是对康德以来的哲学对可能性诉求的解构——走向"不可能性"：

3.151. 康德对哲学的思考乃至于对人类认知的可能性以及限度的反

思，哪怕绝对律令也是在自由意志之中可能被倾听到或可以遵循；黑格尔的绝对精神不过是这种可能性的彻底实现而已，由此人类走向终结；

3.152. 但在海德格尔思考死亡之为不可能的可能性之后，这个面对良知召唤所打开的死亡的自身性——却是不可能的可能性，我对自身的死亡其实并没有切身的经验，尽管有着对死亡的恐惧（我的本己的不可让与的死亡唯一性，这是我的可能性与本己性！），但死亡对于活着的此在其实还是不可能的——只有他人在死，我自己其实并没有死去，但是我有着对自身死亡的个体性恐惧——如何思考这个不可能之为不可能性？不是可能性，也不是不可能的可能性？！不是可能性，而是不可能性，海德格尔打开了这个"不可能性"的维度，但并没有彻底展开。

3.153. 德里达、德勒兹与让-吕克·南希彻底打开了这个"不可能性"维度，这个只是与他者相关的不可能性。如果有着绝对他者，有着上帝，那也仅仅是不可能性的别名，上帝之为上帝乃是不可能性，是认知与显现的不可能性，是不可能在场的，但是如果有着新的人类，如何"让"——这个不可能性保持为不可能性，让不可能性成为不可能的可能？

3.2. 哀悼的三重结构：余哀故余生

3.2. 不可能的绝境逻辑，可以与佛教的中观对比：一方面是可能性的逻辑，既在场也缺席；另一方面是不可能的逻辑，既不在场也不缺席；这二者还同时保存，即，作为绝境或者交错的生命，既是在场也是缺席，既不在场也不缺席，这个佛教"八不中论"的逻辑不仅仅与解构对照，而且如何再次与当前现实的混杂境况对照？如果中国当前思想界还仅仅在可能性的逻辑之中打转，那么尽管偶尔会有不可知论与怀疑主义的感受，但如何打开不可能性的维度？有余与无余的诡异论，是我们从当前中国与世界的境况出发，提炼出来的纯粹哲学表达，既非解构的延异，也非传统的中观。

3.21. 一，一方面，"可能性的逻辑"的关键在于：

3.211. 主体既在场：确实，有一个我在这里，这是独一的、唯一的或不可替代的，也是所谓实在具体的我，这个独一的我能够感受到我自身的独一性。仅仅是我这里独一性的自身感发，是这里的这一个的确认。在这里，我（I）作为自我（ego）而在场，自我感知。

3.212. 主体也缺席：尽管我是独一的，但是我对自身的感发已经先在地需要与一个可能他者发生关联，否则我仅仅是自身感发，而且会没有感发性，陷入习惯而无法自身感发，我必须具有某种持续的异质感发，才能够保持自身感发。孤零零的我只能陷入唯我论之中。因此，我必须与一个个可能的他者发生关联，并且与他者一道共在，我的这个独一性才可能有不断更新的自我体会。在这里，自我（ego）作为我自身（myself）而自身感知。

3.22. 二，另一方面，"不可能性的逻辑"也不同于传统的神学或者宗教方式，因为这个自身感发以及与他者相关的它异感发也会陷入对称，进入对称系统，符号学就会有此后果，或者其他他者也是相似的，并不形成根本差异，现在，必须寻找绝对的差异。

3.221. 他者既不在场："我"确实是不在场了（既非前者的自我也非我自身，而我自身作为他者：myself as the other），但是不同于前者的缺席，前者的一个他者的缺席，可以用其他他者来弥补，哪怕他者都会有所不同，那仅仅是他者的多样性而已，但是没有绝对他者。何为绝对他者？传统是死亡或者上帝，现在则是他者的死亡，他者如果死亡，就不同于活着的他者了。因此，当我面对他者的死亡这个差异时，或者通过他者的死亡，我自己会想到自己的死亡，哀悼，自恋，自我的哀悼就开始，哀悼的写作就开始了：作为与一个死亡他者的关联，我自己也成为死者，我之为必死者的自我意识萌发了，我已经是死者——如同他者一般，或者作为死者——我余存着，我仅仅是作为死亡一般的他者而存活着，显然这是不可能的经验！因为我也会必然死去，哀悼他者与自我哀悼联系起来。我其实缺席了。然而，这个"我不在场"的经验，不同于一般的缺席的经验在于：我是让缺席的他者与我共在，我把我的身体供奉出来——作为死去他者的寄生，而我仅仅是寄生状态而已。

3.2211. 当一个亲人死去时，最为悲痛的莫过于他的不在场，不在身边也全然不可见，哀悼与挚爱在于，我试图追随死者一道而去。如同德里达在《哀悼的工作》或《每一次，唯一的，都是世界的终结》一书中的思考：我哀悼的如果是这一个死者，不是死亡的无人称，那么我只有让这个死者与我的关系进入唯一的切身之中，否则我并没有哀悼他，我只是哀悼死亡这件事情。或者我仅仅是自恋——想到我有一天也会如此，因而感到悲伤，除非我让死亡的他者在我身上或者在我的书写之中，建立我与他者的关系，这个时候，我必须进入死亡的国度，我是不在场的，因为我与死者们在一起。如同尤利西斯去往冥府拜访死去的英雄们。我作为并不在场的——半个存在，被他者寄生、萦绕与顽念化的——生命，而临时存活着。如果没有死者，没有他者来临，我就进入不了这个关系之中。这是不可能性逻辑的恐怖之处：总是需要死亡，死亡是必须的！但是不要制造死亡！这个矛盾是人类几乎无法解决的悖论。——这个被他者萦绕的过程，是在我身上有着无数死亡的他者，无法追忆的诸多他者，诸多的幽灵。

3.22111.——在文学中，比如，是尤利西斯下到冥府询问回家的路！是俄狄浦斯被自己杀死的父亲鬼魂或者家族之前的命运所咒诅！是安提戈涅对死去兄弟的尸体的哀悼或者安葬，是哈姆雷特被父亲冤死的鬼魂要求复仇，李尔王则是疯狂的顽念。

3.222. 他者也不缺席：如果持久地与死者或者幽灵打交道，"我"也会成为幽灵而迷失，更有甚者，让死亡他者寄生在我身上，我成为"半存在"或"伴存在"，成为替补候选式的"准-存在"！德里达的替补或者补余的思想由此而来！或者是与死亡结伴的并不在场的生命，一旦我觉悟到我自己也是必死的，我也会最终成为一个死亡的他者，我也会彻底消失，即死亡！我会绝对地缺席！而觉悟到自身的缺席，人类必然会期待自身的复活，或者希望自身再次来临到世界，不是在场，而是来临，不是缺席。说不是缺席乃是因为——不是自己的在场也不是简单的彻底消失，而是有着来临，因此需要在未来的他者那里——活着的他者们也会总有一天消失，只有那个未来的，甚至绝对不会消失的他者——上帝的别名，不死的他者——之到来，或者无数他者的链条之继续，即儒家所谓"子子孙孙无穷匮"，一直余留对我的记忆、对我的纪念，我才可能得以寄生在它们身上！不再仅仅是我自身作为他者，而是他者作为他者（the other as the others or the Other）。

3.2221. 这是遗言的书写，如同死亡之后，遗言还有着效力，还约束着他者，或者被他者所执行！必须有一个他者来让我寄生在他身上，让我也不缺席，显然这个在场不同于最初这里在场的这一个，而是他者——未来到来的他者，也是很多可能的他者或者不可能的绝对他者——让"我"在"他"那里余存！这个被动的寄生，以及自己主动的要求，就是祈祷，就是复活。

3.2222. 前者是复活——复活即他者让我们复活，这个复活的结构是生命基本的结构，是伸展开来的结构中的一环，而希望我们被他者所纪念或者复活，这是祈祷！这是不可能的经验，这个对"他者绝对让我余存"的经验，就是弥赛亚性的希望经验：希望有着一个绝对的弥赛亚来复活我，让我一直余存。如此不可能的书写，是遗言的书写，是《旧约》与《新约》的书写，是中国文化的自然空余的书写。

3.2223. ——在文学中，整个《圣经》的写作，所谓的神圣经典写作都已经如此，奥古斯丁的《忏悔录》、巴洛克戏剧的写作、哈姆雷特的死后做梦、卢梭的《忏悔录》、巴特谈巴特他自己的写作、巴特把自己的写作变异为女性的身体写作等等，德里达早期《明信片》与《丧钟》的双重书写、贝克特的《等待戈多》的"等待的被动性"等等，都是如此不可能性的写作。

3.2224. ——前面如此展开的这个四重结构，从可能性到不可能性，即差异与延迟的结合，只有他者纪念、铭写我，我才是充分的我，我需要他者的到来，但他者的到来延迟了；既然我会遇到无数他者，而且我会被很多他者所铭写，这就产生了差异；差异与延异相互并存，并不断展开的过程，就是差异与延迟结合的延异，这个展开过程就是间隔（espacement / spacing）的铭写方式。

3.23. 一无所剩，剩下的仅仅是无，无如何余化自身？

这是无余之余，这是绝对的反常。

3.231. 何谓"无余"（remains without remains，reste sans reste）？这是现代性个体的哀悼，我哀悼故我在——余哀故我在——余哀故余存。这是自我的幽灵化。自我已经死亡，我已经是一个死者，之为主体的死亡或作者的死亡，等等，我仅仅在哀悼中余存，我彻底地无根，试图以虚拟的空间为根，进入所谓的元宇宙。

3.232. 无余的经验，即是哀悼的经验。一旦现代性的个体作为"余"，觉悟到个体生命的独一性（singularity）、有限性或必死性，以及不可替代性、绝对性，死亡也就绝对化了，就是"无余"（无-我）了，没有余地，在这个世界上，独一性或独一体立刻丧失了自己的位置，那么短暂，一瞬间就消失了，生命一旦觉醒，就是无余的了：这是原初的悖论，这个自我，如此的个我，绝对的自我，也是我的余化——是独一的余；但同时，立刻，瞬间，就消失了，这个我余也是无余，没有余地，没有存活的可能性，看似存活过，其实异常短暂，没有任何的终极价值。

3.233. 这个无余的经验，是与死亡的经验内在关联着的哀悼经验。无余的主体或主体的无余，与死亡的哀悼内切，成为如此的命题：我哀悼，故我在。或者是：余哀悼，故无余。因为哀悼的经验，把我余与死亡连接，而死亡却是不可能的经验，无论是我自己的死亡，还是他者的死亡，哀悼都是主体的无余化，使我成为无余的非主体了。

3.24. 由此出现哀悼的三重结构（La vie est survie, plus de vie, plus que vie）：

3.241. 哀悼他者或余存（survivre）：这是让他者在我这里存活，是他者余存之可能的不可能性，死者的余存还是不可能的，但必须又是可能的。这是死去的他者"寄生"在我这里。不仅仅是个体被亲人哀悼、纪念而余存，也是一个民族的余存，比如，古希腊的哀悼与演讲，耶稣的哀悼与拉撒路的复活，等等。

3.242. 自我哀悼或自身的余烬化，每一次的书写，每一次的消逝，都是自身的激烈燃烧与自身的耗尽，也是自身的余化（restance）。比如，耶稣的自我哀悼，十字架的苦杯不可能逃避，尤其是设立最后的晚餐，其实就是一种自我的哀悼，渴望被哀悼、被纪念的要求。

3.243. 被他者哀悼或余存的复数化，成为余影，即"余数化"的余影。愈是有他者来哀悼我，我愈是余存，我祈祷，我要求，他者来记忆我，让我返回（revenance），我"寄生"在无数可能的到来（arrivance）的他者身上。我成为虚影或者余化的影像。比如，耶稣的被哀悼，耶稣的复活，第一个复活者也是所有的复活者，或者就是基督教会的共通体。

3.244. 这是进入余存的位置论：尸体——墓地——吸血鬼（记录者档案或者遗留物）——元宇宙，有着空间性，如同德里达对于幽灵们（revenance）的思考。这也是技术虚拟的发生：我们都以幽灵一般的技术操作，来使之不断可以显现出来，这是自我幽灵化（simulacra, doubles, eidolon, phantasma）的技术，是自我在虚拟网络空间的影像余存。

3.3. 三重哀悼结构的展开

3.31. 第一个句子："我哀悼故我在。"（Je suis endeuillé donc je suis / I mourn therefore I am.）

3.311. 余存：哀悼他者，这也是我的幸存，我要么本该一起死去，要么在深切的爱之中，我与爱者也已一道死去了。这个余存，乃是让死去的他者，活在我这里，不是我活着，我的活着仅仅是为了让他者活在我心中，活在我的记忆之中，我甚至必须退出来，让死去的他者不断开始说话，或者说，如此的死后余存，反而是他真正地第一次开口说话——对着我说话——"让"我明白了他生命的意义。也是在我这里，是我，"让"他重新开始说话的这个余存者，不得不回应他，不得不"让"他再次说话，尊重他，让他以他自己的方式与名义在我这里表达自身，或者接续他去思考他所要思考的未来，以及他所试图去思考、准备去思考、尚未来得及展开的未来，这是延续他尚未经验的未来，"让"他的未来得以有着未来。

3.312. 此我对他者的哀悼——这是过去的未来模态，这是"余存"的经验。这是哀悼的工作或书写。一般而言，我首先总是遭遇到他者的死亡，是他者的死亡唤醒了我自己的死亡，他者的死亡在先。列维纳斯对此思考最多，面对他者的死亡与责任，一旦深切遭遇到他者的死亡，我本该与他者一道死亡，却侥幸活了下来，尤其在灾难的共同经验之中，余存，作为他者的幸存或余存，这是对他者的哀悼，以及自己对自己的存活是相对于他者而言。

3.313. 我哀悼故我在，余哀故余存。这个哀悼的逻辑中：哀悼他者，死者在先。我作为余存的幸存，本该同死，但我必须承担他者的未来。但他者是唯一的他者，必须以他者的方式去继续他者的生命与书写。以此维护这个死去名字的尊严，使之余存。

3.32. 余哀故余生。第二个句子："那里有余烬。"（Il y a là cendre. There there is cinder.）

3.321. 我对自己的哀悼——这是"现在之未来"的模态，这是一种"自恋"或自传的书写，这是"余烬"（cendre）的经验。一旦我认识到自己的必死性，不可让与也不可抹去的必死性，我自己的死，如同布朗肖所言，而非死亡，就一直作为隐秘的陪伴者陪伴着我，或者也是海德格尔所言的"向死而在"，但思考最为深入的是布朗肖，死一直是隐秘的陪伴者，沉默的在旁边的陪伴者。

3.322. 余烬：自我哀悼。播散在《丧钟》与《余烬》这两个文本之中。余在乃是余烬，是自我的燃烧，是自我成为灰烬，一旦死亡打击过来，出于死亡的恐惧或者死亡的畏惧，我就已经在燃烧自己，或者每一次的激情、每一次精神的点燃，都是燃烧自我，使之成为灰烬，成为余烬，每一次都是余烬的堆积、余烬的收集、余烬的增长。如同德里达倾听自己的声音，倾听自己之前的写作。

——当然，对于余烬的思考，乃是思考记忆与遗忘，是遗忘的遗忘，抑或是自我的催眠？而且，哀悼与余烬，余烬声音的播散，是这个cinder的播散。余烬之为灰烬的播散书写。名字的播散也是铭记，也是遗忘。

3.323. 每一次自我的死亡之为自恋的哀悼，都是自我内心的燃烧，都是激情与受难，是成为灰烬；自我的哀悼是余烬的收集，是文字都成为灰烬，这是余烬的书写，不可能复活的书写。自恋与自传，自传的书写，如同追忆逝水年华，都是消逝时间之余烬的收集，是自身死亡的书写。

3.324. 在如此的自我哀悼中，有着我的自恋，也需要去消解这个自恋，这也是自传书写与他者差异的张力，是自身触感与它异触感的并存，在自我的自身打断、自身同一性的丧失中，如何保持自身的残片化，如同文本的断片化？死，总是一种隐秘的陪伴，一种无言的内在状态，一种音乐的无名祈祷回响。自我的哀悼也是自身精神的燃烧与余烬的收集。

3.33. 余哀故余生。第三个句子："因此我存在说的是我被余影所萦绕。"：([Moi=fantôme.] Donc « je suis » voudrait dire « je suis hanté »: je suis hanté par moi-même qui suis [hanté par moi-même qui suis hanté par moi-même qui suis ... etc.]. Partout où il y a Moi, es spukt, « ça hante ».)

我期待或者祈祷被哀悼——这是来自他者的哀悼——是"未来之未来"的时间模态，这是一种遗言或遗嘱的书写，是幽灵化的余象或"余像"（spectres, reste-image, hanté-image）的经验。我期待或者祈祷被哀悼——这是来自他者的哀悼——是未来的未来，这是一种遗言或遗嘱的书写，是"余象"或"余像"的经验。

3.331. 被哀悼：哀悼并非仅仅指向过去，而且指向未来，我期待我死之后，会被他者哀悼，不同于前面的哀悼他者——这有着我的某种被动性的主动性，我自己的哀悼则是主动性的被动性，那么，被他者哀悼，全然取决于他者，而且是无数他者，或者根本没有他者，权柄在他者那里，他者可以反签名，可以涂写，等等。遗言遭遇到背叛或者不忠实的困境，而且未来必须是敞开的。

3.332. 余象或余影：被他者哀悼。这是余数或多数化的幽灵影像。即被幽灵萦绕与纠缠，是《马克思的幽灵们》。余生就是成为他者的幽灵。是复活与拯救的思考。余生就作为生存在他人那里的余数，是不可能计数的余哀。余生是遗言与遗嘱，是书写，在这里，是更为被动地书写，是被写，不是自己的书写，即便有着书写，也可能被涂写、被改写、被反-签名。但是余生如何可能被他人铭记？这只有打开一个未来、一个允诺，才有着余生，打开未来的条件是给出了允诺。允诺才是未来，被他者哀悼与铭记的条件是自己给出了允诺、承诺与希望。或者要求着记忆：比如基督最后晚餐的要求。

3.333. 我仅仅成为影像而存活在他者那里，我并非实体，而是幽灵化的非实体的实体，既非存在也非缺席，而是作为幽灵化的余像存活，仅仅是余存——不同于他者在我这里的余存，我有着记忆，有着清晰的记忆，我在他者那里，却无法确保，当然我对他者的记忆也可能模糊，需要抹去自我的主张，但还是有着差异：我对他者之为余存的经验，不同于他者对我的余存。因为前者是"我"让他者在我这里余存，我回应他，有着自身触感；后者却是我在别人那里存活，我没有自身触感，而是无感之感，还不是它异触感（我自己的死亡是自身触感与它异触感的混合），我不可能对未来的、尚未到来的他者——有着感受，尽管我有着遗嘱，但是背叛的可能性，或者对背叛的要求、不忠实的忠实，以及未知性、敞开性，都是需要自己事先或者先行让出的，在这个幽灵化与余影化或者余像化的层面上，无余已经与让与有关了，死亡之为礼物，给予他者，期待的是宽恕，是宽恕之为未来的条件，余影伴随宽恕的祈求，根本不由自我控制与辩护。余像也与复活相关，我如何复活？这不取决于我，不是我的自我复活，而是他者让我复活，也仅仅作为余像而已！如同福音书结尾所书写的"不要触摸我"是对离开告别的分享。

　　3.334. 人类的历史总是通过遗嘱与遗言来传递的，因为这关涉有限与必死的个体性及其未来，因此这要求着我的给与与让与，其中也有着我的余象化与幽灵化。但我又不可能去控制我遗言的执行，其中总是有着不忠实的忠实，或忠实的不忠实，这也是未来的敞开与余地。因此，不得不要求宽恕，宽恕乃是未来的前提条件，是未来之未来的先行条件。

3.4. 三重哀悼的补余

　　3.4. 哀悼之为元现象。

3.41. 首先，无余的生命，生命之为无余，此乃生命的基本结构，是最为基本的结构。我们只要活着，只要经验到自己与他人的活着，我们就会觉悟到：我们仅仅是还活着的死人，以及，已经死去的活人。对于任何独一性的个体都是如此：作为"活着的死者"——与——"死去的活物"，这个同时性的双重结构，这个永远不在场的生命余存样式，是生命的基本结构，对此，哲学还没有深入思考和展开。

3.411. 何谓活着的死者？我们是活着，对于当下的我们，这些人类生命而言，尤其是一个个的生命而言，只要我们还能够意识到我们活着，只要我们还能够指着自己言说自己，我们就活着，这个活着是如此自明，不需要论证或者别人的确认，活着就是自己在活着，活在自己的身体中。活着也是试图活得更多更久。活着就是活着，自己并不能经验自己的死亡，这是经验自己死亡的不可能性。

3.412. 但是，生命中会有死亡发生，有着他者的死亡，众多他者的死亡唤醒了我们的死亡恐惧，一旦在我们的生命中死亡作为"元现象"发生，一旦觉悟到我们是必死者——我们的必死性和有限性，以及短暂性；我们甚至还是"能死者"——如同海德格尔所言。我们知道自己也会在不久的一天死亡，人类之为此物种，人类中的一个人到目前为止，还只有一百年左右的存活寿命（尽管过去有着更久的想象，未来会有技术延长寿命），那么，我们就成为剩余者：相对于已经死去的生命，我们是余存意义上的剩余；相对于自己，我们已经是多余的存在。

3.413. 如果放大时间的尺度来看，个体的存活时间，在人类历史与宇宙历史的长河中，不过是一滴泡沫，不过是转瞬之间的一个瞬间而已！

3.414. 在如此的时空下考察生命，一旦意识到自己的必死性和短暂性，尽管我们还活着，还会继续存活一段时间，但生命就已经死去了：

我们触及自己的短暂性，就仿佛是已经死去了——已经没有了意义，活到二十五岁与八十五岁，又有什么差别？"已经死去了"——尽管这似乎不是身体的直接死亡，而是对时间性的意识，这里主要的是指向时间性的体会。或者，我们会由此时间的加速与提前而成为无余者，或者，我们会以虚空之物来填补这个加快的时间节律，变得更加虚妄。

3.415. 立刻，我们会明白：生命最终都会成为烧尽的灰烬———如尼采的大肯定，或者成为古代意义上的髑髅或者骷髅———如庄子对无余生命的洞见。因此，有着两种看待这个自我加速老化乃至死亡，即两种自我哀悼的方式。

3.42. 其次，自我哀悼的不可能性。

3.421. 我还必须想象自己是在死后继续存活，如果还有着永恒性，所谓的神明等等，那也是对这个短暂性和有限性的再次转换：但是并不如同传统神话和宗教传统那样，认为有着永恒的生命，在时间之外的不朽生命，而是从人类以及个体生命的内在生命出发，生命需要他者，生命总是与其他的生命与非生命发生关系，我们哀悼自己也哀悼他人，我们死后，也会被他人哀悼。因此，我们不仅仅要自我哀悼——这是一种自恋，超越自己生死的自恋，我们的自恋结构中还期待被他人纪念或者哀悼，因此，我们的未来，就在他人那里。

3.42101. 如果我们想象自己的死后存在，我们短暂的有限性如同髑髅一样，那么，我们在他人那里的样子呢？这是作为死去的活人，我们确实死去了，我们已经不在了，已经缺席了，我们仅仅是存活在他人那里，作为幽灵的生命，作为一个梦中的鬼魂或者幽灵，一个仅仅显临在他人那里的幽灵。

3.42102. 不可名状的"鬼魂"与"幽灵"——也许是我们，也许不是我们，有着我们活着时的某种样子，但是已经有所变异，毕竟我们已经是他人那里的幽灵，尽管也不属于他人，因为毕竟是我们自己幽灵的显现，这是双重的不属于！如同骷髅也是双重的，不属于我们：尽管我们试图想象自己的死后样子，但把自己想象为死后的骷髅几乎不可能！

3.421021. 如果说"鬼魂"还有着某种家族以及已有经验的相似性，某种似像，似乎可以还原为已有的记忆，尽管已经是变形的记忆，尤其这已经是——未来的记忆，如同梦中之事有着预言性。

3.421022. 但，"幽灵"，如同骷髅的样子作为空洞毁形的匿名性，似乎也不是我们人类，而就是一个没有关系的无可归属的幽灵，是一个"非像"！

3.422. 我们仅仅作为幽灵而属于未来的他人，我们的生命已经属于他人，我们只能在他者那里才有一个未来，一个继续活着的生命——不是生命的生命，我们确实已经死去。在生前，我们已经死去了：我们同时是死去的，因此并没有现在的在场和现在时刻，"现在"这个时刻——每一个"现在"这个时刻，已经消失了，已经死去了，所有的现在已经死去了，我们要么在自我哀悼中有着消逝的过去，要么在他人那里有着到来的未来。尽管我们已经死去，我们又还活着，活在他人对我们的哀悼以及我们对他者的想象和发现中。这里有着两种情形：我们所发现的他者，以及他者对于我们的期待。

3.42201. 我们想象一个可能的他者，但又不是纯然自己的想象投射，那是对自我的哀悼，把自己看作活着的死者，都有着自我的投射，都是自己的燃烧与自我赋形的印记，当然，其中已经有着断裂：因为余烬和骷髅都已经毁形了，死灰无法复燃，骷髅无法回到原形。因此，面对他者，面对未来，哪怕是自己想象或者期待一个他者，也有着变形了。

3.42202. 自我对自我的哀悼，这是剩余的剩余化，加速的燃烧，生命短暂和有限性的撞击，从自恋神话中的纳克索斯，到耶稣基督、现代的卡夫卡、克尔凯郭尔，还有尼采、荷尔德林、济慈与中国的海子，等等，都是如此，似乎他们已经看到自己生命成为四散开来的灰烬。当卡夫卡要求烧毁自己的手稿时，其实是要看到自己生命的灰烬，荷尔德林期待希腊天空的火焰点燃自己，来获得历史性的命运，如同尼采以酒神的疯狂灼痛自己一样，都是要亲眼看到自己生命的燃烧与余烬的播散。海子的诗歌写作无疑也是如此——十个海子的燃烧穿透黑夜抵达黎明。但什么样的语言可以接纳天火？如此的语言如何既要自由地使用本己，又要慷慨地接纳他者，让火性与水性得以和谐？还要一直保持为破碎却又生长的形态？

3.42203. 还有一种，则是我们的生命必须被看作已经是空洞的髑髅，我们在活着的时候必须有此不可能的无余洞见，我们其实已经是骷髅了，仅仅是一个"物"！这是一个比余烬似乎还要彻底的承认：仅仅是"物"而已，一个曾经的活物？也许是，也许不是，仅仅是"物"！这才能洞察到生命的本相与短暂性——我们是必死之物，是生命中的非生命之物，是那不可名状的髑髅，被死亡之后的死亡，被无情无名的时间性打上了烙印的物。这是超越死亡的死亡：骷髅已经是死去之后的无名躯体而已，一个废物——废弃之物而已，不再有哀悼和祭祀。一个已经看到自己死后生命会是如此样子的人，必然会在惊恐中发现自己的生命——仅仅是活着的死物：不是一般意义上的死亡，而是死后的空洞毁形的髑髅状之物。这也是为什么在西方基督教与神明缺席相关的虚空（vanity）的绘画中，包括后来的静物画中，对"物"的描绘要伴随画一个骷髅头（现代性中还有塞尚和里希特的骷髅头等等）。对这个骷髅头的凝视，或者这个骷髅头空洞的眼眶在逼视我们这些观看者，如同亡灵们的凝视，都表达了生命的短暂性——尤其是从与不死的神明对比意义上而言。

3.423. 生命就是"髑髅"与"余烬"：已经是死去之后的余存者了：西语的sur-vivre就是如此的意思——超越生命的生命！在这个把自己看作骷髅的余存样式中，以及看到自己的生命燃烧为余烬的激烈想象中，是我自己在如此看待自己，我对自己似乎已经是灰烬和骷髅的这种非人式的凝视与想象，已经是把自己当作无余的死者在看待。

3.424. 同时，这也是我在哀悼自己。毕竟是我自己，已经自觉彻底地如此看待自己，这还是需要生存的洞见与勇气的，这个自我的哀悼，使自己的生命成为半个存在，如同诗人策兰所言的"半哀悼"：因为"我"在哀悼我自己如此短暂有限的生命，已经死亡后的无名毁形，我就还是余存的，尽管仅仅是半个生命存在而已。

3.425. 但仅仅是自己哀悼自己，似乎把整个过去都置于一个界限上，使之终结，但仅仅如此，还是不够的。

3.426. 有着他人肉体可见的死亡，即因为疾病、暴力等等导致的死亡现象性，以及有着自己在衰老的肉身，这两个因素不同于自恋和自我的哀悼，但如此的肉体并不在场：他者死亡的肉体已经不属于死者本人，我自己衰老的身体已经被髑髅的现象所浸染，我无法触及自己的死亡，但在疲惫、睡眠等等被动性经验中，我被死亡所触感。

3.43. 其三，被他者所哀悼。

3.431. 作为活着的死物与死去的活物，这个双重的结构具有同时性。这个"同时性"并不是时间的同一时刻的意思，而是一个生命存在可以在一次性的生命经验中，展开如此基本的结构，如此的生命才完整！而无余的生命，并没有自我（余），没有自己的余地：无论是对自我的哀悼，已经是死者，还是要被不可知的"他人"所哀悼，都没有自我的想象与主体的投射。

3.432. 因为，对于自己的哀悼，已经处于哀悼的哀悼之中，以及对哀悼不可能的经验之中：因为开端或者所谓的本源已经缺席。因此，我们一旦意识到死亡，就仿佛死去了，也是来自一个后来的推演：既然我们的未来在他人的哀悼之中，他人的未来——认同后来者的过去——也是在哀悼之中，这个结构也可以重现在个体面对自己的经验之中。也是因为，对于未来的期待，不可能由自己来实现，而是由未来的他者来打开，再次腾空：没有终结，只有未来的再次空开。

3.433. 当然，这个开端的空缺与未来的空开，却又是被这个唯一的生命所触感到：对非生命之为"物"和物化的非触感之中。一切的秘密在于与非生命的关系之中，如同西方在天使或者新天使的构想中，在圣灵中憧憬的非生命。

3.434. 无余的余化。如同佛教在无余涅槃之际，还保留着佛的佛性与种子，所谓的无漏种子。

3.44. 生命已经是余生，是生生生的内在转化！

3.5. 现代性的哀悼句法：
X without X, pas sans pas, sans sans sans

3.5. 一无所剩，剩下的仅仅是哀悼。

我哀悼故我在。

翻译为我们的句子：余哀故余在。乃至于：余哀故余生。

3.51. 面对哀悼，进入哀悼的书写，现代性有着一个哀悼的步伐，也是现代性的个体或者余者在世界上行走的"句法"（phrase / syntax）。

哀悼的书写有着一个"绝境"的逻辑，所谓的aporia乃是不可行（non-passage）、不可走，但如何在绝境的逻辑中，即在死亡的境地或无余的地步中，还有着行走呼吸的步伐（pas，not / step，step / stop）呢？面对此境况，思想如何唤起？

这个哀悼的步伐如何在书写中迈出？

3.511. 既然德里达在20世纪最大的贡献是明确指明了这个绝境的逻辑，就有必要先清理一下西方传统已有的各种逻辑，这还关涉到历史的脉络。

3.5111. 古典时代亚里士多德的逻辑：不矛盾律，A不可能同时是A与非A；也是同一律，A必须一直保持为A，如果不能一直保持其同一性就不是其本身，存在必须保持其同一性。

3.5112. 中世纪的神学逻辑：耶稣同时是完完全全的神与完完全全的人，具有神人二重性。既是绝对唯一，也是绝对普遍。既是死亡，也是复活。二者并非对立，而是灵性的综合。如同圣像画上的耶稣，既是个体的面孔，也是神的面具。

3.5113. 近现代的二元对立逻辑：从笛卡尔的心身二元论，到康德在二律背反上达其极致：世界是有限，也是无限。世界是必然，也是自由，康德是对近代思想的总结，却无法综合。

3.5114. 黑格尔的辩证法：面对古典的矛盾律，面对神学的直接综合，面对二律背反，需要最后一个最大的综合，黑格尔提出了他的辩证法，"否定之否定"的辩证法，有着一个发展过程的综合性。但也导致巨大的封闭，如同德里达所言。而且死亡成为万能的中介，从悲剧英雄的死亡到耶稣基督的死亡，死亡之为否定，之为扬弃的方式，成为中介连接，不断否定，步伐却不断前行。但这个步伐是踩着死者的尸体与所谓的头盖骨的战场而前行，是意识活动，也是语言本身的结构性展开。

3.512. 面对这个巨大的历史与逻辑的封闭，随后出现的是尼采与克尔凯郭尔。克尔凯郭尔相信十字架的悖谬与荒诞：全能的上帝如何允许被人钉死在十字架上？只有绝对的冒险，而且是未知的冒险，才可能进入此经验之中。而尼采则直接宣称上帝已经死亡，如果上帝已经死亡，不就仅仅剩下对上帝死亡的哀悼而已？而且尼采不再相信传统的同一律与矛盾律，认为那仅仅是语言的虚构，对语法的迷信！

3.5121. 因此，哀悼的句法或者绝境的逻辑，就不再可能是传统的综合，黑格尔的巨大综合失效了，仅仅剩下一个如此的死亡的步伐或句法，带有丧钟破碎的声音：仅仅是碎屑，是余屑，是残端，无法综合了。这个关涉哀悼的句法，也许以法语和中文来说更为恰切，当然英语似乎也还勉强，这也是为何尼采在法国的影响最大，并即将在中国产生巨大的回声或余音：pas sans pas。由此，汉语思想将会走上现代性的哲学道路。

3.52. 哲学的上道，在法语中，pas有着stop（否定）与step（步伐）这两个含义，如同汉语在"步"（bu伐）与"不"（bu是）的谐音，对于死亡与哀悼，就如此奇妙结合了两道步伐：一道，死亡是步伐的停止，是生命活动的终止，是绝对的否定，生存论上的否定，是一切的终止；另一道，哀悼活动又是在迈出步伐，尽管是不可能的步伐。前者是步伐的不可能性，不再有复活。后者是不可能的步伐，是通过余存者的哀悼要迈出一个不是步伐的步伐；看似悖论，但似乎又迈出了步伐，这个"好似"或"好像"，打开了虚拟的感知空间，如同灵魂的出窍。

3.521. 20世纪，可能是布朗肖，在德里达之前，在海德格尔的本己死亡与列维纳斯的他者死亡之后，最为彻底地打开了这个哀悼书写的步伐，最为彻底地思考了这个不可能的步伐，而德里达则结合上面三重对死亡的思考，反复扩展这个句法，使之普遍化，尤其体现在对"哀悼"与"余存"的思考上。

3.522. 如同布朗肖的诡秘书写：死之诡步（Le pas au-delà），之为"错步"或"失足"（faux pas），死之到来，死之复活，如此诡谲，乃至怪异，但与死自身的步伐，彼此相伴，此上道的步伐与小说的叙事，如此神秘，如此迷人。

3.523. 哲学的上道，pas sans pas：这异常的诡步（"不"与"步"同时又不可能的步伐），是吊诡之步伐（死之悬临），也是步伐之诡计（死之幽灵的精神召唤虚拟的计算技术），还是步伐之诡异（看似迈出，似乎又没有；看似停止，似乎又迈出了：不可决断的踌躇），打开一个差异的间隔空间（espacement）。

3.524. 哲学的上道，pas sans pas：这个诡步，因为死亡的悬临与悬欠，也打开了一个广泛性的笔法与句法，pas sans pas 改写为X sans X，即英文的X without X，这个句法彻底打破了辩证法。如果有着现代性的经验，有着现代性的句法表达，这个句子乃是最为根本的句子与句法。

3.525. pas sans pas：中间的sans或without并不连接同一的两端，它不是同一关系，也不是对立关系，更不是可以综合的关系，而是否定与断裂，但这个断裂并不导致综合，而是打开一个否定之中的空隙，要不断去拓展的正是这个空隙的间隔。

3.526. 如同哀悼的记忆不是内在回忆，也非思考性记忆，而是遗忘的先前性，打开了一个书写的间隔。这个间隔存在于书写记忆活动中，所以只有通过思考符号的技艺铭刻，德里达才可能通过文字符号书写学发现这个间隔，发现哀悼与记忆二者与书写符号的关系，由此打开一个现代性的逻辑。

3.53. 哲学的上道，X without X：这个不可能性的句法是我们衡量与鉴别现代性书写之根本标志的句法。能否在这个困难的句法、步伐及逻辑中，思考与书写，决定了我们是否能进入现代性的经验之中。

3.5301. 甚至，即便我们要去重新发现传统，也要在如此的句法中展开，否则就还是以各种虚假的方式回到传统而已，并没有实质性地迈出步伐，尽管这个步伐看起来似乎又不可能，如此的诡异与艰难。

3.5302. 当下的中国也呈现出如此诡异的局面：一方面看起来如此新潮，什么都有了，中国已经全球化了；另一方面，却似乎还如此传统，根本没有任何真正意义上的现代性可言。中国的世界化，所谓的天下观，世界的中国化，中国成为问题，中国是问题本身，就是如此。这就是我们的诡异处境：我们要么还在现代性的两难中摇摆，要么还处于可以同化一切的强大幻觉中；要么在分裂中持续地煎熬，要么在虚假的整合辩证法中自我封闭！所谓的"中国式混杂现代性"不过是这些西方已有的各种逻辑，还有中国传统的《易经》阴阳辩证法，笼统混杂方式的诡谲聚集，当然，还夹杂着混沌的要素，以及创新的机会。

3.531. 哲学的上道，甚至，X without X 的句法还会更为复杂与纠缠，并且打开一个不可能的之间：一般而言，这是一个现代性主体的基本命运：subject without subject（没有主体的主体，主而无主，体而无体）——没有对象的对象，没有宗教的宗教，等等。

3.532. 它不是二元对立，不是悖论，不是两难，因为一方面看起来如此对立，但另一方面，又如此彼此依赖，不可能分开，而且出现一个看似奇妙的裂缝与之间：without——可以是with-out，既是带着（with），也是去除（out）。

3.533. 因此，除了思考两边彼此抹去的主题性，之间的这个sans还更为奇妙：因为在法语中，这个否定性的sans（步伐与否定），可以播散书写，可以是sang（血），可以是cent（百分），可以是sens（意义与意感），等等，如同cendre（余烬）也是与sans的语音播散相关，也许没有什么比哀悼的余烬，更为靠近这个句法。当然，sang的血缘似乎还与汉语有着亲缘关系：丧钟之丧，丧失，哀伤，伤痛，殇，所以鲁迅会写《伤逝》，形成自己哀悼的诗学。

3.54. 思想的步伐，继续上道时，德里达甚至进一步还扩展了pas sans pas这个句子，使之成为新的更为神秘的句法：

sans sans sans（without without without）。

这是一个根本上几乎不可读的句子，彻底噪音化的句法，也是无余最为彻底的句法。

如果与"一无所剩"有着相关的纯粹哲学句法：pas sans pas就是其最好的翻译，当然也是更为西方式的翻译，尽管其中缺乏剩余的含义。

3.540. 如下的反常句子，也折叠在一起，有着彼此的渗透与转化：

道道道，

余余余，

生生生，

让让让，

无无无，

用用用，

用庸用，

pas sans pas，

san sans sans，

——如此反复吟诵这些语句，如此无用又如此丰盈，如此漠然又诡异，就好像变成了佛教式"法-语"：

南无阿弥陀佛！

3.541. 第一个句法是pas sans pas：其中的pas是步伐，是剩余的逻辑，有着步伐，但已经是历史终结，是后历史的句法。历史已经进入了终结，剩下的仅仅是终结的开始，已经是哀悼，但还有着剩余：step without step，死亡的步伐还有着牺牲僭越的冲动，但并没有迈出，也并没有死亡的复活，而是巨大灾变的停顿。

3.542. 第二个句法则是pas sans pas：但读法与写法不同，倾听也不同，stop without stop，停止没有停止，死亡似乎还在继续，既是"死"还在不断到来，也是"生者"不断向死而在。这是更为现代性的哀悼句法。

3.543. 第三个句法则是sans sans sans：这是更为彻底的无余句法，要倾听的是中间的语词，并非倾听两边，如同孔夫子所言的"叩其两端"，"空空如也"。是倾听中间的这个sans，仅仅是sans在播散，但是否打开"之间"还是一个疑问，如果英文的without打开了一个可能书写的"之间"，那么sans似乎已经余烬化，或者仅仅作为余影的经验，这个句法更能激发幻象。

3.544. 第四个句法是sans-sans-sans：without with-out without，如果是英文的without被分开书写with-out，就是中间再次被打开了一个之间的间隙，一个并不存在的"虚间"。这个看不见的裂缝，在with-out / s-an-s 的播散中，一旦被打开一个虚间，一个不可能发生但又具体的"虚位"（／阔纳：chora）就出现了，德里达思考过这个非位置、位置的剩余等等，但必须进一步放大为"虚托邦"。这是无余之后的余地，在被抛于世界的处境中，我们只能从余地开始，"阔纳"之为"余地"，乃是对已有历史经验与生命宇宙技术中出现过的"虚位"，加以重新归位，然后，回到更为根本的玄牝之所或胎儿–母体的原初虚位，让世界重新生成。

3.545. 前面的那个句法还可读，尽管有着模糊性，pas的step / stop 的双关含义，到底是步伐的可能性还是不可能性的步伐，需要主体的决断；但是，后面的这个句子sans sans sans 几乎就不可读，基本上是噪音，哀悼与余烬的经验，让这个句子更为明确。

3.55. 如何再次倾听这个吊诡的句法？面对这个法语特有的习语，这个现代性的哀悼步伐，也是吊诡的步伐，我们可以如下再次倾听或统听：

pas sans pas，sans sans sans。

3.551. 第一重听法：step / stop，以步伐的步子为主（step，pace，walk，gait，strait of waters）。

3.5511. step without stop：生命一直可以前行，是活着的步伐。

3.5512. step without step：生命死去了，但有着遗体，在哀悼中前行，走向墓地。

3.552. 第二重听法：stop / step，死的步伐。

3.5521. stop without step：死去了，彻底死去，不再有前行的步伐。

拉撒路不再起来行走。

3.5522. stop without stop：死而未死，死竟然没有停止步伐，这是死之复活？

——进入哀悼之更为彻底的句法：以sans为主，以法语的pas与sans之间关系的相互渗透来思考。

3.553. 第三重听法pas sans pas：这里，sans已经渗透到pas了，pas的否定性与sans的否定性彼此加强，更为强调哀悼的必然性与广泛性，但也走向肯定。

3.5531. 否定性的播散：sans的多重语义播散，cendres余烬的播散，sens意义的无意义，cent百分比的不可能性，sang血液的流失，等等。在这里与汉语的shang——丧失、伤害、伤痛、哀伤相关了。

3.5532. 肯定性播散：回到pas，不仅仅是与sans相关的否定性，在sans与pas的相关书写中，pas可以被广泛地播散书写：par，through；pace，step；apart，apart；partage，sharing；parage，parages；it happened，se passait；等等。"步子"（step）与"否定"（stop / not）交织的书写，分享又分离，不可决断，却又发生了，似乎迈出了，却仿佛还没有迈步，但因为语词的播散，否定被转换为肯定了。

3.554. 第四重听法，接下来则是更为困难的句法：sans sans sans。只有否定性，纯然的否定性如何走向绝对无限的肯定性？如果上面是哀悼的播散，那里有余烬，那么，接下来则是授予他者之未来的哀悼了：这是与自己的名字相关，因为哀悼乃是名字的召唤与书写，是德里达所言的不再有名字（plus de nom / le pas de nom）。但如何铭记，在哪里铭记？这是叙述（récit），也是小说叙事与记叙的位置，当然这个位置是空位或虚位（atopic，hypertopical，placeless，overplaced，surplus of place）。一直保持为空无的虚位。

3.555. 德里达在研究布朗肖的虚构叙事时（《海域》一书中），把布朗肖自己的名字与小说虚拟的叙事联系起来，思考布朗肖如何铭记自己，涂抹自己，并且把自己的名字播散开来授予未来，以便打开外域，打开未来的可能性，在遗忘之遗忘的书写中，在遗忘的先前性之中，让他者接近（abord）与到来（venir），因此叙事乃是对未来到来他者的授予与召唤，这个召唤乃是打开了未来的哀悼与铭记。

3.5551. 布朗肖的sans之为空无，之为空无的铭写，之为遗忘的先前性：这体现在个体的签名上，以自己的名字来哀悼，自我哀悼的抹去：布朗肖的名字Blanchot在法语中与白色（le blanc）词性相似，布朗肖在《晦暗托马》小说的开篇，把自己的名字隐藏在浅白色的海水中，打开了没有海岸线的海域或水域，思考如何解决岸边与边界上（bord / abord）语词的相似性与自然的感应，以及边界的发生与接触的可能性，自己的名字被播散在震荡不息的海水中，而且与主人公对黑夜的不喜欢相关。小说也是颜色的诞生，把自己的名字融入主人公托马的目光中，也是叙述者的叙述中，但这个叙述并非某个我，并非布朗肖，而是名字本身的铭记与播散。进一步，这个chot的名字，也是与咸水湖相关。而莫里斯·布朗肖中的Maurice中的mau也是mo，与mort（死亡）与mot（语词）相关，是语词的铭记与铭刻。被未来的读者所反复阅读与召唤。这也是本雅明所言的"感性的相似性"与"非感性的相似性"之个体化的重新连接。

3.5552. 德里达与布朗肖对sans之三重性的重复，形成召唤的节奏，而且sans与名字相关，也是进一步的当下化与播散，这是布朗肖把chot的O进一步播散，也是自我的彻底遗忘，是我（wo）的去除与抹去：一切归零，一切成为零度（zero），这是让空无进一步打开与外展。l'eau，水与O的发音，"水"，水纹与水波，水域，不断震荡与鲜活这个字的发音与书写；与mot（语词），与mort（死亡）及死者（le mort），与fort（必然），与faux pas（失足的步伐）、fors（例外）、fort（非常或强力）、dehors（走向外域）及parole的言谈中也有语言的O，是原初空无敞开的言说，对着未来言说，等等，不断打开了这个"O"之音的书写，之音节的播散与书写。

3.5553. 当然，也可以倾听策兰的无人的玫瑰。或者是布朗肖的召唤：召唤来者！上帝的名字成为"到来的那个"。

3.6. 剩下"之间"的所在

3.6. 一无所剩，剩下的是一个：绝境。

3.61. 德里达为何还要提出余化呢？这是为了面对可能性与不可能性之双重约束的死结。德里达的"绝境"状态难道不就如同布里丹的"驴子"所处的困境：因为不可能选择，或者不可决断，而自身饿死？很多哲学家批判德里达的不可决断性，比如来自左派革命行动的急迫性。德里达也认识到这个问题：到来的民主如何具有当下的决断力？未来的未来性如何影响现在？或者构成现在行动的条件？尽管德里达相信弥赛亚性的未来或绝对正义的观念已经是当下行动的条件，但如何让主体可以感受到？或者成为主体的自觉？而一旦自觉地主体化，又违背了德里达的解构原则。

3.611. 那么，如何进入这个双重约束之中又有所行动？这是德里达所期待的余化。余，既是有余也是无余，既是剩余也是多余；余，是不确定的，比延异还要不确定。如果延异是"空间的时间化"与"时间的空间化"，是"延迟"与"差异"的结合，那么，这个"间隔"的"之间"还有什么？思考这个"间隔"（espacement），就是继续去思考：

如何更好地打开这个间隔？这个间隔是否有着更大的"余地"？

3.612. 不可能性与可能性的双重约束如何得以承受？如何在不放松与打断这个连接的同时，还能够忍受这不可走出的绝境：一方面，比如保持可能性与不可能性的双重约束，离开了这个相关性，要么导致不可能性的新宗教，要么只有可能性的科学主义，而保持二者之间的来回震荡，也不陷入任何既定的现象学立场，无论是马里翁的还是克里田的宗教现象学；另一方面，如何保持可能性与不可能性之间的纽带，让这个"之间"更为有着余地，更为宽阔，更为容易让人性存活？这个余地的打开，中国哲学的智慧可以提供某种参考？如同庄子的"以无厚入有间，恢恢乎其于游刃必有余地"的庖丁解牛式方式。

3.62. 一无所剩！如此多重的书写意味着，自己的书写必须事先就留出余地与空白，让未来者可以参加，提前的参与，即未来的先行，这也是为何德里达一直思考那个"到来"（à venir）：那到来的民主，那到来的正义，等等，即海德格尔所谓的将来者。

3.621. 如果还有着未来，那是有着余地，而无余还必须进一步被思考为"余地"，无余的技术虚拟化有着被彻底幻象化的危险，对于幽灵善恶的无可鉴别一直是问题，在德里达，未来的余生与埋葬或者火化有关，也是思考自身的幽灵化，如何把自身的书写转换为一个幽灵的书写，还能够为未来者留出更大的余地？

3.622. 余，或者我们，在这里书写哀悼的余者，我们这些无余者，都是幽灵！

3.63. 这也是为什么犹太教有对到来弥赛亚的期待，而基督教则是让耶稣成为后来保罗神学的耶稣弥赛亚，伊斯兰教的弥赛亚也不同于基督教的样式。哪怕都是来自同一个先祖——亚伯拉罕的宗教，后来的他者们都已经变异了。《旧约》之为旧的遗言，被《新约》之为新的遗言所修改，对第一亚当之为丧失伊甸园和原罪的记忆已经抹去；在基督教是耶稣这个神的化身之人，即第二亚当的宝血；伊斯兰教则不同，而是先知们的献祭牺牲。

3.631. 发现不同的他者，如同古希腊对苏格拉底命运的可能性的不同发现：色诺芬更加家庭日常化的苏格拉底，就不同于哲学化与理念化的柏拉图式的苏格拉底，当然阿里斯托芬喜剧中的苏格拉底与历史记载中打仗的苏格拉底也截然不同，却都打开了历史的不同面向与重新解释的可能性。

3.632. 但唯一神论的未来，还是受到"亚伯拉罕"及"苏格拉底"的控制，还是他们的未来，这是有着名目的各种"弥赛亚主义"，如同德里达所言。中国文化，如此崇拜祖先并强调祭祀的传统，尤其是儒家，则是通过血缘和帝王谱系的继承来确保未来。但这种方式并不成功，要么是由于儒家天命具有无名性和匿名性，无法呼喊具体的圣名——不同于犹太教和基督教的唯一神论——是一种较弱的力量，要么是由帝王姓氏谱系来传承时，却一再被不同的朝代改换，其所谓的政治神学其实已经分裂，所谓天爵与人爵分立，明知不可能分开，却又不得不尴尬地调和。

3.64. 更加彻底的还是他者"让"我们余存，我们处于"被动性"之中，这是最为被动的被动性，如同列维纳斯、布朗肖和德里达所言。

尽管我们试图控制未来，以遗言遗嘱或者未来的祝福诅咒等等，来控制未来与计划未来，但是，到来的他者会转变我们的期待。同时，更加彻底的是，我们这些必死者，还处于被他者期待之中，不是我们发现我们所期待的他者，而是我们进入"被期待"或"被等待"的经验之中。我们必须去经验如此的被动性，如此的无能和无力！这个无力或无能的经验消解了传统弥赛亚主义。

3.641. 古希腊柏拉图对阔纳的发现，如同德里达所指出的，也是对非弥赛亚主义的发现。也许中国的道家和道教，对此不可能的生命形态，对此幽灵的物化状态，有着独特的想象，那些不死的神仙，在新时代技术的想象中会如何变形？作为一种什么意义上的活物？灵化的活物？

3.642. 我们不知道未来的他者如何给予我们形态：一个天使的形态？一个难以想象、难以言喻的新天使的物化形态？完全不是我们所想象的样子？就如同蝴蝶梦为庄子——在蝴蝶的生物体上有着对于人性的重新想象？我们所能做的，仅仅是打开自身，打开自身的等待，把自己空出来，越是空出自身，这个他者到来的可能性就越是不同，越是多样，这是中国文化的发现。

3.643. 如同庄子的梦蝶与物化：不仅仅是庄周梦为蝴蝶，而且同时，也是蝴蝶梦为庄周，后者是如此的被动性！不可能的想象和经验！却发生了如此的期待。

3.644. 生命死后的影像，无论是鬼魂还是幽灵，都可以嫁接在其他的躯体上，可以是生命，有可能是非生命，作为灵物或者灵媒，让我在技术之物上余存。这是我的影像，被技术所展开，打开无数可能伸展的空间。

3.65. 如何面对可能性与不可能性之间的地带？这个"之间"的余地如何打开？德里达不是没有思考此地带，即虚位（／阔纳：chora）的发生与到来民主发生的位置。

3.651. 首先，第一个，是海德格尔晚期思考的"之间"，在天地神人的"合四"（"四域"）——"之间"——有着镜像的投射游戏，不同于早期"争斗"的要求所带来的"之间"（荷尔德林的"河流诗"打开的——天空大地的——"之间"），而是通过"泰然让之"带来的"之间"。德里达很少思考"之间"与"让与"的关系，以及"礼物"与"让予"的关系，如何不同于"争斗"的占有与去己的剥夺。"集让"的让与，可以打开彼此的余地，而一旦我们把"让与"与"退让"，把"让与"与"给予"联系起来，让"让予"成为一种不可能性的可能性——比如，宽恕以及友爱，可能更有余地——就可以为唯一神论之间的冲突提供某种解决方式，比如：犹太教的zimzum式回缩，神的退却给出自由的余地，以及剩余的芬芳回味；或者是基督教神学的kenotic（神的倾空或虚己）；等等。

3.652. 其次，第二个，是朱利安的思考，以间距与之间，打开东西方的之间，不同于差异的思考方式，有着对中国智慧的深入思考，并且提出间辩法，打开一个虚待的之间。但朱利安没有结合之间与余地，没有思考这个之间，在"争斗"与"让予"之间如何展开，对"虚待"的思考也不充分。

3.653. 最后，第三个，德里达自己的思想提供了某种思考余的可能性：这是在阔纳或虚位中，思考那并非位置的位置，并非空间的空间，反倒是位置之发生的条件，作为不确定的第三类打开一个震荡的所在，如同梦中一般，在"去名"中的等待，在荒漠的荒漠之中的等候，可以打开一个可能的地带，或余地。

3.654. 但是必须把以上三重思考与中国思想结合，如同笔者借助于庄子所做的思考：这个余地的打开，乃是正义，才是大地上的尺度。

3.66. 我哀悼故我在。

3.6601. 这个句子被泛化：既是指我对他者的哀悼，也许我们可以换一个语句，"他者活在我心里"；也是指我的自我哀悼或自恋的书写结构，我是灰烬；最后，还可以指我被他者哀悼。

3.6602. 如果换成我们自己的语句则是：余哀悼故余在。恰好是：无余中的余在。

3.6603. 这个余在的哀悼结构，其实一直是一个同时性的三重折叠的结构，心灵在哀悼中使之皱褶着，我们的思考，出于教育学的目的而使之分开，展开其间的结构，一个丰富而且深情的哀悼，是同时具有这三重结构的。这也是丰富的痛苦，至深的情致或情志。

3.66031. 余心，乃是至深情致的体现之所。

3.661. 以我们对无余或者余在的思考而言：

3.6611. 传统的哀悼仪式与纪念方式使之内化，使之成为作品，以儒家最为典型，使死者成为守护者，如同祖先的祭祀与纪念。这是对死者的内化，并且征用之，使之功能化，为我所用，消除了死者的陌生性与惊恐性，最终也会让世界的不可见消失，因为丧失生命的痛感，而走向简单的乐感文化。对陌异性不再敏感，丧失生命延展的活力。这是所谓的"余活"。

3.6612. 而德里达的哀悼思考则是把这个内化的同化转变为余存：余存，面对了哀悼的不可能性，使他者存活在我这里，但这个我内心，乃是外在的铭记与书写，不是我的内化，乃是外在的铭记与书写，因为记忆会被打断，需要第三记忆，才有对名字的思考，才有记忆的哀悼的诗学。

3.66121. 哀悼死者让我成为死者，经历了一次死亡，因此我也要活在"外面"，让死去的他者之名活在我的铭记之中，我的书写活动也导致了我的外在化。这是他者在我这里的"余存"，是余存在外在性的书写铭记活动中（sur之为超越也是外在dehors），不是之前的内化，而是外化——既是记忆的外在物质性铭记，也是我自身把自己也外在化，我自己成为书写的幽灵。

3.66122. 记忆才是最后的神，所有的神都是机器神，是假器之神，如同德里达晚期所言，都是面对死亡的打断与遗忘，有限性地制作机制，来余存在外在性的铭记活动中，形成了记忆的历史与流传。

3.6613. 但是，无论是传统的内化同一化，还是德里达的外在性铭记，余存之为余存，借助于记忆铭记，还是需要一个心灵来哀悼，来感应，来心感。这看似再次回到了之前的内在性，但事情并非如此，而是一个余存之中的余心：这是心中之心，无论是内在同化还是外在铭记，心既是内在化的，也是铭记式的，是心在记忆，心在感怀，心在感应。心是活的，不是死的，外在铭记的神还是死神，征用他者也是利用死者，但只有余心之感才是活的：这是打开一个心中之心。这是我们对德里达的进一步思考。

——从余活到余在，再到余心，如果我们可以这样简单清理的话，那么，"余心"如何得以思考？

3.662. 余心，乃是打开一个心灵的空间，既非内在也非外在，而是可以折叠与反转的：心中之心，是在外面，借助于器物或者记忆的外在性铭记，但又回到内心。从内心的哀悼思念出发——到外在性的铭记书写——到再次回到内心，这个内心乃是心中之心：既是在外面——心不再封闭于一个内在的身体空间，而是离不开外在性的场域，但那仅仅是一个空茫的场域，如同里尔克对敞开的哀悼看视，是不可见的，是盲视，如同德里达的思考；但也是内在性，是自己的心，但被切分开了，不断要回到内心，回到自己的心觉之中，却无法感觉，感觉不到了，消失与丧失了，但还要去感觉，不可能拉回来，但要去接近。

3.6621. 于是打开了一个张力——心被切开了（荷尔德林所言的切心性Innigkeit）：（1）从内在性切分，乃是面对丧失的不可回收；（2）从外在性切分，乃是心一直在外面，在远离，被带走了，无法回来；（3）而且二者是翻转的，也是在语言中摺叠着，纠结着。

3.6622. 中国文化生命的愁肠回转就是如此，似乎不仅仅是心，还是"心肠"，把"心"与"肠"联系起来，也是因为中国人对此"心之事"有着原初的美感与感应：这是自然的活化与死亡的神器二者艰难的结合，不再如德曼所言，是丧葬的不朽性与妄想型恐惧的结合，我们修改了这个模式，并走向五脏六腑的宇宙记忆。

3.663. 思想由此打开一个余心的世界，进入内心的默化：面对死者，我们的心进入沉默，哀莫大于心死，这个心死，其实也是字面上面对死者的死心。因此，心，只有死掉，才可能活，如同日本人思考"粹"或者意气时，要经过"死心"这个阶段。

3.6631. 心的心语，哀悼死者，在我们内心，确实死者是活在我们内心，西方语言对这个内心的经验并不充分，德里达对传统内心与反思的解构，还有待于中国思想的一个增补：中国人的心性或者心灵，是心魂，这个心魂，乃是已经与鬼魂相交，而且是鬼魂在先了，是魂魄的已经来临。

3.6632. 汉语本身的言说，尤其是书写，保留了这个魂魄的余留，是瞬间的余觉与灵觉：认识到生命的余在，认识到生命的短暂，但又回复到自然性，与之同化，是转换的同化与顺化！因此，才有后来的良心与良知的觉感。

3.6633. 良知与良心是建立在这个余觉上的，是余心之道德化，而更为彻底的是这个余心，而非良心，这个是我们对心学的现代性转化！这也是王夫之对心学的反思：从余心与余力出发来思考心学的良知。

3.6634. 如果从余心出发，则是与现代性的哀悼相关了。因为生命在原发之中，在始发心的觉醒之际，就有着魂魄的触感，有着生命死亡的危机，有着对空茫的触感，这个空茫与死亡的触感，才是"寂然不动，感而遂通"的根源：所谓的道心微危就是如此！戒慎恐惧也是如此，每个人都已经受到过这个微危与恐惧的洗礼，而保持这个空茫与空寂的触感，才有良心的萌发，否则良心是不可能余觉的。

3.6635. 进入现代性，这个空茫与空寂之感，将更为明显，因为生命被还原到个体上！一方面是不断技术化，来形成虚拟的交往活动，打开更大的交流公共空间；但另一方面，其实个体更为退回到孤心之中，退回到个体的孤独的内心，是内心在承受这个良心的触感，成为余心。

3.6636. 余心，乃是面对现代性虚拟技术——即哀悼的外在记忆铭写之后，之余，更为彻底的余觉，是对德里达思想的进一步推进！不再仅仅是外在虚拟技术的铭记，而是再次回到个体生命，但这是面对自然的书写：如同庄子的启发，如同中国书法，面对自然，面对死亡，在墓碑上，在书法上的书写，比如《兰亭集序》把个体死亡还原到自然环境中的感发书写，以及后来走向山水画的书写，就是如此。

3.7. 世界的余心

2020年之后的世界疫情，打开了元宇宙的世界、个体生命的单子化，打开了更为广阔的虚拟四维世界，但还是遗忘了"心"。

余心，乃是面对世界虚拟化，那被遗忘了的心灵。

心，无法被虚拟化，即便可以移植。

从无余开始的哀悼之思，可以彻底推进传统儒家的良心说，如果接续王夫之对于余心与余力的思考，对心学的反思将会更为明确。我们试图把这个余心推进到现代性的个体生命触感上，以及余在的生存上与哀悼上，这是传统生生观所不具备的思考张力。我们也通过德里达的哀悼书写，通过外在的记忆铭刻，推进了这个思考，转换了传统。

随着我们进一步思考德里达的可能性与不可能性的逻辑及无余的问题，把心灵与技术、灵魂与技术重新关联，思考生命宇宙技术，如此无余化的主体，发生在"余心"这个虚位上，与荷尔德林回到自然的那个心志（Gemüt）与切心性（Innigkeit）联系起来，诗意的心志乃是因为切心性，才成为余心，此二者的结合，回向自然诗意的结合，乃是余心。

如此的"余心"，就如同海德格尔在关于荷尔德林诗歌的《西方的交谈》中（也是接续与模仿《晚间交谈》的无用之用）所激活的那预感或期许之心（Ermunterung），去回应荷尔德林诗歌中"天国的回声"（Echo des Himmels）。

只有余心还在，就有着回心（metanoia）的可能性，有着悔改与悔悟的机会。

如同中国化的《心经》，作为玄奘个体化的生命守护文本，度一切苦厄的心咒，却可以催生不同个体的重新书写，或者从鸠摩罗什开始，在书法那里，在小说《西游记》中，等等，形成了再个体化的"余心"。

只要余心还有，余让就可能发生，余地就可能生成。

4
余让论
争让 – 余让 – 集让

如果谁没有首先让出他自身，

他就既没有理解我的言说，

也没有理解我的教导。

——埃克哈特大师

太初有让。

就不再仅仅是：太初有言、太初有为，乃至于，太初有力。

而是：太初有让！

4.0. 一无所让：太初有让

请让一下。

让一让。

Laissez-moi passer, s'il vous plaît.

Pardon.

请您让一让，让别人过来。

这是礼貌，也是礼仪，还是祈求。

请让我开始。

请让。

或者就是简化的请求：让。

让：这是说话之前已经开始的姿态，也是语言产生的先在条件。

没有"让"，就没有语言的传达，没有表达的机会。

汉语之为汉语，在诞生之初，在语言来临之前，"让"就发生了，默默地发生了。

让，让予，可能并不需要语言，就是一个在语言之前的动作，沉默的动作，如此平常，又如此非常！

让，就意味着让出，让出自身的位置，不再占有位置。

哪怕一无所让！

但也要有所让！

4.1. 两种哲学姿态：设置与让予

4.1. 请让我开始。

哲学开始于对自身开始的思想，哲学在开始之际就决定了自身的姿态。

请让我开始。

4.11. 但哲学已经就开端有所成事了。哲学或者是去争夺这个开端，占有与主宰这个开端；或者是一开始就让开，让开自身与让开一个位置，这是两种截然不同的态度。

4.1101. 面对开端，处身于开端，哲学有着两种不同的态度：一个是去争夺开端的主权，直到主宰最终的目的，让开端与终结保持一致；一个是让开开端，保持让出，一直让予自身，让出位置，保持位置的敞开。

4.1102. 这两种哲学，这两种不同的哲学姿态，进入全球化的时代，才变得明确起来。自觉或不自觉，有意或无意，现代性的所有哲学或思想都处于这两种哲学的选择与纠结之中！

4.111. 如果说，西方的哲学一直试图主宰开端，那么，中国的思想一直尝试着一开始就让出自身。但二者并非截然对立：在开端的主宰与创造中，也许隐含着让予，如同喀巴拉神秘主义所言的Zimzum，如同中世纪神秘主义者埃克哈特大师的去执与让出；在开端的让开与让予中，也许暗含了争夺的机巧，如同庄子为了去除这机巧而走向了更为彻底的退让，如同魏晋玄学不得已的任让或任然。

4.112. "争"与"让"，生成为不同的事件，迫使我们重新思考事件的哲学。哲学就不再是对于开端争夺的"成事"（er-eignen）：成为自己的伟大事件或伟大政治，也不是"本有"或居有之事（appropriate），而应该同时是去势或"去己"（ent-eignen），这是大事件的默化与虚化，是无用的成事，是让予的让开。

4.1121. 如此的思考，乃是对于海德格尔思想的重写。而整个西方现代性的哲学，基本上还是从Ereignis的成事方向展开，无论是德里达还是德勒兹，无论是巴丢还是齐泽克，都没有从让予与默化上重新开始。

4.113. 如果有着所谓的中国哲学，走向世界的中国哲学，这是重新思考成己之事与去己的默化，激活自身文化中让予的潜能，接纳合理的争夺，形成新的辩证法：争中有让与让中有争。

4.114. 但全球化的现代性总动员进程，已经把中国与西方混杂起来，争与让的相互转化，争中有让与让中有争，几乎是一个不可能的新式辩证法。为什么此辩证的综合"几乎"不可能？因为无论是"争"还是"让"，似乎都没有给世界留下真正的"余地"。

4.1141. 诸神之间、人类之间、自然之间，以及它们彼此之间，都处于生存空间的争夺之中，即便有着让予，也是策略上的"以退为进"或"以退为攻"，而且此退避的姿态只是更为巧妙的策略，即便是"避难所"与"难民营"，也可能成为恐怖分子的藏身之所。

4.115. 如何避免让予的诡计，或者说即便有着诡计，也还有着真理性的内涵，如此诡异的思考是否可能？

4.1151. 哪里还有余地？神不再有神性的救赎——人类不再是明确到自身界限的人类——自然不再是天然的屏障与保护。2020年的疫情全球化再次见证了神性与人性的双重不忠。

4.116. 请让我开始，开始重新面对这两种哲学，这两种态度：争与让，看看是否在新的思考中，可以打开那几乎不存在的余地，这也是无用哲学之伦理姿态的履行性。

4.12. 哲学之为哲学，西方的哲学，基本上是在"设置"（position）中给出基本的规定，以此确立位置或论题，无论是从自我主体出发，还是从对象客体出发。与之相对，"让与"，在神秘主义那里，在中国道家，则是要求哲学让出自身的位置，空出自己的位置，以让予不断地要求让予。

4.1201. 哲学的双重性，有用与无用的庸用哲学之双重性："设置"与"让与"，如同舒尔曼（Reiner Schürmann）明确指出的，这是两种截然不同的哲学姿态。

4.121. 第一种，从设置出发。Logos之为表达与语言，乃是规定，存在者的规定。无论是对象的设定，主谓词判断或逻辑Logos，还是笛卡尔自我的设定，直到黑格尔正题设定与反题对立的辩证统一，西方文化一直以此设定来认识对象，形成表象（Vorstellung）与表达（Darstellung），走向海德格尔所言的座架或集置（方-技：Ge-Stell），一切都以此设定与摆置为主导。

4.1211. 一切都被空间化，却遗忘了对此"方位"之"成位"的思考。而且，与此设定相关，后来走向存在的给与，直到海德格尔思考到这个存在之为被给予，甚至是存在的拒予或不被给予，存在被打叉之后，西方文化才走向另一种思考，由给予走向让予，但无论是海德格尔还是后来的德里达，似乎都并没有彻底区分"给予"与"让予"的差异。

4.122. 另一种，则从让予出发。不是设定，而是走向让出、空出、退出、退让，由此打开一个位置，不可能的位置或者虚所，如同德里达后期试图从柏拉图的阔纳再次出发，如同海德格尔1945年开始思考庸用，Logos不再是主谓词判断，而是聚集的置放与安放；

4.1221. 就主体而言，则是主体的虚心与让出；就对象而言，则是对于物的泰然任之与对于神秘的虚怀敞开；而其所用的方法，则是默化，静默的转化。这是海德格尔后期思想施行的真正转向，对于Logos（语言或逻辑）与Aletheia（真理）的重新解读，不走向西方传统形而上学的符合论与证实的真理观，而是充分肯定真理的不显现性，并且肯定自身隐藏之物的真理性，而西方一直以全部的显现为前提。

4.13. 正是因为海德格尔找到了让予与让出的思议态度，整个哲学才打开了另一种可能性，不仅仅是哲学的另一种可能性，而且是"另一种的"哲学，是不同于以往哲学的另一种哲学：既不同于西方已有的形而上学，也不同于中国已有的思想方式，尽管似乎中国思想已经久远地触及了让予，无论是至高主权的禅让，还是心性上的辞让，无论是自然的让予，还是佛教的施与，但中国思想并没有把"让"或"让予"作为一种真正的最高概念加以主题化思考，并没有由此打开另一种的哲学道路。

4.131. 这恰好是吊诡之处：中国思想越是对让予有所洞见，反而越是有所不见，从来没有付诸概念化的思考。同样，西方哲学也从根本上遗忘了对让予的思考：让予是西方思想的盲点，因为西方文化一直以争夺为焦点或透视点，当然遗忘了让予，直到海德格尔的"第二次转向"。

4.132. 因此，无论对于西方还是东方，让，让与或让予，余让，都是一种新的哲学态度、一种新思想，是思想所尚未思考的事情本身。

4.2. "让"之无用：无用之大用

4.2. "让"，是姿态，一般伴随某种手势，表现为某个人身体后退的姿势（退一步再说），或者同时伴随一个让对方先行的手势，在退缩与伸展之间，打开一个几乎不存在的场域，有时还伴随一个并非语词的语词："请"。

4.21. "让"之为姿态，是非语言的语言。一方面，"让"是最初的姿态，是所有姿态的姿态——让其他姿态可能的姿态：没有"让"，就没有随后的各种出场表达的姿态（"让"就在出场［Anwesen］之前）。另一方面，"让"之为让出，还有着"让自身"之让："让"之为让，总是指向自身，即只有让自身已经先在地让出了，才有"让"，"让"之为让，已经是第二次的发生，已经要求让自身先在地有所履行；只有自己已经先让了，已经让过了，已经施行了"让"的姿态，这个"让"的要求或者请求，才可能有着回应的效果，这是让自身的让出。

4.211. "让"之为让，比如某一个人在要求别人让之时——他自己必须已经有所先让，这来自让自身的让出："让"一直要求一个针对他者的让予行为——这个他者之为他者——恰好是我要让予的——他也是要施行让予的——实施了让予行为他者才是他者（"他-余"）——我也才是我（"我-余"）——是"让"打开了彼此的关系——彼此之间的"间隔"（espacement）或"余地"：退一步再说。

4.212. "让"，最为彻底的让，应该是更为默化的姿态，这是让自身的让出，就是让自身的放弃，让已经隐含了自身的离弃或者放弃：这是让"让"（"让"，先在地让出"让"）说——"让—让"——自己必须已经在让出自己了！甚至就是沉默，越是默默地让予，让予就越是持久。

4.213. 当然"放弃"也是一种"弃让"或者"遗弃"的姿态（abandoned / a-band-doned：如同让-吕克·南希对法则离弃与离弃法则之双重约束的思考）：是自身否定，是约束，也是给与，三者还内在关联在一起。当然，汉语的放弃与弃让，还有遗弃，三者之间有着语义交错与细微的差异。海德格尔在"第一次转向"中（1932—1942，以GA65卷《哲学的集萃》最为明确），思考"弃绝"，即"拒予"，拒绝给予，也是因为存在本身在开端显露之际就自身回撤了，进入了静默之中，不再给予，而对这个"拒予"的承认，恰好可以回到那个原初发生的静默经验之中，开启其他的开端。当然，从拒予到让予，海德格尔思想已经再次发生了根本性转折，即我们所言的"第二次转向"（1943—1953—1963，直到最后出版的《黑皮本》才变得明确起来）。

4.22. 如果汉语最为依赖、最为信靠这个让予的姿态——非姿态的姿态或者"让让"（同样也是"嚷嚷"不休吧——带有噪音的混沌之音），因此才需要默化，汉语才可能发生，这个发生（avoir lieu）或者成位（take place）之为"让一让"——让出、让开或者打开一个空间场域，一个经过的通道（passage），或者，让予已经以一个几乎不可能的"虚所"（虚位／阔纳／廓纳：chora）为前提了，

4.221. 那么，所有的仪式或者礼仪、所有出场的展布（exposition）等等，都要以之为条件的话，说汉语的中国人，就不得不一直祈求：让"让"发生吧！让一让，让"让"来临。而且不是以某种人为的方式，不是以人的名义，因为既然"让"是一切行为施行的先在前提，是语言与人性表达的根本前提，"让"就不再是人的要求，似乎也不是神的要求，那这个要求来自何处？来自无又回到无？如同良知的声音？来自宇宙天地在人类生命"心胸"中的回响？来自生命从大地"土壤"上原初站立之际的呐喊？

4.222. 如此这般的祈求、请求、吁请，不就是无为与无用的开始？让"让"来吧！谁在让"让"来？"让"如何来？那是"无人"（如同策兰《无人玫瑰》中的无人）？"让"既然在一切有为的姿态之前，

"让"可能就是对无为的前语言经验？就是默化的经验！

4.223. 如果汉语丧失了这个"让予"的请求，如果我们对此"让"不再有经验，如果我们的思想不再让"让"到来，"让"不再以无为的方式到来，如果"让"不再打开通道，那么，汉语思想就不再有未来，不再给出它的允诺，不再有请愿——祝愿或者愿念，允让就不再可能。

4.224. 这也是让予在语言发生时的吊诡：一方面，要让予，大声要求让予，让让予成为普遍性的世界伦理；另一方面，则要沉默，让予必须发生，但让予的发生，如同给出礼物，必然不应该有着给予的主体与发言者，而是默默地给予。

4.225. 如果这个世界也无法给出如此让予的通道，思想不能给出这个通道的标记，思想就丧失了自身的责任。

4.23. "让"之为让予、让出，思想如何尝试打开汉语的允让未来，并且再次让彼此有着敞开间隔的余地，这就必须思考"余让"，这还是思想所未思的事情。

4.231. 如果一个时代，不再有吁请"让"的愿念，不再思想"让"如何到来，这个时代就遗忘了来自语言自身的允诺，就堵塞了"让"到来的通道。那当下的任务就是要去反省，乃至迫切地要去批判这种状态，如果有着文化批判的可能性，这是从"让"开始吁请，这是对"让"的吁请，这是展现"让"的姿态，并且打开余地。

4.232. 这既是"让"具体可见地推达开来，展现出让予或者辞让的姿态，也是"让"——让出自身这个没有姿态的姿态。前者构成了内在性的批判，如果"让"能够在语言交往、在社会生活、在伦理姿态上，得到充分体现，这就是一个有着最低公正的社会，如果没有人实行让予的姿态，这个社会就要接受批判；后者则构成了超越维度的批判，因为"让"先在地要求让自身之让出自身，就没有任何的超越者可以占据位置，任何外在的唯一神论式的超越，某个绝对主权位置的占有者，也都要被离弃与委弃，保持自身的无用。

4.2321. 或者说，这个至高主权的位置必须空出，已经让出自身，否则就不是最高主权，只有他事先已经让出自身，让出即空出，才可能实行了"让"。

4.2322. 但是一旦如此实行自身的让出或空出，至高主权也要空无化，因此也没有了超越者，"让"这个姿态空置了所有的超越者，使之空出（ekenosen）自身，"让空"，不是要去成为至高主权者，而是让主权者无用。

4.2323. 如同德里达最具革命性的思考，"让"让至高主权竟然变得无用了！一无所用！让无用与无条件连接起来，只有被动性地经验到了"让"不得不事先就承受的艰难，才成为超越维度的批判者。

4.24. 让"让"发生，有着让（Es gibt Lassen）："让"之为让，就成为礼物，"让"的让予（"让"，既是与"与"相关的姿态——让与、与之、授之，也是与禅让相关的"传之"或"传授"等相关的姿态），也是给与或给出。但"让"难道仅仅是一个礼物？"让"乃是礼物的礼物，有了"让"，才有给予行为，"让"是礼物给予的条件，"让予"的思想比"礼物"的思想更为彻底！

4.241. "让"是礼物的礼物，是礼物给予可能的前提条件，也是礼物给予之不可能的条件：不要让接受者知道你给出了礼物，不要让他回报，这才是好礼物，一个奇妙的让予。让与与让予，这是双重的让出，加倍的让出。

4.242. 只有如此的让予发生了，才有着余地，也即才给出了"虚所"：一个可能的"虚托邦"，这才是无用之为大用。

4.3. "让"之吊诡：让之让

4.3. 但，"让"的施行，"让"与"让"之间却有着悖论（paradox）的关系，甚至吊诡（Witz）的特征，以德国浪漫派的Witz（机智）来翻译"吊诡"也许可以尝试为之，因为Witz，也是对模棱两可（ambiguity）、矛盾（oxymoron）乃至双重束缚（double bind）等悖论表达的肯定。

4.31.（1）"让"的传递——不断地让出。

4.311. "让"之为辞让，尤其是最初至高主权的禅让，乃是让"让予"接续下去，"让"是一个姿态：自己的退让——就是让别人先行，退一步或退出；就是自身不去争夺，退位就是让位给他人。

4.312. 在政治上的禅让构成主权位置的传递，如同尧的禅让就是传位给舜，舜也如是传位给禹，一直要保持这个让予或让出的姿态。如同礼物必须一直被传递下去，这是把最为尖顶的位置（Ort）当作礼物，让礼物进入运行，有着礼物，并且有着传递的可能性。这是"在让之中"的传递，"让"在让之中。

4.313. 这也是孔子为什么以禅让的尧为至高的典范，他启发了舜的再次让出，等等，并且以此代替世袭制与霸道政治。"让"，尽管在传递之中有暂时的停顿（因而形成了让予的时间性与身位空间性之间的关联），但还得继续传递下去。

4.32.（2）"让"的施行，辞让的具体化与礼仪化。

4.321."让"之为辞让，成为一切礼仪的前提，没有禅让或者让予，就没有其他的姿态，礼仪是身体动作或者姿态的规训，而让予的姿态则是所有这些姿态的前提，没有让予的让位——给出空位，就没有其他身体的进入。

4.322. 孟子就使"让"之为"辞让之心"成为礼仪的根本前提，也是人之为人的前提，荀子也是以辞让之礼作为礼治的核心。

4.323. 哪怕是"争"，也是要在"让"之中争；而且，还要让"让"进入"争"，渗透进入"争"，一旦人们开始争着让予，"让"的柔和力量就会支配"争"的强力逻辑；

4.324. 哪怕我认为责任是正确且必须履行的责任，因而拒绝让给别人——所谓"当仁不让"的正义性或者责任感——也是对让本身的尊重，"让"不是随便就可以推让或推脱的责任，也不能随随便便就给出让予的姿态——"让"之为让予，那可是最好最高的礼物啊！这是辞让之礼"在让之中"的具体施行。

4.33.（3）"让"之为让自身的退让，空出与空让。

4.331."让"之为让，则是让本身的退让，要求让自身的自身回撤（retrait）与退出，这是针对让予这个姿态本身的再次转身。

4.332. 这是"让"之让，庄子对此有深入思考：让，不是让"让"在彼此相让之中传递让予的姿态，而是在任何的让予之前，"让"都在要求任何让予姿态的自身放弃：让，要求着"不让"——也不是"不让"，不是否定"让"的行为——而是要让"让"一直保持下去，让出一直在让出，没有任何的占据，临时性的占据也不允许。

4.333. 有着允诺，一直让允诺保持下去，"让"是一个允诺，仅仅是一个允让，"让"要放弃的恰好是让自身——这是要"让"让自身无用！"让"是一切姿态的前提，也是自身的前提，那就要求自身之让，让自身必须先让！

4.334. 因此，"让"不要有任何的姿态，如此的"让"才是让。如同诗人海子写道："我让胜利的胜利。""让"就是一个空让的姿态：仅仅让出一个空位，并没有具体的名目，但"让"又是必需，而且必须施行。

4.3341. 这是庄子《让王篇》中许由为何要拒绝接受让予，不让尧的让予姿态发生——因为这可能是带有计谋策略的让予发生，是"躲让"，"躲开"（打开另一个场域——那非人为的自然世界），不让"让"的帝王谱系继续传递下去，如此的躲避其实才是"让"，但同时也是"不让"——让予——轻易发生。

4.3342. 以此，"让"也是拒绝，或者是辞让——推辞，不让"让"进行下去；或者，即便你让给我，我也不接受，庄子的许由等人物，与舜接受尧、禹接受舜不同，并不接受尧的让予。这是针对"让"的拒绝姿态。

4.34.（4）"让"之为不让，乃是无所让，让无来让。

4.341. 继续彻底地让出，却有着"让"最为彻底的施行：这是让自身的无为。

4.3411. 一方面，"让"确实在要求着让予，要求"让"的施行，"让"有着命令与要求：必须让，必须绝对地让予，如此才有余地，"让！"——确实是命令！因为"让"乃是如此地无为，并没有任何具体施行的德行可以作证，要让"让"一直有着机会！"让"带来新的势、新的时间性经验，让"让"一直保持为让予。

4.3412. "让"之所以是命令，乃是因为另一方面，必须不让"让"被任何具体让予的姿态所居有（er-eignen / appropriation），反倒是任何的居有事件都应该被"默化"。"让"又不在任何具体的让予行为姿态之中，因为一旦"让"被某一个实行者充实，就填满了让出的位置，不再有"让"了，"让"成为不让——不是不让"让"施行，而是"让"的施行，乃是"让"让出了自身——但现在那个让予者什么都没有让！即，他仅仅做出一个虚晃一招的招式，这是"虚让"——"让"并不仅仅是实际的具体行为，而是一直保持为"虚位以待"（即处于虚位状态），处于默化状态，具有无为与无用的特征。

4.35. "让"——乃是不让"让"发生，但是，"让"确实又必须有所让出，没有"让"，任何行为都不可能，连语言也不可能。但是"让"——乃是无所让，没有什么可以让出，既然"让"已经让出自身了，仅仅有一个空余，一个余余自身的余化，在虚化，在空让，在默化。

4.351. 这就出现了：让让让！话语也开始眩晕。

4.352. "让"是虚化的暗示："让"因为最为彻底地在一切行为之先，已经实施了自身的自我去除——"让"已经"不让""让自身"成为主宰，既不成为出发点，也不成为原因，要求让予的这个行为的实行，已经以身作则了！"让"就是最初的权力——不让"让"发生的权力，却又要求着"让"，这就是其吊诡之处。

4.353. 让予的诡异在于——这体现为"让"的无为，让"让"来让，让让让，让予恰好一直处于悖论与逆转之中。这正是思想的开始：确实要"让"发生，但是没有任何可以炫耀或导致停滞的让予行为；"让"确实发生了，但这是让自身的让出。

4.36. 在庄子那里，这是许由的老师啮缺与天倪等人所打开的，不同于圣王们的另一个让予的谱系：

有着让，但是无所用，反复强调无所用，在《逍遥游》中，许由拒绝尧的"理由"，是无所用而天下为，后面连叔也如此提倡，无所用之，而且虚构一个藐姑射之山（庄子式的虚托邦）的神人，让尧感到杳然丧其天下，开始游离，不是以仁义辞让来游，而是以那个不为仁义、不为老也不为巧的让予为师，以此打开"游"的空余之地，余让才可能生成。

4.37. 对"让"的思考，一直是退让，退一步，再退一步，因此就一直处于边缘状态，让之为"讓"，"镶嵌"依附在边缘，仅仅是剩余，"让"一直与"让"相伴，"让"与"让"是在边缘被"镶接"在一起，但是仅仅是"镶边"而已（重新理解海德格尔的合适或合用［Fuge］），"让"仅仅是边缘的装饰（重新理解德里达的边饰［parergon］），但也是让开，就没有什么可以修饰了——因此"让"就"让开"了所有的姿态！

4.371. 让-让，这是思想还尚未思想的事情，因为我们之前并没有彻底面对让自身的不可能性，"让"已经不再可能，无论就内在还是超越的维度而言，"让"都不再可能。

4.372. 任何对"让"的言说，就只能退一步说："让"不再可能了，只能自身先退一步，不是要求，不是命令，而仅仅是自身先退一步之后的吁请!

4.373. 尽管东西方都曾经尝试过思考让予的可能性与不可能性，尤其在庄子那里。但是，因为东西方思想在相遇之处，在现代性的竞争中，一直以"争"的姿态来展开，因此，"让"的姿态无力与"争"的姿态争斗，而被渐渐放弃，对让予姿态的放弃导致了文化批判功能的丧失。

4.4. 争让的转化：走向庸用辩证法

4.4. 古希腊哲人赫拉克利特曾经说到："争（polemos / Streit），是万物之父。"

4.41. 争，争执，争斗，乃是人类之为人类的本性，甚至，人性本身也是人类不断地争夺出来而形成，在索福克勒斯的悲剧《安提戈涅》第一合唱曲开头的歌咏，人之为人，是恐怖（deinon）之物中最为恐怖之物，就在于人性能够去争夺，争夺本该属于万物的权力，甚至属于神的权柄，成为超强力的生命，也导致了世界的毁灭，人性自身的毁灭。

4.411. 思想，之为思想，之为人类的思想，就无法摆脱这个争执的命运，在这里，哲学意义上的争执并不就是贬义，而是近乎中性，或者被赋予法律尊重意义上的中性，或者是一种命运与本性上的中性。那么，思想，乃至于语言本身，就处于争执之中，语言之为言说，之为论点，之为对话，需要争论，真理似乎就是在争论中才变得明确。

4.4111. 如同庄子《齐物论》所言："夫道未始有封，言未始有常。

为是而有畛也，请言其畛。有左有右，有伦有义，有分有辩，有竞有争，此之谓八德。"或者如同荀子《儒效》所言："争之则失，让之则至。"没有争执，就没有关系的发生，西方的存在之为存在，发生于争执，以至于海德格尔在20世纪30年代，一个世界历史异常敏感的时期，对存在的思想，就是把存在真理的发生，规定为显现与隐藏的元争执（Ur-Streit）。

4.412. 争夺或者争斗，成为人类最为基本的关系，以往的世界就是"争"所展现的姿态，并且渗透到人类所有领域：在政治领域是通过争战而获得权力与划界；军事的要地被称为兵家必争之地；在经济领域是通过争夺获取利益；名誉和身份是自己努力争取而来，乃至汉语习语说——获得之时也是争光之际；人类知识来自相争（"知出乎争"）；人对自然的征服是与天抗争；文化与文化之间通过彼此之间的拼争而得到发展，或者就是所谓各个文明之间不可避免的冲突；在思想领域是通过争辩和争论占据意识形态的主宰位置；在日常生活的家庭关系中是家人之间永无休止的争吵；遇到危机与资源的匮乏时是争抢。人与人的关系处于必争的境地，对于好胜的人，争先恐后是最为基本的行为姿态。

4.4121. 当然，争执是否一定就是不好，就导致灾祸，无疑有着争议，就如同说，与"争"相对的那个"让"，是否就一定是善意并能带来好结果，也存在争议。

4.4122. 针对争执，人类有时候会想到让予。但那是在争执背景下的让予，如此的让予，也仅仅是权宜之计，这在政治策略与计谋中最为明显。"争"与"让"在政治领域中就成为最为基本的关系？这涉及治乱的问题："让"与"争"，是政治的核心，所谓的朋友和敌人的区分，其实乃是由此而派生，能够"让"，足够地让出，敌人也会成为朋友，不能够让予，亲人也会成为仇人。

4.4123. 但，哪怕是"让"，一旦进入争论，比如我们开始讨论"争"与"让"孰好孰坏之时，我们就已经落入了争论与争议之"争"的逻辑强制之中。

4.4124. 这是思想的困境：思想一旦面对"争"的事情，就不得不争论，即便你不争，你还是处于"必争"的逻辑之中。那么，与"争"相关的"让"，如何可能不陷入必争的自反悖论之中？或者只有相互的让予，才在竞争中也有着双赢的可能性？

4.4125. 有着"争与让"转化的庸用辩证法吗？争，不是最为有用的吗？而让之为不争，不是最为无用的吗？庸用哲学，由此重新开始。

4.42. 思想，如何扭转必争的逻辑？如何不让"让"处于"争"的逻辑死结之中？那就试着设想：让"争"进入"让"的方式，在这个句子中，第一个单词"让"，已经在争让的差异之前了。哪怕有着"争"，也是"让"之间的"争"：争着让——在让和让予之间发生竞争。

4.421. 当然，让予之间的竞争，也会导致更加狡猾的伪善，如何让让予有着竞争力，又不滑入伪善的陷阱，这是庄子思想要面对的儒家圣王之让导致的欺诈，如同用兵的"诈道"或"诡计"，这也是"让让争"的吊诡之处。

4.422. 有着让（Es gibt Lassen）吗？有着一种让"让"可以不处于"争"与"让"对立逻辑之中的新道路吗？或者如何处身于这个让予之间争让的吊诡之中，而不陷入僵局？

4.423. 这是"让"与"争"所处的诡异关系：一方面，让争在争中让，还有着争夺的快乐游戏；另一方面，让"让"也有着"争"，但依然保持着让予的可能性。让予与争夺保持相互的转化，同时对于让予的诡计有着充分的觉醒，这是打开余地的条件；否则即便有着让予，也仅仅是权宜之计，只是狡诈的算计罢了。

4.43. 让予的诡异逻辑。

4.431. 有着让予，确实有着"让"，不是虚假之让——以便获得更大的好处；也不是单纯出于礼貌的"让"——这仅仅是遵循某种规则，如同康德所言，友爱与友善不是出于义务，甚至也不是按照义务，反而是一种反义务；也不是责任——没有什么必须"让"的先在条件，不可能有着"必须让"的命令与责任；因为"让"不是一种责任，既然"让"首先要让出自身，"让"之为责任，竟然也最为取消责任；但如此的取消，却来自让自身，是让自身在要求着让。

4.432. 让自身在要求着让，这是最为彻底的同一律？但这是让予自身所要求的让，而不是人性的主观意志与道德的客观要求；"让"这个"让本身"有着某种内在的力量，某种含蓄的力量，并没有去争夺，却让"让"一直在发生，因为让予来自默化。

4.433. "让"一直处于沉默之中：既然让予是绝对的，如同康德的绝对命令，让予要求让予——这是绝对的律令，但让予之为让予，要求着沉默，让予必然让予自身，如此内在的自身要求，乃是一道无声的命令；让予的持续，必然也是默默进行，不同于斗争与战争的喧闹，如同悲剧英雄们不可能在痛苦中保持沉默，让予的发生必然与默化相通，越是静默地给予，给予就越是持久，因此，让予与默化的内在关联，还有待加强。

4.434. 这也是为何海德格尔后期试图把"让予"、Ereignis（成事或居有）与语言的静默联系起来，但一直缺乏适当的连接，除非通过对于自然与生命的重新理解，而这是海德格尔与德里达试图去做，还远未完成的未来思想。

4.44. 楔子：沉默如何表达沉默

只要人类进入言说，开始以语言来表达，就有着赞成与反对的二端争执，当然还有着第三种可能性，就是悬置判断，不进入争论（这是"不去为"），但可能还有着另外一种情形，就是在争执与悬置之外，还有着别样的"沉默"。在西方，有着自由的悬置与不去为的自否定，但对于沉默的思考并不充分，少数神秘主义有所涉及，比如库萨的尼古拉及埃克哈特大师。而沉默，才是多余的第三项，沉默不可能发声，一旦沉默发声就不再是沉默了，因此总是有着外在的第三项，不可能成为实质的第三项——否则沉默就进入了语言的言说。即，不可能出现，赞成−反对−沉默，这三重的并列表达，而是沉默一直就在语言表达的外面，不可能成为语言表达中的某一项。

那么，如此一来，沉默如何得到表达？赫拉克利特箴言第93条："德尔斐神谕的主事既不直言（legein）也不隐瞒（kryptein），而是出示记号（semainein）。"就如同禅宗话头既不认同也不反对，而仅仅是显示某种暗示性的记号。与"自然爱隐藏"的箴言一道，赫拉克利特所思考的自行隐藏与沉默，仅仅给出某种沉默的记号。但沉默如何得以显示出记号？这是暗示（winken），比如"眨眼"这样的暗示性动作：并没有说话，也没有隐藏，好像说了，但其实仅仅是一个瞬间的临时性动作而已。但这不能是习惯化的姿势或动作，而且是动作的沉默。如何有着一种动作姿态：既是沉默的动作，也是动作的沉默，并且一直保持为沉默？

让予，就是这样的一个姿态？隐忍，宽忍，忍让，"畏怯"（scheuen），其实都是这样的姿态。只是海德格尔在写作《哲学论稿》（《哲学的集萃》GA65：1936—1938）之际，处于我们所说的"第一次转向"阶段（1932—1942），尽管已经开始了对于沉默（还有哲学的无用）的丰富思考（比如第一章的第38节标题就是沉默，第37节甚至提出了"秘默学" / Sigetik），但这个时刻还并没有面对沉默本身的悖论：既是沉默的动作，也是动作（本身）的沉默！海德格尔20世纪30年代后期对于畏怯、惊恐与跳跃等情调化的动作，尤其是跳跃（Sprung）之为另一个开端姿态的明确思考，还仅仅是"沉默的动作"——把沉默的动作表达出来了，而"动作本身"还没有沉默下去。把语言表达还原到动作姿态，已经是沉默，如同语言尚未出现的上古时刻或者婴孩状态，所谓维柯在《新科学》中所研究过的"神的语言"时代，乃至于某些"英雄的语言"，也是沉默的动作化表达。但是，就如同武器杀人，不需要语言，也是沉默，但沉默的死亡火焰杀死了无数的人。

从沉默的动作，到动作本身或者"所有动作"的沉默，不再有故作高深的沉默了，这个看似简单的转换，甚至比较微妙与不可思议的转换，来自——动作本身也要进入沉默，不仅仅是发现沉默的动作。从1936—1939年到1943—1946年的关键转换，是海德格尔思想中最为晦涩也是最为重要的区分。

这个动作本身的沉默，就是不去为或者无为，因为动作沉默下来，进入了无为状态，保持静止不动就是一种沉默的动作，一种不去行动的行动。而不行动的行动，无为之为——也可以是某种保持沉默与静止的状态，运动走向了静止。但是，这还是中间的过渡状态。对于海德格尔，如何在此沉默中，动作本身的沉默与静止中，还有着作为呢？就如同道家面对的——无为而无不为——无用而有大用的吊诡？海德格尔围绕沉默的内在思想运作，在西方内部很难找到转化（stille Wandlung）的资源，在老庄的道家思想那里，却有着某种现存的启发。

这也是为什么海德格尔1943—1945年之间要与萧师毅一道翻译《道德经》，比如合作过的第十五章："孰能浊以静之徐清；孰能安以动之徐生。"（Wer kann still sein und aus der Stille durch sie auf den Weg bringen (be-wegen) etwas so, dass es zum Erscheinen kommt? Wer vermag es, stillend etwas so ins Sein zu bringen? Des Himmels Tao.）在海德格尔的翻译中，就是要让安静或者静止再次运动起来，带往存在的运作。但是，如何更为彻底地思考安静或者静默的运作或表达？动作已经静止沉默下来，从动作到沉默——再到沉默的动作——也再次地沉默——就仅仅剩下沉默的沉默——静默的寂静，乃至于死寂了（这也是为什么海德格尔后期把人性规定为必死者，思考死之死寂乃是无之圣殿），这也是为什么海德格尔一直在德语的几个有关沉默的词汇之间徘徊（沉默、入默、安默、默化、静默：schweigen / Beschweigen / Erschweigen / Verschweigung / Zu-schweigen），以及安静（Ruhe）、静默或寂静（Stille），直到出现如此的绝对语句："寂静寂静化"（die Stille stillt）。

但在如此寂静的状态中，如何有着再一次的动作出现？不再仅仅是消极的否定状态，而是在动作的沉默中，有着沉默的动作显现？如同海德格尔后期面对的真理显现的吊诡："不显现"如何"显现"自身为"不显现的"，在这里，则是"静默"如何"表达"自身为"静默的"？

这就是"让"的出场，海德格尔后期思考的所谓"让在场"，让"在场"去在场，让"让"可以出场，以及在《黑皮本》中大量出现的余让（rest-lassen）、允让（Ge-währen）、退让（所谓的"返回步伐"／

der Schritt zurück）、宽让或忍让（不是65卷《哲学论文集》或第一次转向中的Verhalten，而是《黑皮本》中的Ver-Hältnis），以及在生前出版物中已经大量出现的泰然让之（gelassen），但还没有走向更为丰富的集让（Ge-lassen，针对后期技术的集置／Ge-Stell），这也是我们要继续扩展的沉默的表达，走向让予，让出，让让让。

4.441. 默语的默化，其基本的方式——就是重复，语词重复自身，因为重复，看似说了什么，其实并没有说什么，这是海德格尔最为重要的方式之一：沉默默化，物物化，世界世界化，予有予着，如同道——道化着，道——开路着，道——道说着。但又并非传统的同一律或同一性，这就是为什么海德格尔反复回到"同一律"的思考上，但这并非传统的同一律，就是为了面对——说而未说的吊诡。

4.4411. 此默化的表达或者就是我们所言的《道德经》第一种"道道道"的句法——第一句，"道"可"道"非常"道"，名-可名-非常名，道道道，名名名，启发了海德格尔的"沉默–语言"观。比如，"成己化己的成事"：Er-eignis—er-eignet—er-eignen。有着重复，一直在重复着，但其中有着细微的展开的微妙，直到出现化己（ver-eignen）与去己（ent-eignen）。

4.4412. 但一旦表达，就会出现"区分"，重复还是要打开区分的"间隔"，这个区分如何展开？在语言上如何可能？这就是仅仅给出区分的"两端"，如同《道德经》随后仅仅给出端点——"有名与无名"，有与无——仅仅是两个标记的端点而已，不是具体的名称与事物。随后的"常无欲—常有欲"，也是区分的端点标记，仅仅是标记，而标记出两端的形式显示的位置——要说的仅仅是两端之间的"虚空"，此空无——不是对象与事物，而是指向敞开的场域，这个"林间隙地"的场域，仅仅是一个空无之地，并且保持为"空无"。

4.4413. 在语词上，海德格尔如何展开沉默的默语？如同常有—常无，常无欲—常有欲，与之相关的就是：成己之去己，ver-eignen—ent-eignen，成己与去己的两端，而什么对应于"欲"呢（如同奥古斯丁的神学区分：使用与享用，uti与frui）？对应于第一章"常无欲—常有欲"的是什么呢？是"用"（brauchen）！

4.4414. 这是海德格尔开始的语句实验：用之为庸用，有用与无用，去用与不去用，"用无用"之为"玄之又玄"。有待进一步展开的庸用辩证法：（1）庸用与沉默，默化之用，沉默之用；（2）庸用与无化，则是用之不用——用之无用；（3）庸用与去己Ent-eignis，则是去己之用——用之无己；（4）庸用与让出，让己之用，用之让出；（5）庸用与余地，余让之用，余地之用，等等。

4.45. 如此，才可能转化"玄之又玄"——而走向庸用的辩证法，"玄"在海德格尔，对应于什么呢？这是Ver-Hältnis，是保持，克制，宽忍，宽让，停留或逗留的余地，是宽让之用，是用之宽让。

4.451. ——这就是海德格尔《黑皮本》之中最为迷人的复杂句法，海德格尔的思想书写，只能反复重复这些片段式的语句，使这些词，来回地振荡与摆荡，让这些基本语词，或元词，就是在默语中，默默重复，重复中来回击打，并不形成句法。

4.452. ——我们就论证了老子《道德经》为什么如此重要，为什么海德格尔很内在地从中国道家学习到了某种思想的奥秘，《道德经》彻底改造了海德格尔的语言与思想，生成为某种新的庸用辩证法。因此，如果要翻译它的第一章，其实并没有句法与语法，而是一种中国先秦时代的链式传导句法，"滋生"式句法（胎儿-母体共生状态之拟似的句法），其实也不是句法，而是语词相互来回折返的——莫比乌斯环式的——相互穿透，是一种句法的空透环视与幻视的方式，好像很神秘，但其实体现出"庸道哲学"的玄秘。

4.453. 或者，如何（既庸常可见又宇宙隐含）以沉默的方式谈论沉默？如何才可能命名不是命名，而是一种召唤？如何成为一种被动的召唤与倾听？即，言说主要不是谈论，而是去倾听与听从，这是海德格尔后期的重要方式。

4.454. 但也是无所倾听，而仅仅是倾听：道道道，让让让，等等，类似的重复语句，或者噪音。

4.5. 集让：让让让

4.5. 甚至，更为严峻的境况是，我们还没有能力去"让"，无力去让——哪怕有着心愿，但也无力去让，即便我们想去让，也是适得其反，我们不得不首先去争，争出一个让予的机会，但一旦进入争夺，就没有了任何让予的可能性。

4.51. 因此，主体并非一上来就可以让予，恰恰相反，我们一开始面对着不能让予的境况：让不了，无法让，即便让了，也无用！或者被迫让，恰好并非主动、有能力的让，"让"反而不是能力与势力的表现，"让"最为无势，而且一直保持着自己的无势或无用，但一旦"让"发生，就打开了一个新势，有着事态更新的机会，所以，是的，那就让"让"一直有着机会吧！

4.511. 因此，"让"不是一开始就有，而是来自"请-让"，请求让，"让"来自祈求，或者：

4.512. "让——让——有着——让"：让让让，这是三重的让予，如此地"祈让"，已经在面对不可能而祈求的境况！

4.513. 而：让让让，怎么听起来都是噪音，一旦这样的要求不被听到，或者让予就再次进入沉默，或者就是被彻底遗忘。让让让，在汉语中沉默了如此之久，还有待于西方思想的唤醒，其吊诡也在于此。

4.52. 思想开始于如此的吊诡：一方面，思想之为思想，有着悖论的自反，不同于现实的一致与同一的持存，因为思想的无限指引面对着空虚。因为我们都没有能力去让，都无力来让，都让不了，甚至，让如此的无用，所以才尤为需要"让"，这首先与他者、与整全大他者或者上帝没有关系。但是，另一方面，思想的姿态触发了一种来自思想自身的可能性：不是自己的思想，而是他者的思想——这种不可能的让予——不是我能够思想，而是我让一个他者来思想才是思想，他代替我思想，禅让之"让"就延伸为代替（substitution），让予的主体一直是一个被代替的主体（这一代替的姿态，让我与列维纳斯如此接近，又如此远离），是他者有所让予了，我才可能去让，整全他者之为绝对他者，其实是一个启示让予的他者，一旦绝对他者开始让予自身，他就是任一他者，因为任一他者也必须自身让予。

4.521. 既然我们大家，彼此，你我他，都不能让，那就需要，或者"想象"，一个不可能的他者，其实是相异者，一个空名，如同犹太教的耶和华，仅仅是书写的空名，他已经先让了，他做出了"让"的示范姿态或者例子，"让"才被指明一下，如同音乐被演奏一次。

4.522. 让让让：让让他者让，他者让他者让，越是他者越是要让，越是让越是他者，越是可以让予的他者，才可能成为绝对他者，越是绝对他者越是启发更大的让，但并没有最大的让，让让让，一直有着更大空间的让，这就是余地的让开。

4.523. 是的，是的，让让去，让让来，让让让，如此的"集让"打开来来去去的通道：let it be，这里的it要被let代替（没有一个上帝或者绝对他者），be也不再是存在（没有本体论，存在已经被离弃了），*let it be*是一首永远青春的歌，"让"仅仅是一首歌，任他去，由他去，这是自由之歌。"让让让"（*let let let*，如同*sans sans sans*），这一直是一首有着不同节奏，有着自身连续与断裂的分联（或者切分：articulation）的一首歌，一首眩晕的歌。

4.53. 也许有人会问：应该保持自我与他者之间的界限和不可通约性吗？在这个问题之中，就已经假定了"让"：为何要应该保持？这个应该保持（rester / bleiben），就是让有着界限，让有着不可通约性，已经事先有着对让予的要求。对剩余物，多余物，不可化约、不可通约的多余物，还能保持让予，才是"让"。

4.531. 甚至，就让多余的保持多余吧，不要给他压力，不要给他规定，任他去——这个听任也是自由的经验，这是没有暗示的暗示，仅仅是余留。余留出空无之地，保持这个空无之地，让空无是空无，因此，空无之为空无，不是优先，而是让出来的。

4.532. 或者，"让"已经要假定空无，没有空无如何让出？这是让出与空无的相互浸染。浸染或者污染，不是说一般意义上的污染，对于思想，但不可能直接说，空无被污染了（那是日常生活的言辞），空白都不存在，世界彻底被污染了，那如何还有思想的可能性？而是说，思想面对污染的不可避免，不是不要污染，而是呈现这个不可避免，这是让出与空白的互为条件：因为让出，才有空无，因为有着空无，才有让出，即，才有空出。这是一个双重约束：空与空让是一个危险而两难的非位置。

4.533. "让"指向无人称的让予，确实让予的姿态不属于我自己，也不属于他者，亦非扩大化的他者，因为：

4.5331. "让"是他者的前提，不能颠倒，他者仅仅能够体现让的例子，他者也可能根本不让，比如恐怖主义分子，比如恐怖的客人。相反，"让"要求客人、鬼魂与幽灵、外星存在等等，要让予，强者们要让予，这是一个伦理的要求吗？如果任何要求假定了伦理，这就是一种原初关系，一种有着差异的关系，是差异，间隔或者之间的关系发生之前，"必须让"，这又在把"让"变成一个命令了？一个绝对命令（Il faut laisser / céder! You must give away! ）？

4.53311. 但他者在竞争之中的让予，会导致更大的争夺，如同唯一神论的内在传递：从以撒献祭的弃让与替让，到耶稣基督的委任与弃让，都是以"放弃"作为争夺的条件，以至于没有了余地，如何有着让予，却又柔和默化地进行？

4.53312. 这是海德格尔后期在《黑皮本》最后几卷（GA97—102）思考的核心问题，有着宽让的可能性吗？海德格尔在思考让予时，其中隐含着某种埃克哈特大师的"告别或永别"以及"彻底离开"（Abgeschiedenheit / détachement ）的内在要求。

4.534. 这也不需要想象力，"让"恰好不是想象力，而是想象力之前的东西，因为没有思想，没有形象，没有力量，首先反而是无念与无力。"让"一直在要求一个反面的论证：正是因为人无法让予，彼此都无法让予，才需要或者假定——他者的让予——无名他者或者绝对他者的事先让予，这类似于康德对上帝的悬设，仅仅是悬设，不是现实性。

4.535. 有着一个因为让予而形成的无用共通体吗？让予可以通过打开余地而形成一个以余地间隙共享的共通体吗？这是对南希共通体思想的推进？

4.54. "让"自身难道还不够虚假吗？不就是让予打开了道德的谱系？争抢转变为争着让，就一定是好事？这仅仅是另一个游戏的玩法而已？故事的另一个版本而已？"让"其实并没有什么用处？

4.541. "让"从根本上就无用——尤其在一个以争为主宰的时代！而且，"让"的游戏似乎还更加虚假，争抢还有着欲望的诚实，那些虚晃一枪的"让"，明着让，暗着抢，更加虚伪的谦让，不就是最大的伪善？因此并不能说"让"就一定道德优先。

4.542. 或者说——让得盲目！"让"：确实是盲目的？这是"让"的被动性的一面，被迫让。确实，"让"，更多时候是被迫的，这也是为什么"让"如此困难，这是在被动与被迫的承受与忍受上："让"是一个绝对命令或者绝对吁请，因此，有必要——确实有着必要——把"让"传达为一个绝对的祈使句的——吁请，不是命令！

4.55. 或者说："让"是最为委婉、最为柔和的命令！如此柔婉、如此脆弱的让予，"让"几乎是一个创伤。因此更为需要默化之功，即，让默化与让予更为内在融合。

4.551. 因此，永远，都不能说"让"比"争"一定就好！而是说，不让"让"不传达下去！当然，这样说，不是一个好的论证，也许永远对于"让"，都没有最好的论证！这是"让"的无力之处，因此，任何时候言说"让"，都仅仅是退一步说：让，就其自身，其实是无用的，是默让，是退让。

4.552. 让让让，重复三次，已经是退让，是无力的呼请了！

"退一步说"，这一言说的步伐（pas: step / not），是一个余让的步伐：这是"让"所要求的姿态，也是"让"所要空出的"余"地！

4.6. 让予与余地的辩证转换

4.6. 中国思想家，尤其是庄子，在轴心时期，最为彻底思考了这个"争"与"让"的两难处境。庄子试图在一个无道、没有天命或者无势的时代，打开余让的可能性。

4.601. 针对前者，庄子提出了"无为"的姿态：不是任何有为的争斗，让予之为让予，不是针对什么目的，它没有任何企图，而是针对自身——是"让"在让予，让予要求自身让出自身。一方面是无所让予——既然让予把自身都委弃了，真的是无所为；另一方面，让予是让无来为，让予是让"让予"来让，是让无来让，此乃三重的让，即，让予—让无—来让。

4.602. 针对后者，庄子提出了"逍遥游"的姿态：让予要可能，不再可能在争夺的逻辑之内进行，既然一切已经被争斗所控制，或者世界总体已经败坏，那就只能想象一个不可能的场域，就是进入（这个进入，有着"让"的绝对先在性，或者说即是"游"的姿态）一个彻底异质的场域，而这个进入，其实是退后出来的空间，是退一步，以便打开一个外在性，这需要想象一个不可能想象的空余之地，这需要"游"。

4.603. "游"乃是"化"展现的姿态，在自身转化与变化之中，游入一个逍遥的场域，这是庄子"卮言"的秘密：深入混沌，混沌之为余地一直作为背景，尽管混沌也有着吞噬的危险，但是混沌也抹去一切。因此进入混沌，并且打开混沌的裂缝，就形成了新的空余，在此空余之中变异为他者，就有着让予的可能性：在空余之地，实行无为之让。

4.604. 因而，庄子思想就潜在地结合了"余"与"让"，只有有余地，才有让予，只有实行让予，才有余地，才有新势，余让的姿态才成为文化批判的出发点。

4.61. 与之相关，中国文化智慧，就是面对无余而生发着，这是庄子在人世间与自然界之外，所打开的无何有之乡，不仅仅是对一个异质性（hétéro-topia）领域的敞开，而且是更为彻底地向着"绝对虚"进发，打开一个"虚托邦（En-Chorial-topia）"。中国思想不是从无创造，而是从无而余，给出余地（bleibender Bereich）。或者是让出自身，让"让"发生！这也是在魏晋南北朝时期，中国文化接纳了一个他者，让出了余地而接纳了佛教这个他者。

4.611. 西方现在也需要接纳他者，并且在余让中，通过他者，被他者，经由他者，以及余让姿态的发生，才打开自身的余地，而现在，东方已经被迫为西方给出了余地，却没有给自己的文化以余地，这需要西方再次空无化自身，余让自身，并且给他者以存活余地，也是给自己的未来以存活的可能性。

4.612. 因此，"余让"的思想打开了东西方思想对话之新的可能性，在彼此给出了礼物之后，也可能被礼物的逻辑所约束，在进入礼物给予不可能的思考中，如同德里达所思考，礼物给予的可能性与不可能性的绝境逻辑如何被承受，这需要宽恕（for-giving），而宽恕也是有着可能性与不可能性的双重约束，对于中国文化，则是让予或者余让的展现，余让已经有着——让予的给予，给予之为给予，以"让予"（Gelassenheit）为前提，以"余让"（Rest-Lassen）为前提！但是，先要有着"余地"，才可能"让予"，也是因为有着"让予"才有"余地"（Be-reich）。

4.62. 我们就重新激活了晚期海德格尔对"泰然让之"（Gelassenheit）这个词的思考，海德格尔后期把"予有存在"（Es gibt Sein），改写为Es *läßt* Sein，认为让予是纯粹的给予，尽管这样的让予自身，仅仅作为礼物而给予，如此的给予之为给予本身，也是保持为隐藏与退隐（entzieht）。

无论是接续海德格尔内部的思想者，还是偶尔触及让予与礼物的德里达，都还没有充分展开明确深入的思考——让予与给予之间的关系：

4.621. （1）不仅仅是礼物之为给予——法国的礼物现象学与神学基本上以展开"礼物"的给予为主导；

4.622. （2）而且是给予之为让予——德里达的思想尽管以"给予"为主，但也触及了给予与让予的关系；

4.623. （3）还有让予之为给予——海德格尔后期联系"让予"思考给予，但生前出版物主要思考给予；

4.624. （4）甚至让予之为让予——思考让予本身以及让予的可能性与不可能性，这是我们的开始。

4.63. "让"的发生，"让"的到来，不可能是一个命令，也不可能是出于义务，不可能发出——诸如"必须让"的指令，那么，"让"如何可能发生？

4.631. 有着让，但"让"一直是不可能的，让"让"发生，这是谁来让？谁来实行这个让予的姿态？并且一直为彼此留有余地，只有打开了余地的"让"——余让——才可能让"让"可能，并且不让"让"成为一种法则。

4.632. 不是不能让予，而是让的不可能性。"让"要可能，如何可能？于是出现了一个惊人的让予的姿态或语句：让让让。

4.633. 如同法语说，sans sans sans，或pas sans pas，几乎是噪音，是混沌之中最为细腻的切分音，导致眩晕，导致疯狂，这也是漠然中的诡秘表达：没有没有没有，但是因为sans在法语的发音还与sang血，与cent百分比，与sens意义，与感觉尤其相关，sans之为"无"，本身已经播散为某种剩余的"有"。如同布朗肖的步伐，没有步伐的步伐，也可以是，没有没有没有，因为pas有着step与not的双重含义，就产生了多重的倾听：没有步子的步子，有着步伐的走出，但是又没有，迈出了又没有迈出，这是对界限的一种超出，以及对异域的经验。但是我们对"余化"的多重倾听，打开"余地"，并走向"余让"，则在此漠然的异音中打开了"余隙"，走向了"诡异"。

4.64. 让让让：让—让自身—让出，这是一个隐含三重行为的姿态。

4.641. 第一个"让"，乃是谁之让？这是我们？是某个匿名者无名者？不可能是我们自己，否则我们比"让"更加在先了，因此不应该是我们自己，那是谁？只可能是他者，某一个匿名、无名的他者，是在到来的他，不成为对象的他；他让出了，已经让出了位置，才可能有"让"。"让"不是来自我们，而是其他的他者带来的礼物，"让"是无主之为！

4.642. 第二个"让"，让自身，有着让自身吗？让自身乃是不被让本身所控制，或者不被任何具体的让予行为所约束的"让"，"让"在任何时候都可能发生，重要的是让"让"能够发生，每一个瞬间都可能发生！这是时间的良机（kairos），其可能的发生，需要一个位置，一个场域，可以游动的场域，第二个"让"有着对"空余"场域的要求！

4.643. 第三个"让"，还得继续保持余让，否则，让自身会停留在那个场域之中，被限制住，以禅宗的说法——"让"最为无住！否则"让"就成为某种固定的规则，"让"乃是动词，是动作，一直保持让予和给出的姿态，而且是姿态的非姿态。第二次的让予可能成为姿态，但是第三次的让予则放弃了姿态，是已有姿态的放弃，才有"让"继续的保持。

4.65. "让"就与"余"内在相关：

4.651. "让"之为让出，给予他人以余地，也给自己以余地，一个不给他人以余地的主体，自己必然也没有余地。越是让予，越是有着余地，也越是有着未来。"让"之为请辞，是退出，退一步，是主动或者被动地给予他人一个空间、一个位置；或者把位置空出来，给予他人，给出未来的可能性，才有自己与他人的余地。这个辞让或者退让的动作姿态，就是余让的姿态，而打开的空间，就是余地。

4.652. 因此，只有足够地让予，让出余地，只有足够地余出，才可能"让"得彻底，彻底地让出，不是有着机谋地让，让予不是机谋，否则就是意志在作祟。

4.653. "让"也不是礼物，不可能给出"让"，因此，"让"之让予，并不给予什么，而是一种无限的发生，也就是无限的超出给予，如果"让"给予或者给与，它给出的仅仅是自己的"所无"："让"让出"无"，一直有着如此的余地，就是余让。退一步说，"让"反而比"无"更为空无，更为古老，但也更为年轻："让"退一步——它在一切之先，是更早的早先；"让"退一步——它也在一切之后，而更加年轻，是未来。"让"，仅仅只是一次瞬间的转折，一次转身的姿态。

4.654. "让"让他者到来，他者之为他者，到来的不是我自己，也不是另一个他自己，到来的是"让"，是"让"让他者到来，是"让"临到一个他者那里，"让"——打开彼此之间的承让：他者之为他者，仅仅是先让了，他才是他者。

4.655. 对这个"让"的承受，既艰难又轻省：艰难乃是因为人们一直在必争的困苦之中，轻省就如同基督说"爱的轭"是轻省的一般，这个如此的承让——乃是对"让"的最初回应与责任。

4.656. "让"的发生，乃是"让"向"让"的让出，打开了差异的间隔（espacement），"让"不可能被自身居有，也不可能被他者给出，仅仅是"让"向着（à, zu）"让"让出自身。这是让的诡异。

4.66. "让"还需要"游"打开余外之地，"让"要求"游"的姿态。

4.661. 只有有着自由游动的可能性，才有可能"让"，"让"之为让出，需要有着自由优游的余地，有着空余场域，因此，打开空余的场域才有游走。

4.662. "让"之让出，如何实行，这是"游"，打开那个差异的间隔，与无限多相异的他者关系中，打开无限差异的间隔——即空余之地，这就游向无何有之乡，只有去游走，游离，辞别，辞让也是辞离，如同屈原的《离骚》，自由地优游才可能打开新的场域，这是庄子卮言逍遥游所展开的"化"的姿态！

4.663. 游向何处呢？这是空余之地，只有游向空余之地，才可能退让！或者说，优游要打开空余之地。有着余地，才有余让。这是大壑等场域的打开，是无何有之乡的指向。游化的主体也成为让予的主体。

4.664. 在空余之地继续保持"让"，"让"一直贯通着，不是说"让"与"游"不相关了，而是游走中还是保持让，让游一直可以游，还是需要让予，在其中保持游，保持让，这是无何有之乡中的淡忘，这是平淡的漠然，是保持让予，在空余之中继续保持让予，这是余让的无限外展。

4.665. 余让就打开了游走的环节：有让，才有游；有游，才有空；有空才有余，一直保持空余，就是余让。

4.666. 让—游—空，就是对庄子文本中的大壑、无何有之乡等等场域的形式显示。只有让出、辞让之后，才可能游向那个"虚托邦"的场域。

4.7. 让予的"三道"绝对律令

中国哲学，对比康德的绝对律令，也可以给出"三道"更为柔和的绝对律令，或绝对吁请。

4.71. 愈是给予，愈是盈余。愈是给予，愈给予的更多更好；但没有最好，只有更好！

4.72. 愈是给予，愈是让予。给予愈多，让予也愈多；让予愈多，也给予愈多！

4.73. 愈是让予，让予愈多。愈是让予，就愈是彼此让予；让予要求让予，让予激发让予！

4.74. 让予与余地相关：愈是让予，就愈是有着余地；而愈是有着余地，就愈是有着让予！

5

从存在论差异到踪迹论延异

再到庸用论之诡异

病毒，2019 年的新冠病毒，

迫使人类开始想象另一种新的人性。

——题记

5.0. 何谓哲学？哲学何为？

哲学家对于哲学的回应，从两个方面展开。一方面，回应哲学史内部的基本问题，或者重启被哲学史遗忘的基本问题，或者重新表述已有的基本概念。另一方面，则是要形成自己的思考概念，并且以几乎不引用的方式，即，以吊诡的方式，不去读已有哲学家的语句，却转化了他们的语词与句法，而形成了自己的语词与句法。

作为20世纪哲学的两座高峰，或者接续康德以来现代性哲学的基本问题，从有限与无限的区分出发，海德格尔提出了自己的存在论区分，德里达接着深化了海德格尔的区分，而走向延异论的间隔，并且确立了基本的问题范式：可能性与不可能性的"双重约束"，进入瘫痪状态的哲学，已经一无所用，而进入21世纪的我们，如何接续思考？

哲学何为？一无所用，如何在哲学自身的绝境逻辑中，展开新的思考可能性？在此绝境中，还有着余地吗？无用的哲学可以开始于哲学自身的无用？

但，一个普遍实用主义的时代，面对的吊诡是：

务（物）要用我！毋（无）要用我！

如何从有用走向无用，如何让无用保持为无用，同时又有所大用，这就是无用哲学的诡异辩证法；有用—无用，用无—大用，之庸用转化的辩证法。

5.1. 海德格尔的存在论差异：敞开与裂隙

5.1. 为什么要从海德格尔的存在论差异出发？因为海德格尔面对了哲学的根本问题，就是存在之为存在本身如何再次得以思考。

5.11. 传统形而上学将"存在"要么理解为：存在者的总体集合或存在者的存在——或者是其本质，或者是其原则或根据，或者是同一性——要么理解为最高的存在者，即与基督教神学相关的上帝之存在，如同在莱布尼兹那里的微知觉单子与最大的单子。但在海德格尔看来，这些存在论其实都是"存在者论"，并非存在本身的存在论。

传统形而上学根本上就无法追问存在本身！因为它们都把存在"对象化"了，把存在"设置"为存在者式的对象性，形成了各种主客观对立，或者所谓辩证综合的模式，反而导致了存在本身的遗忘，导致了存在历史或形而上学的终结。

海德格尔认为西方形而上学在开端之际的思考就导致了如此的后果，比如，从柏拉图的理型开始，作为一种外观的显现，一种可以对象化的表达，尽管理型本身不可见，但一旦体现出来，就是可以对象化的、主题化的、设定化的对象，存在成为对象性的存在者，来自设置或设定，所谓辩证法之正题与反题的逻辑展开，哪怕最终总是走向无路可走并没有答案的绝境（aporia），但其中有着同一性的要求，思想要自身保持与自身的一致，基本上是以"同一性"的本质不变来确保存在者的存在者性。

但存在，不是存在者，存在可以显现为对存在者与存在者之间进行区分，是区分的运作与展开，比如墙和门的区分，但这个区分本身不是墙与门这样的存在者，存在不仅仅是区分开存在者，处于存在者之间，而且是要区分开"存在本身"与"存在者"。即，存在乃是双重的"区分"运作：一方面，在存在者与存在者之间进行区分，作为区分的动作，但这个动作不是存在者中的一个；另一方面，则是在存在本身与所有存在者之间进行区分，这需要另一种的区分与区分的敞开运作。如何保持第一种区分，但又要进入第二种区分，而不成为某种存在者？如果"区分者"也成为某种存在者，显然还是无法触及存在本身。

这就需要一类独特的"存在者"，既要区分开存在者与存在者，也要区分开存在本身与存在者，前者是区分的运作，保持运作的运作性与展开过程，而并不陷入存在者中间——不要成为某种一个存在者，而是这个区分者一直保持为区分的"运作"，如果不成为存在者，它就必须把此区分转变为更为彻底的区分，后者的区分则是要在存在本身与所有存在者之间进行"区分运作"，这就需要一类新的存在者——"此在"，而且此在或达在（Dasein）——乃是生存出离——要离开"所有的存在者"，进入"无家可归"的空无状态（Unheimlichkeit）。在世界之边缘，才可能转向存在本身，不是与各个存在者打交道，才可能抵达存在本身的位置，如同柏拉图的洞穴比喻最终的指向，主体走出黑暗洞穴的被捆绑状态后，进入太阳照射的空间，最终抵达太阳这个至善的位置上。

但悖论是：存在本身并不存在。哲学总是开始于悖论，开始于追问本身的反问，开始于追问本身的不可能。既然人性主体不是存在——除非是人性的自身存在性——那就不可能追问存在本身，既然你是存在者，你就只能理解存在者，就如同人不是上帝，就无法接近上帝一样。而且存在就其自身而言，并不存在，存在并不是对象，也不是要追求的目的与目标，而是一种"敞开"状态——即区分的彻底运作。

5.12. 对于存在的追问，就此在这类独特的追问者而言：一方面，此在不落入具体的存在者之中，否则就会再次成为存在者中的一个，陷入繁忙之中而无法自拔，也无法追问存在本身；另一方面，存在之出离乃是向着超越的方向，以形式显示的方式，摆脱了语言乃至于意义的理解，存在的超越筹划却并非指向明确的目的，而是脱离与敞开，脱离所有的存在者以及存在者整体，即走出整个世界而脱离（或出离出去）。这具有某种基督教的要求，如同保罗神学的方式，减少世界的需要或不去用世界之物，才可能走向上帝之国。当然，海德格尔并不接受另一个的上帝之国，这个出离出来的此在筹划乃是向死而在，而进入"无家可归"的状态，打开了一个"非世界"的世界，但并非什么天国或者另一个世界（因为启蒙之后的世界，没有天国也没有地狱），这个不是世界的世界——仅仅是世界的"敞开"。

世界的敞开，乃是由独特的"一类"存在者（一类并非准确的量词）——此在之向死而在的感召而来，"向死而在"并不是具体的死亡，只是不可能的可能性，是先行到死的极端性筹划，是本己的良知召唤，此召唤来自无，走向空无，不是来自这个世界，也不是来自另一个世界的上帝呼召，而是来自自己又超越自己的那个敞开牵引的力量——这是本己之死的畏——并非终结的终结，其实不过是敞开之敞开，是"敞开"在召唤着此在进入"敞开状态"。

存在本身的运作，乃是召唤此在向着存在敞开，并且保持敞开敞开着。通过此在或达在的追问，进入存在的敞开之中，这是自由的运作，这是自由的可能性。这敞开之地，并不是可对象化的空间，也非某个目的指向，而是打开间隔进行区分的运作活动，是自由自身的行动空间或游戏的时空地带。

但是，此在如此的敞开运作，还是会下降下来，会停止下来：一方面是因为此在的有限性，作为中性的此在还是人类的存在，因此最终还是会死亡，所筹划的世界就会绝对终止（德里达后来会说独一者的死乃是所有世界的终结），敞开的行为也会停止，所谓的地平线或者视域形成就会封闭起来；另一方面则是因为此敞开的敞开，要一直保持敞开，不是来自此在的筹划，而是来自存在自身——因为存在就是在敞开中的敞开，但存在在敞开中的敞开，不是由有限必死的此在来实行，除非这个此在成为历史性的，即超越自身个体生命的有限性，进入历史的延续性或余存性。

5.13. 存在自身的敞开，就成为存在自身的历史性敞开，这就进入海德格尔中期的思考。

历史性的存在如何保持敞开？此敞开的历史主体，不再是个体化的此在，而是具有历史性的民族，或者体现出民族精神的"半神"，当然此民族精神的历史性积淀或者形态的塑造，来自这个民族对于存在的追问，或者进入了存在历史的真理，才可能获得存在的天命。在西方，比如耶稣基督的西方，尼采的希腊酒神或者悲剧精神；或者是荷尔德林试图以"河流诗"——之为天空与大地争执的半神——也是形式显示的"裂隙"，所追问的那被西方遗忘的历史命运或者诗意的真理；或者就是代表德意志第三帝国的"希特勒"纳粹主义，体现为1942年"斯大林格勒战役"发生的这座城，体现为生命大量死亡的"裂隙"（Riss）——代表俄罗斯精神的大地与代表世界敞开的德意志——二者之间的"争执"，这裂隙的位置是形式指引的生命空间。

这个主体，并非具体的个体，而是历史精神的化身，是语言中的精神，对于海德格尔，这是语言诗意发生的历史空间，比如荷尔德林的"河流诗"或希腊的"剧场"。只有在一种诗意的语言中，才不是历史存在者的语言——就如同《存在与时间》的根本区分，乃是一类从既有历史中出离出来，注意——不是延续历史，更不是重复已有的历史模式，而是去——重新开端！这是海德格尔对于存在本身历史"另一个开端"的寻求，从"第一个开端"到其颠倒的终结——即从柏拉图到尼采，到"另一个开端"的重启——以荷尔德林的诗歌及其对于那个诗意希腊的回归为启示，这是海德格尔20世纪30年代的基本思考模式。

从第一次形而上学历史的命运终结（以存在者的整体性以及存在的遗忘为标志，从柏拉图主义到尼采的虚无主义），到"跳跃"向另一个开端的事件之沉思（《哲学的集萃》GA65卷中Ereignis成为取代存在的核心词汇），从终结到开端的这个转换的"之间"过渡——也是一个裂隙的地带之敞开，只是这个裂隙的敞开地带，被世界大战的暴力所撕开，并且被随后的"冷战"所扩大，这也是海德格尔彻底的现代性批判：美国的自由主义不过是资本拜物教和技术全球化的结合，希特勒的法西斯主义也不过是民族主义与战争技术的总动员之结合，因此，这个真理与非真理的元争执——不过是扩大了深渊！现代性就是尼采的强力意志和云格尔的劳动类型以巨大计算的谋制或力造性之结合，会导致历史的终结与存在的终末论，人性与历史都处于这个过渡年代——从"二战"到"冷战"——的巨大裂隙所敞开的深渊之中。

5.14. 既然西方的整个形而上学遗忘了思考存在本身，随后的历史就已经没有了命运，当然，在历史中已经隐含着历史天命的追问者，或者在历史中已经隐含着某种对于历史真理的出窍追问者了，只是被后世历史遗忘了，遗忘了历史开端处的困境与急难，对这个急难的再次经验才开启历史的新开端。比如古希腊时期索福克勒斯的悲剧，在荷尔德林的重新理解中，那是神与人分裂的时刻，神与人双重的不忠实，以悲剧人物的痛苦命运显示出存在历史的根本危机，如同荷尔德林在《俄狄浦斯的点评》中所言：

> 悲剧的表现首先基于，神与人结合、自然力量与人的内心在愤怒中无界限地合而为一的极端恐怖，是以这样的形式被领会的：无界限的合一通过无界限的区分净化自身。

因此，安提戈涅与俄狄浦斯王这二人都不是"个体"，而是历史真理或历史天命的"化身"，是历史危机的"一般"体现者或"命运"的化身，就不是历史的"某个"存在者（或者说比如不是中国王朝逻辑中的帝王身份与血缘传递），他们作为存在命运的范型（Type，如同云格尔以工人作为主宰意志的存在类型），已经从历史流传中出离出来（但又被既有历史遮蔽而处于遗忘状态），从范型的存在——这是追问存在本身之历史真理的那个历史性——或者追问历史本身真理性的——

半神，半神乃是对于自身的无根据以及那个逃逸了的存在本身的追问，就如同存在本身不是此在筹划的对象，而是从无家可归中发生的良知召唤，此历史真理的召唤也不是来自半神自己，而是来自神与人的分裂或者斗争的历史天命。

正是在这个历史性半神的追问者之出窍的时刻，承受命运击打的悲剧时刻（可以对照耶稣基督的受难），显示了存在的真理性，但这是从存在历史的隐藏中，通过斗争（polemos），或者通过回溯的重复，才得以被重新发现的转折时刻（已有的历史性早就遗忘了那个转折的关口，而转向了对于存在历史的遮蔽与遗忘），并非直接在历史之中的各种事实材料或既有的素材中可以被发现。即，既然要回到第一个开端的转折关口，那么，面对已经"西方化"或者拉丁化的希腊文本与天命，就不可能"直接"获取其精神，而需要通过艰难的重新"翻译"。通达历史真理性或者重新开端的可能性，都没有直接的现存通道，而是必须再发现。

如同荷尔德林对于希腊历史性命运的重建：不是现存地把希腊悲剧文本直接翻译为现存的德语，也不是让德语通过翻译来说希腊语，好像还可以增加德语的某种表现力，不是这样的语文学翻译技术的事情，而是要让德语去说出希腊语"尚未说出"的东西——因为历史的真理已经被希腊语遮蔽了（或者被后来的各种西方化方式多重遮蔽了），同时，更为关键的是，既有的德语，也不足以去翻译那个尚未出生的希腊命运，尽管有着希腊语的悲剧文本在那里，有着品达的诗歌在那里，但那仅仅是历史的现存物而已，仅仅是历史的存在者而已，不是历史存在之真理的显示。重新回到历史开端隐藏的命运，就要求"双重的外化"或者"双重的陌异化"——体现为双重的翻译：既非现存的希腊语文本可以直接拿来被直接的德语语文学翻译，也非用既有的德语去直接翻译那现存的希腊语文本，无论是已有的文本还是既有的德语，这二者都缺乏悲剧的直接性或者悲剧神人分裂的精神性，这是命运已然"丧失"（希腊的希腊性遗失了自身的天火）与命运一直"缺失"（德意志只有理性而缺乏迷狂）的原因，因此需要双重的改造与变异，因此，需要去争夺，去挖掘，甚至让自己变得疯狂（hybris），才有可能接近那个停顿或断裂的时刻。这也是为何荷尔德林与尼采最终都走向了疯狂，而与之对比，歌德与席勒模仿希腊的方式，可能不具备如此的张力。

这就是荷尔德林之"发疯"的真理性内涵：一方面，希腊悲剧的表达，来自迷狂，导致了神与人之双重的不忠实，并导致人物的命运出离，面向存在历史的"未来"命运——是到来的命运与预感，并没有直接显示出来，只有进入迷狂的彻底性才可能经验到那悲剧中表演的迷狂，尼采《悲剧的诞生》中的酒神如此，歌德《浮士德》（第二部）的"魔灵"（daimon）如此，荷尔德林的"河流精神"或时代不可得的"共通的精神"也是如此！另一方面，后来的德意志人，已经没有了命运，德意志本有的"清晰的表达"需要希腊陌异的"天空的火焰"来平衡，但希腊的天空火焰并不能"直接"获取——因为希腊人自己也放弃了它而走向了清明的表达（即转换为柏拉图式的理性），本有的东西会丧失，本有的东西如同陌异的东西，都有待于再次学习，都不一定会得到本己的自由使用！这就需要诗人自己去流浪——这就是荷尔德林在离开祖国德国去往法国的途中，经验到被天空的闪电与阿波罗神所击中的出神状态。同样，这也需要德语本身的迷狂，德语就不再是理性的德语，德语必须变得"发疯"（同时代德国浪漫派的很多作家也是如此），不是正常的已有德语，否则根本不可能重新接近那已经消失或退隐的历史天命（那消失的天火）。我们就看到了荷尔德林式悲剧翻译文本的语言，所传达出的感觉怪异性，以及他晚期诗歌的碎片性，都是承受此双重疯狂的击打所致。哪里有着接纳天火的神圣之水？让水火相济？除非通过中国道家的柔性之水？如同海德格尔1945年之后对于老子思想的接纳："以最柔弱之大地克服最坚硬之大地？"

5.15. 这就是为什么海德格尔在这个时期要讨论艺术品的真理性，面对显示历史存在真理的艺术品或艺术流传物，而不是一般的器物或历史材料，就是因为艺术品作为曾在之物有着隐藏的真理性，当然不是每一个艺术品都是如此，除非其中显示出世界与大地争执的"裂隙"。这个争执乃是为了把隐藏的历史性挖掘出来，但也不仅仅是艺术品，而是要进入存在真理的"元争执"，即进入已有遮蔽的历史与新的开端之历史性——这两种历史性的争执，以此打开另一个新的开端。这并非一个历史阶段与另一个历史阶段的差别，如同马克思认为社会主义不是共产主义，社会主义只是相对于资本主义的下一个历史阶段而已，如同无产阶级不是工人阶级，而是为了共产主义而终结整个历史的不断革命，因为共产主义乃是历史的终结，是人类新纪元的开启。

因此，海德格尔思考存在真理的"元争执"——乃是西方既有的西方化历史与另一个可能历史的新开端，这是要从西方化与德意志为代表的西方的土地上——重新升起的一个新西方，一个新世界！

但是，这个所谓"另一个开端"的历史存在真理性，失效了！即，荷尔德林的"河流诗"（对于莱茵河、多瑙河以及伊斯特尔河的歌咏）所形成的"另一个开端"——通过德意志的河流回向古老的希腊，理性的水与天空的火，二者基本元素的重新和谐——所指向的"另一个开端"，与希特勒种族主义的历史帝国打开生命大空间的方式对比，希特勒的纳粹主义也利用了尼采的酒神与荷尔德林的祖国颂诗或格奥尔格的帝国之诗，完好地结合了理性的技术算计与迷狂的军事暴力，难道不也是"水与火"最为出窍的"结合"——侵犯其他国家主权而导致整个世界大战？二者都是清晰的理性与神圣的迷狂之结合，极为具有相似性，甚至有着同构性。如果历史会重复，中国的现代化道路不应该重蹈覆辙。

尽管海德格尔不认为自己的历史新开端是种族主义或庸俗的生物学，而是存在本身的历史真理性，但其对于半神的精英式寻求，哪怕是荷尔德林的希腊方式，其暴力的死亡、神与人的双重不忠实、悲剧的停顿，难道不也对应于奥斯威辛集中营的历史停顿的灾难位置（如同拉库–拉巴特与南希在《纳粹神话》中的思考）？大屠杀的火焰难道不就是悲剧的停顿与致死时刻？二者的根本区别是什么？这不就是一次失败的模仿？或者说并没有脱开模仿的竞争与杀戮的命运，吉拉尔后来深入反思了模仿的竞争性不可避免地有着暴力行为，越是巨大的模仿，纳粹对于犹太人之为被拣选的历史命运的神学模仿，越是会导致巨大的暴力与精神创伤——对于犹太人的种族大屠杀就是如此。

当然我们不能把荷尔德林个体化的回到希腊的迷狂方式，双重外化与陌生化的转译方式与希特勒的种族主义相等同，后者恰好是绝对的成己与排他，只是在这种过度的成己之大事（Ereignis）中，如同海德格尔20世纪30年代着重思考的"成己"（er-eignen），而还没有深入展开存在的"去己"（ent-eignen），反而急于振兴没落的欧洲，导致荷尔德林陷入了疯狂。但荷尔德林式的疯狂有着真理性的指向，那是一个民族必须重新学习本己与陌异之物，而这是最为困难的"庸用"之事：一方面似乎非常容易与平常，还有什么比本有之物更为容易自身理解的呢？但另一方面，无论本己已有之物还是陌异他者之物，都是必须冒险学习，甚至永远都不可能居有成己，但又必须去学习与面对的，哪怕是敌人。

5.16. 因此，海德格尔必须寻求新的差异论。存在历史的差异区分或者存在历史的真理，已经陷入了存在本身的终末论，那所谓的新开端或那新的敞开也并没有实现出来，即便在德意志帝国现实地施行了，比如在代表敞开的德意志帝国与代表大地性的俄罗斯苏联帝国的战争中，德意志还是战败了！1942年发生于"斯大林格勒"的现实历史战争及其残酷性并不是无所谓的参照，这导致1943年的海德格尔就认为整个西方都终结了，进入了存在的终末论。

甚至，那个被暴力打开的所谓新敞开，敞开之敞开的位置，看似发现了隐秘之物的真理性，其实导致了更大的遮蔽：存在命运的自身毁灭，世界彻底被"非世界化"了，世界的出窍也是自身的取消——因为这是自取灭亡的方式！这也是为什么海德格尔同时也反对犹太教与基督教，因为他认为所有的这些要素，包括尼采的权力意志与云格尔的技术所结合的工人劳动者——之为存在的主宰类型，都是导致自我取消的方式，美国式的自由民主等，也是"谋制"或"力造性"的体现。

如同海德格尔在1943年开始反复思考荷尔德林的河流诗所指明的绝境：我们处于无痛苦之中，在陌异之地也丧失了语言。那么，如何可能有着新的敞开？而不陷入死亡的自我毁灭状态？如何在痛苦中找到新的语言？

5.17. 既要保持敞开，又要不陷入毁灭之中，除非进入那彻底的自身隐藏，而不仅仅是敞开——敞开的强力意愿反而导致了暴力，暴力则导致了自身的彻底毁灭。那么，有着非暴力的敞开？如何再次经验此自由的深渊？在隐藏的敞开中有着对于隐藏的保护吗？整个海德格尔后期，在"第二次转向"（1943—1953）的思考中，不得不去发现另一个更为根本的区分与差异论！

这是来自语言发生的差异论，是更为彻底的"区分"（Unter-schied）。即历史的天命之显现与隐藏，不再是存在历史与一般历史的差异，而是存在历史本身的给予与否，是"元历史"的维度——既然存在历史本身已经处于终末论的状态——是否还有着再次的重新给予或重新开端的机会，是否有着"给予"本身的给予性，这是一个难以决断的问题。如果存在本身已经败坏，存在本身就是危险之所在，存在已经进入了终末论，存在本身已经被彻底"用坏"了！存在的整体都导致了庸用的终末论，这就是庸用本身的败坏，尤其是进入技术时代，在技术的"集置"中，整体的败坏还在聚集，还会不断地重复与加剧，2019年新冠的全球化不就是此加剧与加速的灾难时刻？！

因此，存在之为存在的筹划问题，就转化为存在如何"被用"的问题（中国道家哲学在这个时刻起了激发与转化作用）？存在本身的显现与存在的语言表达如何再次可能？除非进入真正的静默，在静默中倾听语言的召唤，才可能有着真正的成己之事（er-eignen），这甚至要求存在自身的转让（über-eignen）。

这就再次出现了奥古斯丁以来的区分（这是早期海德格尔在《宗教生活的现象学》中思考过的问题），世界的利用与上帝的享用之区分如何重新可能。但对于海德格尔，依然并非进入另一个世界（或上帝之国）——但又不是已有的这个世界（这个世界已经非世界化了），在这个世界的下降与另一个世界的上升之间，一个漫长的过渡时空被打开，这就是人类历史进入漫长的过渡年代，荷尔德林与谢林所言的黑夜年代，而哲学只有去思考那个尚未出生者的早先族类，那黑暗中不可言说的自身隐藏，乃至于面对那个拒绝给予天命的给予者本身，才有可能。

这就是无人称句法"予有"（es gibt）在20世纪60年代作为基本新

句法的出现，海德格尔的思想转向——存在的给予：天命可以给予出来吗？除了存在给予的慷慨，也许还有着拒予或不给予的可能性！存在如何可能被再次给予出来而不成为存在者？存在应该如何"被用"——或者存在如何去"用自身"——才不会导致自身的沉沦？那个给予的行为如何可能再次发生？或者是谁"让"存在得以给予出来？如此的"让予"如何可能？这是海德格尔后期艰难思考的问题，但也是被随后的哲学史遗忘的问题。

5.2. 德里达的延异：进入绝境

5.2. 德里达思想的出场，从在场到缺席，保持缺席的缺席性，显然是从海德格尔后期思想出发。那些没有面对海德格尔后期思想，仅仅就前期思想就对海德格尔思想进行批评的人是成问题的，比如海德格尔"二战"之前的那些弟子对于海德格尔虚无主义的指责都有此简单化倾向。因为海德格尔后期要面对无语的沉默，面对历史的终末论，而且试图走出整个西方，对中国道家"用无用"的翻译与改造（运用荷尔德林式的双重转译），彻底改造了海德格尔他自己的德语与思想方式，这在最近几年出版的《黑皮本》（尤其是1943年之后的那几卷GA97—102）中体现得尤为明显。显然，那些反对海德格尔前期思想的人，不是不正确，而是根本就错失了海德格尔后期思想的自我纠正与自我超越。

5.21. 德里达就是因为面对了晚期的给予问题，思考给予之为给予本身，面对给予有着拒予或欺骗的可能性（比如在思考波德莱尔的《伪币》中），着重面对了给予的"不可能性"，而非礼物给予的可能性，并且彻底摆脱海德格尔那里隐含的历史（Geschichte）天命意志论与给予的必然性，因为可能根本就并没有命运的发送（eine Schickung des Geschicks），或者命运可能发送出来了——但也许根本不可能抵达目的地，这样就有着天命被抹去的可能性。一旦取消天命，就有可能取消历史真理性的逻辑，就意味着对于宗教的彻底解构，哪怕有着弥赛亚性的记忆，但这是可能被修改的记忆，因为一切仅仅是涂抹之后的痕迹。

　　德里达把海德格尔早期的存在论差异与后期语言成事的区分，一起转入踪迹的延异。即便有着天命给予的痕迹，但那个原初的痕迹，如同弗洛伊德的原初创伤，第一次主体就不可能经验到其直接的在场，在原初的显现之际就已经自身回避了，就已经退隐了，根本不可能直接在场，只是在随后的重复中，在再次的强制性重复中，也是在压抑与重复的游戏中，才可能以"事后增补"的方式显现出来；但原初的踪迹已经被延异了，不是海德格尔的存在论差异，不是海德格尔历史真理的追问，存在的追问也不可能发现原初的痕迹，如同精神分析的治疗之问题就在于——还试图还原那个所谓的原初压抑的真相而加以治疗，而这个想法本身就是疾病的根源——如同德勒兹在《反-俄狄浦斯》对于弗洛伊德与拉康的批判，这依然把后来的思维逻辑强加在原初开端的痕迹上。而那个原初痕迹，已经延异了很久，根本不可能有着原初的还原。

　　这个被延异的痕迹，被强制性重复与修改后的痕迹，其实已经是推迟与差异的扩展，根本不可能有着原初的开端，也不可能去开启所谓的"另一个开端"，开端不可能直接在场，不可能被还原，开端只能通过事后的增补或补余，来加以重新理解。这就如同德里达对于模仿的解构：本源如果没有模仿，就仅仅发生一次，发生一次的事情，其实就是从未发生过；因此本源需要模仿，但一旦本源被模仿，本源就不再是唯一的了；甚至，本源需要反复被模仿，越是模仿，本源好像越是有着本源的重要性；但一旦模仿太多太久，就无法分清哪是原本哪是模本了；

如此一来，本源与模本的差异关系就不存在了；最后，就既没有了原本，也没有了模仿，区分被抹去了。

更为重要的后果是：因为此原初的缺席，就有着绝对遗忘的可能性，有着不负责任的可能性，这就摆脱了所有的伦理责任，所有的誓言都有着伪善的前提，任何的作证都有着伪证的可能性，而任何的模仿都可能是伪装而已，任何的给予都可能把礼物变为毒药，当然，也可能相反，任何的毒药也都可能成为治疗的礼物。

这就是解构哲学的严酷性，或者残酷性的考验：无论我们的意志或者意愿是多么的善良，都有着作恶的可能性，而且这是比根本恶还要彻底的作恶，因为我们甚至都不知道自己在作恶，中国人的"自欺"大致有着如此的深度，尽管又如此的表浅，因为这种自欺已经庸常化了，成为常态，所谓的"恶之平庸"就是如此。或者相反，无论我们做出多么友善的姿态，我们还是无法鉴别，或者根本上就要悬置我们已有的各种道德判断——无论到来的他者是朋友还是敌人，我们都必须绝对友善地接待，因为这些到来的客人或者他者，本来就有着原初的敌意与恶魔的特征，却已经有所伪装，或者因为他们不得不伪装，或者这伪装已经成为人性的一部分，而自我掩饰起来了，因此我们也无法去判断。如此一来，友善的善意也导致了恶果，比如德国政府之前的难民政策导致的危机。这是解构哲学带来的深度经验，也是解构哲学自身带来的严峻考验。

这也是后期海德格尔的公开出版物，尤其是对于礼物给予思考所不具备的严酷性，因为海德格尔对于天命的信赖，对于礼物慷慨给予的期待，还是过于落入可能性的逻辑了，尽管在私密书写的《黑皮本》中要有所不同。

5.22. 德里达的延异，乃是消除了差异的差异，但又最为彻底深化了差异。这也来自索绪尔语言学的两个原则——符号的任意性与差异性原则，形成了延异的悖论：一方面，可以让"任意性"无限制地播散，播散的游戏根本就没有边界，早期德里达的解构导致了游戏的扩展；而另一方面，"差异性"如果坚持到底，依然有着最为根本的差异，即要把差异，差异的他异性，它异感发，贯穿到底，这就是给予的不可能性。

回到海德格尔后期关于给予的思考，天命的给予可能性，如果有着敞开的自由，有着自由的绝对性，有着事件的新颖性，就不应该有着"命运"，德里达要解构的就是海德格尔存在历史的"天命"，哪怕是奥斯威辛集中营的犹太命运，或者是俄狄浦斯王被诅咒的命运，也要被解构。解除希腊形而上学存在历史的天命，解除神话之无意识的咒诅，甚至，解构唯一神论的历史弥赛亚记忆，这都体现出解构哲学的彻底性，这尤为体现在给予的可能性与不可能性的"双重约束"上。

但对于德里达而言，一切并非那么容易：一方面，哲学不可能摆脱形而上学，哲学只有一种语言，以理性或者哪怕是准-先验的方式进行思考的唯一语言；另一方面，确实有着不同于形而上学的另一种思考（或者是"绝境"的经验或者是"余化"的经验），这就是双重约束的"绝境"经验——同时思考给予的可能性与不可能性。

延异发生在给予行为之可能性与不可能性的双重约束之中：给予的可能性以不可能性为前提，不可能性也以可能性为前提，但二者的关系是一种绝境状态，在此绝境中，我们的经验打开了深度，绝非仅仅是瘫痪的处境，但也有着无路可走（a-poria）的危险。

5.23. 那么，如何可能进入此绝境，但又不陷入危险呢？其中有着存活的余地吗？拯救如何可能？

德里达的延异行为，非常像卡夫卡《地洞》中那个建造掩体的老鼠：一方面，他非常警觉，保持绝对高度的敏感，面对危险时刻来临的可能性，如同犹太教的先知，任何的危险都会被事先预感到，或者就如同蝴蝶对于天敌的绝对敏感；另一方面，则又非常绝望，因为越是敏感地发现危险，就越是无法形成保护的安全，地洞的屏障永远存在缺陷，或者是他自己发现的，或者可能被天敌发现，或者看似根本不可能被发现，但其实又肯定存在"潜在"的巨大危险。如此这般地自我反思，自我纠错，就只能拆除掩体保护带，即不断地"解构"自己所好不容易"建构"起来的屏障。

如此建构又解构的同时性，不就是绝境最好的显示？这不就陷入了两难？但似乎比两难还要困难，因为不得不建构，又不得不自我拆构，越是谨慎与完美的建构，也就越是危险——因为会陷入充分预防与完备的错觉之中，其实根本就不可能躲避危险。但越是解构，不断地自我解构，就越是会陷入绝望之中，陷入无意义的劳作与虚耗之中。这就是：认认真真做某事同时又空无所成——如同卡夫卡与本雅明从中国智慧中所获得的启发。

那么，如何面对这种天敌的无处不在？在这种绝境之中，是否有着可以余存的余地呢？余地又如何生成呢？

5.24. 在此绝境中，哲学何为？

这就是我们"漠然论"或"诡异性"（deferance / in-différance）哲学提出的背景与时刻。

一方面，不可能逃脱此绝境，所谓庄子式的"无所逃于天地之间"，我们只能处身于此绝境之中，那些试图不承认绝境，认为可以一劳永逸走出绝境的各种思考，或者认为绝境是一种错觉，或者认为绝境是坏的或不好的糟糕状态等各种思想，都是非思想的态度——因为不进入绝境就丧失了真理性的内涵。而另一方面，必须深入此绝境之中，但又要从中发现余存的可能性，而不是陷入绝境的撕裂状态，避免陷入瘫痪状态或者极端的被动状态，即，如何在保持被动的敏感时，还有着回应天敌而自我保护的机会？并且打开余地间隙的游戏空间——那极为细小几乎不可见的余地空间？

这就是新哲学所要打开的诡异逻辑：看似处于绝境，进入差异的彻底性经验，乃至于被延异困住的状态中，但同时，又试图在差异中发现余地。这就必须摆脱各种人为的思考，而进入思想的无用之中，乃至于漠然状态，这并非要放弃思想，而是要去思考思想自身的无用，思想的无用走向无用的思想，施行巨大的逆转，并且还要让此无用有着可能的大用，再次施行逆转，如此的双重逆转，就是庸用哲学的诡异之处。

诡异，不是不要延异的绝境，而是在绝境中发现拯救的可能性，或者以某种诡计发现逃逸的余隙空间，发现可以自由呼吸的余地位置。但又看似并没有走出去，还要承受绝境的条件与压力，因为绝境无处不在，绝境乃是世界本身的基本处境，否则就会陷入彻底逃逸出去了的各种错觉。

德里达式"绝境"或"双重约束"的困难处境，首先体现为极端的被动性，是被动性的彻底经验，但不等于就是顺应、顺从这种辖制状态（如果这是一个政治决断场景的话），然而在更极端的意义上面，确实是不得不顺从，这是绝对激进被动性的经验。其二，想走出这个困境的所有想法如果不是错误的，起码是非常危险的，都是缺乏忍耐而滋生出的各种幻觉，而真正的余存者或余者，却只能忍耐，忍受这种困境，而不是逃跑，甚至也不希求解决，想轻易解决与梦想逃跑的行为，都极其可疑。其三，甚至，即便你去反抗这种困境，某种天敌的"捆绑"，或者即便你去顺从它，就像某种先验的顺从，其实二者都没有意义，都没有价值，因为强大的天敌并不需要你的顺从，你的顺从只是一个奴隶的一厢情愿而已。帝国威权统治下的知识分子的处境大多如此。其四，则是在如此极端的被动性与困境里面，能不能够找到余地，是否可以发现间隙，打开空隙，就是余隙，空余的间隙，这与一般人所言的"中间"或"之间"不同，而是要在捆绑或者困境中打开的余地，之前并不存在一个对象化的中间地带。其五，这个余隙或间隙，这个余地，并不存在，不是现存对象化的距离，只有在困苦的经验里面打开的余隙，几乎不存在的余隙，才是余地，只有打开余地才有真正的出路，不是逃出去，而是一直要在这个困境里找到余地，存活下来，忍受下来，最终要考察的是忍耐的宽度，因此这才是余地的宽忍，乃至于显现为某种"漠然状态"。

庄子说过，无所逃于天地之间，没有逃逸的出口。为什么庄子要通过吊诡之梦，通过做梦，做梦是一种逃逸，可是梦中还有梦，你会被别人所梦见，不是你去梦见别人，而是别人把你梦见，你在别人的梦里，是别人梦见你，既受别人控制，也不受别人控制——因为那也是无意识——当然虚拟元宇宙可能长久之后会控制你（所谓程序算法对无意识欲望的敌视监控与诱导），但绝不是你自己去控制他人。庄子称之为"吊诡"的即是这个诡秘的处境———直都"吊"在那里——你不可能走出它无处不在的悬临状态，但是有着余地，只有少许的余地，哪怕是梦境。

5.3. 从器物到艺术品直至武器

5.3. 务（物）要用我，毋（无）要用我！

必须使用我，不必使用我。

无用哲学，庸用辩证法由此再次开始。

这是现代性最为隐秘的悖论指令，它可以代替西方古希腊以来的：模仿我，不要模仿我，从柏拉图到基督教都是以模仿为原则，无论是数学理型还是圣子，但其中又隐含了圣像破坏。以及，从笛卡尔到康德：我思故我在，我怀疑故我相信；我思故我有限，我思故需要上帝的象征。直到，从海德格尔到德里达：向死而在的可能性，之为不可能的可能性；我哀悼故我在，但我仅仅是不可捕捉的幽灵。

但：务（物）要用我，毋（无）要用我！这个悖论的指令，却更具有普遍性，因为它同时来源于自我与事物，当然，甚至，更为来源于物的指令（Ding：如果上帝也是至高之物），但同时，也是来源于物的邀请（物化：物可以再生）。

对于物的泰然让之。物，既要求我们的"用"（Brauchen），也要求着我们的"让"（Gelassen）。

让物成为物，让每一物都得其所用。

直到：用无用。

5.31. 务（物）要用我，毋（无）要用我！

为什么这个悖论的语句，对道家转换后的庸用辩证法，是现代性最为根本的指令？如同文艺复兴的近代开始于哈姆雷特的追问：去活，还是不活。现代性则开始于追问：去做，还是不去做？即，怎么办？如何做？或者如同海德格尔在"二战"之后思考里尔克：诗人何为？

187

为什么现代性开始于追问与倾听：务（物）要用我，毋（无）要用我？因为现代性开始于庸用的整体性、庸用的普遍化、庸用的全球化，一切皆用，一切可用，天上与宇宙的，地上与地下的，人性与非人性的，实在的与虚拟的，只有"可用！"才具有存在的价值。

全球化，就是庸用的全球化，就是庸用的世界化，就是普遍的实用主义，资本、技术物、虚拟物、计算器、机器人等等不断汇合为——拜物教。

这个普遍性的庸用化，海德格尔称之为订制的制作、思维的谋制、技术的集置，并且，导致了存有历史的末世论（Die Eschatologie des Seyns），以及庸用之终末化（Die Letze des Brauchs）。

务（物）要用我，毋（无）要用我！

这里的用，一方面，在中国文化中，来自《道德经》与《庄子》已经给出的有无之区分："有之以为利，无之以为用"，以及"世人皆知有用之用，而莫知无用之用"。只是这个本体论的区分并没有得到充分思考，尽管"道器不二"与"体用不二"，似乎与之相关。另一方面，在西方文化中，古希腊语的chreon这个词有着双重含义，如同德语的Brauch，即需要与使用：一物总是因需要而生产出来，同时一旦制作出来，就会被使用，并且成为普遍的习性，形成稳定的习俗。

这也是为什么我们把一个字，以两个字的组合"庸用"来翻译，就是同时体现出用的日常性、用的普遍性、有用与无用的相关性、"非关-非系之关系（Ver-Hältnis）"：也是玄化的关系，玄之又玄的多重转化的关系，同时也是关系的转化。这也是中国思想所传承的秘诀：道在日常伦用之间，道不离器，器不离道，而形而上者谓之道与形而下者谓之器的这个区分，也在庸用中，重新关联，并且形成全新的庸用辩证法。

庸用，Brauch这个德语词，具有习性伦常与使用习惯的双重含义：因为人性如何使用事物，就决定了人类的本性（ethos），人性的习性与本性，之为原初的伦理与伦常（Brauch），其实来自对于事物的使用，既是自然物或风土——人性肉身中带有某种被动性的风土，也是人造物——人类使用什么样的物决定了他们的生存方式与性格命运。

哲学是什么？如果哲学是一种生活方式，是一种生活的习性，那么，庸用就比人性更为长久，因为人类还来自自然，那么，先在性的自然就潜在地塑造着人性，但人性遗忘了此更早的早先，因此，这个更早的潜能，作为种子，可能还有待于再次被激活，保持其可再生性。或者，甚至，要去设想在人性出现之前的那个大地性，进入人类世之前的大地性，如此的大地性如何被用？乃至于要反过来追问：人性如何被如此的自然所用？

庸用的辩证法，乃是多重的用处之不断地反转：

务（物）要用我，毋（无）要用我！

5.32. 务（物）要用我，毋（无）要用我！

人类对于事物的使用，是从功能分配出发，尤其是那一件件的器物，总是被赋予了明确的使用功能，甚至说，其功能越是明确，就越是好用；越是被用，就越是能够物尽其用，也就越能够上手。如同海德格尔在《存在与时间》中在手前与上手之间的生存论区分。当然，在海德格尔的思想中，与之前哲学的思考方式不同，不把器物当作孤立的对象或理论化的思维，而是要摆脱主观与客观的表象化与对象化的思考范式，从事物的生活世界，尤其以"作为"（als）的结构关系（Verhältnis）加以展开，从来没有孤零零的器物，一件器物总是与其他的器物处于关联之中，其功能乃是在关系中展开的，并且在意义关联中被整体实现出来，从而形成了某个时期的生活世界与时代特征。

但是器物之为使用对象，越是上手使用，越是会导致其更快地被消耗，即，成为废物，我们不从此在的上手与向死而在来思考，而是从器物上继续思考存在问题，主题可能转换为《器物与死亡》。器物，越是进入关系，越是被使用，反而越是被消耗，直到最后，彻底不可用，成为废物。现代性不就是一个垃圾堆砌起来的世界？所谓的"人类世"不就是从大地到天空出现了大量的增熵之物？

所有器物，也许，最终似乎不可避免地会成为废物，被废弃之物，被离弃之物。除了那些可以被回收之物，所谓的可再回收的环保材料，这也是因为人性在反思现代性的器物生产时，开始尊重自然：能够被自然吸收的器物，才可能是更为需要被生产的事物！技术的生产要回到自然自身的生产，被自然的生产所吸纳，这是从摇篮到摇篮的可再生性。

务（物）要用我，毋（无）要用我！

那么，对于人性而言，必然要用物，物之为物，器物之为器物，具有某种必需性——使用我！同时也具有必然性（如同希腊语的chreon这个词一开始主要被翻译为"必然性"），这是必然的庸用，即必然转向另一种的使用：不要使用我，除非同时也保护我，并不消耗我。

哲学走向对于物的关心，也是物的保护，在关心与保护事物的同时，人性同时得到了保护与关心。

5.33. 务（物）要用我，毋（无）要用我！

因此就会出现一类奇怪之物：不可用。

不可用之物，有很多，最为常见与重要的是：禁忌之物、隐藏之物，尤其是艺术品。

艺术品，可以被传递，被收藏，被买卖或消费，被欣赏观摩，激发想象力，乃至于激发占有欲，但艺术品之中的可靠性（Verlässlichkeit），有着某种无用性，其自身的自持性"不让"被使用。

比如，凡·高绘画上的那一双双鞋子，不可能再被任何的脚穿上，它在一个无用的位置上，保持着自身的无用。艺术品就不同于工艺品，工艺品是日常可用的，但艺术品，比如绘画，挂在墙壁上，就占据了一个仅仅属于它自己的位置；工艺品可以在日常三维世界里被用，甚至被改造、被打磨、被注入，但那幅在二维墙面上的二维平面绘画，就不可用，否则就是破坏它，它也不再是它自身了。

艺术品，既是某种物性的强化显示（re-presentation），但又是不可用之物，而且艺术品更为体现出不可用的重要性，但艺术品确实要求着"使用"：比如，被展示而非被隐藏，被模仿以便流传，被评价而培养判断力。只是艺术品越是被如此使用，其内在的审美价值还越是被传递、被加强，即艺术品上的质料，那色彩与光泽，并不因为被反复观看，而减损其物的物性了。哪怕在时间历史中不断在耗损，变得古旧而丧失了其本来面目，或者获得了中国人所谓的"包浆"，也会带来时间的光晕。

因为艺术品的广泛性，对于物性的思考，就变得明确起来：一方面是可用的器物，包括工艺品，无论其材质-形式，还是各种特性的统一或主观感知的整合，以明确的功能得到应用；另一方面，则是不可用之物，主要是艺术品，艺术品总是具有某种难以言喻的无用成分，具有某种不能被耗尽的意味。

那么，工艺品与艺术品，以海德格尔的思考方式而言，这是一个存在者的区分？还是存在论的区分呢？

因为工艺品的中介性，工艺品上技术与艺术的重叠，导致区分的困难。比如，远古时代的艺术品，其实都是工艺品，而且也是被技术所复制或翻制出来，因此并不具有唯一性，或者，其实也基本上都可用，只是在重新挖掘出土后，不能再被使用了。就如同中国商代的青铜器，作为礼器，饮酒的礼器，在节日时还是可用的，很多青铜器就既是日常使用的"器具"，也是礼仪等级秩序的伦理"礼器"，同时，还是艺术装饰"工艺"的最高体现，比如青铜器上的神秘饕餮纹。但其实很多又来自作坊工人的"复制"拓印，同时具有神秘感应的"艺术"——无论是制作的繁复手法还是图案纹理的神秘性——因此具有混杂的艺术感，乃至于成为"神器"，即献给神明的"祭器"，甚至被埋葬，成为"冥器"，而具有了魂魄不死的暗示。

因此，器物—工艺品—艺术品，三者之间的区分，依然是处于存在者论层次的区分。那么，如何走向存在论上的根本区分呢？这就必须具有更为彻底的不可用性：比如那些供奉给神所"食用"的祭器——上升的烟气，那些所谓死人"所用"的冥器——很多还是生前用过的"生器"。

艺术品如果依然可用，就是工艺品，即便它是通神的器物或祭器，也可能还是存在者论上的，除非它指向的神明之神力，不被某种主权的权力所垄断使用，即主权者也必须不去用那神力，让神力不被垄断，而主权者仅仅作为中介而已，哪怕它是某种灵媒。

让神力保持自身的无用性，才可能不被任何的权力所控制，而得以更新。同时，主权者要让出位置，退出主权的位置，此让出，让神力保持为神力，让祭品保持为无用，此无用所指向的某种超越之物，才可能一直保持其超越的指引，在主权的让出中，庸用已经发生。

因此，区分的标准是：无用，不是可用与有用，只有彻底的无用之物，才是存在论上的区分。

5.34. 务（物）要用我，毋（无）要用我！

这当然是悖论：一方面，就是物，乃至于器物，当然要被用，才是有用的；但另一方面，是物，乃至于器物，却不可用，更是无用。如此的区分，才是海德格尔要确立的存在论区分。

海德格尔前期思想一直无法就器物给出一个存在论的区分，从此在不同于一般存在者，到存在历史的民族之为决断的精神，可以就主体性给出区分，但物性的区分一直不明确。尽管艺术品上有着世界与大地的争执，其裂隙体现出真理发生的痕迹，比如荷尔德林诗歌中的河流诗，体现天空与大地的区分，同时又是自然物，还是历史命运的位置，这个位置可以漫游，从德意志倒流回希腊，重新居有那已经被希腊本身所遗忘的命运，但如此的诗意河流，到底是自然物，还是艺术品式的历史流传物？依然并不明确。

既然《存在与时间》从器物出发，《艺术作品的本源》也是要寻找物之物性，那么，什么样的物性标准，可以让存在论的区分变得明确起来？海德格尔在"二战"后走向《关于人道主义书信》中的某种"反"人道主义或"非"人道主义，就在于认识到人性的本质，在使用万物与制作世界时，导致了世界的荒芜化，同时，也导致了人性自身的荒废（Verlassenheit）。

因此，对于物性之危险的深刻反思，反倒是来自云格尔的启发，云格尔对于战争与武器的思考，比海德格尔的"向死而在"之为极端的可能性与不可能的可能性，更为彻底体现了死亡与器物的生存论关联，比此在之良知召唤的内在性，更为体现出外在性的显示力量！无论是日本士兵们自杀的鱼雷，还是加速"二战"结束的原子弹投掷。云格尔最为彻底地思考了武器的存在论功效，他把工人的劳动类型与尼采的权力意志关联起来，形成时代的主宰权能，是劳动型相所体现的主宰意志才是民族精神的时代化身——而不是那血与土的种族，因此海德格尔与云格尔并不认同纳粹式的生物性种族主义。

但海德格尔认为云格尔的工人劳动所建构的技术存在类型（如同后来西蒙东的思考方式），也是危险的，原子弹的爆炸以及冷战核武器的大量生产，显然，不仅仅会导致种族的毁灭，人类本身的毁灭，还会导致整个地球的毁灭，因此，核武器才是最为体现存在终末论的器物，也是存在历史的终结之物，任何核武器的使用都导致庸用之终末。即便冷战时期的核武器，并没有被使用——一种奇怪的悬置状态带来的恐怖平衡，也会导致"终末之庸用"，生命的无保护性状态，因为核武器威胁而得到了极致表现。

5.35. 务（物）要用我，毋（无）要用我！

还有什么比核武器带来的威慑力量，更能体现出物性的存在论区分呢？但这个区分是无效的！存在论的区分也是无用的了。

武器——死亡与器物的结合——导致了现实性的向死而在，比如：杀人武器或冷兵器时代的个体化，比如英雄化的刺客，等等。或者是历史性的武器：铜车与马车的战车、弓弩、火药枪、坦克与炮弹、原子弹等等，代表了不同时代的技术存在类型。直到出现整体毁灭的武器：大屠杀或者焚尸炉的整体灭绝，核武器，人类整体或者大地本身的总体化灭绝。甚至，还出现了人工生物技术或者病毒作为人工生化的武器，导致人类与自然的双重毁灭。

人类的技术发明，却催生了毁灭自身的核武器，这是存在论区分的节点：核武器并非仅仅是一般的存在者论层面的器物，而是具有总体性的器物，乃是存在本身的自身毁灭性的器物，因此，核武器的出现与使用，乃是存在论层面上的使用——针对人性存在本身的生死存亡。在这个意义上，如同诗人欧阳江河所言，"核武器"是真正的"反词"，是必须成为"无用"的不祥之器。

武器改变了人性，武器最为磨砺人性的意志，与武器一道的意志，乃是意志的器物化与器物的意志化。如同音乐的乐器演奏是生命永恒化的意志表达，而武器的力量则是生命死亡化的意志表达。长矛刀剑到长枪大炮，武器，它们是身体感知器官的延伸——准确击打，没有什么比武器更为强调精准性：对于对象的击打，无论是精准还是力量，充分考虑到对象以及武器本身的精良，不断改进。

武器不是日常器具，武器是对于其他器具的废黜。其他器具可以并存，甚至处于互为意义的关联中，但武器，则是废黜功能的功能。矛与盾的冲突，相互取消。武器则是废黜其他器具的器具，火药炸弹炸毁了周围世界的器物。

武器与武器的对峙，武器如何成为最为常见的工具？马之为交通工具，成为马车这样的战争工具。战争工具也可能成为日常器具。武器的对峙，加强武器。武器的对峙，战争的成败取决于武器的威胁程度，先进程度。战争，乃是以自己的武器摧毁对方的武器。武器不同于其他器具，不仅仅是摧毁其他器具，而且敌对的武器乃是要摧毁对方的武器，或者提前攻击对方，或者克制这个武器——反导弹之类。或者更为恐怖的武器，那是武器摧毁武器，武器在相互毁灭，这是武器不同于其他器物的根本之处。

武器之为武器，就是杀死对方，施米特的政治神学的决断——置敌人于死地，不如云格尔的武器之可怕，毒气与枪炮塑造了更为可怕的钢铁意志。武器乃是意志，主宰意志，自我主宰与主宰敌人乃是一致的。武器乃是致死，针对敌人，武器不仅仅针对其他武器，而且针对敌人，针对对手，无论这是动物还是人类，甚至就是针对整个生存的基本环境，比如生化武器。武器乃是消灭对方，甚至彻底抹去对方的存在，武器乃是让敌人成为非人，成为死人。武器具有致死性，迅速与准确的致死性，以及自己的冷漠无情，武器乃是让主体变得无情，变成一个武器一样的物，并且与这个物合为一体，如同最初的杀手，或者狙击手，此狙击手乃是与这个武器合为一体。

武器塑造出士兵的形态，武器并非孤立的物，乃是与人类的合体，与武器融为一体的是士兵，是战士、斗士、勇士与死士，士兵与革命形象的结合。以及日常的派生模式——警察。在一种悬置武器使用的日常巡视中，带来所谓的安全保护。而武器还最能体现出新的技术，如同核武器出现乃是战争需要更为致死的武器，这是技术的革新！武器的形态最能体现技术性，也最能体现在某一个主体身上，即形态上。

武器，生化武器，借用自然的力量。这是海德格尔所思考的集置。21世纪的电子武器与无人机的远程武器，已经彻底代替了热兵器。自然与人工的合成，如果出现技术合成的病毒，就是巨大致死的生化武器。庸用的伦理要求器物使用的正当性：不要谋杀！或不要伤物。

武器，毁灭性的武器，导致整个世界的毁灭。核武器，此类武器或生化病毒针对的是世界与人类本身，针对世界本身，其所动用或者激发的能量巨大。一个武器越是激发自然巨大的能量，越是导致巨大的破坏，直到毁灭世界本身。

务（物）要用我，毋（无）要用我！

世界已经一无所用。

如果武器，才是"向死而在"的决断筹划，才是人性存在历史的决定者，那就是技术决定了存在的类型，那么，存在本身也是危险的，存

在论的区分也失效了！这是海德格尔1945年之际非常彻底的反思与自我
否定。

5.36. 其实，在中国古老的智慧中，老子《道德经》所言的"兵
者，不祥之器"就已经指明了武器技术的危险性，这个语段也许对于海
德格尔有着醍醐灌顶的开悟作用！人类如何从存在论上的存在本身的自
身毁灭，即存在的危险与终末论中摆脱出来呢？这就走向了——用之
终末！

这是人类对于器物的致命使用，导致了"存在本身"的终结，其根
本上是来自"庸用"本身的危险，但哲学一直尚未思考这个庸用本身，
因此，以"庸用"代替"存在"，存在被打叉涂抹，就势所必然。

海德格尔认为存在的危险并不仅仅来自庸用的邪恶，而是来自庸用
之为告别或区分：恩慈与邪恶。这个"与"的双方都是庸用，正是这庸
用要在存在转化的节省中，成其为用！即，思想要求以庸用来作为区分
的告别方式：区分开恩慈与邪恶，但这还是需要庸用来转换，即庸用的
区分，庸用作为区分，庸用在道家式"玄之又玄"的转化节省方式中，
实现自身的转化（vereignis），也就导致"区分"转化为"庸用"。

思想的事情，不再是思考存在本身及其与存在者的区分，而是去思
考"庸用的区分"：为什么有的物在使用时导致了人性的自身毁灭，有
些物却不会？而且这是哪些物呢？又是什么样的使用方式呢？

如果有着本体论，这是另一种的庸用论区分：有用与无用的区分，
而不再是牟宗三的有执与无执的存有论区分。无用哲学，由此开始。

5.4. 用无用：给予无

5.4. 务（物）要用我，毋（无）要用我！

何谓无用之物？何谓用无用？这是给出你所无！

请给予，给予你所没有的！有着无可以给予吗（Gibt es Nichts）？

庸用哲学就进入自身的诡异之思：不只是"无用"，而且是"用无"。

5.41. 给出你所没有的——那个东西，那个并不存在的东西——这已经是吊诡，一个人如何能够给出自身所没有的东西？任何的给予难道不是给出自己最好的东西或者礼物吗？这不是给予自身的打断？这不是否决了给予行为本身？如何还能够有所给予？

5.411. 给出你所无——何为你所没有的无？以无来作为给予？这不是诡异的礼物？这不是给予的平等化？吊诡的是："谁都有无"，但同时，"谁也没有无"，那为什么要把"无"作为礼物给予？如何去"用无"？

5.412. 一个人能够给予无，能够把无给予出去，不也是什么都没有给予？什么都没有给予——也可以作为礼物？那不就取消了礼物？既然人人都可以给出无——"无"不是什么所有物，那就如同人人都是艺术家，那也不就取消了给予行为本身？或者说，那也不是把礼物给予彻底平等化了？既然人人都可以给出无，这个纯粹的给予行为，不也是让给予本身平等化了？只要你给予就好了，至于你给予什么都不重要！或者说，给予行为本身并没有高低贵贱之分！这是给予的纯然平等性，但这也是给予的自我取消。

5.413. 给出你所无——这是一个不可能的命令！这是给予的悬搁，暂时的中断。或者是无法给予，这是什么都给予不了的无力或者无能的经验？"用无"的诡异再次显明。

5.414. 但是，一个无所给予的时代，其实可能一直在给予，匆忙地给予，充满恐惧地要给予，如同要满足无数膨胀的欲望，因此总是在不断地给予着，给出各种虚假之物，给出各种赝品。一个无所给予的时代，也许恰好是给出最多赝品的时代：整个世界都充满了赝品，而这些赝品，据说是最值钱、最贵重的礼物。甚至，最后就是把恐惧本身给予出去，这也是暴力专制的被默许，既然一切都要，虚假的也要，而恐惧激发的幻觉也就需要给出。给出你所无——恰好在激发最大的无法想象的恐惧。

5.415. "给出你所无"——一个如此吊诡的命令与逻辑：有时，它如此诱惑人，给出你所无才是真正的给予，尽管对此我们不甚了了；有时，它是自身的打断，给出你所无，就是无所给予，被理解为不要给予，暂时的悬搁，也许是审慎忍制（Verhalten）。也许就是无能，陷入极度贫困，无所给予；有时，它激发最为虚假的给予，导致赝品的泛滥，最后直到给出无法想象的惊恐。

5.416. 无所给予，也是给予无的绝境（aporia），这是德里达式的悖论或者绝境：一方面，有着礼物（es gibt Gabe），有着给予，有着有着；但另一方面，es gibt Gabe 的这几个词，这个句子本身，都必须被涂抹。谁给？什么时候给？给出什么样的礼物？都是不确定的，都要被抹去！这就是礼物给予的不可能性与可能性的双重约束与悖论。

5.417. 务（物）要用我，毋（无）要用我！指令已经转换为：给出你所无！

这个绝对命令，似乎代替了传统所有宗教的指令。如果上帝退场了，或者所有宗教的神都失语了，不再具有绝对的唯一普遍性，那么，这个给出你所无的指令，可能是最后的遗言：既然是"给出你所无"——就有着双关。

5.41701. 一方面，所有的宗教或者神明你们什么都不要再给予了，之前你们的给予或者主宰都失效了，请不要再给出什么了，因此你们都退场吧！这是"神学之无用"。

5.41702. 另一方面，如果你们这些过去的神明还能够给出你们所没有的，那也许还有着某种重新出场或者再来的机会，但是以保持你所无的姿态，给出你所无——也是要求——你自身即是无，成为无化的无，保持自身的空缺或者空场，这是"无用之神学"。

5.41703. 在双重的意义上，给出你所无——乃是宗教之后的非宗教的某种指令，尽管这个指令其实来自传统宗教的回声，尽管我们并不知道这是具体哪一个宗教的回声，权当是所有文明或者人类发出的回声吧。

5.41704. 我们如何倾听？如何施行？给出你所无——这是给出一个无化的无，这也是"用无"的辩证法。

5.42. 有着多重"给予无"的模态，乃至于"用无的"艺术形态。

5.421. 什么都不给（Nothing gives! It gives nothing）。没有什么可以给予的了。这是世界的贫困，这是上帝的死亡。这是否定式虚无主义的开始。

5.4211. 拒予或克制，或不给予（vergeben / verhalten）。这是海德格尔的发现，存在不再被给予出来了。天命没有了，这是荷尔德林所言的"神圣名字的缺乏"，但此"缺乏"可能构成帮助与另一种救赎。

5.4212. 给予空无——空无之为敞开（giving as opening）。海德格

尔与阿甘本等人的展开，存在成为敞开的敞开性，动物生命更为接近此存在敞开的深渊。

5.4213. 给予之为放弃（a / ban / don）。南希的思考，离弃成为法则，法则也同时被离弃，但二者处于双重约束之中。自身离弃或自身舍弃，耶稣在十字架上的被离弃，反而导致了人的自身成人，如同朋霍费尔后来面对上帝死亡与人类成人的神学肯定。

5.4214. 让予之为给予（giving），或者给予乃是让予（giving away），让出，任然（Gelassenheit），这是海德格尔式的泰然让之。

5.4215. 给予之为通道（passage）。给予无，乃是保持给予之为通道，仅仅保持通道的敞开。南希接着德里达的间隔（espacement）与海德格尔的敞开，展开为"拆封"，如果有着神的到来，也仅仅在此通道中，并且并不占有此通道，如同庄子的庸用与通用。因此不应把海德格尔的"最后之神"理解为在神的序列中紧随其他神之后的神，也许他根本就不再是一个"神"，而仅仅是不同的神在来来去去，打开通道或过道（passage），是这个经过（im Vorbeigang）产生了记号。到来的神一直处于经过的途中。

5.4216. 给予就是给出空无（void）。给出自身没有的——那个空无（void）。如同拉康思考的他者欲望，来自对他者的深度欲望，他者自身不可能对象化，他者保持为空无的空无化，欲望的大对象乃是空无的，不可能被填充。

5.4217. 给予乃是给出死亡（death）。这是崇高的献祭牺牲，大屠杀的礼物。施米特与海德格尔等人与法西斯主义的亲缘性，以及德里达的解构，围绕宽恕（forgiving）与友善的绝对给予所展开的双重约束。

5.422. 给予消耗或者挥霍给予（désœuvrement）。比如巴塔耶的非知识、笑与哭、身体的卑污排泄物、无意义之物，这是巴塔耶对黑格尔主权和有限经济的超越，走向礼物的挥霍或者浪费，走向僭越的非知识。

5.4221. 消散（dispersion）之为给予。这是精神燃烧的给予，精神成为烟尘，成为消失的烟雾，成为彻底无法余留的消散之物。如同中国文化的无常烟影，如同吸烟时吐出的烟雾或者吸毒时的幻觉与灵晕，等等，那种迷醉随即消散，把自身的消失作为无所给予，给予一个无，这在当代艺术中有着大量的表现，比如凯奇《4分33秒》的行为音乐，比如敞开空白的无为艺术（比如东亚艺术家李禹焕大量《关系项》的装置艺术）。

5.4222. 给予之为遗忘（forgetting）。布朗肖式的遗忘，等待遗忘，遗忘乃是礼物给予的条件，遗忘之为给予，遗忘的遗忘，接续后期海德格尔的自身隐藏（lethe）。

5.423. 给予空白或虚白（infra-chora）。这是中国文化的空白活化，即虚，虚白，虚室生白，中国文化的空白与空无，以无为而无不为的方式，得以活化的方式，以及空中造物的幻象激发，空无性与自然性的相互作用，直到无用之为大用的逆转，其中有着给予与让予结合的方式。这是"物的泰然让之"之实现。

5.4231. 佛教的施与或给予无的双重召唤（double giving）。佛教通过施与或化缘的行为，比如一个托钵僧给出一个空钵子，他自己无所给予，却给出了一个机会——让你这个拥有者给出你所有的东西，甚至是给出你的全部。这个并不占有，一直保持空钵子的对施与的要求，就是给出了自身之所无，却要求他者给出其所有。这是给出自身所无——却带来了给予的机缘。所谓的"化缘"乃是打开了"让"给予者给予礼物的机会（给予来自让予），并且学习去给予，直到给出一切，才可能在此世与出世之间，展开一个转换的"之间"空间。

5.4232. 犹太教的回缩（zimzum）。喀巴拉神秘主义所思考的上帝创世之初的回缩或减缩，其实也是一种在退让中给予空无的方式，也给予人性以自由的空间，孕育了未来拯救世界的种子，其中还隐藏着逆转的余地空间。

5.4233. 基督教的倾空（kenosis）。退隐的上帝，即保罗神学所言的"倾空"（／虚己：vidé）的神，并非隐藏在退隐的底部或者空虚深处（Deus absconditus）的神，而是不再有基础和隐身之所，反而是他的缺席成就了其专有（／本己：proprement）的神性，或者其神性的空虚是其专有的真理。这是南希的基督教解构，这是重新进入埃克哈特大师的祈祷："因此我们祈求上帝，他使我免除上帝。"并且把从无创造经验为让空无外在化自身，让空无生长，敞开可能的世界。

5.4234. 炼金术式的"点金"（aurifaction）或丹药。看似赝品或伪币，但又启发了长生术（macrobietics），充分利用了矿物学与植物学的原理，这是把人性生命与自然生命进行更为内在的关联，从石头变成玉器，从元素中合成可能的丹药，这给予的是毒药还是良药？这是寻求金刚不坏，还是沉迷幻象？

5.43. 务（物）要用我，毋（无）要用我！

5.431. 庸用的区分乃是去思考：什么样的物及其使用方式，会导致世界的毁灭，什么样的物则不会。哲学，不再是去追问：为什么总是有某物，而无反倒不在。而是去追问：什么样的无用之物，反倒更为让物可用。

5.4311. 哲学，真正的哲学，就是从此悖论或纯粹悖论的吊诡处，以"用无"再次开始：

有用之物——无用之物，或者说，是庸用的方式本身，从"无用"到"用无"，这个新的区分，如何得到新的思考。

5.4312. 不是器物，而是庸用本身，成为主题！代替了存在论的思考以及区分方式。

5.432. 用，代替存在。

5.4321. 用"用"去用存在：用用用——庸庸庸。

5.4322. 用用用：表达出"用"之绝对的自身之用，指示出"用"至高的一贯。

5.4323. "用"的绝对句法，无用哲学的句法之重新生成：用用用，Brauchen braucht brauchen。这才是哲学自身之运用，之运思。

5.4324. 从此，哲学运用——用——用——用，运用或以——用——用存在，运用——用——来运用思想自身——以用来使用或运用语言。

5.4325. 以"用"为哲学的至高范畴，为第一哲学，并且展开为庸用的区分——有用与无用的区分，无用哲学的本体论区分，由此开始。

5.433. 庸用的区分，在《道德经》则是："朴散则为器。"即原初的"朴物"或者"朴器"——与后来功能划分的各种器物，之区分，形成了"器-道"的区分！如果朴物是道化的，器物仅仅是器用的，这就是《道德经》的"有之以为利，无之以为用"，古代汉语的单名，可以更好地区分开"利"与"用"，即，利用与无用的区分。而这正是1943年的转向时刻，海德格尔从《道德经》的第11章中发现了这样的原初区分，庸用开始代替存在，庸用论（Chreonology / Brauchology）的区分代替了存在论的区分。

5.43301. 不去用，以无为用，直到用无用。即，如何让物无用呢？

5.4331. 首先，是用本身的悬置，不去用，即便这个物如此有用，也不去用，既是对象物不被用，也是主体要求自己不去用——主体意志的悬置。

5.4332. 其次，是让物自身来用，人类不可能不用物，重要的是让物自身来用自身，这是要发现那些不是人类主体的使用方式，以及物之自身物化的方式，自然物开始变得重要起来。

5.4333. 其三，则是体现空无的物，物之为物，不被工具化，不被器物化，而是必须保持其空无的部分，并且让空无生长，这体现为"给出你所无"的要求。

5.4334. 第四，物仅仅是通道，物是保持让中介通畅的物，物不是堵塞，物不是异化人性，物，乃是打开空无之敞开通道的物。虚拟技术本来应该成为这样的中介物。

5.434. 务（物）要用我，毋（无）要用我！

进入庸用的区分，就要求回到那个朴散的时刻，在器物的整体性与器物的功能性的区分之前，就如同胚胎中的全能干细胞与局部成人分化干细胞的差别，胚胎全能干细胞可以孕育整个身体的不同器官，而成人特化干细胞只能是局部器官的再生。当然还存在诱导性多能干细胞，也可以激活与再生出组织。

中国智慧，道家的辩证法，可能一开始就发现了这个隐藏的生物学秘密，这可能来自对于胎儿的生理解剖与生殖崇拜的直觉类比，无论是对于胎盘的民间秘方医药使用，还是道教的先天之炁或先天胎气的激活，都涉及那原初的朴物，就如同海德格尔后期一直以"纯一性"（"得一为天下式"：Einfalt / Einheit / Ge-Eigen）来重新思考自身性（Selbst）与本己性（Eigen）、自之为自、自生（Er-eignis）、自化（Ver-eignis）、去己（Ent-eignis）之间相互的转化关系（Ver-Hältnis），在一定意义上，都受到道家的启发。

此原初之物，就如同我们中国古代的上古器物，是各种器物的全备，很多器物本身就具有胎儿回旋的形态，如同人类耳朵上有着如同胎儿位置倒置的整个器官的针灸定位一样，在手掌与脚掌上有着人类身体全息的投射，也是第五维在局部上的高维投射。

5.44. 那么，什么是哲学？从庸用的差异论出发的哲学，乃是某种"技道哲学"或"器道哲学"，乃是从具体的器物出发，发现大道，尤其是从体现技术存在类型的器物出发，思考一个时代的存在庸用论模式，并且思考后面更具普遍性的大道，及其大道的转化。

未来的哲学，就是抓住"用"或"庸用"，就是抓住奥古斯丁的那个区分，即人世的利用或享乐与上帝之国的享受或者欢享之间的差异，加以重新的理解，思考必然会更为复杂。

5.441. 原初的区分与内在的整合：比如中国上古的陶器与玉器，"朴物时代"的器物，乃是大道的完整性体现，是器具——礼器——饰器——祭器——神器——冥器，在共通体生活中的整合与分享，是器物功能尚未区分之前的朴物状态。

5.442. 混杂的使用：尚未出现两个世界的区分，所谓道不离器，器不离道，道在日常伦用之中！尽管有着某种分化，比如被祭祀所垄断的礼器与更多体现祭祀神秘性的器物，与天道运行相关的占卜之物，等等。但如此的中介物，还具有整合天地与人神的作用，有用与无用尚未明确区分。

5.443. 礼制的区分：随着等级制出现，帝王与民众的严格区分，导致了民众俗乐的生理满足与帝王享受全能性的差异，并且导致后者追求长生不老与长生不死。出现一般性的药物与道教的丹药，尽管万物皆药，但需要提炼转化，物性的作用体现为生命长短的区分上。

5.444. 奥古斯丁的神学区分：人类的使用（uti）与神的享受或享用（frui）。但其中有几个背景：其一是斯多葛学派的自然之用与快感的享用，如同福柯的分析；其二是犹太教在《旧约》中在埃及的用物与偶像崇拜，导致摩西的出埃及的解放叙事，并且最终导致基督教在神与人之间的绝对区分；其三，则是奥古斯丁自己的区分，两座城的区分，或保罗神学所言的——不去用的"好像"。但之间的转换如何可能？如何摆脱人的欲望与贪欲的享乐，走向神的纯粹享受？神接受还是给予享受之物？对于西方古典时代，重要的还是"正确的用"或"用的适度"？何谓让神看来，用得适当？这是后来海德格尔与德里达有所思考的适用适度与正义分配（Fuge / dike与Unfug / adikia）之间的关系（Ver-Hältnis）。

5.445. 后期海德格尔的区分：因为受到道家影响，海德格尔一方面再次回到了奥古斯丁在uti与frui的区分，但走向了礼物的给予，走向庸用的区分，无用之为给予，而打开了多重的可能性。或者如同阿甘本把海德格尔思想带回到基督教传统之中，以圣弗朗西斯为楷模而走向至高的贫穷；或者把海德格尔的前后期连接起来，思考技术的未来，如同德里达等人的法国神学现象学转向；或者走向庸用区分的辩证法，联系器物、礼器、礼物、神器等等，形成庸用与庸通的连接。

5.45. 现代世界基本上处于世俗化的混杂状态，现代性的特征就是取消了庸用的等级制与相关区分，但这也导致了存在的终末论与用之终末。因此，是彻底保持混杂的世俗化，还是祈求宗教的再次回归？一方面，经过虚无主义洗礼之后的人性之绝对价值，就是去分享上帝的享用快乐，或者说，现代性根本就以宗教为底色？需要重新思考内在与超越的关系。另一方面，则是再次区分的可能性要求，虚拟化使用与现实的使用之区分，元宇宙的多重"虚用"与三维空间的单一使用的区分，以及灵媒的享用与虚拟享用的区分——比如虚拟的幻肢体验与元生命的体验。

在海德格尔那里，从庸用出发，围绕技术与自然的关系，形成全新的关联。

5.451. "世界之用"与"神明之用"的分离：为什么海德格尔从新教走向现象学？这是重新激活了亚里士多德的实践智慧，走向现代性的个体肯定，但又保留了某种超越，这是向死而在的良知召唤。

5.452. "世界之用的总体化"之展开：从工具的器物到艺术品，乃至于历史命运的礼物，最终走向了存在的终末论。

5.453. 从集置的"有用总体化"向着"无用"的过渡：我们处于过渡年代，处于技术的集置时代，一切都被技术所用了。必须有所悬置。悬置来自自然，来自泰然让之或者集让。

5.454. "以无为用"：走向道家化的"四大域"或"四方域"之天地神人的汇聚，仅仅是准备一个等待的场域，但其中有着对于原初之物物化的关心。

5.455. 精灵之用：尚未出生的族类，思考有限无限的中介关联，以及节庆的可能性。让天空与大地形成可能的婚宴与节庆，来自荷尔德林诗歌的神学召唤。或者以自然为用，走向自然的自然性。诗意的运用与大地上的居住，回到存在的家园，家园之为火炉的隐秘守护，人性成为死亡的邻人。

5.456. 人性被需用：不是人性去使用存在者，人性不再成为世界的主人，人性反而成为存在的牧人与邻人，海德格尔甚至要思考人性出现之前的大地，思考自然自身显示的自在方式，让人类重新被用，而彻底摆脱对象化与表象化的集置使用方式。

5.46. 物性之有用与无用的区分，乃是让物进入物化之中，进入一个转化着的（transforming与Verwindung）、拟像式的（simulative与fantastical）与仪式化的（ritual 与 zusammen）、享用（fruition与brauchen）的过程——神与人共享的、无用化的关系（Ver-Hältnis），即，生命宇宙技术运行的场域。

即，中国文化的"朴物"或"元物"，乃是处于转化之中，有着与自然的拟似性，让万物都进入感通的、让人性享用神性般的庆典共生感，这是真正的大用，通用或无用。

庸用辩证法的整个思考，诡异哲学之为生命宇宙技术，之为思辨技术与大道关系的技道哲学，之为另一种的思辨实在论，是对庄子哲学之恢诡谲怪的现代诠释，即，其实都仅仅是对庄子《齐物论》这个语段的重新展开：

> 恢诡谲怪，道通为一。其分也，成也；其成也，毁也。凡物无成与毁，复通为一。唯达者知通为一，为是不用而寓诸庸。庸也者，用也；用也者，通也；通也者，得也。适得而几矣。因是已。已而不知其然，谓之道。

——庸用的诡谲，体现为分与不分的差异，以及如何从不通到通达，在庸用中的转化（Ver-Hältnis），及其适用（Fuge）的时机与尺度。

比如，物——玉器之大物或方物——之为图腾化的灵媒：无用之物的吊诡，既是用无，但又有着大用，还有着通用，即成为庸用之灵媒，以中国上古的"玉石"为例。

5.461. 石头成为玉石之装饰无用物：用物或装饰之物，腕镯上的玉龙形态，这些碑文都体现了生命技术的想象力。

5.462. 无用之物之为神物的不可用：作为隐含着天圆地方的空间真理性，神徽的形态，纯粹最高级别的象征，与星象或者北斗星也有着对应感通关联，体现时间的真理性，形成了宇宙技术的真理性关联。

5.463. 无用之大用：良渚玉器神徽，在日常使用的三岔器、体现军事权威的玉钺，以及在很多不同形态玉器上，都有体现，是当时的大用之"纹物"。生命宇宙技术得以关联起来。

5.464. 无用之为通用：神徽图像或神纹，简化为动物纹或者大眼纹的不同器物。鸟兽的结合，与凌家滩玉龟的关系。以及随后其他部落的效仿，随后其他文化的复制与变异。

5.465. 无用之为庸用：日常之物上，比如固定头发的冠状器上也有体现，所谓器不离道，日常器具也有着神秘，后来的汉代漆艺也是如此。

5.466. 无用之为余用：遗物或者传承物的余存之用，神纹以抽象化或者设计出现在随后更为久远的历史流传物上，比如后来的石家河文明与三星堆文明，直到战国与汉代的传承，这是生命宇宙技术的历史化影响。

5.467. 无用之为化用：转移到其他材质上，瓷器、青铜等等的仿古。技术的普遍性实用与转化。

5.4671. 我们以中国古代玉器为例，并非要现代人回到古代，而是去参考古代的玉器，如何聚集起世界与物化的多维性，不仅仅是海德格尔受到《道德经》"四大域"或"四方域"的影响而形成的天地神人的会聚与交互游戏，还必须具有一种灵魂的沟通性，可以在生死之中穿越生死，即具有魂魄感应的物性，那是更为需要我们关心的一种物——灵媒！

5.4672. 如果有着另一种的物化，另一种物的全球化，那如何去聚集起新的灵媒物？使之具有这种普遍性的素朴性？我们当下人人都在用的"手机"，可以聚集这一切的作用吗？手机不是已经成为万能的中介者？但手机可以成为灵媒吗？

5.4673. 如果有着一种聚集这些物性的物，它就还必须赋予无用之物普遍的价值——灵媒的一般性，而面对当下世界的危机：我们生产了太多的物，我们陷入了无意识的拜物教，我们一直在生产无数的物，却无法使它们的任一个——成为灵媒之物！

5.4674. 我们还得要仔细倾听这个指令：

务（物）要用我，毋（无）要用我！要在"用无"之中用我！

5.5. 庸用的诡异区分

其分也，成也；其成也，毁也。

凡物无成与毁，复通为一。唯达者知通为一，

为是不用而寓诸庸。

庸也者，用也；

用也者，通也；

通也者，得也；

适得而几矣。因是已。

已而不知其然，谓之道。

——庄子，《齐物论》

5.5. 庄子的这个语段，有着思考庸用的所有秘密与密码：任一物，如何不进入成与毁的区分，而是进入"通一"之中？什么样的物，在庸用中，既有着唯一性，又有着通用性？

5.501. 西方文化对如此物性的绝对经验是——"自由"，自由之为自由的个体化意志，是唯一的，但自由也属于所有生命，而且自由不可能成为某种属性，不可能成为本质，自由不是世界之中一物，自由乃是一个个的自由意志在使用中的共通性，并不会因为使用而减少，而且具有与神明的相通之处，如同奥古斯丁神学所言，人的自由的使用与上帝的享用之间，共通的乃是自由的意志。

5.502. 中国文化则是对"自然"的绝对经验，自然并非某个自然物，也非自然对象，而是一种整体性的自然，此自然既是自然自身的整体性，也是在每一个生命中的整体性体现，比如人性生命中的胚胎干细胞，就是生命整体生成的胚胎或种子，只是如何让这个生命整体性的种子，在每一次的使用中，得到整体通用，中国道家或道教的玄牝或灵根由此而生。

5.51. 一旦西方的"存在"（ousia）之思，被转换为"庸用"的哲学（阿那克西曼德的to chreon，奥古斯丁的fruitio，海德格尔的Brauch），经过庸用辩证法在"有用与无用"以及"无用之为大用"的诡异区分，东西方哲学，可以展开具体的区分。

5.5101. 庸用在西方文化中的区分：

5.51011. 存在者上的区分：可用与滥用。

5.51012. 存在论上的区分：可用与正确的用，其中有着自由意志的决断。自由作为区分。

5.51013. 存在论的神学区分：使用世界的意志——享受上帝的圣爱。有限的自由意志与无限的自由意志的区分。

5.5102. ——如此的区分之下，在奥古斯丁神学那里，自由是人类自由与上帝自由的共生物，而确立了自由的绝对经验，自由的绝对经验在于：自由是这个世界的敞开，是世界之意志的出离，自由不是这个世界的事物与属性，意志是万物皆有的，但意志的自由一直是出离这个世界，又回到这个世界，但不属于这个世界，而是这个世界的不断敞开。

5.511. "庸用"在中国文化的区分：

5.5111. 利用与无用——之存在者论上的"生成论"的区分：有之以为利，无之以为用。动物或人性利用什么，就是什么样的生存方式。人类在需要中，有目地利用与制作事物。而空无，既是为了让物可用，也是打开了不可用的部分，但最终还是可用。人造物乃是通过打开空无之用，才变得可用。

5.5112. 人为与天道——之存在论或"生生论"的区分：人为还是天为，所谓"人之君子"乃"天之小人"。人为的逆转乃是要求让天道来为——让自然来为。自化之为自化，乃是让自然可以更为自由地生发，即厚生与德化，厚生是生命的出生与给养；德化的"生命之用"则是全生而长生的妙用。减少人为，增加天为。尊重天为，顺从天道；按照天道来生产，如同《月令》图式塑造了中国人生命之用的基本生存模式。

5.5113. 中国的存在论与神学区分则是"生生生"的区分：一般人性的有限性与必死性，仙人的长生不老与长生不死。或者说，就是长寿健康——长生不老的区分，或者就是死与不死的区分。以至于出现"万物都是药"的可再生性，并且通过炼药与吃药，而获得永生。

5.51131. ——自然的可再生体现了自然的绝对经验：自然不是人类世界的对象，自然进入人类世界就要求人类世界的自身回缩——回到自然的内在自然性，这不是自由的外展与敞开，而是一种内在化的自身回缩，如同道家《黄庭经》的内观法，以及道教内丹的修炼，唤醒单子式的内在微知觉。道家或道教认为自然的可再生性作为道化的生命之用，是人道与天道共有的共生之物。

5.51132. ——自由与自然，都不属于人类世界，但人类世界需要从自由与自然来用！如何用自由——自由的意志——去发展自身之自然的潜能？如何用自然——自然的可再生性——可以得到自由的运用？自然与自由的相互使用与享用——就是诡异哲学的基本任务。

5.512. "可再生性"的哲学体现：

5.5121. 在生物科学上，体现为胚胎干细胞的整体器官可生成性，无限增殖与自我更新的多能性，甚至"不死性"。

5.5122. 在道家中，玄牝、天倪，都是对可再生性之"灵根种子"的指向，如同莱布尼茨单子的微知觉之不断的唤醒。

5.5123. 道家思想一直试图回到"道"的整体性，道教的先天之炁、佛教的阿赖耶识，以及本雅明的"整体性修复"，都是自然之弥赛亚化的表现。

5.5124. 蝴蝶的轻盈形态，及其翅膀上的复杂图案，也是自发性与自动性的诡异结合，是灵魂之自身感发-它异感发-遥远感发的体现。

5.5125. 人工智能的"机器"可塑性是否在未来发展为灵魂觉感的有机性，可塑性与可再生性的关系，是技道哲学要面对的问题。

5.513. 未来哲学就是要展开如下的区分：

古希腊之潜能之实现的使用——不去用的阿甘本式生命形式的模态区分；奥古斯丁在使用与享用上的存在论神学区分；德里达解构，之分裂的不可合缝与礼物给予的必要性，之不可决断的延异区分；再到海德格尔后期思想所激发的——技术集置之庸用危险的终末论与无用在四化中的柔和转化的——庸用之区分；我们则回到中国道家在有用与无用——但又走向无用之大用，乃至于无用中通用——之庸用的相即或不相即的，诡异区分，既重构了传统，又面对了断裂，也要面对世界与超越的神学区分，而走向庸用辩证法的"三一体"关系（Ver-Hältnis），可用（之使用）——无用（之通用）——享用（之神用）。

5.6. 尤利西斯的犹太化狡计

5.6. 如同卡夫卡的另一篇小说《塞壬的沉默》中的改写，狡猾的尤利西斯或奥德赛之所以避免了被塞壬诱惑的命运，并非他没有去面对诱惑，不同于那些水手被堵住了耳朵，而是勇敢进入了绝境，但尤利西斯确实没有被诱惑吞噬，因为他不是回避塞壬的歌唱，而是全身心投入其间，但又并没有被它摧毁，如同蝴蝶翅膀上故意暴露的"眼点"，既是"多余"的装饰，也是为了诱骗天敌吞噬的"盈余"，避开了关键部分的损伤，以"残余"来保护自身生命。

5.61. 卡夫卡把狡猾的尤利西斯置于这样的处境中：一方面尤利西斯被捆住了——如同陷入了绝境的困境，因为不能动弹显然也算不得什么好方法，过于被动；如同阿多诺在《启蒙辩证法》中的分析，更何况，塞壬的歌声可以穿透一切，又是哪里可以彻底躲避的呢；其实更为重要的是另一方面，尤利西斯面对了更为可怕的敌人——那是塞壬的沉默，歌唱的公开诱惑可以避开，但沉默无法避开，因为沉默并不显现，沉默却又随时可能意外地显现，再狡猾的人性也根本不可能避开沉默。

5.611.这是卡夫卡的深入思考，既不能让塞壬的原始自然力失败，所谓的战胜自然其实是启蒙理性的短暂虚假胜利而已，但也不是尤利西斯的胜利，被捆住的暂时退避并非得胜的终极目的，还必须面对塞壬的沉默，进入自然力的强大之中，还可以再次幸存。

5.612.诡异的逻辑，必须双重肯定此困境：既要肯定塞壬的自然力并没有失去或者被虚假地消除，但同时要肯定尤利西斯必须存活过这种自然力，在与之游戏中，而且塞壬与尤利西斯双方都有着存活的机会，这才是不可多得的双赢局面。其中有着尤利西斯的觉醒与智慧，他发现了塞壬沉默的诡计——歌唱与沉默——这双重的诡计，不可能有人可以从中逃脱，但尤利西斯一直携带着这个沉默，并没有陷入胜利的错觉，这就是人性之中不可能消除的精灵（daimon），这在现代性，在歌德、本雅明、凯卢瓦（R. Caillois）与巴塔耶那里，都有着明确的揭示。

5.62.卡夫卡在小说中写道：然而塞壬还有比歌声更为可怕的武器，这就是她们的沉默。就算能够逃过她们的歌声，也绝对逃不过她们的沉默，虽然还没发生过这样的事，但可以想象出来。当尤利西斯驶来时，威力无比的女歌手们其实并未唱歌，可能她们认为只有沉默才能制服这个对手，也可能是看到唯独想着蜡和铁链的尤利西斯脸上洋溢的喜悦，她们忘记了所有的歌唱。她们不愿再诱惑人，她们只是想多看看尤利西斯那双大眼睛的反光。另外，关于此事流传下来还有一种补充说法。尤利西斯，人们这样说，是那样诡计多端，是一只狐狸，就连命运女神也看不透他的心。也许当时他——尽管人的智力无法理解这一点——的确发现了女妖的沉默，上述的假象只是被他作为盾牌用来对付女妖和众神。

5.621. 一方面有着盾牌，如同忒休斯杀死美杜莎所用的盾牌，盾牌之为镜子让诱惑的力量显现出来，一旦显现也就同时消灭了它；但另一方面，奥德赛或尤利西斯以诡计多端（metis / μῆτις）著称，因此这是诡计的诡异智慧，即小说中所言，尤利西斯的心深不可测，或者是他坚定远眺的目光与果敢，以及脸上洋溢的喜悦，即无所畏惧，而并没有陷入困境的恐惧之中。当然，最为重要的是，尤利西斯倾听到了塞壬的沉默，不是歌唱的诱惑，而是沉默之音。为什么是沉默？因为女妖并没有死去，歌唱的自然力其实还在，只是暂时沉默下去了，没有了自然的歌唱，就没有了生存的魅力与欢乐。因此，尤利西斯既要应对歌唱的诱惑与短暂的胜利，还要面对更为彻底的力量——那沉默的活力，沉默的力量更为强大，只能在默化中聚集，那是无处不在却又不可言说的力量。而尤利西斯是同时看到了这二者，反而让自己一直保持了存活的可能性与经验的活力，这是诡计的智慧。

5.622. 最为可怕的谋杀是沉默的谋杀，以沉默来谋杀，这是文学所可能发现的最高计谋，尤利西斯自我保护的狡计也在于沉默，但这是沉默与沉默的较量，尤利西斯的沉默与塞壬沉默的较量，所形成的狡计。而尤利西斯只能以沉默来应对，沉默回应沉默，以自己沉默的坚定来回应喧闹的沉默，不是针对沉默的回应——这样会导致语言的发生与落入陷阱；也不回应塞壬的沉默——自然的沉默过于喧闹并且盛大，会导致灾难；而是坚定自己的沉默，进入自身更为宽广的沉默——那大海的远方——远方所打开的远方。

5.623. 当然，你不得不说，卡夫卡的尤利西斯已经犹太化了（如同利奥塔所言），对于沉默的倾听，似乎更多的是一个犹太人对于上帝的倾听，而不是希腊悲剧英雄的呼喊，不仅仅是希腊智慧的诡计。但是，希腊还有另一个更为重要的传说，据说诗人歌手俄耳甫斯也与塞壬相遇了，但因为他把自己的歌唱与海妖之歌混合起来，导致后者丧失了致死的力量而余存下来，因此俄耳甫斯之歌是一首生命之歌。在生物学上，这对应着阻止细胞自杀毁灭的共生模式。诡异哲学，要同时思考沉默的默化与歌唱的共生，这是与解构的延异哲学根本不同之处。

5.63. 但要体验那更为彻底的沉默力量，那来自自然的沉默力量，我们还必须进入昆虫世界，诡异哲学已经是某种"非人"的思想（接续利奥塔的思考），某种后人类的思想方式，即进入非人性的动物世界，比如昆虫世界，去沉思那些美丽的蝴蝶及其翅膀。

5.631. 以蝴蝶及其翅膀为例，以这最能体现无用哲学的生命体，来思考诡异论对于差异与延异的拓展。

蝴蝶的翅膀，翅膀上幻美的图案，是超自然主义的宇宙自动书写？它是自然自身生产的踪迹，是几万年乃至于几百万年以来形成的踪迹或迹象，翅膀的踪迹图像体现出什么样的逻辑？无意识的想象？客观的幻象？趋势的预感还是灵魂的自我觉感？是另一种的纯粹生命或自然化的生命？既是无意识的自动机，也是有意识的模仿？但蝴蝶之为生灵，并非人类意识活动中的无意识，人类的无意识活动有着太多人性的痕迹，但蝴蝶的翅膀是自然自身的"描画"或"书写"，并没有人类意识的加入。但是，问题来自我们人性的观看与加入，如同量子纠缠的出现，蝴蝶的翅膀到底是自然的无意识生产，还是有意识的灵魂觉感，这二者之间"几乎"无法区分，而形成"量子蝴蝶"恍惚变化的"诡异"！

5.632. 人类人性与昆虫动物性的区分只有"一点点"（孟子所言："人之所以异于禽兽者，几希！"），但诡异的庸用哲学认为，人性的发展并非要去扩大此差异，恰好相反，在人类看似通过技术越来越扩大差异的裂隙时，"自然化的技术"或"技术的再自然化"越是要去弥合这分裂，让技术再自然化。人为的技术要回到自然的技术，进入人性"内在"的自然性与"外在"自然的自然性在宇宙演化中的交织部分；人性之中的自然性与自然的自然性有着生命宇宙重叠的交织，揭示这个交织的地带，并且使两种自然性相互激活，这才是生命宇宙技术的隐秘位置，是"自然的弥赛亚化"与"弥赛亚的自然化"——也发生在这个位置——即莱布尼兹单子论所言的灵魂微知觉，这也是生命种子或灵根培育的所在。

5.64. "超自然主义"要重新面对那些自然的奇迹或者幻象。

5.641. 比如石头或玛瑙上积淀而成的图案痕迹，看起来好像风景，如同废墟或者山水画，如同《圣经》绘画的场景——人类想象的投射，如同书法的痕迹——但并没有书写者，如同烟云一样的鬼魂幽灵形象——但其实就是自然自身的奇妙幻象，所有这些都是痕迹或者余象，但不是延异的痕迹，不需要补余，尽管看起来又激发了人类想象的投射，但此想象恰好需要自然的补余，而且不是延异的后天性，而是自然宇宙的先天性。

5.642. 技术化的解构哲学需要补余"自然的自然性"，学习自然自身生产的技术或者可再生性，尽管这是时间留下的痕迹，但没有原型，却有着诡秘的大美。

5.643. 再次回到"量子蝴蝶"的翅膀，似乎有着某种诡秘的"自我想象"，其对周围环境的模仿，甚至如同绘画，但这是没有绘画主体的绘画，是自然自身生产的艺术品。量子蝴蝶的翅膀体现出诡异的逻辑：一方面是差异论的图像显示，蝴蝶是昆虫，是昆虫中的昆虫，彻底面对了天敌的差异，对于天敌最为敏感；另一方面也陷入绝境之中，如果翅膀上的纹理，越是灿烂怪异，好像越可以吓唬天敌，达到自我保护的目的，但同时这一切仅仅是模仿或者假装，那么，这难道不过是自我恐吓而已？难道不会更容易被天敌所识破？也许，一切都是眩晕的诱惑与迷惑。此外，此绝境还体现为：一方面，蝴蝶的翅膀导致巨大的眩晕，充满了对于天敌之天敌的幻象变幻，确实具有自我保护作用；另一方面，这也是要吸引异性来交配，但如此幻美的炫耀，在空中的回旋飞舞，让观看者眩晕，不也导致自身的眩晕，呈现出生命过剩的激情或游戏的疯狂？尤其是在阳光中展开翅膀翻飞时的灿烂多彩，不是更容易被天敌看到？不是更容易被吃掉？这不是更为危险的奢侈？凯卢瓦对此有过卓越的思考与深入的反思！其中也有量子"概率波"的不确定性！

5.644. 蝴蝶的这几种生存策略——模仿、假装乃至于恐吓，在凯卢瓦看来（《美杜莎与面具》一书中的分析），乃是自然幻象的体现，是来自自然自身的无用生产，如此炫耀与眩晕的多彩艺术，似乎并没有什么用处。在凯卢瓦的玄思中，这是无用的奢华，但也是危险的奢华；是无用的装饰或者无用的游戏，但也是危险的游戏；可能也是"玄之又玄"在自然生命中的纯粹体现。但在此游戏中，甚至是自我损害的预先防御中——比如一些蝴蝶翅膀故意暴露出一部分，让天敌吃掉，以自残方式自我保存——这也是一种在绝境中余存的方式，诡异的庸用策略。

5.645. 量子蝴蝶翅膀的生产方式、保存方式以及无用的游戏方式，就是诡异哲学的最佳范例，是哲学概念化的生命物。它与马拉布（Malabou）的可塑性不同，更为强调"变形态"与"可再生性"！

5.65. 凯卢瓦认为蝴蝶翅膀如此迷幻的自身触感与自身生产，并不是因为意识、意志和自由选择的介入，而是由不受控制的动物机制所产生，即，蝴蝶翅膀的生产有模式，但没有计划。

5.651. 但蝴蝶的拟态如此复杂，而且是双重模拟——模态他者，以及模仿他者的他者（不就是如同列维纳斯的他者之他者——上帝了？）：

5.6511. 一方面，比如，当蝴蝶模拟猫头鹰时，蝴蝶成为他者——令昆虫都望而生畏的猫头鹰；另一方面，蝴蝶还考虑了自己的天敌——另一个他者——蟾蜍的袭击，而变成让蟾蜍害怕的猫头鹰。

5.6512. 这是面对双重他者所激发的眩晕效果：威胁自己生命的天敌——蟾蜍，以及威胁天敌蟾蜍的敌人——猫头鹰。这就不仅仅是一次性的模仿他者，即蝴蝶变为竹叶虫，彻底成为他者，而是有着双重的考量，模仿天敌的天敌。

5.652. 蝴蝶的模仿或拟态，会随着不同的环境，出现不同的图像。而且，出现了第三重拟态：能够在不同阶段，模拟不同的形态，能够随机应变。蝴蝶还可以模仿潜在的天敌，在不同时刻、不同阶段，模仿不同的恐怖形态，或者营造某种眩晕的启发，来保护自身，吓走天敌。

5.653. 这也是为什么我们人类如此关注蝴蝶，除了因为蝴蝶自身的多次演变——成蛹化蝶的过程，也是因为蝴蝶多重的拟态性，乃至于狡猾，尤其是拟态中体现的"思想"——思考环境中可能的天敌以及回应的想象方式，既有"认知"——对于天敌的认知，也有"想象"——甚至带有欺骗地拟似天敌的天敌，我们能够说蝴蝶也有思想吗？甚至有自己的哲学吗？

5.654. 蝴蝶有灵魂吗？蝴蝶在自己的翅膀上"纹写"着自己的生命"神话"——如同早期人性更多地以神秘的"纹理"来描绘自己的神话想象？如同现代人在虚拟元宇宙中也继续编写新神话的程序？

5.655. 量子蝴蝶及其翅膀的生产，就是宇宙灵魂的艺术：蝴蝶以自己的翅膀来作画——蝴蝶是自然的画室——自然之为宇宙灵魂的幻象生产，而且具有幻象的必然性，而并非偶然性；人类试图外在地制作出完美的作品，但人类的艺术作品在自身之外，除非如同最初的人性为自己文身，似乎也是在模仿自然的生产，除非人性能够进入内在的自身觉感的生产，如同蝴蝶在翅膀上作画的同时也改变了自身的基因结构，也许就呈现为某种超出基因控制的"表观遗传学"之细微调节，尤其在翩翩飞舞鳞片时是否摆脱了自然的必然性？而呈现出自由的灵魂出窍？

5.656. 量子蝴蝶的自身描绘是自然自身的虚薄（infra-mince）艺术？越是细小（gering）与细柔（zärtlich），如同海德格尔与道家的思考，越是开启新的可能性。

5.66. 以量子蝴蝶的翅膀作为一个"特权"或"美丽"的例子：蝴蝶的生产看起来有意，其实无意；似乎是蝴蝶的无意识，生物宇宙的无意识；但在"人"看来，似乎又是有意识的，是自由意志的表达。

5.661. 因此，这就出现一个诡异的区分：量子蝴蝶如此迷幻又惊恐的图像生产，到底是有意识的自由，还是无意识的自然？蝴蝶翅膀上的多重复眼，是自身恐惧的幻象投射，还是自身想象出来的恐惧幻觉？从蝴蝶自身来看根本上就无法区分，从人性的"量子纠缠"上看，确实可能存在着区分，即这个自由与自然的区分不是存在论的"差异"，也不是德里达的"延异"，而是诡秘哲学的"诡异"。

5.662. 一旦蝴蝶开始在自然的环境中飞舞，其翅膀的图像形态就更为迷幻眩晕，这既是蝴蝶在"自由"中让自然的幻象得到充分展现，也是"自然"的幻象在自由的意志中闪烁的显示。

5.663. 蝴蝶是有意识的意志之自由表现，还是自然之无意识的自身生产？自发性与自动性、灵魂的习性与灵魂的想象，在蝴蝶的幻舞中，几乎不可能区分，但又好像是可以区分的，如同生物的可再生性与技术的可塑性之间的差别能够被彻底弥合吗？这也是诡异哲学在面对技术发展及其合用与否（Fuge-Unfug）时，要回应的核心问题。

5.664. 思考此诡异的区分，也体现出"道化辩证法"的思辨性。就如同《道德经》的第21章："道之为物，惟恍惟惚。惚兮恍兮，其中有象；恍兮惚兮，其中有物。窈兮冥兮，其中有精，其精甚真，其中有信。"这个恍惚的变化，一直保持在恍惚中的变化，其实还有着更为炫目与玄妙的另一个区分：

5.665. 蝴蝶不仅仅具有模仿他者的翅膀图案——因为重复而固定下来——而成为某个种类，而且蝴蝶在阳光雨水花粉一道飞舞的振颤中（玄之又玄）——无数鳞片的折射与散射所形成的幻美图像——不可能被固定，第五维由此显现。

5.666. 量子蝴蝶——如果去模仿一个让人性也惊恐的更高的形象，从蝴蝶的翅膀上，就可以想象另一种的人性？

5.7. 量子蝴蝶的翅膀：想象一种新的人性

5.7. 笔者也曾经做过梦，来解决哲学的疑难，一个思考蝴蝶梦的哲学家，应该能够从梦中学习，以梦来思考，借助于梦来思考。

5.71. 笔者曾经面对要向学生解释的庄子《逍遥游》开端时的奇诡变异：鱼化为鸟。传统解经学或各种理解，都无法给出直觉的个体明证性，都是某种字面含义的重复，并没有面对这个变异的事情本身。因为这是不可能的经验，笔者在梦中得到了某种解释，在讲课前的夜晚，梦到了这样的场景：

笔者站在大海的深处，看着头上大片游动的鱼群，但突然，水不见了，水似乎突然被抽空了，头上的鱼群，却还在游动，好似飞鸟。

——在笔者醒来后的梦之解析中：站在水底，这是生命回到了最初的开始，生命来自水中；大海水的彻底抽空，这是生命处于世界的终末状态；而游动的鱼幻化为飞鸟，这是运动自身的轻逸。

在此看似简单的梦想中，有着诡异哲学的基本直观方法：抽空法、空隙法与玄空法，这并非理智的直观，而是悟性的直观，即对于事物诡异变化的直观。

5.72. 在"庄周梦蝶"的物化事件中，庄周梦为蝴蝶是可能的，可以感知的与想象的；蝴蝶梦为庄周则是不可能的，如果这是一个还在变幻或恍惚状态的蝴蝶——这蝴蝶在梦为庄周时——在翅膀上所变幻出来的庄周，会是哪一个庄周？是之前梦为蝴蝶的庄周，还是与之具有同一性的庄周，抑或是另一个新的庄周？如果庄周是友好的——那就是一个最美的可能的庄周，如果庄周之为人性要捕杀蝴蝶，在更为美妙的想象中，在蝴蝶的自然生产与自然的幻象中，不也有着一种对于人性的新想象？在"庄周梦蝶"与"蝶梦庄周"的对比与反转中，蝴蝶如何梦见庄周？那个被蝴蝶梦见的庄周，不是天敌，而是朋友，如果蝴蝶梦见的乃是朋友，或者求偶的对象，那不就是最为美妙的形象？不就是一种可能的新人性？

因为蝴蝶的翅膀之美，来自蝶粉的鳞片，在阳光中的反射与折射，在翻飞中，吸纳雨水、花香，还有惊恐的预觉，还有美好的期待，与整个周围世界的共振中（不再仅仅是海德格尔的"周围世界"而是"生境"），所想象出来的一个形象，量子蝴蝶式的形象呈现出来，不就是一个后来的羽人形象？不就是后来的羽化登仙的生命体？不就是中国文化不死生命形象的变形？

5.73. 这也是"蝶梦庄周"所隐含的神秘性与神圣性？一个可能的生命体？一种尚未出生的人性？宇宙灵魂的记忆投射？它与人具有相似性，但又是不同的人性，这来自量子蝴蝶翅膀之诡异的想象，是比精神分析的无意识还更为深层的生物记忆，它可能一直隐约浮现在人性的无意记忆之中，如何在对其进行"解神话"的同时又保留其激发想象的眩晕效果？面对2019的新冠病毒，让人类戴上"口罩"——这个不是面具的面具，它就是一个"灵媒"？它一直还在不停地变异着，不也在"想象着"我们人性的各种对策，而不断寻求它自身的复制与余存？

蝴蝶及其翅膀的变形记，如同病毒在人类生命中的寄生与变异，到底是隐藏的神秘还是反神秘的暴露：是以显示的方式掩饰，还是以神秘的方式伪装？蝴蝶对此有着自身的反思吗？人类自身是否有类似的游戏模式？一旦人性进入对于自身的反思，人性的盲点又在哪里？人性也要假定一个超越的目光？但此超越的目光，又如何可能区分飞舞中的蝴蝶幻化图像与变形的蝴蝶图像之间那个恍惚之间的区分？我们就进入了第五维的诡异思考。

来自量子蝴蝶的想象——蝶梦庄周，才是诡异哲学最为奇妙的、来自第五维的思想实验。

5.74. 一切都是痕迹。早期海德格尔的"差异论"区分以世界与大地的争执为"裂隙"，后期海德格尔以耕田的"犁痕"暗示语言原初发生的痕迹——人为的技术痕迹与自然发生的痕迹有着"相应"（entsprechen）的关系，德里达以事后重复的增补及其涂抹形成"延异"的痕迹——直到斯蒂格勒强化算法技术对于本能欲望痕迹的诱导，我们的"诡异"则接续海德格尔后期的痕迹理论，更为彻底地让人为的技术或异种技术（hetero-technics）契合自然的痕迹或同种技术（homeo-technics），同时也要求外在技术更为彻底地唤醒自然的痕迹（比如CRISPR-cas9等基因修复技术），使之契合人为技术的可再生性（体外培养的干细胞技术），一切都以"可再生性"来寻求天道与人道的生命技术合一。

一切都是痕迹。但有着三重不同的展开方式。

5.741. 以语义来解释痕迹。以各种语言文字与意义内涵，来解释那非语言的痕迹，就只能形成"第二义"的理解，尽管这是多余的，但也具有一定的引导作用。但重要的是必须抹去这些解释，因其已经偏离了痕迹本身。

5.742. 对于痕迹的技术复制。越是接近与复制痕迹，越是体现技术的力量。当然其中有着难度，因为没有比完全复制痕迹更为困难的了。如同中国文化的人为生产技术一直在模拟自然自身的繁殖生产，因为自然的生物性繁殖最能体现复制与可传导的力量，比如DNA密码的复制与遗传。

5.743. 痕迹发生的还原。原初痕迹到底是如何发生的？这是面对不确定事件的预估（算法其实无法预测），或者是面对可能来临的灾难事件的预备（是灾难已经发生的来不及准备），面对灾变事件的被动回应（不是事后的重复），面对久远发生事件的余波冲击（如同蝴蝶效应的巨大后效），以及宇宙原初大爆炸及其长久演化在人类生命中形成的痕迹（此先天的先天性的痕迹有待于被发现），等等。诡异论与延异论的差异在于，更为强调痕迹发生的在先性，而不是后天的增补。

6

生死与死生

从中国哲学到技道哲学

6.0. 生生生：生命的三重出生

6.0. 什么是哲学？哲学一直就是哲学家的哲学，是哲学家以其个体化的生命来体验哲学的追问激情，并且保持住追问，当然这也就自反到个体的生命存在本身，哲学总是哲学家个体生命活生生经验的哲学，此追问的热情正是哲学的精髓所在。

什么是中国思想？没有比中国现代哲学遭受的更奇特的命运了，这就是：总是"活的"被"死的"拖住，"死的"也一再纠缠着"活的"！当然，这种"生死"的关联也许正好有助于我们思考现代中国哲学转化的可能性，但这已经不是传统的"生生"融贯了，而是要面对"生—死"之断裂。

中国传统的"生生"之思，与黑格尔的精神现象学、与马克思主义的辩证法对接，就如同德里达所指出的，黑格尔的哲学体系中并没有死亡，死亡只是被绝对精神扬弃的环节而已，中国式阴阳辩证法也同样整合了死亡，而中国的唯物主义似乎根本就不惧怕死亡，异常悖谬的是，中国的现代性经受了无数的暴力，却几乎没有思考死亡问题，无论是新儒家（牟宗三为代表）还是中国化的马克思主义（李泽厚为代表），几乎都没有触及生死问题：个体的必死性，死亡的绝对性。

在2020年之后，中国哲学的任务变得急迫：既要接续中国传统思想，又要从中走出来，形成"现代性"的中国哲学，就必须面对现代性最为核心的思考，即个体的有限性与必死性，因此，"生—死"就已经断裂开来，而不再是传统思想的"生生"之不分离的关联，无论它是儒家宗法家族与天道感通的生生不息，还是道家与道教内外丹的长生不老之术，进入现代性，都要去面对"方生方死"与"方死方生"的不连续，中国当代哲学，就在此"断裂"中，"生—死"之分离中，重新生成。

什么是哲学？关涉生命的哲学，其绝对的句法也许是，"生生生"，如同回应那神秘的心法指令，"道道道"，却包含着内在的张力与断裂："生"生——"生"死——死"生"，是"生"之可再生性的重生之思，展开其中的断裂，才是现代性哲学的绝对经验。

6.01. "生生生"，不是出生一次，不是生死对立，而是面对生死同时性，而展开"生生生"的三重性，诡异哲学的庸用辩证法，乃是对此三重性的重新思考。

6.011. 第一重出生：人性生命在子宫母体中保持着胎儿出生的"生长性"。这是个体生命在父母精子与卵子结合后，在子宫母体中，作为胎儿的出生，这个看似自然的出生，既有着地球生命从海洋演化到陆地、从两栖动物到哺乳动物的漫长演化过程的凝缩，是宇宙记忆与节奏共感记忆的压缩，也有着生命玄牝或灵根种子的生长性潜能，胎儿前三个月的胚胎干细胞之为"不死细胞"或"整体复原"的能力，指向了生命"可再生性"的基本原理，如同佛教《佛说胞胎经》的细致思辨，当代女权主义与深度生态学，回到子宫与胎盘，乃至于以此重思"阔纳"

（chora），都是来自原初出生的回归与宇宙拟似性原则。

6.012. 第二重出生：人性生命之"自由地"出生到世界。个体的生命在十个月之后，离开母腹，"出生到"这个由人类文化历史建构起来的"人造世界"，这个世界既有着各个文明的流传物与发明的生存技术，也有着各种现存的规则与秩序，并且面对个体的必死性。但面对这个刚刚出生的新生命，这些规则都是要被打破与超越的，这就是自由的真谛，生命的出生到世界，乃是一次全新的自由的出生，并且要一直保持为自由的开端，同时经验到生命的独一性与必死性，即去经验生死之同时性。整个西方哲学与奥古斯丁的神学，都来自这个"自由的出生"之为绝对开端的经验。

6.013. 第三重出生：人性生命之重新"结胎"的整体重构。人性生命面对必死性，一直寻求着超越此有限性，这是再次回到胎儿-母体的原初生命空间，但要以生命宇宙技术重构一个新生命，或者是通过生物技术彻底激活胚胎干细胞（避免伦理的伤害），或者是以个体修真的方式重构一个内在生命，如同生命的重新出生，并且一直保持为出生，保持可再生的持久性。这在中国道教那里即各种长生不老之方术，外丹的宇宙技术与内丹的生命技术，回到先天之炁的"胎息"，以丹田腹部为"虚位"（／阔纳：chora），以内观存想激活内脏的植物感知，聚集"精气神"，让生命重新"结胎"，直至成为"圣胎"或"神胎"，重塑出"真生命"或"元生命"。

6.014. "生生生"的三重出生，及其转化关系，是庸用辩证法对"玄之又玄"的重新展开。

6.1. 儒家与道家的"生生"

6.1. 倾听"生生生"，乃是一次全新的倾听，它把我们带入生命的深度玄化感知，并且发现其间的差异与不同的层次。

因为中国传统思想，主要表现为对于"生生"的经验——"生生之谓易"。

6.101. 生生之谓易，这是"生生"之双重的展开，但在我们"生生生"的绝对倾听中，其中已经出现了分化与断裂。

6.1011. 一方面，生生：自然的自生，自然生成出人类之为"内生"，而人类出生到世界，就开始外在制造器物，而开始"外生"。器物，即外生的制作，一旦出现人工智能，外生之器物也可以自生，所谓机器人的代替论。

6.1012. 另一方面，人生——人类身体的双重性：自生——自然生理的变化——生长与衰老；外生——代具的反转调节——移植与再生。因此，"生—生"已经被打断：一方面，人类身体的生死分离，不再是自然的生生死死，方生方死与方死方生。而是有着分裂，正是此分裂及其自身意识导致了人类的不同。另一方面，器物的外生，通过人类的技术发明，不断接近生生，以生命宇宙技术，重新打开生命自生的内在性，使之可以再生。

6.11. 要思考"生生生"，这诡异的辩证法，可以同时从三个方面开始来展开中国传统思想。

6.111. 第一，自然的生生不息一直都在，自然的可再生性与可循环性一直都在，构成思想的必要参照与绝对准则。自然的生生生——自生之可再生与循环复生。

6.112. 第二，人类的身体必须通过内丹与外丹得以升华，内丹与自然的可再生性对应（"内丹法"代替斯蒂格勒的"器官学"），外丹与外生对应，外生都是丹药之物，但面对个体死亡，才需要长生不老与长生不死的——生生生。

6.113. 第三，人类的外生代具器物，都必须向着外丹之物的入药性，即生命可以服用或保生转化，向着"药物学"转化（以"假求于外物以自坚固"的"外丹学"，代替斯蒂格勒的外在代具的"药物学"），任何的物性——只有成为药物来补养生命，才是真正的生命化代具，带有某种金石的自然进化论思辨，从日常可用的代具——到可服用的药物学之药物——到不死长生的丹药，此转化过程乃是生命宇宙技术的体现，而此丹药又对应于自然生生不息的化生之妙，是妙道学的压缩与凝缩，是经过转化的——生生生。

6.114. 生生生，从自然的自生学或者发生学——到丹药的药物学——再到世界整体凝缩的妙道学，这是中国哲学的生命转化原理，即，庸用辩证法的——"精而又精，反以相天"。

6.12. 对于中国形而上学的思考，必须从其自身的自然观出发，即中国文化的基本思想观念，都是从自然出发，以自然的生生为基本信念与生成方式。

6.121. 自然自生。自然的唯一规定性乃是自然自己生出自身，自然的自生，即自然的自身生成。这是自然的自身同一性，或者自同性。自然不假外求，没有一个在自然之外的上帝或者造物主，自然之自生就是不断地自身演化，自有其变化之道，可以有着天道，但也可以打破天道，因为有着变异的可能性，比如在灾变时刻。

6.122. 任一物，任一生命，也生自天。天自生，人自天而生，人也自生。每一个人就需要保持此天之生。生生其生。此生生之德，乃是最为基本的德性，也是唯一的德性，永恒地保持此自生之德，使其不断地自生。

6.123. 此自生之天，自生之命，就是生命的出生，就是一次新的开端，永远在此开端中出生，就是自己的天命，就是自己的"由自"——出自自己，由于自己的出生，保持自己的生生，使之一直生生下去，这就是生命的生长，也是生命的意志。阿伦特的出生与尼采的意愿，就在这里得到了重新表达。

6.124. 在生生中有着变易，这就是个体不同的生命，每一个生命都要自己去生出来，生出那上天所赋予的天德。这也在生生的变易中，实现自己的唯一自天而生的那个生，形成个体不可取代的生命。并且使之与天生合一，或者寻找个体之生与天道之生的重新关联，"以天合天"，个体生命与天道之生如何重建此"生—生"之关联，但其中有着个体化的死亡，"生—生—生"——乃是哲学唯一要思想的事情。

6.125. "生生生"——在中国汉代其实已经有着明确的体现：第一重生命是胎儿-母体的保护状态，整个围绕皇帝之为"天子"的培育与胎儿保护的生命政治，都是以汉室"后宫"中的胎儿之预测-保胎-尊母为核心而形成的权力博弈与生养技术；第二重生命则是生死的同时性，这是汉代大量修筑的"墓葬"，作为祖先鬼魂崇拜与尸解转化之所，墓葬里面复杂的图像以及以西王母为中心的超越图景，对应着子宫母体的保护性；第三重生命则是道教指向的"仙山洞窟"，所谓后来的洞天福地之虚托邦，结合了外在丹药的制作与内在的方技修真。如此三重生命的免疫保护性，与斯洛特戴克所思考的"球体学"有所不同。

6.13. 中国文化，在此生生之德的要求下，开始形成了自身的文化生命性格。儒家保持其自然之生的天德，推达出以家庭为核心的孝道，对于自己出生时空的尊敬，就是对给出自己生命的那个生命的尊敬（对父母和家舍的孝道尊重）。并且以给出生命的先后秩序，形成嫡长子的政治统治秩序。

6.131. 如果每个人都是天之所生，自天而来，那么为何要感谢给予生命的父母？父母的生命也来自天，因此，只是通过父母而回返到天，"天"才是唯一的给予者，父母只是一次通道，只是一次给予的中介。

6.1311. 儒家的悖论就在于这里：一方面，每个人的生命都来自一个具体的家庭，由父母的生命所给予，自己的生长来自父母的养育之恩，因此，感恩戴德、孝敬父母，成为德行的出发点，也是至高的德性。从孝敬的伦常推达出政治的差序格局。这是生生的生存者或存在者差异。另一方面，如果父母的生命也是天生，儿子的生命也是天生，都是来自天，都是由天所生，就没有等级秩序，而只有生生之别，从天而生的个体差异，这是生生的生存论或存在论差异，如同海德格尔区分开存在者与存在，后者才是存在或者天道自身的差异。

6.132. 儒家一直没有反思生生论的差异，尽管也出现了几种解决方式。

6.1321. 其一，要么，通过帝王，帝王由一个具体的家庭所生，此家庭具有特别性，如同海德格尔的此在，因为他获得了天命，最能体现出天道运行的秩序，因此皇帝也是天之子，这个家族也代表了上天之德的运行，但并不具有普遍性，也不具有永恒性，它无法让"天子之一"的独断与"每个生民之一"的平等达到一致，并且在天道之中达到彼此平等，儒家无法解决天子对权力的垄断问题。

6.1322. 其二，要么，通过晚明心学，通过王阳明良知的觉醒，每一个人都可是尧舜，每一人心即道心，每一吾心就是天心，以至于满街都是圣人，才走向自生。这必然反对天子独夫，这也是中国走向现代性个体唯一觉醒自生的开始。

6.1323. 其三，要么，中国人寻求与自然的合一，通过一套完整的类比象征秩序，这就是阴阳五行八卦所形成的生活劳作的《月令》式宇宙-生活的感应世界观。

6.14. 我们总是出生于某一个具体的家庭，被抚养生长，因此需要感恩戴德，需要去回报此生养，就需要劳动，养活这个家庭，当然也是借助于天之所予的粮食。这是阿伦特所言的"劳动"。那么，通过天道四季运行的规则，形成一套天人感应的生活秩序，以及劳作秩序，这就走向了阿伦特所言的"工作"，模仿某种秩序乃至天道的秩序，因为四季有着循环往复的再生，与之同构，也就获得了某种永恒性的对应和谐。

6.141. 中国道家的回应则不同：庄子无疑最为明确地认识到此"生生"，就是让每一个生命都回到天之生，超越家庭的中介，让个体之生的自生性得到绝对肯定，个体的道来自自生之天，个体只要展开他自身的道就具有生存的绝对性，任何的中介都要么是多余的，要么必须是帮助其实现自生之天，让个体之生与其天之自生，发生永恒的感应，或者保持二者的感应关系、永恒的可再生。这是庄子的个体自生论、庄子的天生论，这根本就不是荀子所批判的"蔽于天而不知人"。

6.142. 庄子的哲学也由此双重展开。一方面，庄子对于隔离开个体之生与天道之生的关联，使其不能自生的任何制度与理论，都进行批判，比如儒家的家庭礼仪秩序，导致了生命的唯一性丧失，或者天子垄断了唯一性的位置。另一方面，则是让个体生命回返到其天道之生，让个体的消逝性与天道的永恒性，寻找合一或者共感，通过与自然的相互作用，进入自然自身转化的大道，压缩大道的时空运行，以天合天，让个体的天道融入天道的大化之中。

6.143. 接受庄子思想的后来者，面对儒家对于"家庭-伦理-国家"的推达规则，个体之自生要回到天生，不可能与之发生深度或者唯一的关联，而必须经过一层层的秩序转换，但此召唤似乎并不成功，也不断地深陷秩序之中，走向儒道合一的虚假局面，但实质则是精神分裂。因此，必须承受此精神分裂，同时，又走向自然——一个与人类不同的自然界的自然，但并非对象化的自然，也非劳作中天人感应的那个阴阳五行秩序，而是进入自然自身的生生变化，个体自生与天道自生——的感应关联——不是现存化的，不可能直接获取，不是直接感应，而是要在彼此的生生变化中，有待于发生。

6.144. 这就是中国艺术的秘密：个体的出生，之为实际性的生命，试图与天道的发生运行，发生共感，但此共感不是两个静止的个体与全体的对象化关系，个体在天道之中，天道在个体之中，个体之道也是天道之道，其关联的共感在于，个体之生既然来自天道之生，那就是相互的生生、内在的共生，只因个体是如此的短暂有限且不断地消逝着，天道则是永恒循环无限着，既要在消逝上也要在永恒上，二者同时共感，这就要求：生生生。

6.145. 倾听——生生生，这是同时要求——消逝性与永恒性，这就是本雅明在《神学-政治学残篇》中的思考，此二重性，也是现代性最为明确的再发现与再肯定，在庄子那里已经出现。在消逝中感应永恒性，对于中国道家，这就是以那些最为体现消逝之物的烟云与烟影为元素，作为基本的元素，来赋予其永恒变化的节奏，顺应消逝之物的消逝，但又赋予其永恒的律动，此律动还具有变化的鲜活性，即不断地保持其可再生性，这就是生生的真切关联！

6.15. 但是，进入现代性，中国文化的自然观失效了。

6.151. 就自由与自然的关系而言，一方面，是来自中国人对于自身自然性身份的摆脱，无论是作为民族主义，还是作为中国历史的人性，试图形成一个自由独立的现代公民。但另一方面，此现代个体却又并没有建立起来，任何的自由，来自自己的独立行动，来自系统的政治法律制度的保障，个体自主与理性秩序必须合一。但中国社会并没有提供此独立性与制度性，个体并没有成为理性的人，制度也没有理性的运行机制。因此，自然，在自由的召唤中，其可怕的后果是，既没有了自然的自生性肯定，也没有了自由的理性行动，对自己的行动负责，并且以制度方式来执行与保障个体的自主理性化行动。而是陷入一种奇怪的状态：看似个体很自由，其实只是偶然的随意；看似很自然，但其实只是一种爱国主义化的民粹主义。看似有着无数的规章制度，但丝毫不具有理性化的程序，反倒是只有制度对于人的自由行动的束缚，没有对于自然的尊重。

6.152. 就自然与弥赛亚的关系而言，如果自然与自由的关系，是自然走向现代性个体与理性的关系，自然与弥赛亚的关系，则是自然与信仰的关系。弥赛亚性并非抽象的神性，而是自然的消逝性，个体的自生性与永恒性的关联，个体如何在现代性的个体自由与必死性之中，还要寻求永恒性？自然的消逝性与永恒性，如何在现代性中再次关联？

6.153. 而且，更为可怕的是，因为西方现代性已经把弥赛亚技术化，弥赛亚性与技术的代具制作合一，如同犹太教神秘主义的机器人

Golem，成为现代性的电脑程序与人工智能，弥赛亚性的永恒性被技术的可操作性或者复制性所取代。中国的现代性又以大量的现代性复制为主导，似乎只要不断地复制，无尽繁殖与复制，就获得了个体的消逝性与永恒性的关联，但这只是错觉，只是复制的假象，甚至一旦此假象或者拟真，成为一种"日常"，中国人性或现代人性的"庸常化"就形成了。

6.16. 生生生：自然，自由，弥赛亚性。庸用辩证法，要重建"生生生"的关联：自然自生，自由理性，弥赛亚信仰。生生生，面对这三者的关系，现代的中国人：丧失了自然，又没有自由，弥赛亚性也技术化了。但是又因为其混杂性，看似都有，什么都有，但其实，什么都没有。

6.161. 西方的现代性体现为两个方面：或者，把自然彻底地自由欲望化，从尼采开始肯定个体生命的自生性与唯一性，确立自生的透视主义，并且走向欲望的权力化、欲望的虚无化，与弥赛亚性没有关系。或者，把弥赛亚性技术化，与虚拟技术合一，而以技术理型来取代弥赛亚性，直到2021年元宇宙的出现。

6.162. 犹太人不可能归入自由民族国家，只有寻找残剩的自然。比如在卡夫卡、本雅明、阿多诺那里，试图在一个残剩的自然、没有被人性历史化的自然中，发现消逝与永恒的感应关系。

6.2. 海德格尔与德里达：能死性与不生不死

6.2. 对于生死与死生之深入沉思的现代哲学家是：海德格尔与德里达。

6.21. 对于"生死"有着最为明确开端思考的现代哲学家，则是海德格尔。从《存在与时间》出发的海德格尔，以"此在"（／达在：Dasein）开始追问存在的时间性，其根本的本己性，不同于一般的存在者，就在于此在"向死而在"的生存筹划，但这个"死"，作为实际性的生命经验，严格说，不是生理学上的死去，也不是存在者论上的死着，而是向着死而去；或者说，其实是某种倒计时，是达在之先行到死，是死之未来之来，是一种极端的，乃至于不可能的可能性。

6.211. 死并没有来临，而是如同基督教徒对于耶稣再临良机的等待，必须去珍惜每一个可能到来的瞬间，如同良机不可错过，这就唤醒了个体的良知，任何浪费每一个瞬间的行为都可能是"罪过"。当然，对于海德格尔，这不是基督教意义上的罪，而是一种面对空无的罪或个体化的良知觉醒——因为每一个瞬间都来自空无，也走向空无，但如果不珍惜这个瞬间，不使之辉煌，就会让这个空无变成虚无而彻底流逝了，反之则是对虚无的拯救，以死的绝对性来拯救个体的独一性。

6.212. 当然，海德格尔的达在来自良知之绝对无的召唤，也许这还启发了后来日本京都学派的"绝对无"，这里并没有具体死亡的经验，即，死，其实是一种不可能性，其实达在或此在之为主体并没有死去，只是一种面对死的畏惧，对于死的哲学烦忧，如同柏拉图以来的哲学，就是练习哲学之死的可能性，由此可以把我们从其他世俗化或者庸俗化的烦忧或者操心中，摆脱出来，如同此在转向对于存在本身的关心，需要向死而在——出离或走出自身，也是走向自身的本己性。

6.213. 进入20世纪30年代的海德格尔依然思考着死的不可能性，但这已经升华为诗意献祭的高贵激情，尽管有着纳粹种族主义的诱惑，但海德格尔一直不认为自己是在存在者种族生理学层面上，思考民族的精神与欧洲的命运，而是要在荷尔德林诗歌语言的历史真理层面上，筹划存在历史的献祭。就如同狄奥尼索斯酒神或者半神意义上的献祭，那是一种象征上的"去死"，而且仅仅在荷尔德林的诗歌中，德意志的民族精神（海德格尔不惜把之前已经打上括号加以悬置的"精神"一词）再度释放出来，这是德意志精神与希腊精神的重新结盟，是德意志精神向着希腊的去死的筹划（如同希腊精神之为天空的火焰之激情，就是一种战争式的牺牲精神），是本己成为陌异的过程，其中有着牺牲的高贵要求。但这是语言的燃烧，不是物质的消耗，语言中的大地性被斗争所撕裂出来，也不导致材质的耗损。相反，越是在精神的不止息燃烧中，其诗意的精神反而越是得到释放。但是，悖谬的是，海德格尔的精神式燃烧与牺牲，与现实历史的德意志帝国的纳粹主义的战争暴力导致的死亡，乃至于大屠杀，却无法区分开来！如同德里达对此"精神"的解构反思。

6.214. 进入后期的海德格尔，在最为明确的"天地神人"的"合四"中，作为能死者的人性，供奉的也是"无之圣殿"，即空无的圣殿，依然是"无"在"无化着"自身，人并非西方已有的人性或者某种人道主义的人性，而是作为能够把最终的必死性作为能死加以先行的经验，是一种融入"天地神"之中的元素，是一种进入欢庆与哀悼共生的节日时间。

6.215. 这就导致了异常悖谬的事情：海德格尔思考了死，把死之有限性作为思想的事情加以经验，但奇怪的是并没有触及死本身。就如同列维纳斯所言，恰恰是他者之死，就是他者的"活生生"在场的死亡，才是丑闻，才是秘密，是活着的人无法经验的不可能性，死不是可能性，而就是不可能性，是双重的不可能性：不应该去杀死他者——否则就把他者变成了死者，以及面对死去的他者——我们活着的人不可能有所经验，因为他者的死亡是绝对的秘密与未知。

6.22. 这就启发了德里达，重新面对海德格尔的死之为不可能的可能性，即去彻底追问，"死"到底是可能性还是不可能性？就不再是海德格尔的"生死"或者"生—生"，即，海德格尔其实主要还是在面对"生"，尽管思考了生与死，但其实还是在思考"生生"，只是这"生生"必须改写为"生—生"，中间已经断裂，死之先行，死之空无的间隙，已经发生，必死性的畏惧以及虚无的圣殿，已经发生了。因此，对于列维纳斯之后的德里达而言，他必须再次回到"生—死"，既然"生—生"已经断裂，"死"已经作为打断的环节，介入进来，哲学必须更为彻底地思考生死之间的"间隔"（espacement）了。

6.221. 这就德里达的解构之为延异的发现，从两个维度上展开了间隔。一方面，接续海德格尔与列维纳斯两个面向的生死观，把自我规定为——"我哀故我在"，自我在哀悼中形成自身性，这就不是胡塞尔的内在先验自我意识，甚至也不是福柯话语表达中的自我指称行为，而是在哀悼中出场：或者是"哀悼他者"——这是接续列维纳斯的他者之死亡，让他者活在我这里，我代替他去活他的余生；或者是"自我哀悼"——这是接续海德格尔的本己之死，我的每一个瞬间已经如同灰烬了，已经被激烈地燃烧，成为余烬，只有剩余的价值；或者是"被哀悼"——这其实是接续布朗肖的中性，我总会死亡，因此我必须成为被等待者，我期待未来的他者来哀悼我，这在结构上就回到了哀悼的开始。

6.222. 如此三重的哀悼逻辑中，德里达确实面对了死亡，他者的死亡与自我的死去，因此，德里达的哀悼逻辑之为哀悼的工作，第一次真正面对了死亡，不再是"生—生"，而是"生—死"，以哀悼的方式，承担余存的责任，肯定生死之间的间隔，不可能依靠任何的神学来弥补，这也是德里达之激进的无神论或非神论。

6.223. 德里达的思考打开了生死的两面，这也是他以"生死"（la vie la mort）或"死生"的连续书写来思考，不再是西方传统的灵魂不死，也不是海德格尔的向死而在，而是生死一体，生命离不开亡灵的注视，生死之间，各种鬼神与幽灵叠加萦绕，这也成为后期德里达的基本思想。

6.224. 德里达的思考就根本上不同于中国传统思想的生生观，中国传统思想尽管有着对于鬼神的祖先崇拜，有着哀悼的繁复仪式，但并没有形成一种主题化的思想，而是在仪式中成为一种习惯，即并没有形成反思的超越。或者说，中国古代思想并没有把鬼神的问题主题化，在宋明理学那里面对过魂魄的问题，但基本上轻易地就打发掉。或者，干脆以"气化一元论"，化解了死亡与魂魄的焦虑，再次回到生生不息或者个体的良知感天之中。

6.23. 另一方面，德里达不仅仅思考了生死一体或生死之间，而且还思考了"不死不生"。如同海德格尔尽管在思考"向死而在"，但其实一直在思考"生—生"，死亡一直是不可能的事件，有着两面性的重叠。德里达的生死观也有着两重性：

6.231. 一方面，打开了生死之间的断裂，在三重断裂中，以哀悼的方式展开生死的哀悼逻辑；同时，另一方面，德里达还有着延异的思考，这是面对技术的发明，体现为历史流传物与转录技术中所流传下来的书写痕迹，在这些书写的历史痕迹或流传的"余存物"上，时间被推迟了，空间被置换了，因此，并没有对于本源的当下经验，我们的生命与感知，其实都是被历史的流传物所塑造的，已经被延异了，我们已经是历史技术的余存者或者幸存者。

6.232. 而这些余留物，比如那些出土的文物或器物，其实是"不生也不死"之物，因为器物并非生命，如果不以隐喻的方式去投射，器物当然并非生命体，它们是"不生"的，但人类又依赖于这些器物或器具，即斯蒂格勒后来所言的"代具"，是这些第三记忆之物塑造了我们的记忆与感知，活生生的生命却离不开"不生"的技术；同时，技术也是"不死"的，因为作为外在化的第三记忆，一直可以被转录、复制，流传下去，超过了人类的有效性与必死性，反而更为具有历史的永久余存性，如果不是永恒性的话，甚至具有幽灵性，因为技术可以滋生出更多的幻象，技术激发的幽灵之物，并不比祖先们的鬼魂被活着的生命记住的少。

6.233. 而且，德里达的双重思考也可以混杂起来，生死之间的自我哀悼化，不生与不死的技术幻象化，二者的重叠，形成了当代最为复杂的"生—死"的本体论。

6.24. 中国古代思想"本来"就具有德里达所思考的生死双重性。

6.241. 一方面，中国人对于祖先的崇拜，最为明确与彻底，可能一直都没有摆脱这种人性自古以来的情感记忆，这是中国人独有的一种仪式化的记忆方式，但中国思想家并没有使之成为一种哲学，这就是"魂魄"范畴并没有成为古代思想的基本范畴，而是更多在民间、在巫术中流传，进入现代性，也只有钱穆触及过这个主题（《灵魂与心》），无论是牟宗三还是唐君毅等新儒家，都没有触及魂魄的疑难，李泽厚思考巫文化，竟然也没有深入触及这个问题，过于落入"人化"的范畴而忽视了"天道"（当今的各种天下观更是忽视了魂魄与精神的维度）！而魂魄到底是什么样的存在？是死去的生命？还是活着的活力？是什么样的精爽之气？

6.242. 另一方面，则是中国人对于器物的崇拜，大量的埋葬之物，比如明器或冥器，这些带有幽灵气息的事物，比如汉代埋葬的空间图景，无论在古代还是当今出土，到底唤醒了什么样的幽灵之物？这也一直缺乏哲学的明确思考。这也与中国现代哲学陷入了吊诡有关：一方面，受到现代性启蒙理性洗礼，对中国自身的魂魄与精神进行了去魅处理，以唯物主义与进化论轻易就打掉了它们；但另一方面，又不断地在招魂，各种招魂术与精神的幽灵不断登场。

6.243. 因此，在"生死之间"与"不生不死"的双重经验上，中国哲学还有待于与德里达深入对话。

6.244. 正是在这个意义上，我们有必要接续海德格尔与德里达，进一步去思考，去更为彻底地思考生命与死亡的关联，在中国传统儒道的"生生"之后，接续海德格尔的"生—生"与"生—死"，以及德里达的"生死之间"与"不生不死"之后，中国当代哲学的贡献在于：死生，死死生生，生生生。

6.25. 生生生，庄子早已说出过，方生方死，方死方生，这还是让卡夫卡异常着迷的语句。那么，如何重新理解这个新的生命论差异或生死论差异？

6.251. 如果海德格尔的存在论差异，主要集中于生与生的差异论，那么向死而在的此在因为指向了死亡，所以不同于一般的繁忙操劳的庸常存在者；而在德里达那里，则展开为延异论，主要集中于生与死的差异，而且，主要是让生死之间的哀悼与技术的不生不死相关，当然，此技术的代具以及历史流传物的器物化，也遮蔽了生死的另一面：死生。

6.252. 我们现在要颠倒德里达的生死哀悼的逻辑，使之更为彻底地转向生死的另一面：死—生，死死生生，生生生。生生生，如此的重复到底意味着什么？这是对解构的再解构？这是对于延异的再次变异——而走向诡异？

6.26. 从死生开始，这就意味着，不再是自我的哀悼，因为这意味着，我们必须从"已死之物"出发，不是海德格尔的"先行到死"，也不是列维纳斯的"他者之死"，也不是德里达的"死之哀悼"，因为：那些遗物，那些出土物，它们已经早就死去了，已经死去了很久，尽管有着秘密，但这个死亡带走的秘密，在现在出土的时刻——却有必要重新讲述自身，而且也不需要哀悼，因为已经哀悼过了，再次的出土——恰好类似基督教意义上的"复活"，因此，这是再次的颠倒。

6.261. 从死开始，也不是不生不死，而是从已死的埋葬中被挖掘出来后，器物再次开始，出土出来，还要进入更为辉煌的未来存在，不是幽灵的逃逸与未来的等待——如同德里达的弥赛亚式等待，而是要使之重新上手，使之复灵，使之进入我们当下的日常生活。

6.262. 当然这首先是指那些古代文物或器物，那么，对于生命呢？

如何改变我们对于生命的态度？这种死生的生命观，不同于传统的生生观与现代的生死观，它同时面对"生死"与"死生"，这才是更为彻底的双重生命观。

6.2621. 一方面，"向死而在"与"哀悼他者"，让自己成为余存者；另一方面，则是要把自己看作死者，就是已经死去，但不是德里达式的哀悼，而是使之复灵，在死着的同时，更为不朽地活着。

6.2622. 这是双重的颠倒，既要肯定自己已经死去，这是最为彻底的哀悼以及哀悼的不可能性，但也要肯定死之复活，必须从死亡中复活，让死死去，让死可以复灵，这是记忆拯救的秘密。

6.263. 因此，这是异常诡异的逆转。生死，死生，方死方生，生生生——这是生命的"诡异论"，不是海德格尔的"差异论"与德里达的"延异论"。

6.3. 礼器的哲学还原：儒家的重新归位

6.3. 把儒家的血亲关系向着礼物给予的行为还原，乃是让现代中国人从过于强制性的礼仪化身体规训中走出来，而且，礼物给予乃是礼仪秩序中更为灵活的关系行为，也是更为物质化的体现，它保持了血缘血亲的社会学本体论关联，而避免了心性学的内在化迷失。

6.31. 建构家庭的新关系，在当今，乃是把血液与物质关联起来，血亲不仅仅是唯一的条件，而且必须使之与物质给予相关联，以养育的方式给予，通过相互的给予，而建立起来。甚至，向着更为本源的礼器还原，因为在礼器中，有着更为深刻的原初生命关联。

6.311. 传统儒家以血亲和心性来建构社会关系，以身体为媒介形成社会交往，或者给予身体，或者回收到个体的心性。而我们现在，则是从身体与礼物的关系，从身体的生育和养育，走向礼物的给予，礼物可以包含身体的交换行为，也可以把主体惯习化的伦理性情与身体的紧密关联打断。而把身体的给予向着礼物的给予还原，乃是以新的礼物生产与礼物给予方式，塑造新的身体感知与公共伦理。转换的关键在于，从主体的伦理态度，以及伦理与身体关联的习惯出发，而家庭乃是习惯的传承之地，就必须重新理解家庭这个"家所"。

6.312. 从家庭的"家所"出发：身体的养育——习俗的传承——心性的伦理，乃是此三者的聚集之所，无疑，这很难加以改变。进入现代性，家庭的三一体职能开始了分化：身体的养育还是主导，差别并不大，除非在贫富差别巨大的地方；习俗的传承上，无论是地域的风俗习惯还是家族的性格脾气，都有待于经过现代性的反省，而且很多现代人很早就离开了家庭，远离了本乡本土，风土在后来的教育与迁移中会被弱化，气质变化——要在新的公共生活中重新塑造；而心性的伦理，什么可以保留什么需要改变，这本来就是需要讨论的核心问题，根本性的转化显然尤为必要！孝心与仁义，这些传统的德伦如何在现代性体现出来？李泽厚的"情本论"是一种解决方式，但还仅仅是主体化的维度，并没有进入客体化的媒介论，尽管李泽厚把工具技术与心理活动相关，但并没有深入展开。

6.313. 客体化在现代性的发展，远远超过了主体的僵化与僵持，或者说，主体的心性中有着永恒的要素吗？对于亲人的亲感中，是孝道还是思念？最终归结于思念中的感恩，以及感恩包含的回报，这才是最为基本的永恒价值？但一旦涉及感恩与回报，不也有待于被解构？如同礼物的逻辑就是要摆脱回报的捆绑，就如同基督教"天国补偿"的牺牲逻辑不也被礼物给予的经济所解构？但礼物回报中，那自然的亲感有着永恒性，也为礼物的回赠留下了余地，对于父母家庭的养育之恩，恰好是需要回报、需要感谢、需要感恩的，只是需要以新的礼物来回赠。

那么，进入礼物给予的维度，就走向更为客观性的庸用转化方式。

6.32. 但这需要一步步的还原，赠予行为的现象学还原并非一蹴而就！儒家的礼仪规范或者礼物交换的逻辑——是以血缘作为最为基本的构成元素，"血亲"乃是元现象的触感关系，孝道的现象学以血亲的亲感为基本构成要素。

6.321.（1）差序格局中的礼尚往来：对物质的需要与相互交换，构成了人际交往的条件。这是日常生活的需要，有着交往的基本规则，有着礼尚往来的对等性，有着某种习俗的制约，尽管其中也带有自愿给予的要求，但这是为了满足生物性的需要，热血触感的动力。

——中国文化的民间传统至今还存在着的礼尚往来，体现在各种生死婚嫁的基本交往行为中，尤其以"血缘关系"为纽带，通过礼物给予而加强，而且礼物给予的多少，一方面关涉到血缘"差序格局"的时间性，另一方面则是身体的邻里远近空间性。

6.322.（2）互相赠予的允诺行为：血缘身体会成为特别的礼物，比如被人类学家广泛发现的原始社会的交换制度，"女人"在部落之间的交换价值，即从实物上升为商品，也是与未来存活相关的给予行为，互换的赠与总是带有某种允诺的诉求。

——中国古代这种一般化的赠予行为，在政治的"人质"交换中体现得最为明显，无论是诸侯之间互相交换"质子"，还是利用女性通婚来相互结盟，都是以"最亲的"血亲亲人作为死亡的威胁条件，因此越是亲密越是给予未来，但也越是可能导致相互的屠杀，毁掉彼此的未来。当然其中也隐含着"嫡长子"的继承制要求，以及血缘延续的要求。

6.323.（3）象征交换中的给予竞争：给予总是意味着给予更多，意味着竞争，越是给予就越是竞争，越是竞争就越是给予，这是交换中的竞争、竞争中的交换，以及伴随给予的荣耀。儒家以血缘或血亲作为媒介，血亲成为象征交换的媒介，不仅仅属于一个人自身，而且成为交换的公共媒介，此媒介已经社会化了，已经中介符号化，进入等级秩序的严格区分，并形成了强制性重复的惯习。

——在儒家，礼物给予乃是联姻的要求，是一种竞争中的"拉紧"关系，是催化那些会变得更为尊贵的荣耀，走向更为高价的关联，因此礼物给予会在激烈竞争中不断地增加筹码。在这个意义上，"血缘的身体"就不再仅仅是自然的生理，而成为社会化的媒介，成为符号等级化的载体。

6.324.（4）消耗的过度给予：越是给予，越是要求给予，就要求给予得越多！但同时，也意味着给予的增加、给予的过度，直到以给予来要挟，乃至于以给予来复仇。礼物给予就与战争挑战相关。这个时候的血亲关系，乃是开端与终结的直接体现。

——礼物的给予要求更多的给予，导致给予本身的增值，走向最为激烈或者强劲的给予压力，而最为彻底的给予，要么给予出生——如同之前的联姻带来新儿子的出生，要么走向死亡——战争的血腥屠杀而获得更多的礼物，即战胜后获取敌人的所有财富，包括女人。这个时候，礼物的给予会走向夸富宴，走向奢侈的浪费或者过度的消费。

6.325.（5）牺牲献祭的给予：仅仅是给予，为了给予而给予，给予不为什么，就是为了纯粹的给予，或者是出于纯粹的给予感谢，或者是感恩戴德的给予！直到献祭牺牲，在感恩中给予生命本身。身体就成为某种崇高奉献或者神秘给予的象征价值，不可估计。

——儒家的礼物交换或庸用伦理，在生命回报与感恩的回赠中，会走向纯粹的给予，为了给予而给予，不是与人的交换，而是与命运的交换，是整体的赌注，拿自己的生命作为赌注，因为被给予的生命最为纯粹，是最能见证血亲关联的给予。这就是为何儒家的伦理与帝王的政治成为一体，因为只有帝王的血缘才可能具有历史命运的赌注价值，即天子的得位，确立了成王败寇的绝对性，而且不可恢复。当然其中也有着诛九族的连坐恐怖性，"生命之美"走向了彻底的"反用"。

6.326.（6）与鬼神的仪式交感：给予之为给予，最终会指向不可能与不可见之物的对象，与生命的血亲相关，乃是走向与家族谱系中的鬼神或神明的交换，就是与祖先魂魄的仪式化交换，尽管儒家有着朴素的气化论唯物主义，但"祭如在"的感念情愫，依然有着对于鬼神的敬畏，并且确保了家族祠堂的延续。

——在儒家，这是孝道的真正感通之源，就是保持延续家庭氏族的谱系，连接过去与未来的血亲家谱。通过祭祀鬼神，与鬼神做一种暧昧的交易，以此得到祖先的庇护或者福佑。而只有一族家姓，能够把治国与家族深度关联，即只有天子或帝王，才有着祭祀天地的权力。如此一来，中国文化的亲感孝道与天子的天地垄断，也被关联起来，一旦孝亲仅仅付诸个体化的父亲形象，其实除了怀念与感念，哪里还有着公共化的权能？

6.327.（7）生生不息的感通：儒家最终是为了让人性走向与天地同体的共生感，这来自生生不息的信念，就是要不断地"生生"，从血缘上的子子孙孙无穷尽，到家国治理的王朝永葆。但同时，也会相反，就是彻底死绝，国家或者王朝被彻底消灭，而且还是家族生理上的彻底灭亡，体现出天敌吞灭与权力垄断的残酷性。

——在儒家，当然这是"生生之为大德"的永恒信念，是来自血缘与自然天地的根源关联，是血缘中的自然与天道自然的原初亲感，走向一种至高本体的一体化感通。传统以"气化一元论"来确保此感通的可能性。但在历史中，并非每一个人，而是仅仅具有天命之中介的圣人，却并非人人的良知，除非彻底唤醒每个人的良知（如同王阳明心学及其后学所为），但此良知仅仅与天道交换，而不是与个体化的生命平等交换。当然，对这个最为根本的交换方式，儒家并不那么明确，其中关涉到现代性对个体化生命的肯定，对于有限必死生命的肯定，但又要重建与天道的整体感通关联，显然这是儒家内在化进路还尚未完成的转化，在牟宗三与唐君毅的新儒家那里也依然没有完成此转化，"良知坎陷"之说，恰好遗忘了客体技术的庸用维度。

6.33. 进入孔子所言的"器以藏礼"，就有必要把礼物进一步向着礼器还原。因为现代性的生活，与血缘或血亲相关，与实用生活相关，但必须走向更为复杂的思考，而礼器的生产与交换，比礼仪与礼物的交换更具有中介转化的效用。

6.3301. 礼器包含了四个要素：礼仪秩序，礼物给予，器物之用，神圣之用或者无用之用。这四重的庸用：一是礼制的等级制规范，二是礼物的馈赠行为，三是器物的制作之用，四是生死的转化，有待于再次展开。

即，有必要再次一步步从礼器的庸用上，逐步还原：

6.331.（1）礼器之为日常的用器：作为日常的用器，也可用于身体的滋养，尤其是最初的陶器可以煮熟食物，或者玉器的玉石在自然中被发现，其最初的美感都来自自然的感知，就如同自然给予出食材而养活人类。之所以日常使用的陶器也是礼器，是因为先民认为这些器物也具有某种自然给予的德能，是自然慷慨给予的明证性。

6.332.（2）礼器之为装饰性的器物：礼器从日常器物中独立出来，比如玉器成为一种独特的审美与触感标志，或者被加以装饰，或者打上符号标记，这既体现出某种认知模式，也明确了器物的存在类型，不仅仅关联起血缘的身体，也推进了制作技术的中介作用。

6.333.（3）礼器之为秩序的测度：礼器具有度数测量之功用，也伴随等级制的区分，器物的大小数量，不仅仅是实用，而且具有礼仪的秩序，既是大小数量的测度，也反映了身体满足感的差别。

6.334.（4）礼器之为等级的区分：礼器的功能向着两个方面展开，一方面具有明确的身份等级的礼制秩序，其制作规模与方式都汇集为国家力量，而另一方面礼器也是无用的，走向某种身份的象征，这种象征的秩序有时候具有无用的象征性。

6.335.（5）礼器之为权力的稀少性：礼器聚集了祭祀位置的仪式化威严，同时体现了技术的制作难度。由此体现出器物的稀少尊贵性，当然还有神纹的诡异性。

6.336.（6）礼器之为牺牲的要求：礼器乃是绝对的给予、绝对的享受、绝对的牺牲，包含技术上的秘密，以及对于神秘的垄断。

6.337.（7）礼器之为超越的灵媒：礼器乃是明器，是死后升天的法器。或者就是丹鼎精炼的不死仙丹。这是儒家生命宇宙技术与道家的相关性。我们就看到了从礼器上思考礼仪与礼物给予的问题，要复杂得多，而且与技术存在的生产模式相关，更具有范式转换的价值。"丹鼎"才是存在之家园的炉灶及其生命宇宙技术的升华，这个微缩的技术也是宇宙技术，就如《丹房奥论》所言："一鼎可藏龙与虎，方知宇宙在其中。"

6.338. 但如何从礼器中生成出个体化的形态？后来的玉器对此有所体现，所谓的君子比德。但如何以此礼器生成出现代性的个体？依然是一个并未完成的任务。

6.34. 在中国文化，礼器的基型，或者礼器的元图像，乃是鼎器。

6.341. 鼎，作为日常生活之用，煮熟食物，但又与豆、壶等器具一道，在组合中，在基本的配置中，鼎，作为煮熟食物最为重要的器物，具有核心位置，就如同炉灶是家庭的核心所在。

6.342. 而鼎为什么后来成为最为独特的基本器物呢？不仅仅因为鼎是食器，也不仅仅是因为鼎与酒器与水器不同，无论是从器型还是地位来看，乃是因为中国文化把生养的养护、生命的家政与伦理的习俗结合起来，而鼎器乃是生命技术的体现。

6.343. 作为历史开端的九鼎，如同炉灶的独特地位，而九鼎制度的确立，突出了鼎的独一的地位，也明确了数量，乃至于集中图像而融合为一体。

6.344. 作为元现象的鼎，尤其是方鼎，体现了礼仪秩序与生命技术的分化，帝国秩序与生命养化的合一。鼎的神圣性也聚集了天地共聚的祭祀仪式。

6.345. 直到鼎作为器物制作的基本机制，其中隐含着《周易参同契》所言的基本宇宙图景。

6.346. 最后，鼎作为生命再生的神器，走向丹鼎的制作，结合了外丹的炼药与内丹的丹田，是内丹与外丹的合一。

6.4. 地之道与精之神

6.4. 生生生，不仅仅是主体生命的再次出生，而且是客体器物的生产。生生生，此庸用的辩证法，并不排斥生命出生与非生命的生产。

6.41. 从主体转向客体，就器物而言，已经指明了思想的另一种方向，在那些出土文物上，那些埋在地下的所谓"文物"，一旦出土，就形成了一种不同于人道的"地道"，也许只有中国文化，还一直有着如此之多的历史出土文物，"天下观"的提出者却完全忽视了这个更为隐秘的洞穴——地道，它可以最好地面对本雅明与阿多诺一直尚未解决的自然的历史化与历史的自然化的问题，出土文物——之为自然的人类历史化制作——已经成为历史的自然化还原之为遗物，此遗物也不同于德里达思考的余存式幽灵，而是作为器物，显现出来，要求庸用哲学重新思考它们。

6.411. 不同于"人道"的哀悼与"天道"的轮回，"地道"之为遗物的现象学，重新面对此事物本身，思想的事情就是发现遗物的独特现象学显现：一方面，其使用功能、其可用性已经消失，是纯然的无用之物，人已经死去，被掩埋与遗忘，如同海德格尔所言的存在之自身遗忘与自身隐藏（lethe）；但另一方面，一旦其被挖掘出来，其自身的显现就异常耀眼，尽管还是处于不可解的神秘之中，但其精神或魂魄，就是魂魄，其死后的余存，却可以获得更为辉煌的存在，因为新的技术手段、新的感知距离、新的想象力参与，可以让这些看似过时的出土文物，具有当下与未来的活力，在未来唤醒其过去的记忆，尤其在当下在场中，重获感应。

6.4111. 生生生：是天道——地道——人道，三者之重新的出生与关联。

6.42. 此遗物的现象学观照方式可以启发什么样的生命解释学反思？就当下活着的生命个体而言呢，就是要把自己看作已朽之物，不是向死而在，或者幻象式的自我哀悼，而是把自己看作"行尸走肉"，看作一个坟墓中的"骷髅"，这就不是——我哀故我在，而是——"我枯故我在"，即，我已经是枯槁化的生命，如同庄子对于骷髅或者髑髅的元生命之思（宇文所安在《追忆》中卓越地思考了这个谱系）。

6.421. 这也是为何道家或庄子要把生命还原到枯槁的死寂状态，或者就是——"我寂故我在"，这是多重的"死寂"状态：我已经是死者，如同中国传统的"千层漆"——生前每一天把自己的棺材刷很多遍，直到自己死去，这已经就如同把自己置于坟墓中的死亡劳作，如同考古学家把自己的时间交给地下的墓葬，有时候能够挖掘出文物，有时候可能一无所有，或者作为古代文物保管员的策展人，难道不也是一个无用的守护者？或者就如同地藏王菩萨启发的生命观（如同蒋年丰遗作《地藏王手记》的绝对表达），生命从尼采以来，在福柯的考古学那里成为历史一般，不也是一种人性死亡之后的骷髅观？

6.4211. 生命的洞见在于，不再是——我还有剩余的时间——我要在剩余的时间中珍惜它们，而是——不再有时间——不是剩余的生命——而已经是"无余"的生命，不再有余地了！但正是因为此无余的状态，不再有余地的绝境，已经终结，已经被埋葬，但一旦被挖掘出来，即生命一旦觉悟，即在自我的打断终止之后，开始另一个新的开端，海德格尔后期思想有此诉求。

6.422. 无余的生命主体，还必须使过去与未来的双重记忆都得以复活，我必须从我自己从未经验的事物中，获得新的生命，如同器官的移植，我必须从我尚未经验的未来中，有所记忆地前瞻。

6.423. 任一生命作为当下的双重生命，有着诡异的记忆性：

6.4231. 一方面，要从过去之从未记忆的记忆中，不是遗忘，不是第三记忆，而是在他者的记忆中，比如在历史器物上余留的记忆痕迹上，在另一个生命那里获取新的记忆；

6.4232. 同时，另一方面，也是针对未来的记忆，我对此并没有记忆，因为未来不可知，不可预估，但又有着弥赛亚救赎的秘密，这是借助于那些历史遗物，唤醒我灵魂的深度无意记忆，此无意记忆不是第三记忆的外在技术，而是必须与我的灵魂相关，但这是灵魂中的无意记忆——之为第四记忆或内在的第三记忆。

6.4233. 出土的历史遗物与灵魂的无意记忆二者结合，二者可能并不相干，但因为当下的相遇、相互的唤醒，遗物似乎唤醒了文化历史记忆中的前世，灵魂或魂魄的无意记忆可以重构那个从未写出之物，在未来得以复兴。本雅明对此两个方面有所触及，但都没有深入展开。

6.43. 在中国文化中，生命的双重生产，尤其是世界整体的生产，或宇宙性的再生产，被称为"天地"的变化——天文之时变与人文以成化：这个"天地的"生产，乃是提炼天地之无限的元素性；这个提炼，乃是在自然之中提取自然的教化，加以人为的精炼，是自然之精华的再生性。

中华文化的生命，如果有着所谓的中华文化，乃是对此天地宇宙的精华之提炼，是海德格尔式天地神人的"合四"或"四方域"之聚集——之另一种更为凝练与丰富的表达，我们现在称之为生命宇宙技术的哲学。尽管海德格尔后期思考了远与近的关系，技术带来了接近，却丧失了与遥远的关系，连接了遥远，却又导致切近亲密的丧失。

6.431. 生命的自身生产在生命的宇宙技术中得以余存，人性的生命在天地的精华提取中得以再生产。何谓天地之精华？对于生命而言，乃是要活得更好，不是动物生命那样吃食其他的动物或者植物而得以存活，而是提取天地之精华而活，才可能活得更好。何谓天地之精华？对于要活得更好的生命而言，就是最为基本的营养，不再如同旧石器时代还是以狩猎直接吃食其他动物，或者仅以火烧之后再食用，尽管新石器时代虽然主要还是磨制石器，但人类已经发明了陶器，各类陶器的出现和使用，更有利于人们熟食和定居。陶器不同于石器，更为体现天地之精华。

6.432. 新石器时代，随着农业的出现，野生粟、稻也随之得到驯化与选育，一方面这是通过耕作来进行，农时就需要准确观察与预测天象，否则就不会有着基本的收成，无论是播种与收割对于时间的节奏压缩，还是翻耕土地，在自然的大地上开出原初的沟壑，播种，让种子再次繁殖；另一方面，则是煮熟食物，不再生吃，从生到熟，需要火，这就需要生产煮熟食物与保存食物的陶器，陶器则来自大地的黏土，来自火的加热，以及对于火候的控制，这就是精炼的开始。

6.433. 再一次，何谓天地之精华？大地的元素性是土、石、油、水，天空之元素性则是太阳之日光的精华，星月则是夜晚之明的精华，生命宇宙技术，在于提取天地之精华而可以食用，养育生命与生命的存活，活得更好、更为长久，乃是生命最深的欲求。而随着石器从打制到磨制，铲与斧出现了，并非生产工具的陶器也出现了，看似仅仅作为家庭食用器物陶器的出现，却在新石器时代开启了生命宇宙技术的生产。陶器技术对于大地性与天空性的元素性精华的提取更为明确，而且出现了加速的转轮。如同海德格尔对于物之物化分析时就是以陶器为例，但海德格尔没有把此物化与生命宇宙技术相关联，没有涉及生命的养化，因此其大地上诗意栖居的思想还缺乏生命技术的支撑，海德格尔后期思想中的"集置"与"大道"的庸用关系就还并不明确。

6.434. 而随着陶器的出现，食物可以保存并煮熟，陶器其实也是另一种的生产工具，但这是养育生命的技术，也更为有利于居住，因此，家的炉灶才可能建造，而离开了家之炉灶，或者生命技术核心存在的炉灶，就不可能有着人性居住的可能性。公元前1万年左右开始的陶器时代，陶器之为陶器，作为新石器时代出现的标志，最为明确地聚集了大地性与天空性的精华。

6.44. 尽管人类发明了很多技术，但并不一定与生命相关；尽管看起来似乎所有的技术都为人类服务，并且满足人类的需要，而人类的欲求又是如此的多样，但不可能说原子弹的技术与生命相关：这在那些具有毁灭性的器物技术上更为明显，这是传统所言的"不祥之器"。

6.441. 也有着很多的生命生产与生命技术，但不一定是宇宙化的生命技术，因为仅仅关涉有限的生命需要，甚至很多的医疗技术也并不是生命宇宙技术。2021年出现的元宇宙也主要还是虚拟技术，还没有成为元生命——这才是生命宇宙技术。人性的历史发展过程中，尽管技术一直在进步，但一旦忽视了生命宇宙的技术，在毁灭人类的意义上就是退步，如同章太炎的俱分进化论。而生命宇宙技术的转进，才是衡量历史的尺度，而非仅仅是生产资料的进步，如同马克思主义所言。

6.442. 生命宇宙技术，乃是要把有限的生命生产与无限的宇宙以技术的方式结合起来，这个结合的方式、方法以及益处，才是技术可用的合理性："有之以为利，无之以为用。"这个老子早就提出的"利—用"的有无差异论，也是生命宇宙技术的差异论：因为看起来很多有利之物，不一定可用，除非具有某种无性——此无性，乃是无限性，乃是宇宙技术的庸用性。后期海德格尔的"庸用差异论"无疑围绕此展开。

6.45. 生生生，之为生命宇宙技术，在于生命的大地性与生命的天空性——二者的生产关联，乃是双重生命的生产：大地的有限生命与天空的无限生命，来自对天地之精华的提炼。此提炼乃是"精华"的聚集。不仅仅是"精-华"，还有精神。而连接二者，则需要提炼的技术，而且这技术还需要双重转化：生命的技术化与技术的生命化。

6.4501. 不仅仅是"精-华"，还有"精-神"，那什么是"神性"？这是无限性，这是生命不死性的欲求，如果精华乃是有限性的提炼，那么，精神，则是无限的提炼，何谓神？乃是大地的无限性与天空的无限性：是元素性的循环可再生性，在寻求永恒的元素中，人类对于永恒元素的幻化。

6.451. 首先，这也是为什么原始的太阳崇拜总是与飞鸟相关，飞鸟在天空中的展翅，对于直立起来行走的人类而言，是不可能的高空维度，但是人类的欲求或渴念由此唤醒，幻想如同飞鸟背负太阳，或者具有阳光与羽翅重叠起来的飞翔能力，就是获取无限伸展的力量，此无限的伸展，就是天空的神性，打开超过大地地平线视野的高维时空，这在良渚神徽玉器的上半部分最为明确。

6.452. 其次，大地上也有神性，这是植物的循环再生，人类因为其有限性会死亡，但植物不会，如何获取植物的神性？这是燃烧最早的艾草带来的烟雾，此烟雾的香味与上升，是接近于天空，与云彩融为一体。因此，燃烧与烟云，就成为另一种神性显示的指示。如果这个还过于模糊，就需要更为坚实的关联，这是玉器的出现，玉器甚至可以焚毁，而献给上天神祇。

6.453. 其三，人性有限的大地性生命如何获得不死的神性？这是通过埋葬的仪式，因为死后的埋葬，并非一次性的有限死亡，乃是进入：或者是死后的永恒——如同埃及法老的木乃伊状态；或者是死后的复活——基督教的信仰；或者是中国文化的"魂魄"，死后的生命乃是魂魄状态，在另一种被封闭的地下时空中，却获得遗物一样的魂魄状态。此魂魄并非被封闭，而是有着再次升天复灵的可能性，魂可以飞升，魄可以归地，回到大地的永恒元素性与天空的永恒元素性，而此魂魄的死后状态，则是天空的飞升与大地的归回，再一次的感应关联，以幻化或幻象性的方式，如同汉代墓葬画像砖及其空间的显示。

6.46. 玉器，不同于陶器，还不仅仅用于煮熟食物供人类食用，玉器，来自石头，但经过技术的提炼、线的切割、打磨等等，并且被赋予神纹的图像，神纹也是提取天地的活力形态，是形态学的生命力凝缩。为什么出现"神纹"？

6.461. 这是因为人性要具有神性，除了在自己身体上的文身——纹理乃是人类精爽之气的提取，在陶器或者玉器上烙印神纹——乃是人性或者祖先神灵的保留与记忆，以及宇宙第五记忆的余留与提炼，因为纹理乃是三重精神形态的凝练（生生生的最原初体现）：天空永恒的神性——大地动物性超生命的神性——以及人性自身中的纹理，皮肤或者指纹一样的纹理：目光的流转、眼睑、掌纹、耳朵的回旋等等，来自宇宙的原初回响，是生命宇宙关联的记号。

6.462. 技道哲学的历史性展开，在青铜器的技术物上体现得尤为充分，其制作则是把北方陶器的制作技术与火候控制，南方玉器的神纹刻画与合成技术，以块范法的方式，加以创造性的综合，但既不是陶器也不是玉器，而是新的材质——青铜的冶炼，需要发现新的铜矿与铅等元素，而不是泥土与石块，这是新材质的发现与冶炼技术，并且在新的方式中生成出新的技术物，在空无中取物，其生成过程，形成了最初的中央帝国，整合了四方与天地，这是有限生命技术与无限宇宙技术的全息整合，带有青铜器礼仪祭祀秩序的政治神学整合。

6.463. 此外，似乎只有中国文化有着如此之多尚待出土的历史遗物，它们还处于海德格尔所言的自身隐藏状态，处于更为早先的"童年的"寂静或者死寂状态，但一旦显现，就打开新的历史开端，当然那不是海德格尔所言的最后之神的重来，但也许那是一个民族的未来之神，一个新的种类（Geschlecht）在未来重新显现。

6.464. 一旦此过去的记忆被重新打开，再度关联历史的遗物与灵魂的记忆，灵魂的记忆就打开新的未来，这个未来已经发生，就在我们的生命之中，即便我没有感受到，如同那些地下文物已经在那里，还在隐秘地等待着，但是已经"在那里"——如同德里达思考"有着余烬在那里"——但在未来一旦显现出来，则表现为更为耀眼的礼物，一旦同时唤醒魂魄的记忆，有限的生命就转化为"灵媒"，进入未来记忆的传递，"死—生"就在魂魄的记忆中被重新关联起来。

6.465. 如同海德格尔所思考的特拉克尔的诗句："灵魂，大地上的陌异者。"此灵魂被解释为精灵的生命，要从坟墓中再次"升起"，甚至憧憬那"下降"的西方唤醒此精灵，而得以重新升起，也许那个已经死去甚至败坏过的族类（Geschlecht），可以唤醒中国的精灵，不再是被帝国反复击打的败坏族类，而是从"地道"中重新升起一个更为远古的古国或方国的民族精神？这是中国文化在战国年代中可能重启的开端！

6.5. 第五记忆之为宇宙记忆

6.5. 以记忆的思辨方式，我们尝试区分开几重记忆。

6.501. 一方面，从外在记忆展开三重记忆，即不同于当下短时记忆与事后回忆的储留方式，而是以外在铭记而形成的第三记忆，在历史发生学上，人性的内在记忆离不开外在工具的制作与技术实践，内在记忆是由外在技术所塑造的，并且在历史中流传、复制与转录，形成外部的器官学。

6.502. 另一方面，则是内在的三重记忆，除了前面两种内在记忆，在人性这里，还有着第三记忆，这是不同于外在记忆的铭记、复制与转录，而是瞬间的无意记忆，弗洛伊德的书写板与无意识痕迹，与这个无意记忆相关，如同本雅明的思考，只是这个内在的无意记忆触感与外在的第三记忆技术有所不同，前者是内在生命的自身给予，如同现象学的纯粹内在生命的自身给予性，甚至并不表达，而是处于持久的静默之中。

6.51. 针对斯蒂格勒提出的"第三记忆"或外在技术的复制转录，我们还展开更为复杂的多重记忆区分：简单说，第一重记忆乃是当下的回忆，第二重记忆是事后的回忆，第三重记忆则来自外在技术的记录，这是针对人性记忆的有限性与遗忘的必然性。但是，针对斯蒂格勒外在化的第三记忆，在人的灵魂中，还有着另一种内在化的第三记忆——无意记忆。

6.511. 第一个重要的区分出现了，有待于一层层的展开：

6.5111. 此内在化的第三记忆（接续前面的两重内在记忆），与外在技术记录的第三记忆，并不对应；当然，外在技术的第三记忆可以唤醒人性中内在的第三记忆，即面对人性记忆的遗忘，可以重建被遗忘的记忆，或者如同斯蒂格勒所言，第三记忆已经在控制无意识本能欲望；

6.5112. 但是，在普鲁斯特与本雅明那里展开的"无意记忆"或"非意愿记忆"，并不是那与外在第三记忆对应的内在第三记忆，即内在的无意记忆之为记忆，比外在化唤醒的第三记忆（比如档案记录与历史书写）——更为内在，有着超出了外在第三记忆所不具备的要素，更为隐秘，也更不受意愿控制，当然也不受人为的各种唤醒技术与记录技术的限制，恰好是要摆脱第三记忆的记录；

6.5113. 此无意记忆，更为接近于无意识之中——那自身涂抹的踪迹（德里达的心灵书写本来更为接近于这个无意记忆的层次）；

6.5114. 但无意记忆，甚至比弗洛伊德的无意识更为彻底，尽管带有强制重复的无意识与深度感知的无意记忆——这二者之间的差异与区分还有待于展开，但显然，内在化的无意记忆并不被弗洛伊德的精神分析所穷尽，一直有着精神分析所不可分析的剩余（这也是德里达所充分认识到，但并没有被斯蒂格勒所展开的心灵复杂性），那么，此无意记忆——就属于更为隐秘的"第四记忆"了。

6.52. 如果不用此"第四记忆"之名，那就是"无意记忆"，但无意记忆又很容易与无意识混淆，这也是西方思想后来一直尚未明确的区分。技术复制的转录发达，乃至于AI自动生成的涌现，导致了人性内在的无意记忆的隐秘能力被忽视，乃至于可能被技术所引导与控制。

6.521. 而一旦我们回到"胎儿-母体"的生命宇宙记忆范式，就可以从弗洛伊德以来的"无意识的记忆"或内在第三记忆中走出来，整个精神分析的无意识与痕迹理论，都来自"出生之后"的记忆，但胎儿-母体之为虚位空间中的宇宙记忆与表观形态，并不从属于精神分析的任何分析模式：无论是弗洛伊德的创伤记忆，还是拉康的三重话语模型，抑或是德里达的痕迹涂抹记忆（以及斯蒂格勒式的外在第三记忆的转录），而是走向了凯卢瓦的生物记忆与鲁耶尔（Raymond Ruyer）的胚胎记忆，以及三木成夫的宇宙记忆，这是一个有待于彻底明确的"第五记忆"新模式，尽管荣格受到卫礼贤的影响而接触到道教的结胎或灵丹重构修行模式，试图与弗洛伊德拉开距离，但并不明确。

6.522. 但伴随这个内在第三记忆或无意记忆的区分，还出现了另一个更为隐秘也更为重要的区分，这是"第五记忆"的出现，即作为生命的生命，或者如同德勒兹晚年思考的纯粹内在生命，其实有着三重内在性：

6.5221. 第一重内在性，这是作为第三外在记忆可以唤醒的内在第三记忆，历史书写与转录技术超越了有限的人性生命；

6.5222. 第二重内在性，则是作为深度记忆的无意记忆，这是通过文学想象与音乐艺术等的唤醒所触发的记忆；

6.5223. 米歇尔·亨利等人后来发展的自身给予的生命神学现象学，其实是把此两层的记忆重叠了，以个体有限的生命通过不可承受的受难而感知到生命自身的受难，从而感知到那纯粹的生命之为基督圣子的生命本身；

6.5224. 但还有着第三重内在性，那最深的内在性，隐藏在人性生命中，但更为久远，而且与无意记忆相关，但比无意记忆（之为"第四记忆"）更具有深远与隐藏的宇宙记忆（之为"第五记忆"）。

6.53. 第五记忆之为宇宙记忆的觉感：一方面，这体现在人性的基因结构与身体的被动感受之中，比如女性身体与宇宙节奏的对应，或者是人类胚胎前三个月所凝缩的漫长宇宙进化的演化形态，而可再生性的胚胎干细胞，之为生命种子，就隐藏在其间，直到20世纪才被人类发现；另一方面，此"宇宙记忆"在生物界的体现，比如在蝴蝶基因与翅膀的对应上，就是一种宇宙记忆的显现，生物的记忆生产模式尽管看似与人性的三重记忆都不相干，但物种的生命记忆与宇宙的记忆更为相关，但生物物种的基因结构及其复制程序，还并非宇宙记忆。"宇宙记忆"更为体现在蝴蝶翅膀在飞舞时的幻化形态上，而在翅膀上所凝固的图像与基因的对应，更为体现出与人性"第四记忆"的相似性——人类灵魂中隐秘的无意记忆（如同康德所言的隐秘想象力）——如同凯卢瓦所分析的螳螂的生命形态与蝴蝶翅膀的拟态游戏，其实就已经烙印在人性的内在深处。

6.531. 此宇宙记忆的生物性痕迹，就大脑而言，是比理性意识与感知自动的大脑更为深层的本能和反射部分，有着宇宙的振荡与感应，还并非弗洛伊德的无意识语言，而是比人性化的无意识压缩符号或语言结构（哪怕拉康已经足够复杂化）更为本源的记忆，这是来自在人性之前的宇宙记忆的痕迹，这个更早的痕迹要么遗留在人性的生命宇宙记忆中，一直保持为不可见或无用的痕迹，或者处于无感之感的寂感状态；要么人性一旦感悟到生物的拟似机制，也会不由自主地模仿此生物的生存情态，这就是宇宙记忆对应人性心灵的最为遥远但又最为内在的触感。

6.5311. 此宇宙化的第五记忆之为遥远感发或无感之感，在灵魂中的无用之作用，此无用之用——的吊诡，就体现出来，因为尽管它一直在起着作用，但并没有被人性感知到，又确实在起着默化的作用。

6.5312. 第四记忆与第五记忆的重叠，可能显现为生命对周围世界，乃至于宇宙节奏的被动感应，甚至一直可能处于无感状态，但此宇宙记忆一直在作用于人类生命，以遥感或无感的状态。此无感之感的觉醒，就是我们所谓的灵觉，也是莱布尼兹单子论所指明的所有灵魂之

"隐德莱希"。

6.5313. 而波德莱尔与本雅明思考宇宙感通及其宇宙的相似性，只有在凯卢瓦发现了自然幻象之后，无论是蝴蝶翅膀的自然生产及其飞舞的恍惚变化，还是石头的自然书写之凝结的时空幻象，此宇宙记忆之为"第五记忆"，才变得明确起来，在本雅明那里，无意记忆之为第四记忆，与宇宙的感通之为第五记忆，其间关系并不明确。

6.54. "第四记忆"之为广泛的"无意记忆"，混杂着精神分析的"无意识"记忆与生物学的"宇宙记忆"，在母腹子宫中的"胎儿"——可以作为第五记忆的完美范例，这也是为什么玄化辩证法（老子《道德经》的第28、10、20、52、55章等等）、道教大量关于灵丹之"结胎"与"生胎"的修行法、佛教的《佛说胞胎经》等等，都集中于胎儿的灵根种子之保护与激活，这才是"真生命"的来源。

6.541. 生生生，现代女权主义哲学家与神学家，把胎儿-母体、胎盘与脐带和柏拉图的（χώρα / chora）相关联，并且联系生命技术的胚胎干细胞之保护伦理，思考"真生命"之为出生的空间性与保护的政治性，生命宇宙技术也发端于此。同时，在胚胎本身的宇宙记忆凝缩以及独特的记忆模式，及其与表观遗传学和生命形态学的关联上，第五记忆的重要性变得明确起来。整个生命免疫保护的感通理性，应该建立在此"真生命"的普遍性上。

6.542. 此更为早先与更为本源的第五记忆中，还隐藏着人类生命中被动承载的宇宙记忆，此宇宙记忆，也不同于人类的基因记忆。尽管，人类身体也有三重记忆：外在躯体的重复动作形成肌肉记忆，内在思维形成回忆的多重记忆，科学发现了基因的遗传学记忆，但是第四记忆与宇宙记忆的潜在关联，是比基因的复制更为本源的生命触感，比如某种"表观遗传学"（Epigenetics）的细微变异与调节，或不受基因控制而产生的所谓"蝴蝶效应"。

6.543. 蝴蝶与庄周，连接进化理论以及生命保护的类比，展开三重递进的思考，从19世纪的物种演化论与历史观，到20世纪的无意识与分子生物学的基因复制，再到21世纪的表观遗传与量子生物学的共生模式：

6.5431. 蝴蝶在生物界的一般进化论观察，以蝴蝶翅膀上显现出不同的图案而言，与其他昆虫相似，蝴蝶在模仿周围环境中形成自我保护，比如变为枯叶蝴蝶，与周围世界保持一致，减少独异性，以致瘫痪于环境之中。就如同庄周与蝴蝶在田野上如同孩子般彼此追逐的游戏，蝴蝶与庄周二者之间有着相似性，有着快乐的感通性，因此庄子与惠子在濠梁上争论时，当然可以说出自己：感知到"鱼之乐"。

6.54311. 在理论上，这是哲学去发现"自身"与"他者"的各种可能关系：或者对立（如同动物界的适者生存），或者对位（如同德意志古典音乐中），或者对峙（如同民族国家或者帝国之间），或者模仿（德国与希腊的古今之争），或者参照（与印度佛教的对比），等等。

6.5432. 蝴蝶模拟周围环境中其他生物的图像，蝴蝶翅膀上出现其他昆虫的图案，也是为了自身保护而模仿其他昆虫，以此来适应环境的变化，当然是模仿不容易被吞噬或者带有被讨厌气息的其他昆虫，由此而影响了基因，形成基本的基因结构。而庄周梦为蝴蝶，即，为什么庄周总是梦见蝴蝶呢？精神分析的无意识理论开始出现了，庄周似乎想变成一只有着几重变化而并不固定单一样子的蝴蝶（从虫卵到幼虫，到化蝶而飞出）。如同超现实主义对于蝴蝶或螳螂的表现就是主动进入无意识的生变过程。这是蝴蝶在模仿其他昆虫，要成为他者。

6.54321. 这是生命去感知"自身"与"自身中的他者"之悖论关

系，不再是自身与他者的二元关系了，因为自身与他者都成为一种更为本源的自身性，即"无意识"与"基因编码"，都成为信息的组织，或者自组织或者无意识的偶发效应，这就出现了各种"自身中的他者"之发现：

6.543211. 无意识之为他者的话语，却无法捕捉到他者自身（拉康）；越是重复越是差异，但任何的重复都要克服永恒轮回的同一性或死本能的诱惑（德勒兹）；任何的踪迹都已经是原初缺席的后效，但此强制重复的痕迹也被他者再次涂抹过了（德里达）；他者之为他者也是一个匿名他者的他者，而那个他者也不可对象化，却可能遭受谋杀（列维纳斯）；必须模仿他者，但此模仿可能导致的不是谋杀他者，而是谋杀自身，受虐与自虐悖论性地合一了（吉拉尔与拉库-拉巴特）；女性主义的他者，并非与男性对立的那个女性性别，而是还原到更为本源的子宫母体空间（伊利格瑞与克里斯蒂娃的chora）；等等。但这些发现或呈现"自身中的他者"的行为，都陷入了绝境（aporia）。

6.5433. 蝴蝶的表观遗传或量子生物学模式，这是蝴蝶翅膀上的图像或图案出现了更为诡异的变幻，各种复杂的点眼，似乎并不仅仅是模仿他者，而是要模仿让天敌害怕的天敌，是双重的模仿，而且还不仅仅如此，如此复杂的变化与自我保护，还来自与周围生境的瞬间互动，处于恍惚变化的魔变之中。这不再仅仅是庄周梦蝶，而是"蝶梦庄周"，为什么总是蝴蝶出现在庄周梦中，那梦中的蝴蝶是如何梦见庄周的呢？这是全然不同的想象，是一种"逆转"的宇宙想象。蝴蝶翅膀图案的诡异转化，是因为蝴蝶要梦见庄周才改变了自己的图案？如同兰花为什么把自己变成了一只蝴蝶的样子？蝴蝶是否要把自己梦见为让天敌也害怕的天敌？这就出现了反复多重的"点眼"图像，并且改变了基因结构，而形成基因表观。这不仅仅是要生成为他者，这是被他者所生成，这是让他者来生成自己，这是被他者所梦见，这不是由自己来控制。这是双重的作用：一方面，这个被他者所梦见，不是来自自己可以影响或修改的无意识痕迹，而是来自宇宙无意识，来自更为本源的宇宙刺激；另一方面，则来自蝴蝶与环境的互动，鳞片在阳光中闪烁着幻美眩晕，也是来自与周围光线花粉等等互动时的刺激与兴奋。

6.54331. 在生命宇宙技术上，这是对"自身中的他者"——与那个"他者的他者"（不是之前与自身对立的他者）——之被动的感知：因为我们不可能直接对这个"他者的他者"有所感知，因为"它"不是我们"自身中的他者"，这是"他者的他者"，当然它也已经早就在我们"自身中的他者"那里留下了痕迹，如同作为无意识的第三记忆中有着第四记忆，但此第四记忆中已经有着宇宙的第五记忆了，此宇宙记忆是人性尚未感知的他者，甚至遥远感发似乎都不可能！但已经"诡异地"烙印在人性的胚胎之中，如同胚胎干细胞对于几十亿地球生命记忆的凝缩。

6.543311. 生命宇宙技术就出现了几种情形：或者是再次把这个"他者的大他者"——把这个"大他者"感知为古老的"上帝"；或者是把四维虚拟空间当作他者的他者——建构一个所谓的"元宇宙"（技术的迷梦与神话）；或者是生物技术深入基因之中，并且发现基因转译或表观遗传的秘密，而对基因进行技术剪辑（技术扮演上帝的角色）；或者就是自身免疫因为病毒的侵袭，而激发更为内在的免疫回应，无论是自身免疫的强化，还是病毒的未知变异，都是自身之双重的他者性回应；或者就是我们思考的第五维，在第三维的人性生活世界、第四维的虚拟空间，以及第五维的自然与生命的感应空间，在这三重空间中，重构新的"元生命"；等等。这些思考其实都把技术或哲学提升到新神学或新神话的层面了。

6.55. 从当前更为明确的问题出发，我们把有关记忆的思考加以简化。

6.551. 从根本上说，我们生活的世界存在着三种记忆。

6.5511. 第一种是来自DNA的基因复制记忆，这是所谓的生物本能记忆，这是自从DNA双螺旋结构被发现后，由中心法则主导的单向传递，非本能的生物记忆就不能遗传；

6.5512. 第二种则是人类在历史中获得的记忆技术，可以通过后天学习获得，并且不断复制而传递下去，但不能遗传，这是德里达与斯蒂格勒所强调的人性之"先天的缺失性"与"技术的历史性"；

6.5513. 第三种则是人类个体获得的能力，是个体与环境互动所形成的记忆痕迹，这也是被认为不可能直接遗传，但又可能获得生物遗传的可能性的，这是西蒙东与表观遗传的思考方向。

6.552. 这三重记忆，处于分化状态，但中国式生命技术则试图重新连接这三者。

6.5521. 一方面，后天的历史形成的技术复制，与先天的生物本能的记忆复制之间的关系如何？另一方面个体化的生成，如何通过人工技术复制，甚至还可以获得本能记忆的支持？

6.5522. 一旦这两个方面都连接起来，这就形成了先天生物记忆、后天历史记忆、再生个体记忆，这三重记忆的贯通。

6.553. 中国生命技术，比如带有生命养生诉求的书法艺术，开始于对一个可能祖本或重要原本的模仿，这是重新学习既有的历史技艺，但如果要生成出自己的个体化艺术，单靠重复既有的历史技术是不够的，或者说那也仅仅是"书法艺术"而已，而并非"生命的艺术"。

6.5531. 生命的艺术还必须要求把这个技术还原到自己的生物本能中，唤醒自己生命中的本能记忆，乃至于宇宙记忆，并使之"再个体化"，成为自己的艺术，而不再仅仅是模仿经典的原本。

6.5532. 这也是为什么中国式生命技术要结合人为历史技术与自然的本能，唤醒宇宙化的第五记忆，并进入磁场的共振，这才是"大道"的艺术，"天道的艺术"。

6.6. 生命的新生：胎儿-母体之为阔纳

6.60. 生生生。

6.601. 生命开始于生命的自身生产，植物的生命在其生物圈之内循环再生或者消亡，动物的生命在弱肉强食的生物法则中生存下来，但人类的生命则不同，人类生命乃是双重的生产：一方面如同动物那样有着种的繁衍，后来则进入家庭的生产；另一方面，也是更为重要的则是，人类还有着世界的生产，而且，人类仅仅在生产世界时，才生产自身。

6.602. 人性之为人性，乃是要把世界本身生产出来，以看起来非自然化的方式，但又具有某种自然的拟似性，就如同仿生学，把世界整体，以生命的再生产，把世界本身生产出来，不仅仅是人类动物性生命的生产或者种的延续，而是要把有限生命的无限化，以世界整体的生产方式，再度生产出来。

6.603. 此有限生命的无限化，不同于德里达的延异之为无限生命的有限化，乃是生命的世界化生产，以有限必死人类的生命，进行世界整体的再生产，这就形成了哲学本身最初的悖论，如果有着原初的人性，有着哲学与生命最初的关联，就是在此悖论中展开，在此双重生命的生产中展开：有限必死的人类生命，要生产出世界整体的无限生命，人类生命才可能不被毁灭。

6.61. 生生生，启发了后来的丹道技术或者生命宇宙技术的内丹外丹整合——双重生命或技道哲学的转化原理（转化斯蒂格勒的"器官学"与"药物学"）：

6.611. 一方面，内丹——之为生命的心理个体化，之为生命技术——需要反复的调节与自我的修炼；另一方面，外丹——之为技术物的个体化，之为宇宙技术——需要掌握火候并改进提炼的技术；同时，二者的共感则是生命个体化与技术物的个体化的耦合共生——形成生命宇宙技术的合一，这是未来共鸣的个体化或者共享的个体化——可以共享的生命宇宙技术是普遍的弥赛亚性。我们就修改了西蒙东的三重个体化，以内丹外丹及其合一为新的生命宇宙技术的个体化原理。

6.612. 当然，需要肯定有限性与必死性的前提下，以新的生命技术与宇宙技术来重新连接这个感通转化的技术原理，这也就不再是牟宗三所谓的"良知坎陷"，而是生命技术与宇宙技术的重新关联。

6.62. 中国哲学的余化经验，或者生死的同时性，无余之余，有着独特的原理，不同于布朗肖的"死之复活"与德里达的"各种幽灵"。

6.621. 对于布朗肖，余存之为死之复活，不是死亡，而是成为隐匿者，获得一个隐秘的替身，或者发明一个虚静的隐秘陪伴者，或者把叙事本身变成一个回声的主体与回望的凝视。对于德里达，就是把自己变成幽灵一样的余存，利用技术把自己隐匿起来，却以各种幽灵的不同面孔来显现，如同网络虚拟空间中，以不同虚拟的面目与身份，来与不同的人交流。当然也不同于海德格尔"向死而在"的生存筹划——更多的是一种倒计时的逆向紧迫感；也不同于列维纳斯"他者的未来性"——未来乃是允诺的儿子性，我即儿子，需要被儿子所传递。

6.622. 中国哲学的余化技术，除了儒家的子子孙孙之血缘的生育，类似于犹太教的某种传递指令，更为重要的是中国道家的方式。

6.6221. 一方面，是双重的自然性还原。人性要回向自然，人性在顿悟的成熟之年，就要主动放弃人为的各种方式，而彻底转向——以自然为性，"让"人性中的自然性被唤醒，不再强化已有的各种技术与作为，而是减少人为，或"损之又损"，如同海德格尔式与道家对应的"存在之节省"，即"不去为"的悬置；但进一步，则要"让"外在自然来唤醒人性中的内在自然性，"让"人性中"内在的自然性"与"自然的外在自然性"，让这两种自然性产生互动，甚至借用中介，比如自然材质的渗透性。

6.6222. 如同中国水墨的整体性启发，都是自然性的相互活化：主体是写气——对象是自然景物的变化，中介是自然化的材质（水、纸、墨、毛笔）——形成自然化的诗意意境。

6.6223. 这是自然的自然性之全方位的相互作用，是多重性的"让自然来为"，但主要集中于"双重自然"（dual nature）的激活与感应：既是让外在的自然来唤醒人性中的自然性，也是让内在的自然与外在的自然相互互动，彼此双重的"再"自然化，是"可再生性"的一种生命形态。

6.63. "可再生性"的另一种生命形态，则更为彻底，或者更富有张力。

6.631. 另一方面，则是道教的方式。道教的方式是借用自然元素性的铅汞，以丹炉的人为技术，通过时空的压缩原理，来提炼药物，不仅仅是前面的自然化方式，还有着复杂的"借用"，这体现为：外丹来自

"万物都是药"的原理，借助于外在药物的作用，来延续生命，各种以形补形的仿生学原理，以至于获得长生不老或者长生不死。而在当前的生物技术中，各种生物合成技术，以及各种药物的发明，都非常接近于这种方式。

6.632. 但还有另一种更为接近于自然化的方式，比如胚胎干细胞再生技术，激活所谓"不死细胞"的活性：本来应该到了死去的年岁了，但现在，因为激活了自身中的干细胞自然潜能，再次活跃起来，充分利用各种干细胞"自我更新"（self-renewal）的潜能，获得某种返老还童的活力。

6.633. 显然这不是走向死亡，也不是延续而活，而是某种自身生命的自身逆转，是所谓可再生性的"逆生长"，不同于亚里士多德把两重本源分离（可以回到自身的内在性自然原则与不能回到自身的外在技术原则），而是借用技术的力量，却激活了潜伏在干细胞中的活性，使之再次生长出来，这非常类似于道教的内丹技术，通过丹田的建造与呼吸调节，重建一个"炁化"的新躯体，使之一直保持更新与活性，就可以避免衰老。

6.64. 自然化与技术化的四种关系。

6.641. 第一种，悬置人为性而走向以自然为性，减损人性既有的各种制作方式，而回到自身的自然性，以自然为性，甚至模仿自然的生产，比如生物界的各种拟态生存方式。

6.642. 第二种，双重自然的互动，人性中的内在自然与自然中的外在自然，自然性之间的相互激发与感应，也借用各种媒介来连接这两种自然性。

6.643. 第三种，外在技术的补救性，人性本来的不完善，甚至本体论上的不健康，需要药物来治疗，这是普遍意义上的"丹药学"，不仅仅是斯蒂格勒所言的技术器官学或药学，但这药物必须能够活化生命，这些药物必须更多来自自然，而具有生命的可塑性（如同马拉布所言），或者激活人性中的自然免疫力与保护性。

6.644. 第四种，内在技术的可再生性，这是道教的内丹学与干细胞技术所启发的原理，真生命中有着内在的尚未被开发的潜能，但这需要主体以内在自我的深度觉感，如同道教上清教《黄庭经》内外景对内在器官的重塑。

6.645. 如同对于"胎儿-母体"的玄牝回复与"丹道结胎"的修炼重建，或者如同莱布尼兹单子论走向最为微知觉的整体激活，成为上帝整体觉感那样的"单子"，或者需要技术去激活那些不死的干细胞，使之可以不断地在个体生命与相关的他者生命那里重新激活，减少免疫排斥反应，这是生命可再生性的逆转效应。

6.646. 什么是哲学？这是生命实践的哲学，什么召唤着思想？这是生命的医治，是生命的保护性，是生命长久的渴念。生生生，就通过生命宇宙技术的庸用，而获得当代的表达与具体的实现。

6.65. 生生生：生命，人性生命，似乎怎么出生，都还不足够出生，还有待真正的出生。生命，一直有待于重新出生，出生在新的出生之中，第二次出生。

6.651. 出生，一个人性生命的出生，就是出生到这个我们熟悉的世界吗？如果是这样，这如何可能是一次新的出生呢？

6.6511. 一个新生命的出生，并非出生到这个既成的世界上，生命并非一个既成性的事实（这是海德格尔早期的一次顿悟），而对于道家而言，出生，尽管是来到了这个世界上，但也是要再次回到母腹中：进入世界并非出生，这仅仅是"第一次"的出生；相反，"再次"回到母腹，才是真正的出生，那"第二次"的出生。

6.6512. 出生到这个已经被规范的世界，这个既成事实的世界，这并非新的出生。即，如何有着新的出生，这第一次的出生乃是一次新的出生？这并非那么自明，或者说，尽管任一生命来到世界，都是一次新生命的出生，但并非就是新的生命本身，而是被太多既有的秩序所规训，比如，提前被命名，无法选择的父母与出生的时代。

6.652. 如何有着一次新的出生，这可能是奥古斯丁，以及后来的阿伦特，最为着迷的根本问题，却又是一直尚未明确的哲学问题：自由之为绝对的出生。

6.6521. 自由之为自由的意志，之为意志的自由，是自由与自由自身的绝对经验，生命之为新的出生，乃是出生于自由之中，生命不是出生于"某个世界"，而是生命必须出生于这个世界之中时，自由已经一道出生，如果自由不在这某个世界之中出生，那就仅仅是知识与技能的生存方式——如同自然的本能或习惯的程序，但不是自由，自由的意志之出生，才是生命本身的自身享用与使用的统一。

6.6522. 自由的意志与世界的关系在于：自由不是属性，自由是一种在世界中敞开世界的经验——如同南希接续海德格尔的哲学解释！自由的意志乃是意志要去在世界中敞开世界，而不屈从于这个世界的诱惑，当然，南希与海德格尔并没有走向基督教的天国，而是在世界之中，打开世界之外，这是一种"内在的超越"，但自由的意志不属于这个世界——而指向未来的超越之物。

6.653. 西方文化给予了自由的绝对经验这个礼物，中国文化则是给出自然的绝对性，这是来自自然自身的再生（如同《道德经》之有欲-无欲的玄牝），也并不属于人为制作的历史世界——而是指向自然的内在回归，是人性中隐藏的自然整体性得以恢复（如同胚胎干细胞的发现与恢复——是本雅明所言的"整体性修复"的自然化弥赛亚之物）。

6.6531. 但人性因为仅仅使用世界之物，就丧失了自由的享用，也无法回到自然的内在性，而只有功能的使用与消耗，享用乃是纯粹个体的自由之愉悦的使用——纯粹处于自由本身的自由（如同基督教的爱之爱），中国文化则是——自然自身的生发性或可再生性，对于天德之享用或享受。

6.6532. 如果，我们人性的出生，一出生，就是进入一个已经被规范、一切都已经被安排的世界，那么，这个新出生的生命，并不具有新生命的"新性"！甚至，那倒不如不出生。而新生命之为新生命，之为新的出生，如何可能是来到世界上呢？或者来到一个什么样的世界，才是一次新的出生呢？

6.654. 按照奥古斯丁，如果这是一个堕落的世界，显然，这个出生更为可悲，因此，真正的自由意志就不要去用这个世间之物，因为自由不是这个世界之物。或者按照斯多葛学派，生不如死，那倒不如不出生。按照佛教也是，一旦出生就是轮回的一次显现，也许更为糟糕。那么，如何可能有着一次出生，此出生是一次新的出生呢？这也是生命得以正确的庸用，让世界之物得以正义地需用。

6.655. 这是一个如此吊诡的追问：一个新生命的生出来，却并非一次新的出生，如此自明的出生现象，却并非新生命的新颖性，新生命的给予性，并不明证，或者说，哲学思想开始于非直观的直观性，新生命确实是一次新的出生与到来，但如何又是新的世界呢？

6.6551. 如何为这个新出生的生命，营造出一个新的世界呢？或者，更为彻底的要求是，这个新世界，有着双重的要求：

6.65511. 一方面，这个世界要更新，要为迎接这个新生命而不断更新着，甚至不必确认新生命什么时候到来，或者说，任何时候都有新生命出生，因此这个世界必须无时无刻不保持更新；

6.65512. 另一方面，这个新世界还有着这个新生命的参与，这个新世界就必须生长，与这个新生命一道出生与生长，而且是通过这个新生命及其方式得到更新。这双重的更新，才能确保这个世界的新颖性。

6.656. 正是在这个意义上，基督教才产生，基督教才如此具有生命的真理性——"我是生命"！

6.6561. 即便有着生命的出生，但如果世界是一个堕落的坏世界，那么，这个生命即便出生，也是被这个世界所污染了；如果这个世界已经被污染了，已经彻底堕落了，那么，如何可能彻底更新这个世界呢？需要一个新生命，只有这个新生命，才可能带来新的出生与新的开端；这就要让这个世界死掉，与自己的生命一道死掉；如此的死亡，乃是为了让一个新的世界与一个新的生命一道出生。这就是耶稣基督的出生与死亡。耶稣基督的生命，乃是面对这个生命与世界不合一的矛盾：需要有一个生命的牺牲换来一个新的世界，他出生于这个堕落的世界，是为了更新这个世界，使之迎候一个新生命。这也是为什么说，在基督里是一个新造的生命，是真正的第二次出生。

6.6562. 如此一来，这个世界就仅仅是一个过渡阶段，仅仅是一个需要更新的准备阶段，这并非否认这个世界的实在性。更为彻底的是，那给予生命的父母，也必须是更新的，尽管在自然变异的本能上，每一个生命都如此不同，但是，这个新生命还必须避免既有的疾病，这就是生命技术的出现，即，生命技术必须让这个生命健康地出生，完全健康的出生，才是一个新的出生，才体现弥赛亚的正义性。

6.66. 庸用辩证法就成为双重意义上的新生命转化：这个世界需要转换，如果这个世界是一个不能确保生命健康生长的世界的话，就需要更换，这是世界本身的悬置。或者即便在这个世界生活，也要"好像"在母体中生活，或者营造一个类似原初母体的生命空间。

6.661. 同时，这个生命出生的母体条件，必须被改变，因为这个母体也是人性历史的产物，生命技术必须改变此母体给予的疾病要素——这是生命胚胎的改变，必须再次思考胎儿-母体的原初保护空间，让母体一直保持提供可再生能量的条件，让胎儿-母体的阔纳空间（《道德经》第20章所言的"我独异于人，而贵食母"），成为整个社会空间免疫保护的基本模型（"阔"的汉字表达中已经包含一个"活"字在玄门之内，故，我们翻译chora为"阔纳"，在音译上更为恰切），这是"庸道哲学"的现代表达。

6.6611. 这也是双重自然性的还原：把这个历史化的人类世界向着其中被征用的自然性条件还原，把人性的出生向着其更为本源的宇宙自然性还原，人类技术的生产与自然的自然化技术，所重叠的部分，就是生命宇宙技术要展开的灵根，即，庸用辩证法所要指明的胎儿-母体的原初阔纳空间，看似"狭小"的生育或生命空间，却"容纳"了无限"广阔"的宇宙记忆，因此可以更小，无限地小化，但同时，也要求"生活"世界建造一个拟似生命生养的阔纳空间（因此chora也可以翻译为"廓纳"），并且无限地扩大，但依然要回到生命个体的生养，或可再生。

6.662. 这是"真生命"不断生成的虚位空间，有待于在个体生命的内在修行中重新"结胎"，传统道教与佛教的灵根种子的培养有待现代的转化。

6.663. 同时，也有待于在整个外在社会空间重新建构，海德格尔与斯洛特戴克所思考的炉灶居住场所与生命保护的存在之家，即是对那原初虚位空间的重构，其中有着生命保护的理性设计。

6.664. 接纳自由的意志，这也是创世的"回缩"（zimzum）与给予的"虚让"（chora）之道家式的重新结合。此新的"庸用辩证法"与"诡异哲学"，是以双重的自然性来更新：一方面，面对已有的人性化的历史世界，需要找到更新的力量，这是历史的自然化还原，寻求被历史遮蔽但又激活历史的自然性要素。另一方面，则是对于人性自身出生时的自然状态之调节，乃至于修改这个命运，这是自然的自然化还原。前者是改造历史世界，后者是改造自然生命。这就是道教的核心宗旨："我命在我不在天，还丹成金亿万年。"

6.665. 同时，也是双重的自由之庸用：一方面，自由意志在世界之物的使用中，不会陷入贪婪而消耗自身，而是保持自身的自由，保持贫穷状态的自由；另一方面，自由的意志认识到自身的有限性，需要进入无限的享用之中，这就要回到自然的无限性潜能，自由的意志与自然的再生性，二者的结合，才是真正的使用与享用的整合，而不是奥古斯丁神学那样的二元区分。

6.666. 人性，未来的人性，还没有足够地抵达它所要抵达的那个世界，尽管人性比诸神都更早抵达深渊，人性也已经被抛弃在这个世界上，但人性还在到来，另一种的人性，在出生的到来中，也必然要求另一种的世界。

6.7. 三重出生：自然-自由-记忆

6.7. 人性，有待于出生。生生生：不是一个既成的事实，而是生命之弥赛亚转化的事实，是在虚位之中的重新出生，不断出生。

> 纯然所起源者是一个谜，即便
>
> 歌咏也几乎无法将它揭示。因为
>
> 你如何肇始，你就将如是保持。
>
> 急难和调教，
>
> 诚然作用许多，而最大的
>
> 还是出身
>
> 以及临照新生儿的
>
> 光线。
>
> 但何处有一个
>
> 为了毕生
>
> 保持自由，而且唯愿
>
> 独独地实现，如此那样一人
>
> 又在哪里？像莱茵河，从合宜的高处起源，
>
> 从神圣的子宫幸福地出生？

这个语段来自荷尔德林《莱茵河》第四节，已经暗示了"生生生"的三重性（这是海德格尔尚未指明的叠加态）：

第一重出生：来自自然给予的生命源头，但这个起源，就如同前三个月的胚胎，一直是一个谜，即便是最好的技术，从诗歌的咏唱到基因技术，都无法将其彻底揭示；

第二重出生：出生之后的各种困难成长与教化规训，但最为重要的

还是要回到出生时刻的自由与喜悦，要保持此原初的喜悦与惊讶，一直保持鲜活与生长，无疑要求另一种的自由诗意教化方式；

第三重出生：要再次回到自然的母腹，重新神圣地出生，在神圣中出生，如同耶稣基督在圣处女的母腹中出生，并且一直保持出生，再次回到开始或起源，一直活在起源的秘密之中。

生生生，一直还是一个谜，庸用辩证法与生命宇宙技术，乃是要进入这个谜之中。

6.71. 生命，不是科学的对象，生物学研究"生物"，生理学研究"生理"，但生物与生理都不是生命，不存在一门生命的科学，而只有"生命的哲学"！

6.711. 只有一种哲学，就是"生命哲学"，其他的都是科学，而且迟早都会被科学化。生命哲学诉诸生命的直觉与感知，它并不需要科学的证实与证伪，它仅仅是生命道路上的路标。而"生命技术"，乃是思考科学技术与哲学思辨之间的可能关联。基因DNA的结构被发现——这是生物科学的实际性，对基因进行编辑与剪辑——则是生命技术，但此生命技术中已经有着对生命的期待以及伦理的责任——这是生命哲学。当然，甚至，生物科学的发现可能也隐含了某种生命哲学的思辨，尤其是在科学发现的早期阶段。

6.712. 生命哲学之思辨性，生命技术之可传导，生命存活的科学技术之利用，这是不同的三个层次。"生命技术"是生命思辨与生物技术的某种连接，是思辨指向的不可能性与生物技术的可用性，这二者之间的转换中介，起着可传导的作用。

6.72. 从生命出发，只有一个语句，生生着，生命活着。但生命没有本质，生命就是个体感受到自己活着。吊诡的表达是：生命并不存在，但同时，死亡也不存在。真正的哲学思考，开始于此看起来反直觉的直觉！

6.721. 那些生命抵抗死亡的辩证法，或者自杀细胞的非目的论机制，都已经是生命技术的传导。因此，死亡不是生命的对立面，所有把生命与死亡对立，或者以死亡来理解生命的方式，都错失了生命本身。

6.722. 西方哲学的死亡思辨，偏离了生命的航道。生命只能通过生命来理解，这是道家智慧中最为直接但也最为纯粹的自明性。但对此自明性，我们丧失了理解！

6.723. 而生命之为生命，是有着边界躯体的个体，在自我意识中感受到自身与世界的关系，并且期待活下去，活得健康长久。

6.724. 因此，生命是首要的，意识与理性都是次要的。个体生命的自我觉察与自我觉感，同时感受他者与世界，才是最为基本的生命感知。

6.725. 生命之为生命力的觉感，如同斯宾诺莎哲学中个体保持其自身存在的"愿力"（conatus）或谢林哲学的"念愿"（Sehnsucht），努力让生命活着，渴望活下去，得到保护地、健康地活着，我医治故我在（Je panse, donc je vis.）。

6.726. 此应变的感发（affectus / affect）在持久致动中，体现出个体的"可再生"（régénération），此可再生性在努力维持自身存在的同时，也必须放弃自己的一部分而成为他者的某一部分，在彼此的让渡中，让"自身感发"（auto-affection）与"它异感发"（hetero-affection）在适当的比例中，保持柔和的张力，直到进入"遥远感发"（tele-affection），而活到永久。

6.73. 生命是每一个有着自我意识的生命体，觉感到自身生命的必死性，以及不死性的渴望。生命就是生命，生命只能通过生命来理解，这是生生，但这不是传统的生生，而是生生生。

6.731. 生命的出生，之为生生生，乃是多次的出生或可再生，是三次的出生，是出生的"三一体"：一，出生到母腹；二，出生到世界；三，出生到记忆。第一次是过去的记忆，第二次是现在的记忆，第三次是未来的记忆，但都是出生，都是记忆，不是死亡与幽灵。

6.732. 此"生生生"的出生性，如何得到理解？这是可再生性，如同西蒙东思考的再个体化过程。出生，不与死亡对立，而是与自然、自由、希望，与生命的记忆相关。

6.733. 死亡在这里被悬置，生命的现象学思考，乃是悬置死亡，死亡当然在那里，一直在那里，但需要事先被悬置起来。

6.734. 庸化辩证法，不同于黑格尔的死亡扬弃与整合的辩证法，乃是从生到生再到生的辩证法，但也并不拒绝死亡之打断的悲剧性与痛苦。

6.74. 出生于自然，这是出生于自然的自然性。

6.741. 出生于自然，这是出生于母腹，这是生命被孕育的十月生长过程，看似很短，但其实其中孕育着几亿年的生命演化历程，有着宇宙生命进化的漫长历史之凝缩。

6.742. 再次出生于可再生的潜能或种子，这个凝缩过程中的时空压缩机制，对于人性的可再生潜能至为主要，胚胎干细胞就是如此，其中隐含的生命可再生原理，有待于重新挖掘。

6.743. 出生于出生，保持生命的可再生性与逆觉，重获生命的青春或童年，这是生命技术的青春学。

6.75. 出生于世界，这是出生于自由。

6.751. 出生于世界，即出生于人造的历史世界，但这不是仅仅出生一次，而是一直要保持出生，如同阿伦特所思考的奥斯古丁式自由。生命不是一次出生就结束了，而是要一直保持出生的惊讶与喜悦，如同对于个体生日的庆祝！永远庆祝出生，而不是死亡。

6.752. 出生于自由，保持此出生，我可以永远游离于世界之外，我与世界并不合一，我可以在世界里面，也可以在世界外面，此出于之间是我之个体自由的体现。生命不断地再次出生，感受到个体的自由，自身触感到自身的"由自"，并且保持自由的喜悦。

6.753. 出生于历史之外，不断出生，即海德格尔的重新开端，就是不断处于摆脱法则，在开端之间跳跃。

6.754. 出生于技术之中，可以借助于人造物的历史世界，来保持自由的可能性，但技术仅仅是保持生命的自由，技术只是"被用"，并且进入自由的"享用"。这是生命技术的享用学。

6.76. 出生于记忆，这是出生于希望。

6.761. 出生于记忆，乃是出生于出生，看起来是同语反复，但这是出生到生命之流，出生于记忆的绵延之中，如同柏格森的生命之思。

6.762. 出生于记忆，这是出生于一个不可能的幻象世界、一个神性世界、一个不死的幻象世界、一个绝对我保持自身触感的世界，这个绝对我的生命世界，不是幽灵世界，不是生物世界，不是技术世界，而是记忆。我的记忆如何被铭写在记忆之中，宇宙记忆铭写了我，此宇宙的记忆是弥赛亚的自然化。

6.763. 但我要铭写自己在宇宙之中，我的记忆如何进入宇宙的未来记忆？这是自然的弥赛亚化，绝对我之为弥赛亚，要在宇宙之中铭写自己。由此出现了生命宇宙技术，道教的辩证法尤为如此。那些神圣的生命，都是要把自己铭写于永恒的记忆与绝对记忆之中，在绝对记忆中不断出生。耶和华、佛陀、耶稣、道教的真人，即，一切的元生命，都是如此。

6.764. 我如何感受到自己进入了绝对记忆呢？尽管生物学发现了基因复制的密码，但个体生命并没有对之形成自身感发，我必须感受到我的基因变化，我必须进入深度的自身触感之中，如同肠腔器官的深度感知。因此，这不是生物学与遗传学，这是生命的触感，深度的触感，延展到未来的触感。就如同莱布尼兹的单子要不断深入自身的微知觉，使之扩展为一个"宇宙灵魂单子"，或者成为里尔克式的"新天使"。也许，如此生命技术仅仅是无用的"天使学"？但确实又在人类历史上留下了某种"大用"的灵魂功效。

6.77. 生生生。生命哲学，在三重出生中，既非中国传统的生生思想，也非西方的生死辩证法，在肯定生命的可再生的诉求下，不再把死亡作为交换的中介——无论它是什么样的礼物经济学，而是走向对生命的绝对肯定，如同尼采所肯定的生命价值。

进入21世纪的生命，之为"新生命"，之为生命技术下的"元生命"，乃是：

6.771. 生是重活（re-generation）。

6.772. 生是第二次活（second life）。

6.773. 生是双重生命（double life）。

6.774. 生之为活乃是当下就开始不同的活法。或者从剩余时间开始，压缩它而开始重活。

6.775. 重活就是从任一现在时刻开始，双倍地活。

6.776. 或者借助于生命技术重活，重返"持幼态"。

6.777. 或者借助于虚拟技术，虚拟地双重活着。

6.778. 乃至于，走向更为彻底的"生命之庸用"：生乃是"被活"，被活物所利用，继续活。如同人性其实乃是被细菌与病毒，当作宿主或寄生体而活下去。

6.779. 也许新的人性将可能被AI之类的新物种，当作中介体，合作地、一道可用地活下去。这并非——人用物，而是如同海德格尔所言，存在"用"人，在疫情之后，是病毒在用人性。

——人性的生命及其活法，不得不接受一种新的可能命运：我们将被用，人性生命将被未知之物所用，能够被正义地用，才可能重活。

7

诡异之思

像量子蝴蝶一样梦想

你们难道看不出，我们都是一些蠕虫，

生来就是要化为天使般的蝴蝶，

毫无掩护地飞向天国受审？

你们的精神究竟依靠什么如此跌宕飞扬？

既然你们几乎就是发育不全的毛虫，

与尚未成型的幼蛹恰好一样。

——但丁，《神曲·炼狱》

7.0. 庄周梦蝶与蝶梦庄周

7.0. 昔者庄周梦为胡蝶（同"蝴蝶"），栩栩然，胡蝶也，自喻适志与，不知周也。俄然觉，则蘧蘧然，周也。不知周之梦为胡蝶与？胡蝶之梦为周与？周与胡蝶，则必有分矣。此之谓物化。

——《庄子·齐物论》

庄周梦蝶，蝶梦庄周，这个来自中国的哲学梦，可能是诡异哲学最为完美的范例。

这个世界上有着很多的蝴蝶梦，甚至可以说，庄周梦蝶，可能是中国文化最为神奇也最为神秘的一个哲学之梦，乃至于神学之梦。

如果蝴蝶梦，只是一个哲学之梦，那就是所有人都能够理解的庄周梦为蝴蝶，哲学家庄子梦见自己变成了一只会飞的蝴蝶，是的，这是可能的！但是，几乎没有人思考过后面的第二次变化：蝴蝶梦为庄周，蝴蝶，那自然界的昆虫，梦见自己变成了一位庄周——成为一个人，但，这是不可能的，几乎不可能的事情！

庄周梦为蝴蝶，这是可能的；而蝴蝶梦为庄周，这是不可能的；这已经超出了哲学，而几乎成为一种神学。这就带来了一个有趣的区分：庄周梦蝶，这是哲学的可能或可能的哲学；蝶梦庄周，这是哲学的不可能性或不可能性的神学；哲学与神学之区分，就在于思考这个差异！如果仅仅从哲学出发，这就是诡异：看似哲学，实是神学；看似神学，实是哲学；中国文化在哲学与神学的微妙区分与神秘关联，都在这个相互梦见的"虚化"状态。

两千年来，没有一个中国思想家严肃面对过这个区分，也许反倒是那些西方的犹太人，比如现代的卡夫卡与本雅明等人，还隐约触及了这个区分，尽管他们并没有主题化思考，也就无法打开这个"物化"的辩证逻辑，庄周梦蝶与蝶梦庄周——就是庸用辩证法的又一个范例，而最为神奇的在于：不仅仅是"庄周梦蝶"，而且是"蝶梦庄周"。

哲学的最大梦想难道不是等待着、准备着，被一只蝴蝶所梦见？哪怕它如此无用，但也足够奇妙，也许其中有着另一种人性的发现。

7.1. 我梦故我在：被一只蝴蝶梦见又如何？

7.1. 梦是有用的？还是无用的？

也许没有什么比做梦最为无用而有大用的了！而吊诡，就来自与梦中之梦相关的梦幻：庄周梦为蝴蝶，庄周的梦中——蝴蝶还梦为庄周，如此的多重转化如何可能？

我梦故我在！

7.11. 中国古代的哲学智慧，一直被一个梦所吸引，这就是庄周梦蝶，庄周不仅仅是在自己的梦中"梦见"了蝴蝶，而是梦见自己"成为"一只蝴蝶。

梦见一只蝴蝶是容易的，就如同我们都曾梦见过不同的事物，梦见过老虎，梦见过云彩，乃至于恐龙，当然也会梦见飞蛾与蜻蜓，但是梦见自己"变成了"一只蝴蝶，如同蝴蝶那样轻盈地飞翔，自由自在地飞翔，可能是某些人的幸运吧，当然这并非不可能的事情。

不过，更为有趣的事情还在后面，这个梦的故事不仅仅是庄周梦为蝴蝶，而且，蝴蝶也梦为庄周，而且似乎二者必然有所区分，却并不明了其如何可能，这是所谓的"物化"。

一个"庄周梦蝶"就够为奇妙的了，还有一个"蝶梦庄周"，这几乎是不可能的想象，这也是思想要面对的不可能的事情。

让虚拟的不可能性——成为可能，这也是另一种的"虚让"！

7.12. 在当代心灵哲学中，最为重要的一篇反还原论的论证文章，就是内格尔（Thomas Nagel）的《成为一只蝙蝠会是怎样？》（"What Is It Like to Be a Bat?"）。内格尔反思了所谓科学认知的客观方式，对于蝙蝠声呐系统的生理结构与生物化学的还原，让我们充分理解了何谓蝙蝠的声呐定位，但是，蝙蝠到底怎么想，这是一个主观内在感受的问题，再多的科学分析也依然无法给出一个蝙蝠如何思考的研究，那是一个非常个体化、与主观第一人称相关的内在活动，但也不是私人语言的神秘，如果不是人性的心灵活动的话。

因此，不可能成为一只蝙蝠——如同蝙蝠那样思考，尽管我们可以观察、研究与解剖一只只蝙蝠，描述蝙蝠的各种活动与结构，但不可能"成为"一只蝙蝠，因为恰好是我们人性的生理结构与心灵结构，如此不同于蝙蝠。内格尔的反还原论，肯定了心灵的不可取代性。

那么，现在，我们要思考——成为一只蝴蝶的可能性，就仅仅是对内格尔思想模式的一种简单重复吗？成为一只蝴蝶，乃是去想象——人性也可以拥有——蝴蝶翅膀上的美丽图案？或者可以如同蝴蝶那样——生成出另一种的人性？这次是庄子"物化"的哲学要求？为什么蝴蝶的翅膀如此美丽，甚至带有一种惊恐多变的美丽？为什么如此美丽多变，但又如此惊恐吓人？

蝴蝶与蝙蝠还是不同，尽管都是某种生物，并非出于某种高低等级的评定，蝴蝶似乎比蝙蝠更为接近于某种"自然的想象"——自然自身的想象或幻象，蝙蝠更多的是出于一种单纯的生理认知-反应，发出声响，并通过回声来测量事物的空间距离，而蝴蝶，则要拟似周围世界环境中不确定的要素，蝙蝠的生理认知更为稳定一些，而蝴蝶的生物认知，则更为不确定，面对了周围环境中更多的变化要素，甚至是周围环境中可能出现的各种危险。

这里有着两个不同：蝴蝶要充分回应周围生境的复杂性与多变性，而且，蝴蝶要应对生境中可能出现的危险。当然，蝙蝠也要面对周围环境的危险，以此改进自己的感知功能，但蝴蝶不同，蝴蝶翅膀上的图像，一直在变异，并不固定，尽管蝴蝶骨架的形态结构差不多，但蝴蝶的翅膀似乎一直在变异，尤其要面对可能的危险，生成出惊恐的图像，拟似环境，而自我保护。

科学家们通过蝴蝶的基因结构来考察蝴蝶翅膀图像的变化，已经大致可以区分拟态基因与非拟态基因的遗传学基础，即所谓的"超基因"的区域功能，甚至可能与"表观遗传学"（Epigenetics）的细微变异相关（一种自然自身的"纹写"技术）？蝴蝶在具体环境中，蝴蝶身上粉末状的鳞片会形成变化的不同色彩图案。这些像房顶瓦片一样排列有序的鳞片，由表皮细胞演化而成，细胞中含有的色素颗粒可以使每个鳞片都拥有自己独一无二的色素色，因为不同蝴蝶的鳞片，大小不一，形态各异，当按照一定的顺序排列时，就呈现出各种美丽又奇特的彩色花纹，更为重要的是，很多还可以随着角度变化，展现出深浅不一的颜色变换，所谓"不经意间"为美丽的蝴蝶增带来了灵动的色彩。

7.13. 我梦故我在！

人性要成为一只量子蝴蝶，是必要的！这是人性生命的虚让！因为蝴蝶一直在面对危险而寻求应对之策，而人性是最为惊恐于不确定危险的生灵。成为一只蝴蝶，也是可能的，因为蝴蝶对于天敌的想象，似乎与人性对于陌生之物的惊恐想象与预感，如此相似。

甚至可能说，蝴蝶翅膀的图像，对于天敌的想象以及恐吓——具有双重性：既是拟似敌人讨厌的他者，也是加强恐怖的图像，吓走天敌，不仅仅是与环境的"相似性"，而且还具有"反思性"——蝴蝶具有一种思维的反思性？蝴蝶在拟似周围环境来自我保护时，不让天敌可以看出自己的真身，同时，蝴蝶翅膀的图像还让天敌也无比恐惧，从而保护自身？

即便我们从生物性与基因结构上，认识到了蝴蝶翅膀的生成方式与拟态模式（mimicry），但是，我们还是没有解释为什么蝴蝶要变幻出如此美妙的图案，除了拟似环境之物自我保护而发明各种欺骗方式，如同凯卢瓦分析的三种情形，拟似、欺骗、恐吓，以与周围环境的互动来塑造自己翅膀上的图像，乃是一种深度的沉浸感知，好似一种深度的镜像反思，生物如此诡异的自我保护的无用游戏，具有某种哲学的启发吗？量子蝴蝶体现了虚让的诡异性吗？

这个世界上有着很多的蝴蝶梦，甚至可以说，庄周梦蝶，可能是中国文化最为神奇也最为诡秘的一个哲学之梦，乃至于神学之梦，这也是另一个中国梦？

7.14. 这是诡异之梦的庄子来源：

> 予恶乎知夫死者不悔其始之蕲生乎？梦饮酒者，旦而哭泣；梦哭泣者，旦而田猎。方其梦也，不知其梦也。梦之中又占其梦焉，觉而后知其梦也，且有大觉而后知此其大梦也。而愚者自以为觉，窃窃然知之。君乎牧乎？固哉！丘也与汝皆梦也，予谓汝梦亦梦也。是其言也，其名为吊诡。万世之后，而一遇大圣，知其解者，是旦暮遇之也。

——更为诡异的事情在于物化的真理性：庄周梦为蝴蝶——蝴蝶梦为庄周，这个诡异的区分中，尤其是后者，在庄周的梦中，那只把自己梦为庄周的蝴蝶——它所梦为的庄周，到底是哪一个庄周？还是那个人世间的具体历史个体庄周吗？或者说是梦中在变幻着的庄周？甚至是另一个完全不同的庄周？蝴蝶如何想象庄周？蝴蝶会把庄周想象为什么样的情形？在蝴蝶的想象中，甚至带有欺骗与恐吓、拟似与迷幻，这些冲突感受的想象中，庄周已经是什么样的人性？

余梦故余生，但在蝴蝶的梦想中，在蝴蝶的翅膀上，会出现一个什么样的庄周？

尤其是在量子蝴蝶的翅膀上，还会出现一个更为诡异的差异：蝴蝶的翅膀除了我们已经看到的模拟的美丽花纹——拟似天敌所躲避的天敌，已经足够美丽多余，足够魔幻；但同时，蝴蝶的翅膀鳞片在阳光花粉中飞舞时的闪耀——瞬间的闪耀中，恍惚变幻的翅膀图像，更为幻美，更为不确定（如同量子"概率波"的"非轨道性"）。

那么，在如此恍惚瞬间闪耀的翅膀上，会出现一个什么样的庄周？会出现一种什么样的人性？这样的人性，来自第五维的人性，可以被任何的目光与技术，捕捉到吗？它是最完美的逃逸之线？但其中也有着危险，因为如此的闪耀与绚烂，可能更容易被天敌所察觉，而处于更为危险的境地。

如此无用而奢侈的游戏，也许还是最为危险的炫技。

7.15. 在这里，诡异之处在于：一方面，蝴蝶翅膀上可能出现一个明晰的庄周形象——当然那是经过蝴蝶想象化之后的"庄周"——也许与庄周梦蝶的那个形象（庄周化的蝴蝶）有着相似性；但同时，另一方面，那个蝴蝶所梦为的庄周（蝴蝶化的庄周）却不一定就是庄周了，而可能是另一个陌异的庄周，即，可能是另一种的人性。如果庄周足够的友好，这个人性就是友好的，如果庄周是敌人，那这另一种的人性可能是比人性还要可怕的人性（人性已经是恐怖之物中的最恐怖之物：deinon / deinotaton, unheimlich / ungeheuer, unfamiliar / uncanny）。

因此，蝶梦庄周，一直有待于追问的是，蝴蝶的梦想中，会出现一个什么样的庄周？

比如，猫头鹰蝶通过拟态凶猛强悍的猫头鹰，吓退它最强的天敌蟾蜍的袭击，这些大眼睛也是猫头鹰蝶的警戒色，蝴蝶以其"眼神"似乎就能退敌。如同观察者所言：猫头鹰蝶的拟态本领非常强，在不同的成长阶段能伪装不同的动物，比如猫头鹰蝶还在蛹期时，只能静静附在树枝上，由于行动缓慢，容易被猎食，这个时候它就伪装成毒蛇，而且还会张开蛇嘴攻击，非常形象，而当敌人靠近时，它会立即变成一条张开嘴巴，像准备给敌人致命一击的剧毒蝮蛇，展现其"恐吓"的能力。

兰花是植物界中最具有拟态能力的植物之一，兰花的拟态是一种诱导昆虫传粉的技巧。比如蜂兰，它的外形如雌性熊蜂，眉兰则长得像角蜂，这会诱导雄性熊蜂前来交配，以此达成传粉的目的。德勒兹在《千高原》中也思考过兰花与黄蜂的拟态交织，彼此生成为他者，但显然蝴蝶的模仿更为诡异。兰花也会模仿蝴蝶，所谓的蝴蝶兰，静态的花朵模仿飞翔的昆虫，中国传统的花鸟画不同于西方的静物画，可能一开始就觉察到兰花与昆虫之间的亲密关系与差异——动静的结合，相互的拟似性游戏，一种内在的甜蜜与亲密，相互的生成。当然，却几乎不见蝴蝶模仿兰花，这是因为蝴蝶之为昆虫——过于惊恐于自身的天敌了？有蝴蝶模仿枯叶残枝来自我保护，而蝴蝶模仿兰花却没有——可能因为花朵的形态过于招摇，很快会被捕食，而中国艺术要描绘花鸟画，很多蝴蝶与花卉共在的场景，也是实现自然所并不具备的拟态与相似性游戏？

此外，螳螂还模仿兰花，考虑到螳螂的形体如同一个祈祷的信徒，在超现实主义艺术家与哲学家那里，比如毕加索、布勒东，还有凯卢瓦那里，这成为一种执念的化身——如同虔诚的信徒彻底委身于一种机械的运动，与周围环境与空间的相似导致自我的麻痹，以及螳螂启发的无意识自动快感机器——交配中的雄性螳螂会被雌性吃掉，但交配的动作还是机械地重复着，死而未死——机械重复的"无感快感"与"产卵的必要性"，如此的有用又如此的无用，有用与无用的同时性显现。兰花螳螂因为其绿色与环境相似，形体又小，便于伪装，并且袭击昆虫，当然因为兰花的形态是花朵，把自己如此变异，更为具有伪装与保护性。

7.16. 来自自然世界的"虚让"示范：

兰花模仿蝴蝶——诱导蝴蝶来授粉；螳螂模仿兰花——以柔弱来欺骗；但兰花不模仿螳螂——因为螳螂不好看。怎么相互之间没有感应呢？蝴蝶也不模仿螳螂——螳螂并非蝴蝶的天敌，而是不相干；蝴蝶也不模仿兰花——太容易被捕食。

生物界的这些拟似关系，似乎都体现出生物的某种保护本能与进化过程的自然选择？或者也是自然自身幻象生产的虚让游戏——把自己的身位让渡给另一种生命形态？

余梦故余在，余梦故余生。

当然，最为让我们着迷的是蝴蝶的拟态，起码蝴蝶做出了双重模拟：

一方面，比如，当蝴蝶模拟猫头鹰时，蝴蝶成为他者——令昆虫都望而生畏的猫头鹰；另一方面，蝴蝶还考虑了自己的天敌——另一个他者——蟾蜍的袭击，而变成让蟾蜍害怕的猫头鹰。即，这是面对双重的他者：威胁自己生命的天敌——蟾蜍，以及威胁天敌蟾蜍的敌人——猫头鹰。这不仅仅是一次性的模仿他者——蝴蝶变为竹叶虫，彻底成为他者，而是有着双重的考量，模仿天敌的天敌。此模仿或拟态，会随着不同的环境，出现不同的图像。而且，出现了第三重拟态：能够在不同阶段，模拟不同的形态，能够随机应变。即，蝴蝶还可以模仿潜在的天敌，在不同时刻、不同阶段，模仿不同的恐怖形态，来保护自身，吓走天敌。

这也是为什么我们人类，如此关注蝴蝶，除了蝴蝶自身的多次演变——成蛹化蝶的过程，也是因为蝴蝶多重的拟态性，乃至于狡猾，尤其是拟态中体现的"思想"——思考环境中可能的天敌以及回应的想象方式，既有认知——对于天敌的认知，也有想象——甚至带有欺骗地拟似天敌的天敌，我们能够说蝴蝶也有思想吗？甚至有自己的哲学吗？

凯卢瓦认为蝴蝶翅膀之图案的复杂"制作"，并不是因为意识、意志和自由选择而形成的，它们是通过不受控制的动物机制而产生，即蝴蝶翅膀的自然化生产，尽管有着模式，却没有计划，是自然的无意识生产？是一种自然的自动化与程序化？却是有机化的重复。

但在诡异的思考中，量子蝴蝶在自身触感中，在拟似他者中，难道不具有某种极为自觉的灵魂意识，乃至于反思性吗？

我们这些人类，能够在蝴蝶的无意识模式生产与有意识的模仿游戏这二者之间，给出明确的区分吗？这是诡异哲学的诡谲之相即！

7.17. 余梦故余生！

如果蝴蝶翅膀的图像一直变化着，那么，蝴蝶是否也可以想象"人性"这个天敌？人性也是一种生灵——也算某种动物或昆虫吧——会扑杀蝴蝶，一旦蝴蝶"梦见"人类——比如庄周——这就不仅仅是庄周梦蝶而是蝶梦庄周了，不得不说，传统根本就没有思考这个反向的梦想。

当然庄周可能对于蝴蝶比较友善，我们也可以假定蝴蝶不仅仅想象天敌，也可以想象朋友——表达喜爱——如同兰花模仿蝴蝶，模仿各种蜜蜂，模仿食物，等等，邀请更多的昆虫来采蜜，那么，量子蝴蝶就可以如此想象多重的他者：

（1）想象一种人性——如同我们现在的人性，这是作为天敌的人性，人性已经是自然的天敌了，生态危机就是明证。

（2）想象这种人性的天敌——为人性想象另一种克服人性的人性，这是什么呢？不是吞噬，而是让人性害怕的图像，那么，人性害怕什么呢？或者人性缺乏什么呢？植物一样的可生长性？

（3）也可以想象一种友好的人性——一种更为美丽的人性。这是什么呢？花朵一样柔软的性情？

（4）或者就是把人性想象为自身——如同蝴蝶自身一样轻逸的人性？人性对于天使的想象不就是如此？

（5）甚至想象一种更为幻美的人性——如同蝴蝶飞舞时在缤纷芬芳气氛中的振动，这振动形成的闪烁幻美图像，不是更需要去捕捉与会聚的吗？生命技术（比如CRISPR）对于自然天道中免疫基因的发现就是如此？

——人性要让蝴蝶来想象自身——这才是人性回应自然的召唤，让自然的生产来生成出另一种的人性，这也是人性之更为彻底的虚让！

哲学可以在量子蝴蝶翅膀的生产模型上，想象另一种的人性？这是回到蝴蝶翅膀上的鳞片与环境的互动，所形成的闪烁幻象上，发现另一种的区分。

蝴蝶的翅膀及其飞舞，激发了诡异之思的幻象：一方面，是蝴蝶翅膀上的美丽图案，带有拟似性的惊恐图像与美妙变化，这是可见的，而且其"自身塑造"，从翅膀图像——到躯体表观——到基因结构，是完美对应的，也是适宜周围环境而形成的自身保护机制之运作；但另一方面，蝴蝶翅膀上的无数麟片，在蝴蝶翩翩飞舞的"求爱"欲望之表达，或者就是在周围世界缤纷芳香的气氛共振中，蝴蝶翅膀所闪烁出来的幻美图景，那是只有爱慕者才可能瞬间看到的奇观，那才是需要去捕捉与挽留的神妙瞬间。

如果蝴蝶翅膀上的图案或图像是可以"精而又精"的——这是自然自身的"精密"制作——如同人性后来的"精工"制作，那么，在闪烁中的翅膀图像则是"神之有神"的——这是自然激发的"神妙"幻象——则是带有某种自然幻象的客观性或神秘性，"精"与"神"，从而得到了区分！对于人性而言，当然会制作出更多的"精-神"之物：一方面是"聚精"，人性可以模仿自然的不同精工制作，从蝴蝶翅膀的绘画，到蜂房的建筑，等等，仿生学得到了充分发展，这是工艺学的精密制作之要求，是柏拉图理型的制作，这是技术与艺术的整合；另一方面是"会神"，人性还要去捕获那闪烁不定又变幻不止的神妙瞬间，这样的共振汇聚如何可能？也许海德格尔思考老子的"四大"而形成的"四域"，四方域——天地神人，尤其是走向柔和的无限关系之关系，就是如此？如何在生命之用与器物之作上，体现出此聚集神妙变化的"道术"？

7.2. 继续想象另一种人性

7.2. 量子蝴蝶的翅膀，如此诡异的生命宇宙"技术"（同时也是"艺术"）到底来自哪一种的时空感知呢？这是通过自然自身的幻象，来重新塑造人性？这是人性去模仿或者思想——自然自身的生产方式，自然自身的游戏与虚让方式。中国思想，可能在这个自然自身的生产与想象上，有着非同寻常的发展？当然，从量子蝴蝶梦出发的思想，必然具有某种"绝对虚"的幻象。虚让体现为绝对虚的生产或可再生性。

余梦故余生！经过"蝴蝶梦"转化过的人性，将会成为什么样的人性？

7.20. 人类自身，人性的本质，在形而上学以来的历史上，无论是西方还是东方，大致有着三重对于人性的已有规定与思考。

7.21. 人性对于人性的"等同观"：一方面，人性的平等观，人性要相互尊重，大家都是人，就应该尊重人的个体性与唯一性；另一方面，人性"都"有着善恶，好坏之多少，只是有人多一些有人少一些，因此应该尽量地去限制恶与发扬善。

7.22. 人性对于物质的"使用观"：一方面，是作为工具的器物，被人所支配，作为被动的功能所使用，甚至人类也可以被当作工具，比如早期的奴隶；另一方面，则是人性的动物性，需要被人性克制，乃至于规训与管制，被人类所用。

7.23. 人性对于神性的"崇拜观"：一方面，是人神，人性有着对于人性的崇拜化、偶像化，以求人性的超越；另一方面，是神人，带来超人的奇迹或显示某种神迹，同时人类着迷于神秘的巫术。

7.231. ——以上三重的人性，都是把"人性当作主体"：作为自身的主体，作为工具的主体，作为超人的主体。

7.2311. 把"人性当作主体"的哲学，都有其自身的悖论。其一，尽管有着人性的等同观，但就有人认为，自己生来更为高贵，圣人们也认为上智与下愚不移，如此的圣人观，比如儒家及其宗法家族的天命崇拜就是如此，甚至某种柏拉图主义也如此认为。其二，尽管有着人性对于物质的使用，但人性也会作为器物而"被使用"，人类彼此最终都会被当作工具，彼此物化或异化了，甚至，人类所生产出来的器物——机器人或人工智能，会反过来，把整个人性当作自己的工具。其三，即便把人性当作神性，但一旦认为自己的神是唯一的至高神，则要么导致人性的迷狂与疯狂，要么导致彼此的绝对暴力与冲突。

7.24. 因此，我们必须想象另一种的人性。还有着另一种人性的可能性吗？这不再是人性作为主体，而是"自然作为主体"。

7.241. 自然之为主体，也有两个方面。一方面，是自然的自身生成（Ansichsein），自然好像有着意志，既非有着人性的意志，但也不是没有意愿，即，如同谢林所思考，自然有着自身的渴望，自身生成变化的方向与态势，这是自然的自身变化，是自然的自在（sich sein），自身生成或成己（sich ereignen）。另一方面，是自然向着人性生成，自然向着人性的生成之际，也是人性最初的自身生成，但这是顺着自然的生成而生成，也是最初的人性向着自然的自身生成，而人性则是"顺着"自然的生成，也是"模仿"自然的生成而自身生成。这是所谓的自然而然（Sein an sich sein，Natur an sich sein.）。

7.2411. 这最初的顺着，顺生，模仿与效仿自然，所谓"人法地，地法天，天法道，道法自然"的这个"法"，乃是自然而然，就是保持生发，顺着自然的生发而生发。

7.242. 这种自身显示的存在者，之为自然，向着自身存在（An-sich-sein），就不同于康德的自在之物，以及黑格尔的自在而走向自为时，被人类所精神化，即，那个更为早先的自然性与大地性，不依赖于人类本质，不走向人类已有的各种对象化方式，而是另一种自在的自化发生。相反倒是，人性的本质如何从属于化己之庸用中，在这个化己中成己。

7.243. 人性返回到如此的自然之自生，人性之向着自身的生成或存在，就是自然的自化（Vereignis）、人性的自化（Ereignis）的过程。其中也许有着某种道家化的"自化的民主"之潜能！

7.244. 从自然的自化到人性的自化，以自然为主体来想象另一种的人性，那么，之前的三重人性主体，就仅仅是这个自化过程中的一个阶段而已，而且还必须压缩与简化，即，无论是人性的等同观、人性的神性观，还是人性的工具观，都必须压缩，损之又损以至于无为，即把人性之为主体的过程，加以彻底的简化与压缩，而最终是用人性的生产物——万能的中介物——机器人，来代替人性，人性乃是要被代替的中介。人性的代替是减少人性的劳作与消耗，让人性生产出来的工具或代具，之为代替物，来代替人性的生产，人性被中性化。

7.25. 从自然化的人性，到人性的人性——被人性发明的中介所替代，被人工智能取代，并且生成为新的"虚拟人性"，这是第五重的人性。此虚拟的技术化人性，也具有两个方面：

7.251. 一方面，人性的数字化与虚拟化，人性不断地投身于虚拟空间之中，并且从数字化中加速学习与整合知识；

7.252. 另一方面，则是数字技术反过来塑造人性，如同脑机接口的可能性，人性从技术的发展中，获得新的人性，减少知识的堆积，加以程序化的简化与提炼。

7.26. 这是另一个三重的"新人性"之建构：人性乃是一个自身转化的过程，不是一个固定的人性规定与标准，这个自身转化的过程，是从自然的自生自化，到人性的压缩转化，再到人性的技术虚化。

7.261. 第一，返回到过去的过去或曾在的自然性，这是返回到自然化的人性，从自然的自身变化中，人性从自然中向着自身生成，乃是顺着自然的自身生成而生成，这是人性的自然化，以及人性的自化。

7.262. 第二，重构人性的现在之人性的历史，是人性的自身压缩与中介化，人性的人性化与主体化，本身就是一个自身使用的过程，一个转化的中介过程，因此就需要压缩，走向纯粹的中介与转化，让中介成为中介。

7.263. 第三，人性的未来之将来，是人性的虚拟化与技术化，这是人性通过中介的中介化，生成出虚拟的未来，此虚拟的未来反过来引导人性的生成演变，人性的发展"依赖于"技术虚化的过程以及对于人性的反向作用。

7.264. 这是海德格尔还尚未思考的庸用论，尽管他思考了技术集置的双重性，也指向了自然的自身生产时摆脱对于人性的依赖，但技术本身的双重虚拟性，如何反过来作用于人性并使用人性，海德格尔却并未展开，此技术与道术的庸用关系，却是中国道家与道教早就已经展开的核心。

7.3. 两种生产或两种技术：外丹与内丹

7.3. 海德格尔以亚里士多德对于两种本源的生产为例，区分开来自自身与回到自身的内在生产，与来自外在又不能回到自身的外在生产；尽管在古希腊，这个自然与技术的区分并不僵硬，比如在医生那里，当医生治好自己的疾病时，他既是来自外在性的技术手段，但同时也回到了他自身，激活了他自身的潜能或恢复能力，在生命技术里，可以结合。

7.31. 庸用的新辩证法，试图把人性的虚拟化与人性的自然化，结合起来，形成宇宙技术与生命技术的连接。

7.311. 宇宙技术，乃是人性与虚拟技术所打开的宇宙观相关，是对于自然宇宙的虚拟发现与重构；宇宙的任何观看，都经过了技术的中介，如同对于黑洞的观察，是通过哈勃望远镜而进行的。

7.312. 生命技术，则是人性与自然的关联，是人性生命模仿自然的自身生产，以仿生学为主导；对于自然生产的吸纳与扩展，是自然化生产方式的跨种类吸收。

7.313. 生命宇宙技术，则是要把虚拟的技术与自然的技术，加以结合（如同庄子所言的"以天合天"），把虚拟技术的生产与自然自身的技术加以综合。如同生物技术中的干细胞技术：技术提取胚胎干细胞，乃是为了激活自然自身的潜能，使之可以再生；这是技术的发现，但不是发明；这是自然的发明，但有待于技术的发现；但最终是为了激活自然自身的潜能，使之具有不断可再生的使用。

7.32. 中国文化中的道家或道教的技术，为什么集中于长生？这是为了保持自身的本源之激活，是两种生产技术与发端的结合。让关心生命的技术，成为主导，而且，其中有着生命技术与宇宙技术的结合。

7.321. 如同在中国上古时代，北斗星的宇宙观测技术（天象授时的精确性带来的时间性诚信）、大地上的农业生产（地域对应的空间定位与持久稳固性），以及生命的埋葬（生死一体以及超越生死的魂魄），这三者之间，有着宇宙技术与生命技术的整合。如此天地人三者的整合，深入影响了中国后来的中医理论与道教修炼，就形成了生命宇宙技术的"技道哲学"（Technics-Daoism），以回应海德格尔后期在技术集置与自然道化之间尚未建立的连接。

7.322. 而现代技术的问题在于：外在的外在化，外在复制与转录技术的加强与加速，与生命有何关系？与灵魂的感知有着内在关联吗？或者，人工智能可以具备思维能力，但具有灵魂与生命吗？技术的梦想体现为电影的做梦，人工智能代替人类去创作，甚至做出奇妙的多维艺术作品，而且并不生成为三维世界的具体物，体现了程序的自动生成与梦想机制，但如此的技术与生命相关吗？

7.33. 这就有必要区分开几种"物化"的生成差异。

7.331. 从自身来自自身：自然自身的生产，来自自身，回到自身。自身之为起源，比如自然的自身生产与循环再生就是如此。

7.332. 从自身的外在开始，但可以回到自身：或者医生作为外在要素，帮助病人治好身体，使之回到自身，激活自身的潜能。而医生自己医治好自己，自己作为自己的医生，还回到了自身，这是外在内在的统一，是生命技术的范例。

7.333. 从外在的外在回到自身：比如外科手术或者化疗，是外在的，也刺激自身，但可能毁灭自身，在保护自身的同时摧毁自身的免疫性。有关自身免疫的悖论都来源于此。

7.334. 外在的外在，而不回到自身：这是外在化的技术，从外在到外在的复制与转录，这是体外技术或斯蒂格勒所言的第三记忆化的代具技术。

7.335. 外在的外在，但形成外在的自身生长：这是人工智能的深度学习，直到外在进化开始取代自然进化与人类文明。

7.336. 外在的内在化与回到内在：这是生物技术、干细胞激活技术等生命技术，是技术的再自然化。这是回到宇宙记忆，试图以新的技术唤醒更为原初的第五宇宙记忆。

7.34. 庸用哲学有着两种生产或两种技术：一种是自然的技术（natural technics），另一种是技术或人为的技术（artificial technics）。

7.341. 其一是自然的技术——作为自然自身与人类之前的自然自身的生产：这是自然自身的演化结果，自然自身体现为不同物种的生产，或者说，这是自然自身"无意识"的生产，与人类技术的有用性不同。

7.3411. 自然自身的生产还有着两种可能性：一种是无意识的，无计划的，也是无用但自动化或程序化的复制的生产；一种则是灵魂的，自身触感的，自身调整与适应环境的生产。但是区分二者也是困难的，就比如蝴蝶及其翅膀图案的自身制作，到底仅仅是程序化的无意识之重复，还是蝴蝶灵魂的触感之调适，这是难以区分的——诡异，尤其在人类参与之后。

7.3412. 这以凯卢瓦对自然自身的生产及其对人性的深度影响的思考为代表。这是所谓的第一自然，在人类之前或之外的第一自然的自身生产与演化，自然自身的生产技术是最能体现自身保护与再生性的，是自然化的生命与自然化的宇宙，最好的内在感应，即生命宇宙技术的"本能化"实现，而中国文化对此技术一直保持了好奇与模仿，于是出现了人为技术与自然技术的连续性，这就是宇宙技术——生物性的生命宇宙技术，人为的仿生学或模仿自然的宇宙技术，在中国文化保持了内在的连续性，这是我们对于"宇宙技术"的某种增补。

7.342. 其二是技术的技术——作为第二自然的技术或人为的第二技术（本雅明对此有犹豫不决的思考）：这是人类在体外制造工具，以代具的发明，形成彻底的历史性，并且此外在技术反向作用于人性，尤其在马克思主义的历史唯物论、德里达的外在历史铭记，以及斯蒂格勒所言的第三记忆带来的代具技术、器官学等等上，得到了充分思考。外在技术的发展也有两个方面：一个方面，外在技术的独立发展，直到机器人的设想与实现，开始不断地代替人类的基本劳动；另一方面，则是外在技术反向作用人性，渗透到人性内部，从医疗技术打开躯体内部，直到检测思想活动的神经运动模式，最终指向基因改造技术与克隆技术。

7.35. 正是在外在技术反向作用于人性的意义上，深度切入人性内部及其先在的自然性，以此重现自然自身的技术，比如基因复制，隐藏在人性之中的自然性复制生产不断地被技术所发现。自然自身的技术，通过外在的仿生学，到内在的生命灵魂的触感，再到基因的结构，直到生命演化的宇宙节奏的压缩规则，都被技术的技术所发现与重构，外在技术与内在技术、宇宙技术与生命技术，在庸用哲学中开始合一。

7.351. 中国文化，也许一开始就一直保留了外在技术与内在技术的合一，外在技术一直在模仿内在技术，外在技术与内在技术处于结合之中，并且集中于生命的保存与长生上！这尤其体现在中医、道教的外丹与内丹上。

7.352. 中国道教，也许提供了一种最好的庸用转化论，此道教的丹道原理，当然要经过某种去除巫魅的解神话处理。从记忆方式来理解，也许有助于这种解神话。道教的生命宇宙技术，乃是为了唤醒人类生命中的第五记忆：已经先在地铭刻在人性之中的宇宙节奏，人性的外在技术化，一方面导致了外在记忆技术的发展，直到反过来作用人性，影响人性的内在，但并没有触及人类宇宙记忆，进入基因的内在编码才触及生物本身的第三记忆（与无意识的第三记忆不同），并开始触及更为深远的宇宙化第五记忆；但另一方面，人类生命一直"被动地"处于第五记忆的遥感或者无感的控制之中，如同生死、白昼黑夜的宇宙节律，这个宇宙节律铭写在人性的细胞及其内感之中，但人类对此无感。而中国道教的内丹修炼，或《修真图》的图式化，就如同莱布尼兹单子灵魂的自身觉察与上帝式的镜像反映，就是要回到内在，进入微知觉，甚至进入更深的无感之感，以唤醒那宇宙记忆，成为更大的单子。

7.353. 外丹作为原理：医药，万物都是药，与宇宙元素的感应，阴阳二气的转化提炼与压缩，之为宇宙灵魂的提炼技术。

7.3531. 内丹作为原理：胚胎干细胞原理，激活先天之胎气、元炁，使之可不断再生，内在激活与自然天体的共感。

7.3532. 外丹的内在化：不仅仅是内丹的内在化，外丹也可以激活内在的内在性。

7.354. 丹道，是金丹道的略称（金丹，是金液与还丹合成一词后的简称），指仿效宇宙天地造化，于鼎炉中炼成用以服食金丹的理论和方法。丹药，则泛指以火或水炼制各种矿物、植物等而形成的长生不死之药。丹道的修行，就"内丹"而言，在天人合一的观念指导下，以人体为鼎炉，以精气神为药物，在体内凝练结丹的修行方式，炼成者，内视可见其形，所谓"大如弹丸黄如橘"与"圆陀陀，光烁烁"。而"外丹"的提炼，则是指用炉鼎烧炼金石，配制成药饵，以黄金和丹砂炼成长生不老之药，外丹炼制以一套对应的宇宙象征为载体。

7.3541. "外丹"的炼制背后有着整套的宇宙象征（据《大洞炼真宝经九还金丹妙诀》）。首先，把炼丹炉分三层，以对应天、地、人三才：象征天的上层又要开九窍，对应天上的九星；中间象征人的一层要开十二门，象征十二时辰；下层象征地，要开八达，象征大地上有八方之风。其次，鼎炉每层又可分为四象（对应于：青龙、白虎、朱雀、玄武）、五行、八方（八卦）、十二月、二十八宿。如此，鼎炉按宇宙而建，丹药在这个小宇宙中模拟宇宙生成过程，而得到烧炼，药物在鼎炉里的反应就等于在宇宙中化合，丹药随着宇宙转一周，就具备了宇宙的永恒性质。其对应的宇宙技术原理是：鼎炉里一个时辰，即人间一年，炼丹九九八十一天，就几乎相当于人间千年，金丹有此千年烧炼，就"凝缩"了天地宇宙的精华，食之便能长生不老。

7.3542. "内丹"的修炼原理，则可以从《古文龙虎经》《周易参同契》与《金碧潜通秘诀》三书，简化为《龙虎金液还丹通元论》，归神丹于心炼。首先，生命宇宙的大图景：天地久大，圣人象之，精华存乎日月，进退运乎水火，是故性命双修，内外一道。其次则是与外丹的宇宙技术对应，重建身体的元炁结构：龙虎宝鼎即身心，身为炉鼎，心为神室，津为华池，五金之中唯用天铅，阴中有阳，是为婴儿；即身中坎也；八石之中帷用砂汞，阳中有阴，是为姹女，即身中离也。铅结金体，乃能生汞之白；汞受金炁，然后审砂之方；中央戊已，是为黄婆，即心中意也。火之居木，水之处金，皆本心神。脾土，犹黄芽也。修治内外，两弦均平，唯存乎真土之动静而已。真土者，药物之主；斗柄者，火候之枢；白虎者，铅中之精华；青龙者，砂中之元气。最后，形成"炼神还虚"的生命整体重建：鹊桥河车，百刻上运，华池神水，四时逆流，有为之时，无为为本。自形中之神入神中之性，此谓归根复命，赚金归性初而称"还丹"也。

7.3543. 道家以此内外一道的原则，由外丹合炼的启示，以身为炉鼎，心为神室，身中真阴真阳为药物，中央戊己之意为黄婆，在一身之内合炼内丹；同时外丹的丹鼎炉火转化，铅汞药物的火炼过程，配合卦象变化，形成火候之循环，形成气化论与阴阳火候论；经过气化阴阳之内丹论的转变，而形成内外贯通的生命宇宙技术；从铅汞的阴阳，经过魂魄的阴阳——关键是魂魄的阴阳二气化——再到内丹的呼吸的坎离心肾白虎青龙化，指向神气之修炼，建立丹田之内在宇宙躯体。

7.3544. 如此的生产过程，把外丹的制作与内丹的自生，在阴阳五行的时空节奏中，加以相互的感应；内在的自生与外在的生成，如同医生治愈自身一样，乃是相互的作用，是真生命的自身转化过程。

7.36. 道教之内丹与外丹合一的庸用原理，乃是"生命宇宙技术"的范例，可以启发进一步的思考。

7.361. 首先，这是来自自然自身生产的启发：无论是铅汞这些炼丹的材质，还是生命的呼吸或先天之炁。这是让自然来为，让自然以其自身的天理或法则来运行。

7.362. 其次，则是人自己作为自己的医生，人性自身是不完满的，人性要成为神，人性要利用自身，把自身作为可用之物，但这是让自然来为，按照自然的阴阳五行运行的法则来运作。这是人性把自身作为医生，来医治自身，尤其是内丹必须是自己来转化。

7.363. 其三，但这是经过了人为的技术，这就是元素的压缩与提炼，是炼丹的时空压缩，无论是外丹的火候掌握与时间节奏，还是内丹的采药与进火，都需要在具体的修炼活动中，在丹田与丹鼎中凝缩，通过"炼神还虚"的复杂过程，加以提炼而成。

7.364. 其四，其中有着幻象，无论是天光，还是一层层的修炼境界，都需要幻象的引导与想象，无论是外丹的飞仙还是内丹的天光，都是以幻象与丹药一起的合成，是不断生成的过程，如同西蒙东受到荣格影响所思考的"个体化"之本体发生的过程。

7.365. 如同亚里士多德与海德格尔都注意到的"医道"，只是在中国成为普遍性的原则，来自自身与回到自身，来自技术外在但可以回到自身的双重结合，在自己治好自己的医生这里，不是以医疗技术为目的，而是以自身生命健康为目的，就结合了二者。

7.366. 西方一直缺乏这种体现生命宇宙技术的医道（西方的炼金术也受到中国的影响），当然德语的生产（Erzeugen）就有着孕育与制作的双重含义，只是并没有成为主流，而中国的中医，尤其是内丹外丹的合一，则是人自己成为自己的医生，自己来治好自身，但也需要外在技术的帮助与辅助，乃至于成为主导原则，外丹比内丹更早地得到了发展，最终都是为了激活自身的潜能，激活自身的灵根种子，使之可以不断地再生（regeneration）。

7.37. 如何走上通向自然的自然道路？以自然为道路的道路，如何可能？

7.371. 如此的思考就走向了海德格尔所要回到的人性之前的自然，那自然的重新自生、内丹的先天之炁——就是来自自然，是自然的自生，或者是与母体相连的先天之炁，那是一个隐藏的自然种子，如同后来的胚胎干细胞，可以再生身体所有的器官。而人类后天的生产则是人类器官的成熟与人体的发育成熟，无法生长，就需要内丹的修炼，去唤醒人体隐藏的自然潜能，就如同干细胞的可再生活性种子！而外丹，就如同基因剪辑技术，乃是借助于外在技术，进入身体内部，激活生命先在的种子与结构，加以重新合成。但二者都指向生命本身，不是外在化的生产，而是生命宇宙技术的生产。

7.372. 内丹也许更为接近生命技术的个体化调节，外丹更为接近于宇宙技术的合成，而内丹外丹的合一，就是人性的自然化还原，与人性的虚拟想象，之重新的整合。

7.373. 只有一种技术，乃是内丹外丹合一的技术，即，生命宇宙技术，任何外在的技术，都是人性的工具化，即便是虚拟技术或虚拟的人性，人工智能技术，也要与生命技术相关，否则，也会导致把人性工具化，并且如同另一种智力的武器，把人类毁灭，器物与大道就丧失了关系（Ver-ver-Hältnis）。

7.4. "绝对虚"的双重生产

7.4. 接近，如何接近世界，人与事物如何接近，不是"对象化"的范式，海德格尔一直要摆脱主客体二分及其整合的辩证方式，寻找克服现代技术"集置"或"方-技"的条件。

7.41. "非对象化"的行动如何可能？一种情形是彻底无意识的混溶，比如，鱼在水中，鱼不知道自己在水中，这是一种混溶的共在与共振状态；另一种情形则是胎儿在母亲子宫中，看似混溶，其实有着区分了，毕竟胎儿在形成个体，但还是共生着。另一方面，一旦鱼来到岸上就会死亡，胎儿毕竟会出生到世界而脱离母体，有着另一种的共振共生，比如人类在水中游泳，依靠大海为生的渔民与大海的共生，这是一种相互的包含与逗留。

7.411. 因此，人性如何保持这种如同身体在水中的共生感，就是那种在阳光空气中呼吸，而并没有感受到的潜在的共感状态？且付诸一种自觉的强化？人性如何保持在这种共振的状态中，让彼此相遇，接近，有着区分，但又不是对象化，不可能保持混溶不分，既要区分，又不能形成对立，这种共振的感知、共生的感知，如何一直得以保留？这是海德格尔后期或者女权主义哲学家伊利格瑞最为明确的思考方向。

7.412. 海德格尔一直要把语言向着一种原初的耕种方式还原，因为那是人类技术最初面对自然时的原初状态，农人耕田而在大地上留下痕迹，但这不是对象化的方式，在大地上耕作留下的痕迹，不是人造的语言符号，尽管是人性劳作的痕迹，但与在人造物上留下的痕迹，有着本体论差别。

7.413. 因为耕种土地乃是为了播种，大地的痕迹是接纳种子，让种子可以生长。刻在器物上的痕迹，不能生长，却又可以复制，不断的拓印也可以延续——这是另一种的人为"生长"。当然，第一种生产，是让自然的元素接纳自然的元素，让自然的自然性得以生长，但停留在自然的区域，当然产物可以传播，但自然的生产需要被保护，否则会枯竭，否则生态环境会破坏，人类世不得不面对此大地的生产后果；而第二种的生产，则是以人为的方式，或者模拟自然，或者与自然不相干，也可以让人造物得以复制，满足更多人的需要，技术的复制还可以激发更多的复制模式。

7.414. 这样，人类就面临着两种生长方式：一种是让自然继续生产——如同胎儿在子宫中的生长；另一种是通过技术复制——如同各种拓印与转录技术。

7.42. 中国文化，做到了让两者同时出现，而且相互拟似——青铜器的制作就是如此，其中有着"真生命"或"胎儿-母体"的生成原理。

7.421. 一方面，青铜器的制作，既是如同胎儿-母体在子宫中的方式：融化的青铜与铅等金属元素（如同羊水）——在锅炉中（如同子宫）——融化（如同以胎盘为中介的胎儿-母体的能量交换）。另一方面，也是技术的多重复制：原本的模与纹印——再次的拓印与成范——并且重复几次，同时再做一个实芯并且刻上文字——再合范，不断地翻制或复制，就如同胎儿有着父亲的模样，按照"家族相似性"而生产出来。

7.422. 青铜器的制作体现出双重生产的"寓比"（allegory）：既是自然自身的生产（自然的元素），也已经是人为技术的方式（通过融化元素与浇灌合成器物）；既是人为的复制之作（各种模本与范型的印痕），也是拟似自然的方式（各种印痕都具有一种自然的拟似性）。

7.43. 如此双重的生产是联合共生的，如果这还仅仅是器物的生产，则在身体的生产或生命之用上，反而结合得更为精密。

7.431.《参同契》的彭晓注本，开篇指出："故以乾坤为鼎器，以坎离为匡郭，以水火为夫妻，以阴阳为龙虎，以五行为纬而含真精，以三才为经而聚纯粹。寒来暑往，运行于三百八十四爻；兔起乌沈，升降于三百八十四日。此皆始于乾、坤二卦之体，而成变化者也。"

7.432. 张果《太上九要心印妙经》论内外丹，并不从"铅汞金石"的药物原理来说，而只从"阴阳二气"来说内外丹，即，铅汞的外丹可以是外在宇宙技术——最后指向生命，但以外在技术为主，而内丹也可以服用草药等等生命技术，但只有内丹的呼吸导引才是内丹的生命技术。但外丹的宇宙技术与内丹的生命技术，必须加以整合，而形成生命宇宙技术，这就是张果所言的："其内丹不得，外丹则不成。其外丹不得，内丹则无主。内丹者，真一之气；外丹者，五谷之气。以气接气，以精补髓，补接之功不离阴阳二气。"又说："一气者，胎息也。胎乃藏神之府，息乃胎化，元因息生，息因神为胎。"

7.433. 在道教中，"外丹"是通过服食药物来达到修行目的；"内丹"则是通过人体自身进行修行来达到目的。而无论是内丹学还是外丹学说，在道教中都统一称之为"金丹术"。"外丹术"，相对内丹而言，又称炼丹术、仙丹术、金丹术、烧炼法、黄白术等，用炉鼎烧炼金石，配制成药饵，成为金丹，食之则能长生不死。"内丹术"是指修炼内丹者，以人身为丹鼎，以身中之精气为药物，在自己身中烧炼，使精、气、神不散而成"圣胎"。外丹的宇宙技术，内丹的生命技术，都以"绝对虚"（absolute Chora）为根本的幻象。

7.44. "绝对虚"的庸用，是外丹与内丹的结合。

7.441. 一方面是外丹：外丹是通过一套严格计算的炼丹方法，在炼丹炉中，燃烧铅汞，而提取出丹药，所谓的还丹术。另一方面是内丹：内丹是以个体的津液呼吸作为元素，也是通过严格的运作程序，在三处丹田聚集先天之炁，而重新塑造出一个新的呼吸躯体。

7.442. 而外丹的外在物质提炼，与内在生命的内丹运作，都可以在《周易参同契》阴阳二气的相互生成的原理中得到感应：外有丹炉——内有丹田，外有铅汞金属——内有阴阳二气，外有还丹转化——内有炼神还虚，外丹服用要配合内丹——内丹调节也需要外丹作用，才可能返老还童，或者获得长生，乃至于成仙不死。

7.443. 只有中国文化，尝试着把外丹的技术制作与内丹的自我修炼，整合起来，形成一套神秘化的操作模式，这是所谓"我命在我不在天，还丹成金亿万年"——的修真神学，在《修真图》上体现出来。

此相互整合的模式，是否具有现代性的价值呢？现代的宇宙技术或复制技术——以外在器物制作为主，生命技术或生物医疗——以内在的生命救治为主，但是在生物工程与干细胞复制技术中有着结合，即，要把技术加以再自然化，让生物技术模仿与激活胚胎干细胞的生成方式——这是外在技术的内在化。子宫内的生产技术如同丹田丹道的凝聚，现在则是生物科学要转化的治疗（这是阔纳中的材质之可塑性），也要把自然加以再技术化——仿生学的拟似性生产让自然的生产得以被凝缩与加速——如同内丹的方式被外在化，生物技术的实验室就是外在丹炉，但要把外在复制的技术转向自然自身的复制，要激活的是人性身上的自然性（这是阔纳中振荡的幻象之生成），如此转化后的阔纳，就具有了技术的弥赛亚性。

7.444. 这样，才不会有技术与自然的分裂，人为的技术复制与自然的拟似生产，可以相互生成，"绝对虚"的庸用哲学，以生命宇宙技术的方式，才可能彻底实现，这是技术的虚让——让技术更为深入地参与到自然的生产之中，自然也更为彻底地接受技术的转化——这是自然的虚受性（chora）得以扩展，而可再生性（regeneration）则是虚让的具体实现。

7.5. "绝对虚"：量子蝴蝶的化身

7.5. 余梦故余生！

7.51. 人性可以从蝴蝶最为丰富的游戏拟似方式——伪装（适当的摹仿）、掩饰和恐吓中，获得什么样的启发？比如，"模仿"植物或动物的生活方式，"仿生学"就不仅仅是技术设计，也可以转化为一种生存方式；"掩饰"自己的行为，使之不被计算，不被程序化，人性就需要发明更为独特的表演游戏？"恐吓"——当然不是恐吓其他人，而是进入更为变幻不定的魔幻或魔灵（Daimon）式的游戏，并且毫无用处！

7.511. 与人工智能的算计最大的不同在于，量子蝴蝶的"无用游戏"，体现出思辨的普遍性："无用的文学"，"无用的神学"，"无用的艺术"！甚至这些显得多余与可笑的大量模仿，既是自然自身的生命保护技术，也是自然之宇宙灵魂的无用生产，这不就是灵魂的神秘技艺？还有什么比蝴蝶的生产复制技艺，更为具有生命技术的宇宙性？

7.512. 量子蝴蝶的翅膀生产，可能诡异地体现出自然的技术化与技术的自然化：因为蝴蝶的自然无意识生产，一方面是自然的拟似性——模仿周围世界的环境色与其他物种，来寻求自我保护；但另一方面已经是技术的制作——模仿自己的天敌所恐惧的对象，来寻求更为彻底的自我保护；并且生成出幻象，要么是彻底委身于周围世界，而彻底丧失自身，如复制技术的自我繁殖，不断的转录之为信息的保存，但信息本身丧失了价值；要么是在周围环境的瞬间变化中生成出的美妙幻象，更为容易被天敌所发现，而被吞噬得更快。

7.513. 这自然的诡异逻辑：越是要自我保护——越是要成为他者，越是变幻不定——越是招致毁灭，越是要变得美丽——越是要去复制他者。如此的生成模式，不是没有被人性所摹仿，就如同凯卢瓦对螳螂自动重复与蝴蝶沉迷空间的精神分析，可能塑造了人性深处的暴力摹仿欲望，并且摧毁了自身。

7.514. 也许中国文化的诡秘智慧就是如此：充分利用各种的模仿方式，让自己成为他者，吸纳他者的能量，并不排斥异族文化的活力，但也寻求幻象的超越——从玉器到丹药，都体现出各种神仙幻象的迷恋，但也导致了自身的被替代，被佛教与弥赛亚性的宗教所征服；而越是渴望多样性与包容性，也就越是要复制他者——现代性的各种技术模仿与大规模制作，并且迷失于复制的游戏之中而无法自拔，如同大数据的管控与无处不在的摄像头。只要还有着复制模仿的可能性，只要还有着幻象或梦想的吸引力，哪怕被吸纳进一个彻底幻象的虚拟世界——比如网络虚拟空间——好似体验到不死的仙气幻境，哪怕生命仅仅剩下最后的自然性——还可以模拟自然的最后本能——形成余留的幻觉。

7.515. 此诡异的庸用逻辑，因为与虚拟网络和复制技术相关，而更具有现代性的普遍性，也就更为彻底地要求技术与自然的共生。

7.52. 如果我们回到量子蝴蝶的翅膀图像生产上，思考蝴蝶，或者如同蝴蝶一样触感自身——这是心灵的感知，在人为的技术与自然的技术之间，一旦展开对应的庸用区分，其重要性就变得明确起来。

7.521. 一方面，是"技术生产"的三个层面。

7.5211. 外在技术：代具，假肢或义肢，无机的机器。直到形成以机器劳动去代替人类劳作的代替论。

7.5212. 智能技术：人工智能的思维运算，无机变为有机。直到出现脑机接口，进入生命体。

7.5213. 生物技术：基因剪辑与干细胞再生技术。

——但这些技术操作，都不能让人性获得自身触感，不是灵魂的生命技术，而仅仅是外在的技术，或者宇宙技术，而与个体生命的灵魂之自身触感并不相干。

7.522. 另一方面，是"自然生产"的三个层面——以蝴蝶为例。

7.5221. 自然之形态学的生产：自然以其外在的多样形态显现自身的丰富种类，蝴蝶翅膀图案的种类繁多体现出生物的繁殖生产性。

7.5222. 自然之自身触感的生产：可以改变图案形态，具备思维与反思——模仿让天敌恐惧的天敌图像。

7.5223. 自然自身的基因改造：从图像的思维改变到内在的基因改变，形成自身的灵魂触感，而且还是无意识的——无感之感式的！

7.5224. ——在蝴蝶的生命触感中，这三者内在的一致。就如同莱布尼兹的单子，最终要成为反映整个宇宙的单子——成为上帝，可以触感到最为隐秘的微知觉的内在自身，那个大他者自身，这就是不死的灵根或者种子，如同佛教的"阿赖耶识"种子。

7.5225. 但显然人类并没有做到内在触感的一致性。因此，人性需要学习自然的生产。

7.53. 蝴蝶的模仿，量子蝴蝶之为诡异哲学的庸用化身，如同斯芬克斯之谜：动物、人性以及自然的混杂神秘性。

7.531. "诡异"不同于海德格尔的存在论"差异"：有无的存在论差异论，不同于阴阳二气的存在者区分，如同从空无中造物。而蝴蝶模仿他物，成为他物，不是差异，而是变形，不是本真与凡俗的差异，而是彼此的生成，蝴蝶成为枯叶，蝴蝶成为蚂蚁，兰花成为蝴蝶（蝴蝶成为兰花？），等等。

——有着差异，蝴蝶毕竟还是蝴蝶，蝴蝶拟似了生存环境的多样性，但又保持为自身的同一性。这是自然的拟似性不同于人性的区别性。

7.532. "诡异"不同于德里达的"延异"：延异是事后的增补与在场的不可能性，但诡异是空幻之物的当下在场与生存的饱满，蝴蝶所想象的天敌之多样性，那也是被蝴蝶所梦见的多样性。这是自然来增补技术，不是技术增补自然。

7.533. ——蝴蝶不仅仅是延异，面对可能到来的敌人，提前预知了恐惧与防御，使之在场，并且多样地在场，但又与之游戏，迷惑对方。

同时，量子蝴蝶的诡异区分还在于：翅膀上的图案已经足够幻美，但蝴蝶在具体环境中随着空气花粉的无尽振颤更为幻美，这到底是蝴蝶之有意识的生产或炫耀，还是自然宇宙之灵魂的无意识呈现，既是可以区分的，但又似乎是无法区分的，这才是物化之诡异。

7.54. 一个哲学家，既要有唯一词的"纯粹哲学概念"，又要重新发现或打开一个体现其哲学概念的地带：其各种——"区域的本体论"。比如，德里达的"延异"之为"痕迹"的本体论概念，就打开了西方哲学从未思考的"文字学"，以及外在历史化铭刻的技术工具世界，进而打开了斯蒂格勒后来的代具技术世界，以及器官学与药学，等等。

7.541. 诡异的哲学是以无用与空幻、虚化与余让等为纯粹概念，比如，无用的空幻，也要有自己区域本体论的体现地带：这主要体现为——技术模仿自然的——那个双重地带，不是纯粹自然化的蝴蝶翅膀与无意识的生产方式，而是人性的技术模仿自然技术的双重性——那个看似技术实际上自然的双重生产模式之中，总是叠加着技术与自然的重影（如同庄子所言的魍魉）。

7.542. 这是一个诡异的庸用地带：看似非常人为，但其实非常自然；看似空无，但实际上激发幻象的想象力；看似空幻，但其实非常的自然化；但又仅仅是好像很自然，但其实指向未来幻象之可能的生成物。

7.543. 因此，在中国文化历史上，那是玉器而不是陶器，是汉代的仙洞而不仅仅是墓葬，是魏晋的书法而不是汉代的墓碑，是山水画而非花鸟画，是孙悟空与哪吒而非诸葛亮与宋江，是贾宝玉而非关羽，当然道教的内丹外丹术，是生命宇宙技术最为完美的体现。

7.544. 当然西方文化也有着如此的体现：比如，喀巴拉神秘主义的创世与犹太教的机器人，莎士比亚的戏剧（《暴风雨》与《李尔王》等等），《堂吉诃德》，卡夫卡与乔伊斯的小说，等等。此外，成吉思汗与丘处机的相遇体现出三重性：道教悟性的"空无性"，帝王不死的"幻象性"，只是要穿越几千公里沙漠的"自然性"。

7.545. 诡异的诡秘之为"绝对虚"：既要如此充分地在场，甚至在飞舞中与周围的空气阳光等等一道共振，但同时又陷入游戏的自我遗忘之中，激发出无尽偶发的闪耀幻美，形成空幻——空无的幻象——之迷幻的恍惚之美，此无尽共振的第五维幻美——即绝对虚，还是未来的当下化以及当下的未来化，不同于德里达的延异，不同于双重约束在可能性与不可能之间的瘫痪，而是变幻着游戏，游戏的变幻，自然的空无化，空无的幻象化，幻象的自然化，自然的虚幻化，这是诡谲的宇宙灵魂之庸用！

7.6. 蝴蝶式的灵魂单子

7.6. 余梦故余生！

7.61. 对于本雅明，整体性修复的秘密在于发现相互转化的器官或机体，从中国道家庸用的辩证法以及艺术的烟云变幻上，本雅明发现了新天使的各种变体，它可能是喀巴拉神秘主义的天使，可能是道家仙道想象的尸解与成仙的躯体，可以是克利绘画的"新天使"，这人类-机器-自然元素-图像书写——所混合而成的某种具有救赎性的感通材质。

7.611. "新天使"可能被一个更大的梦所梦见（克利新天使的利爪具有钢铁的危险性，当然不应该是被希特勒式的帝国梦所梦见），"新天使"乃是被一个更大的美梦所梦见的某种理想化的人类形态，它不一定是某个人，而是一种宇宙感通的"新生命"——新天使——乃是对此新形态的"人"的梦幻想象，如同尼采对于超人的想象与永恒轮回的渴望，都是对生命整体修复能力的唤醒（而"真生命"就到来）。

7.62. 蝶梦庄周与庄周梦蝶，自然的弥赛亚化——是庄周梦为蝴蝶（当然这里的庄周乃是神性本身），而弥赛亚的自然化——则是蝴蝶梦为庄周（此庄周也非庄周了），这是可能生命与可能世界中的那个未来的神性化的庄周，是真生命的庄周。

7.621. 依然还是有着一个诡异的区分——区分的可能性与不可能性：蝴蝶翅膀的自身"生产"或"制作"——这宇宙灵魂的庸用技术，到底是有意识的还是无意识的？一方面似乎是宇宙灵魂之模式化的制作，不是计划，但另一方面，蝴蝶的多重拟似又如此自觉而且充满了幻象的变幻，此幻象不仅仅具有灵魂的触感，而且超出了触感的限制。

7.622. 量子蝴蝶之为诡异哲学的化身，体现出灵魂的一般规定性：它是活的生命，有着自身对于自身的触感（auto-affection），并在自身触感中感受到它异性与陌异性（hetero-affection），甚至走向"无感之感"或"遥感之感"（tele-affection）中，并在幻象的梦想中，生成出新的器官机体。以此看蝴蝶的灵魂等级，似乎是在天使与人性之间：蝴蝶的灵性比人性高——更为轻盈并且改变自身，却比天使低——不够轻盈且会死亡。

7.623. 与之对应，量子蝴蝶的灵魂体现为：随着环境变化而改变自身翅膀的图案，在模仿他者中，生成为他者；翅膀的图案在自身感发与它异感发之间——发现让天敌也受到恐吓的夸张图像，并且最终把改变的欲望铭写在基因之中；而且，蝴蝶还可以感知到自身基因的变化，有着自身生命的深度触感，甚至在阳光花粉中的瞬间闪耀——也可能让恍惚变幻的图像——生成出下一个美妙的图像或种类。

7.63. 量子蝴蝶，在思辨实在论的玄思中，在"玄之又玄"的诡异之思中，可能是宇宙中最为敏感的"灵魂单子"：是心灵与身体，心灵与整个身体，从身体到周围世界，从周围世界到自然宇宙，是从外在到内在的整体自身触感。

7.631. 蝴蝶-生灵的诡异之处：似乎是有意识的自我描绘与自身触感，但似乎又是无意识的无用奢侈游戏。这是无法区分的"诡谲之相即"：量子蝴蝶的翅膀生产，到底是有意识的还是无意识的？诡异哲学并不陷入截然的区分中，而是保持在恍惚的变化中，这也正是人性介入所带来的蝴蝶效应。

7.632. 量子蝴蝶的生命触感，让我们可以重新思考技术与灵魂的可能关系。

7.6321. 从翅膀美丽图案到基因的重新编码，形成了自身触感，蝴蝶可以自身触感与自我修改，其轻盈与飞舞，从躯体表观到基因编码，在变幻图像时有着自我觉感，形成了自我保护的机制，但又是无意识的操作！就如同人类大脑凝缩了三层感知：从有意识的理性的表达的层面——到冲动的意志的情绪的层面——再到呼吸睡眠平衡的本能的层面，越是内在越是隐秘，并且保持为惰性与无感，但灵魂的内觉，就是需要去唤醒自身单子生命中最为沉睡的部分，进入大地岩石与宇宙天体共感频率的振动之中，进入此最为无感的振动，乃是灵魂彻底的自我觉感，也即是灵根种子的彻底觉醒。

7.6322. 量子蝴蝶翅膀的吊诡或诡异之处：一方面蝴蝶的翅膀确实是主动"有意识"地在模仿天敌的天敌中，生成或制作出来的；而另一方面，蝴蝶似乎并没有灵魂的"自我意识"，是"自然的无意识"，不同于我们人类的主动生产；但同时，蝴蝶有着灵魂的自身觉感，翅膀图案与内在基因相互改变的对应；但同时，人类做不到自然灵魂对于自身触感的生产技术，因此，人类要向蝴蝶的生产模式学习。人性生命或大脑中被动继承的第三层的深度记忆，乃是无感之宇宙性的第五记忆，它不是精神分析的无意识，也不是外在技术第三记忆的对应物，而是与宇宙的爱欲或宇宙的遥感——更为呼应的"第四记忆"或"无意记忆"，因为无意识已经是第三重回忆了——对应于技术的光学无意识，但无意记忆是生物性与宇宙性遗留在人性生命中的宇宙技术的自身生产，所谓的前世记忆与永恒轮回，都是与这个宇宙第五记忆在第三层记忆中的痕迹余留隐秘相关，而要从第三记忆中回溯与还原出其中更为隐含的第四记忆，也是宇宙记忆与延异的痕迹之差异。即诡异与延异的不同在于：如同蝴蝶的翅膀，在宇宙记忆中的闪烁空幻（宇宙自身的回旋振颤或第五维的回响之恍惚变幻）——与已经固定化的翅膀图案之间（成为可见的图案并且对应于基因结构的痕迹），二者之间的虚化关系。

7.633. 量子蝴蝶有着灵魂！蝴蝶乃是灵魂或心灵的化身，就如同在希腊，灵魂本来与蝴蝶并不相干，但在亚里士多德那里，灵魂具有蝴蝶式的自身触感，是心灵之为心灵的整体触感，从自身感发到它异感发，再到无感之感或遥感，之整体的自身触感或觉感，人性及其心灵还不能做到此内在的整体觉感，除非变成莱布尼兹的上帝单子，除非如同中国道教的《修真图》所要修炼而成的"成仙"转化。人为的技术与自然的技术之相互触发，人为的技术要模仿自然的技术，并且以人为的技术深入自然的技术，激活自然技术中隐藏的宇宙技术，以此保护人性的生命，激活那最为隐秘的生命——宇宙技术的余留痕迹，人为技术与自然技术由此形成了一个隐秘的皱褶，这层皱褶隐含在人性的内在触感之中，需要灵魂去唤醒自身，形成内觉。

7.634. 这也是不可能被算计与预估的灵魂，它可以在自我内在觉感中，改变自己的感知状态，但这是在"无意识"之中进行的，如同凯卢瓦的分析，蝴蝶在翅膀上自身"作画"，但这是自然自身的工作，蝴蝶似乎并没有意识，却"做出"了某种想象中的天敌以及天敌的天敌之幻化图像，这还是带有巨大浪费而无用的奢侈美丽的游戏，而看起来似乎是有意识的行为姿态（Ver-Hältnis）。人性的灵魂或诗意的灵魂，对于此内在远古或宇宙遥远振动的感应与回应，形成了自我表达的振动节奏，这就是灵魂的精神化，或生命宇宙感的感通。

7.635. 此无意识的意识悖论，此冒险又奢侈的无用游戏，是无用之诡异哲学的完美范例。它不可能被大数据所评估，如果它进入内在的默化状态，根本上还并不显现，一直保持为内在化的觉感与转化。就如同莱布尼兹的单子：从微知觉的灵魂觉醒或隐德莱希出发，但可以不断地深入自己的微知觉，不断唤醒，使之可以反映整个世界，成为如同上帝一样的那个最大单子，这是自然的彻底弥赛亚化。

7.636. 量子蝴蝶翅膀的无意识生产与有意识拟似，其间的恍惚变化，所形成的不可区分，但又因为人类的介入视角，而有所区分，就形成了量子纠缠式的诡异，这也是因为蝴蝶翅膀的生产中，有着第四宇宙记忆的作用，蝴蝶翅膀的拟似游戏，不仅仅是德里达所思考的延异或德勒兹的重复，事后的延异或生死本能的轮回，而且是宇宙记忆的遥感：蝴蝶翅膀及其阳光中的闪烁，还有对欢愉与危险的双重预觉，似乎是一种最为微妙的宇宙光线的振荡所余留在蝴蝶那里的回响。

7.64. 虚让的诡异哲学体现为庸用的诡秘性：一方面，中国哲学最为体现出"绝对虚"的敞开性与诡谲的创造性，无论是器物的制作上——从空无中想象未来的可能之物，还是道教的炼丹上——炼气化神与炼神化虚的转化方式；另一方面，中国哲学也体现出"绝对虚"的诡诈性与残酷的纠缠性，无论是人际关系的阴谋诡计——从看似并不存在的第三项上打开钻空子的机会主义，还是在对事物的复制模拟及其传播上——任一物都必须接受被模仿却并不被尊重。

7.641. 以复制技术的现代性模式来说：只要可以复制你，只要你可以被复制，你就还有存活的机会，尽管这"余存"极为有限，极为卑微，仅仅成为一种"多余"的复数，但又似乎具有一种"盈余"的错觉。一切都还是多余，但一切都好似盈余。

7.642. 或者，以诡异的虚化逻辑而言，一切都是虚的——这是"绝对虚"的庸用吊诡：

7.643. 既可以是虚幻的梦想，也可以是虚拟的计算，而且这双重的虚幻，可以巧妙地重叠起来，如同"算计"与"计算"，在汉语中是相通的；既可以是技术复制的无限盈余，也可以是毫无价值的点滴残余，哪怕是致命的绝境，只要还有着余地，就可以苟活；只要可以置之死地而后生，就可以无尽忍受当下的痛苦，乃至于付出牺牲的代价，因为还有着"后生"的无尽幻象；但此后生余存的出路，可能无限地被延迟了。

7.644. 那么正义何在？只要有余地就可以存活，但此余地并无正义可言，走出诡异的诡诈，必须"让"正义成为尺度。虚让的制度化，就是让虚让体现出正义的尺度。

7.7. 量子蝴蝶的诡道：用无用

7.70. 余梦故余生！

7.71. 在一个网络虚拟技术估算人性行为的时代，逃避此网络天敌的"模仿诡计"如何可能？卡夫卡的囚笼问题———一只笼子寻找一只鸟，在蝴蝶的模仿中，在与天敌的周旋与模仿游戏中，这到底是自我保护，还是会深陷其中？

7.711. 就如同中国文化的问题：制度等级制的严格性与法律大势的合理性，最后取决于主权者的精心算计，只有机智或计谋（metis），甚至只有"诡道"，可以化解"理势的合一"与权力的"差序格局"？只有通过诡计多端，才可能走出封闭的局面吗？历史的狡计不就嘲讽了所有的哲学智慧？

7.712. 但诡道的庸用，也会陷入自我编造的陷阱，恐吓敌人也会导致自我的迷失。这是诡异的悖论：

7.7121. 一方面，没有诡异无法走出绝境；另一方面，玩耍诡异，也会陷入诡计的不可把控之中。

7.72. 模仿敌人，其实也是幻想各种敌人，这是自我的惊吓，还是真正的变化？

7.721. 确实有着模仿的快感，乃至于消耗，乃至于迷狂，这是昆虫的迷狂，这是美的绝对迷狂。

7.7211. 模仿猫头鹰，巨大的眼睛，突然的呈现，这是以强势针对敌人的强大。

7.7212. 或者模仿枯叶式的自我保护，这是自我的贫困化、自我的隐没与自我消失。

7.7213. 两个极端都可以模仿，也可以多变，模仿奇怪的形态，似乎是自然并没有过的幻象的形态，如同重新合成的诡异图像来吓唬天敌。

7.73. 蝴蝶梦的"吊诡逻辑"与"灵魂触感"，如何转变为自我的保护？成为驱邪的福佑？蝴蝶梦乃是面对梦的吊诡，既要在梦中，又要在梦中醒来时，还是在梦中，但还是要醒着。这是多重的诡异模态：

7.731. 在梦中，我们人类不可能摆脱自己的梦想与梦幻状态，尤其是虚拟世界的敞开，虚拟世界大于现实世界之后，梦幻的虚拟状态更不可能摆脱。——如同蝴蝶所开启的梦想世界，蝴蝶翅膀的图案激发多重的幻象与想象的可能性。

7.732. 但是要醒来，这是保持绝对的觉醒，这是面对死亡的有限性的觉醒，在面对个体的死亡与有限性时的觉醒，在庄子那里如此的思考看似不明显，但庄子面对了死亡，只是不仅仅停留于死亡而已。这个死亡的有限性与梦想的无限性，就是第一个差异，也是根本的矛盾。——蝴蝶还是会死亡，有着被吞噬的危险。

7.733. 再次进入梦中，带着有限性的绝对清醒进入的梦幻，打开空幻的地带，乃是另一种虚拟技术的梦想，如同汉代墓葬的虚拟世界或尸解式的魂魄转化空间，这并非技术自身的繁殖，而是与死亡的有限性相关的虚拟梦想。当代虚拟电子技术与死亡的关系不明确，虚拟世界并没有成为魂魄的世界。从技术到灵魂，到魂魄，网络的幽灵化、虚拟化，如何摆脱程序化，具有幻象的生产性？——量子蝴蝶的翅膀启发的乃是面对威胁，设想可能的威胁与敌人，面对死亡的繁复游戏。

7.734. 再次在这个梦中保持清醒。这是在死亡的宇宙技术中，进入生命的宇宙技术，把坟墓的墓葬世界转换为在自然之中的仙洞中的修炼，以及丹药的制作，铅汞的提炼与转化也是对自然晶体精华凝缩的模仿，而"炼神还虚"的丹道技术也有着幻象。——蝴蝶梦的空幻式化蝶过程，如同蝴蝶生命本身的多次蜕变对于中国文化的启示性，乃是要求生命一直进入可不断再生的转化之中。

8

"绝对虚"

阔纳之为虚托邦

哲学开始于开端，哲学开始于对开端之为"开其端"（An-fang）的思考，哲学一直保持在对开端或源头本身的保持中。"你如何开始，你就将如何保持。"——荷尔德林继续写道。

但一旦哲学确定开端的起点，开端就被固定了，因而终结也被开端所决定："在我的开始里有我的终结。"——诗人艾略特如是写道。

8.0. 起源的起源

"纯然所起源者是一个谜。"

——诗人荷尔德林在《莱茵河》中歌咏道。

8.01. 进入现代性，一个文明的开端需要对照另一个文明的开端，一个文化在与另一个文化的对比中，还会显现出自身开端的多重性与复杂性。

进入历史终结之后的回首观照，回望所谓那最初的开端，其实还隐含着其他开端的可能性。或者，已经出现了其他不同的开端，却一直被历史的解释遮蔽了，有待于重新挖掘，世界哲学的开端（Incipit Mundus）由此发生。

8.02. 开端之为肇始，其实已经是对更早开端的回应。或者是回归到更早的开端，这个回归，意味着思考在开端处的模糊与省略之处，意味着一旦开端就可能有着偏颇与迷离，而此迷离可能正是人性本身使然，而思想现在要面对的就是此迷离或者或然性。

开端回应开端，也是开端对照开端，也是开端相互的翻译与转译，这个转换与转化，就涉及语词的变迁，在语词或概念的撞击中，彼此增补与补余，打开一个新的间域。

哪一个词在等待我们的重新发现与经验？

8.1. χώρα与zimzum：让出开端的位置

8.1. 一旦我们重新开始思考开端，进入那些隐含的可能开端之中，就只能"虚化"，因为这个重新被发掘与理解的开端之为开端，必须保持为"虚"的，一旦丧失了其谜一样的特质，就会再度"坐实"，再次成为决定论，如果有着新的开端之发现与打开，那也是这个开端仅仅是——"让出"位置，并不"占据"位置。

8.11. 开端之为开端，就不同于传统形而上学对开端的"固着"或"执着"，也不是开端之为主宰（如同希腊arche这个词的双重含义），乃是一开始就让出自身，这个"让出"自身，乃是给予后继者以更大的"余地"。因为开端决定了未来，而一个让出自己位置的开端，也将让此"让出"一直"余留"在随后的每一次行动之中。

8.111. 如同犹太教旧约之《创世记》的开端，在喀巴拉神秘主义者看来，上帝在创世之际，乃是退出与减缩，是自身的回撤（zimzum），以便给人类留出更多的位置与余地，这个上帝自身的后撤，也是后退。

但也是"虚让"：看似上帝让出了自身的权柄，实际上乃是为自己，也为人类，给出更多的"自由"。

8.112. 看似上帝"让与"了自己的权力，乃是要求人类学习与"模仿"上帝的这一次让与，上帝乃是最初的虚让者，这恰好是人类需要学习，却最为难以模仿的，因此这是一个不可能完成的"范例"，却召唤人性，乃至于其他神性权力的效仿。

8.113. 这是最为原初的神性伦理，无论神性还是人性，都要在自由中学习让与，而非以人类的本性——要从自由中占有与争夺。当然，这恰好是作为悖论与困难的原初伦理：神性与人性共有的吊诡品性。

8.12. 中国文化在其文明的开始也有着如此的虚让，这体现为上古开始的"禅让"，就是"人心惟危，道心惟微"的心诀，尧舜禹的禅让传位，开始了夏商周的三代之德。

8.121. 作为哲学的开端，在希腊又如何呢？是否也隐含着一个虚让的开端？从追求arche的开端逻辑的希腊城邦哲学，无论是特洛伊战争的发动，还是希腊悲剧的人性命运，"似乎"几乎不可能有着"让与"与"虚位"的条件，无论是将军还是僭主，无论是哲人还是智者，都是追求这个开端的原因与决断力，还有着一个隐含而有待于发现的虚位吗？

8.122. 如果以希腊为标志的哲学可以重新开始，还有着新开端的可能性，那一定还需要对已有开端的潜能进行重新挖掘。如果开端过于强势，如同希腊哲学的开端，而苏格拉底的形象，如同俄狄浦斯一样，就像荷尔德林所指出的，过于迷狂或狂乱（hybris），就更为需要虚化了。一旦我们思考苏格拉底在柏拉图哲学写作的位置变化，从教师对智慧的诱导，到自我的反讽，总体上还是一个哲学的导师，但苏格拉底最终也走向了沉默，尤其是长久的沉默，那个长久倾听的苏格拉底，比如，在《蒂迈欧篇》中，就进入了某个"虚位"，只是某个临时性的"替代"位置，并不占据开端，即那个chora（虚着的）某种临时性化身，这就打开了哲学其他可能的开端，这是一个"虚位以待"的新开端。

8.123. 对于这个阔纳（Χώρα / chora）的思考，思考它可能的再次显临或再次实现，它的必然性（与劝说一道，要理解为另一个庸用chreon?）何在（Die χώρα ist die Notwendigkeit, ἀνάγκη）（Plato, *Timaeus* 48a）：就必须一直保持为"虚位以待"？是某种尼采与德里达式的"或许"？某种中国道家或庄子式的"虚化"？

8.13. 那么，哲学就将开始于自身的虚化，这乃是哲学的重新开端，是哲学对自身的虚化。

如同德里达所指出的，尽管柏拉图在开端之初思考了阔纳，触及了这个虚位，但随后的展开，或者在西方传统形而上学中的展开，却丧失了虚位的或然性，成为具体的空间或者位置了。因此，如何重新唤醒阔纳，并进入其中而思考，不是以它为对象，却还要保持开端的潜能，展开其他的可能性，乃至于不可能的可能性，这才是哲学之新的开端。

8.131. 重新开端，进入谜一样的开端，在异域文化的参照中，进入一个间域，一个荒漠化的荒漠地带，就可以再次相遇？

8.132. 东西方思想的对话，并非发生于各自内部，而是发生于一个之间的空无地带，尽管各自带着自己的文化遗产与背景，但恰好要经过事先的清洗，这也是如同庄子心斋所内在要求的：洗心。只有彼此清除，事先对自己的文化前提及其开端有着根本的清理与自我消除，消解先在的决定论，才可能有着对话，有着交流，如果仅仅在各自文化之内，则如同庄子《齐物论》所言的："彼亦一是非，此亦一是非。"而进入一个荒漠化的之间地带，则是带着彼此的疑问，带着彼此对未知的激情，开始新的对话。

8.133. 或者，二者的相遇，不是面对面，而是彼此的退让，研究已经指出chora（阔纳）的动词有两种含义：一方面，它表示为另一个腾出空间，即让位或退避；一方面，在退避中又有着接纳，吸引某物进入它自身，choreo也表示向前，处于运动或变迁中。

8.134. 那么，阔纳重新开始的新开端，如何以让与、退让的方式打开新的间域？

8.14. 柏拉图的《蒂迈欧篇》也许是他晚期对整个哲学的重建，或者说一个全新的想象，一个虚托的想象，虚托在一个物理学家蒂迈欧上。该篇是苏格拉底、蒂迈欧、赫墨克拉底、克里提亚四人的对话，但主要部分全部是由蒂迈欧一个人叙述的。对话发生在苏格拉底招待其他三位人的后面，作为这三个人对苏格拉底的回报。

有着三重的开端：第一个开始的叙事是苏格拉底回忆了《理想国》的一些设计细节。第二个叙事依然再度开始，这是讲述老克里提亚从梭伦那里听到的关于希腊人祖先的故事。第三个独白才开始了对于宇宙制作的详细讨论，第三类之为"非类"的Χώρα / chora之提出，就在这第三次的重新开端叙事上。

《蒂迈欧篇》本身就是对开始的一次次重新书写，是柏拉图借助蒂迈欧这个人来重新解释宇宙躯体与宇宙灵魂的生成，以及希腊人的起源，而且在其中，还有一个再一次的重新解释，而且是反向的开

始，即以Chora（/Khôra：χώρα）为第三类（tríton génos）的开端重构
（48e-53b）。

柏拉图的对话哲学其实已经建构了不同的开端方式，建构了不同的
位置。

8.141. 其一，第一则是"乌托邦"（u-topia），是《理想国》按照
正义的比率建构起来的logos的理想城邦，这是按照型（eidos）为原型，
唯一性理型建构（如果有着逻辑展开，这也许是早期柏拉图的思想进
路），《蒂迈欧篇》的开始也是顺应这个已有的开始。

——认知者或者制作者，或者行动者，必须按照理型来制作，只有
理型本身是自身同一的，永恒不变的，是纯粹的，如同数的理念。当然
悖论也在于：面对如此纯粹的理型，人类根本上不可能看到与模仿，任
何的模仿已经有所歪曲，诗人的制作就隔着真理三层，更加应该赶出城
邦了；但是如此极端与纯粹的理型必须预设，必须是绝对参照，否则就
会陷入智术师们的概念混淆了。

8.142. 其二，则是"异托邦"（hetero-topia）的建构，这也许体现
为柏拉图所谓的"中期"思想，比如同与异的对比，或"一"与"不定
之二"的编织，在《智者篇》与《泰阿泰德》等对话中，苏格拉底开始
转向，成为学生；但文本中间以第三类或χώρα的重新开始，却不再按照
理型与感性模仿的二元关系来建构了。

——即面对前面的悖论，既然理型纯粹不可见，但现实世界又是多
样性的，要么是因为对理型模仿的不纯粹，要么就是因为人类感性与感
觉经验的流动变化、人类欲望的狂乱，不可能形成理型，那么，如何让
理型之一与不定型的感觉结合呢？这就是存在与非存在的关系，通过影
像来连接，因为纯粹的理型其实是不可见的，可见的已经是理型的某种
模仿影像，这些准确模仿的影像与流动变化的影像结合，其中有着某种

近似的真理性。

8.143. 其三，而是从chora这个虚位开始，是一个具有容纳与筛选的"虚托邦"（Chora-topia，Enchoral-topia），以这个虚拟的"第三类"重新开始，尽管也是讨论柏拉图式理想城邦，但已经不同；尽管也要给与同一与它异以位置，但更多面对了变化，而且发现了第三类。在思考上，不再是感性与理智的思维区分，不再是一与不定之二的结合，也非存在与变化，运动与静止的结合，而是在虚位中的震荡与筛选。因此，在文本的核心开始了一个打断，一个"反向"的重新开始，苏格拉底开始进入了漫长的沉默与倾听。

——那么，为何柏拉图要引进第三类呢？既非理型的自身同一也非感性的生成变化，为何要引入第三类新的要素？柏拉图要解决什么新的问题？这是世界的生成，为何是有着如此这般的唯一的世界？或者说，如何从一个并不存在的世界生成出一个如此唯一的世界出来？这就需要一种：不能把这第三类与前面两类并列，而是不可规定的保持变化的"非物之物"，也是在天空之前、世界之前、德穆革这个创建者之前，已经有着的某种东西，只有已经出现了这个更早的东西，才可能以纯粹的理型加在其上，才会有世界的变化，因为理型的加入，才可能生成为唯一的世界，尽管接纳了变化生成，但通过或然性即必然性（Ανάγκη / Ananke）的劝说，才可能生成为唯一的至善的理想世界。即，哲学家总是虚构一个理想的世界来引导世界的展开。

8.144. 但问题在于，一旦这个第三类被引入，其后效似乎又是柏拉图始料不及的，或者难以言说与控制的，它之为第三类，既非存在同一也非变化多样，而是不可言说的，不可见的，接受一切但并不留下印迹，养育与守护但并不显露自身，只有梦幻一般的影像显现，且一直处于震荡之中，如同混沌但还尚未出现裂隙，而且有着混杂的理性，并非纯然混乱。

如果整个世界的建构彻底从阔纳出发，让其发生充分的作用，或者其影响力的显露后效，或者其不可见的方式得以显现时还保持为不可见的，或者如何可能充分发挥其养育守护的非功效的功效？这些问题，柏拉图似乎还并未彻底触及，后来面对阔纳的思想者，都过早走向了空间、质料等等的可说与可见性思考。

8.145. 阔纳并不显现，阔纳从不显现自身，尽管它就是它所显现的。如果阔纳显现，又如何显现呢？如何显现又不显现呢？不显现又如何显现呢？如同德里达追问的：阔纳你是谁？你在哪里？

8.15. 在《蒂迈欧篇》中，chora有着如下几重基本的含义：作为生成一切的载体（υποδοχη / Receptacle / réceptacle, 49A），作为塑造一切可能形态的"黄金"（χυσυου, 50A），或者作为如同蜡块一样的压印承受者或铸造材料的基质（ἐκμαγείον / matrix / porte-empreinte, 50C），因此接受压印（ἀπομάττειν, 50E），但可以抹去所有印痕，作为承载者（ἐκτυπώνα / Recipient / l'empreinte, 50D），而成为赋形剂（δεζόμενα, 50E），也可以被"比喻"为母亲（μήτηρ / mère, 50D），不同于作为生成物来源的父亲与结合后的孩儿，作为护士一样的养育者（τιθήνη / nurse / nourrice, 52D-E），提供液化与火化，而有土和气的样子，但又并非这些元素，而是它们在混沌中的运作，具有某种梦幻的混杂的理性。柏拉图对于阔纳的思考，这"非类之类"的第三类，这世界与生命重新开端的思考，可以概括为以下七点。

8.151.（1）首先是无形的。要就这个第三类（这个自然：triton allo genos, 48e3）展开讨论，使之显明（paron, 50c7），以及描绘它的形式是异常困难与不可决断的（chalepon kai amudron eidos, 49a3），异常怪异的新开端，它仅仅是不可见的形态（anoraton eidos），是无形的（amorphon）。

——即它一直无法被认识，这个新开端无法言说，在天空产生之前，在时间的影像或模本之前，是脱离了logos的逃离者，也非四个元素，四个元素反倒是在其间震荡而还并没有显露出明确本性，这个chora不为logos所捕获而同化，而是逃避与逃离任何的logos话语，它缺乏自身的同一性与确定性。它是一种"非知识"，但并非神秘主义与不可知论，因为后面还是认为它分有某种理型（但仅仅是杂乱的理智）。——因此与后来的否定神学相关。

8.152.（2）接收器或受容。这个"自然"或第三类的"特性"，仅仅是类似一种保姆的方式来承受一切生成的事物，它接受一切（pandeches），好像接受器（受容），是保姆样的（ekmageion），后来在三个生成的要素中就被直接比喻为母亲（mêtêr, 50d2），守护照看的护士（tithênê, 52d4）。

一切事物都是在其间，通过它而生成。比作营养者，这个容器或者受容，在此容受或者容器中，各种元素被收容、养育与庇护。这个容纳的容器也有着看护者的作用。

——后来女权主义由此而展开，回到母亲女性以及子宫等等的肉身性（chora就可以译为优美的"宫籁"），但显然如同德里达指出的，任何这样的类比与隐喻都是危险的，因为它仅仅是"好像"与"好似"而已！

8.153.（3）接受印痕的可塑性质料。这种可塑性的质料，它自身并没有形状，它本身不可见，它仅仅依靠进入它或它所接纳的事物来显现自身，它自身并不留下任何印迹（ekmageion, 50c1），因此才可能在塑造中接受形状，才可能留下事物不同的印迹。它能生成事物，在其中世界生成，这个"在其中"的特征可以被比作抹去，在这个母亲与工匠父亲之间产生出自然这个后代。Chora本身没有形状，理型不能为它所接纳，不能在它上面留下印痕，也不能使它受孕，尽管它接纳万物——不仅仅是母体，也是完全混杂的，它就其自身总是保持没有任何形式与界定，即便被压（ichnos），也立刻处于变化之中，并不被这些印记所限定，生成为一个感性变化不定的世界。

——它可以被理解为踪迹（retrait），但后来的柏拉图主义仅仅把它理解为模糊低级的感性变化的存在者或者假象了。

8.154.（4）如此这般变化的元素性。它不是火水土气这些元素，这些元素有着"这样"与"那样"比较明确的性质，而第三类却仅仅是"如此这般的"，并不确指某种事物或元素性，一直保持为不可见！

——以海德格尔的方式来表达，它就仅仅是"形式显示"，即它并非元素，不是气等元素！而是一种"可塑性的材料"或"模块"，如同以金子来塑造各种形状，但各个形状并非金子，而且这个模块（如同蜡块）立刻会发生变化（如同庄子的大块之风？），是不稳定的。

——但一旦混淆，就把第三类与后来的χώρα理解为质料（hyle）了，亚里士多德对《蒂迈欧篇》接受器的解释就是如此。

8.155.（5）混杂的理性。它本身是不可见的，无形状的，接受一切事物，以某种绝境或者悖论的方式分有理智（participe de l'intelligible de quelque manière fort aporétique：metalambanon de aporôtata pê tou noêtou，51b1），这里也出现了绝境或者吊诡。即chora是难以理解或者仅仅是杂乱私生子一般的理解，几乎不是一个可相信的对象（mogis piston，52b2）。

——在这里，这个第三类尽管是无形状的，但神秘地又分有理型，这并非是之前感性对理型的分享，而是杂交与模糊的逻辑（logismo notho），又并非后来的神秘主义。

8.156.（6）梦幻的影像。这个第三类一旦与生成相关，就被具体说成是χώρα，是持续存在与不可摧毁的，是某种位置或场所，但"除了也许在梦中"（oneiropoloumen blepontes, 52b3）！如同做梦时所看到的影像，即尽管这事物处于一定位置或者空间，但这个东西根本就不存在，只有模糊的感觉，不能摆脱梦寐而说出真理来，是模糊的影像（phaínesthai）或虚影。

——但其实χώρα并非空间（space）与位置（topos），相反，空间还是来自它，它是不可感的。但从亚里士多德开始，都把这个第三类的χώρα理解为空间与位置了！而且显然它也并非后来所言的假象，从而被哲学所抛弃，尼采的颠覆柏拉图主义也许就开始于这里，酒神与混沌（chaos）的思考也与之内在相关。

8.157.（7）震荡的筛选。这个χώρα之为第三类的具体化，与存在与生成一道，在宇宙产生之前就已经存在，显然并非德穆革的功劳了，因为作为接受器，水火土气这些元素可以在这个χώρα的"地方"接受振动与摇动，接受不确定的影响，而呈现出奇特的多样性，有着既不相似也不均衡的力量，因此总是不停地摇摆与晃动，四种元素在这个接受器之中摇晃，就如同"簸箕"这种筛子器具一样，在摇晃筛选之中，不相似的元素被离散得最远，最相似的元素则相互拥挤得紧密。但这里，它们最初还全然没有理性与尺度，这是宇宙进入有序状态之前的混沌状态。就如同中国文字"稻"即是在一个簸箕中扬撒谷子，留下谷粒，去除谷壳，在这个意义上，簸箕的震荡与筛选，也许就体现出中国文化的"道器"，筛选"稻"谷的簸箕体现了"道"的运作，稻即道也，道即稻也，中国器物的体道也显示出来。

——在这里，元素就在chôra之中不停地摇晃运动，就延伸为运动（movement performed: chorós）与神圣空间的环舞（sacred space: chôros），因为簸箕的这个器具以及打谷场的场所是与chôra相关的，形成了后来的舞蹈编舞或书写（Chorograph）以及圣像的书写经济学。

8.16. 在德里达等人的思考中，阔纳具有如下特点，通过与中国哲学比较，会更为明确。

8.161. 阔纳是第三类（tríton génos），不可化约与归类，一直是异类，不是并列的第三类，不是综合的第三类，也不是调和调节的第三项，而是多余或者无余的，没有自身的存在性。不是存在的本体论，不是感性或知性，不是这两个，如同虚化，不是形气，不是神气，也不是理则。阔纳是不可见的，是无形式的，因此也不是"之间"，不是二者的区分条件，也不是语言自身的发生，不是传统的阴阳二气以及相关的气韵生动。

8.162. 阔纳是之前的先在性之未区分状态，但有着接受性，如同母体或者子宫，这是虚的状态，虚位以待，出现了位置或者容受，"阔纳"这个词chora，或者作为母体（matrix / ekmageion），或者作为接受的位置（hupodoche / 不同于给予性的chora），或者就是"虚位"这个词。如同庄子的"气也者，虚而待物者也"，或者如同"镜子待物"。

8.163. 阔纳也还隐含混杂以及败坏，私生子或者迷乱的逻辑类型，就如同梦一般，一直仅仅是梦一样的痕迹与变化的征兆而已。这是浑化之中的变化不定，以及可能的征兆，是浑化状态（chaos），是还未分为阴阳二气，不是阴阳的区分势态，而处于混势之中，如同簸箕处于不止息的震荡与筛选之中。

8.164. 阔纳还有着烙印或者书写的印痕。就与书写相关。确实与写气有关，但更多是写机或者被写。阔纳也有着慷慨性或者给予，给予的不可能性，或者给予的自身回撤，或者让予，因此，它要求给予出无，给予空出，是空出的给予，乃至于让予。在中国文化，则是草书书法之为舞蹈的书写，打开空间与空无间隔。

8.165. 最后，阔纳有着护理或者关心，自身的关心，以及对自然的成长变化的关心，也如同后期海德格尔思考的人性之为存在的牧人，之为死亡的照料与保护，因此这也与"心斋"的生命转化相关。

8.166. 阔纳，超越文化的比较与各自的相对历史性，乃是世界与生命重新开端的基本条件！

8.17. ——在总结上述柏拉图对Χώρα的思考中，我们尽量用希腊语，基本上不做翻译，尽管有着汉语译本或者参照了已有的翻译，但我们基本上并没有使用特殊词汇，就是用柏拉图已用的一些比喻性与暗示性的词汇，这些词汇并不具有哲学的意涵，或者说Χώρα可能一直要求我们发明新词，从日常的一些模糊感觉出发，生发出新的意群，但又要保持模糊性与暗示性。

8.2. 阔纳与虚化

8.2. 生命宇宙技术之开始，乃从阔纳开始。

8.21. 但是，柏拉图自己对这个阔纳的思考，却陷入了困境：如果保持对阔纳的思考，那么，随后的宇宙生成几乎是不可能的，一方面德穆革要按照理型来制作世界，另一方面又要面对阔纳的不确定与混杂性，乃至于梦幻的震荡性，如何可能有着事物的明确生成？

8.211. 柏拉图的解决方式当然有其道理：宇宙躯体，尤其是人类躯体的生成变化（尤其是它的败坏和腐败），恰好需要阔纳，比感性更为复杂的阔纳，即正是因为阔纳接收器的模糊性，才有了各个器官的生成变化。

8.212. 但是，一旦我们彻底面对阔纳本身，这些器官的变化，哪怕是"肝脏"体现了阔纳的某些特点，依然忽视了阔纳之根本的力量与作用，如果阔纳在这个世界上彻底打下了自己的烙印，或者说，阔纳作为世界构造不可缺少的要素，这所谓的第三类，那么，这个被阔纳所作用的世界会如何？

8.22. 这是一个尚未思考的问题。尽管在《法篇》中，苏格拉底并未出场，也讨论了阔纳之为区域的位置，但是并没有彻底面对阔纳的"干扰"或者"不确定性"。

8.221. 如果彻底面对阔纳，让阔纳的虚在或者虚位，主宰可能的世界，这个世界会成为什么样子？阔纳既然影响了世界的基本构造，那么，这个宇宙会如何？这是一个量子物理学的世界？不再是古典物理学的世界了，阔纳如何影响物质世界的构成？那些所谓的暗物质或者黑洞是阔纳的某种显现形态？

8.222. 接下来，如何影响生物世界的构成？动物与植物因为阔纳的作用，我们将如何理解？还有生物等级制的基本模式吗？尤其是人类身体呢？一个被阔纳接受的身体，一个身体成为容受或者接收器一样的身体，就是当代女权主义者所思考的需要女性身体守护的身体？

8.223. 进一步展开，任一物，也许除了人造物，身体与自然还有着阔纳特性的，如何可能继续被挖掘其潜能？并且保持其阔纳？又如何在当代多元文化对话中，让阔纳更为充分地展开？但还保持其虚位？

8.23. 只是柏拉图对阔纳的思考基本上被西方后来的思想所遗忘，柏拉图自己对这个阔纳的思考也是不确定的，或者说秘传的，在《蒂迈欧篇》随后也仅仅指出了一些阔纳可能的踪迹，但这些踪迹，以及在整个西方形而上学留下的一些淡然的痕迹，也不足以产生巨大后效。

8.231. 尤其是后来的亚里士多德直接面对阔纳时，也指出柏拉图似乎并没有充分利用阔纳带来的影响力，这个直接面对却导致他把阔纳理解为空间、位置等等，就越来越遮蔽了阔纳更为微妙难测的指向性，再经过普罗提诺的解释，Χώρα本身更为晦涩的模糊含义，就仅仅成为某种独特质料（hyle）了。简而言之，西方后来对柏拉图χώρα的思考，在亚里士多德那里，把接受器（metaleptikon, receptive）、物质质料（hyle, matter）以及位置（topos, place）三者等同起来，尤其走向位置的空间性规定，消除了χώρα的不可规定性与先在性，直到黑格尔哲学史的解释，都还在这个脉络中。

8.232. 海德格尔与德里达、伊利格瑞与萨里斯等西方现代哲学家对阔纳（chora / χώρα）的重新发现，打开了另一可能的新开端，或者进入了西方哲学的"未思"。这个未思也是未知，打开了新的哲学前景，乃至于超越哲学与宗教神学的前景，因为它如此古老，如此在先，不进入西方形而上学的区分之中。

8.24. 这个未思与中国思想并没有直接关系。但正是在这个"没有关系的关系"（relation without relation）之中，在一种对照或者更为彻底的要求之中，中国思想必须也同样回到自身的未知，也才可能打开中国思想的未知，这样才有可能，回到共有的混沌以及未知，面对共通的问题。

8.241. 而中国思想与阔纳对应的则是——虚化，因为阔纳不是名词，应该一直保持为不确定的变化，而虚化不是实体，不是存在论的气论，不是德性之知与气质之性的区分，不是一般的易变论与生成论，而是与虚化、浑化、无化相通的那种不断自我空泛化的过程。

8.242. 只有与阔纳对应以及对照展开，中国思想自身的未思才可能打开。与之相关，也更为彻底地打开西方对阔纳的思考，彼此补余。而且对chora的翻译就可以是虚化，对虚化的西语翻译也可以如是。

8.243. 但为了保持西方语词的独立性，对于阔纳我们还是要么不翻译，要么翻译为"阔纳"或者"非位置"，即处于震荡筛选的"虚位"或"虚所"（不同于日本京都学派的"场所"），而中文"虚化"的翻译则无法进行，我们却可以翻译为χώρα-choralize，在这个名字后面加上后缀，带给西方一个新词，一个新逻辑，但又保留χώρα这个词根。

8.244. 思想共通的问题在于，阔纳（Χώρα / chora）的几个含义都激发了哲学之新的可能性：在一个所谓的诸神之争以及全球化时代，在一个竞争和争斗的时代，如何从一个并没有立足点的位置出发？从一个极端争执或震荡的空间出发？比如某个微小的"余地"空间（Leeway space / Spiel-Raum）？这个位置乃是"非位置"，这个不重要的余地，看似微小，却成为大国或大势力争夺的"中间地带"，这看似不重要的余地必须一直保持微小，因为它同时也是最影响大局的重要因素，需要被全局时时刻刻所保护的地带。此余地的筛选方式，让不同要素进入其间，但又让不同要素可以"经过"或"透过"，同时又并不形成固定的关系，而是与周边一直保持距离，但又与之保持间隔的关联，这是把德里达的"间隔"（espacement）与老子的"小国寡民"（余地），巧妙关联起来，最为体现让予与微明的伦理，而使之一直保持为"虚位"——就是"阔纳"。

8.245. 或者从一个深渊出发，与混沌相关，尽管其中有着可能的裂隙，但旋即被浑化。或者从一个被动的被给予的位置出发，这也是阔纳之为接收器或者容受！或者从一种新的潜能出发，这也是从作为护士与护理的阔纳出发，从作为广泛的关心与关切（cura / cure）的思想姿态开始。哲学应该从一个被动的接受出发，试图给出新的可能性，这也是接受与给予的阔纳。

8.246. 而"虚化"带给西方的则是"虚位以待"的转化，西方因为受到犹太教的唯一神论以及基督教主权或者神权宗教过强的影响，还有后来主体哲学的自身强化，以及主客对立的技术发展，就需要更为彻底的虚化。而中国文化在遗忘了自身的虚化之后，要么试图如同西方的发展那般变得强势，要么遗忘了自身虚化的创造性转化方式，而陷入被动复制又无所适从的地步。在这个意义上，学习西方的阔纳也是让西方虚化自身，而中国文化同时也重新唤醒虚化的转化方式，并且可以借助于外力再次自身转化。

8.25. 汉语哲学可以与柏拉图那个并不存在的阔纳进行对应思考？

8.251. 如果加入中国思想的虚化，不落入气化的程式化，而还要接纳西方自由空间的敞开性，将会如何？这无疑是我们这里双重书写的方向。德里达回到阔纳乃是要解决西方的悖论，如何有着变化的同时还尊重法则，过于法则化可能会导致献祭牺牲，以死亡为经济运作的条件。

8.252. 中国也没有与χώρα相应的词，它与"余地"的位置或者"非位置"（non-lieu）的发生（take place: avoir lieu）相关，指向空间的自由敞开性，因此，需要在中国文化的"虚化"之中增补或者补余一个自由的敞开性，我们以"虚位"来重新理解虚化，也是试图学习西方对阔纳之为"非位置"，却让"位置发生"的思考，打开新的虚位。新的虚化，也是自由与自然的重新结合与重构。

8.253. 在我们看来，中国古典文本中，也许庄子"心斋"的虚化文本可以有着如此对应的重要性：唯道集虚，虚者心斋，虚室生白！因为柏拉图的这个χώρα是西方的未思！不是本体论或存在论，也非事件的本体论，而是不可命名的异类！以及"恢恢乎其于游刃必有馀（同"余"）地"——让"余地"得以放大，成为至高的智慧，庄子的余地之虚化也是中国哲学的未思！

8.254. 进入阔纳与虚位，乃是哲学的双重思考及其双重的未思：

8.2541. 一方面，是西方思考给予我们的启发，这是对应思考柏拉图的χώρα这个词，这个词也被西方后来思考为"空间"（space）与"质料"（hyle），这与"虚"被后来思考为虚气与虚实关系一样，因此也有待于重新思考，只有西方思考也回到自身的未思，中国思想再次激发庄子文本的未思，才是哲学的事情，否则仅仅对应是不够的，就并没有打开未思的要素！即并没有打开一个新的未思，只有以未思来对照未思，才可能是哲学的思考，否则还是比附格义的思维而已。

8.2542. 另一方面，则是在庄子这个具体文本之中，有着书写，有着意义世界的建构，但阔纳一旦书写出来就隐藏或者虚化了，如同本雅明所言："去阅读从未写出之物。"这个虚化的隐含要素是什么呢？就是"虚位"，或者是"虚位以待"：这个虚位，乃是结合了庄子的虚化、虚室，以及一个可能到来的主体，在虚位上等待，等待仅仅那可能到来的主体。强调"等待"的重要性，也是与未来的时间性相关，而非气化主体，因为气化要虚化，身体要被斋戒与坐忘，要坐驰化，这也是结合了柏拉图阔纳的虚设或者位置的发生，恰好二者有着相互促发的思考。

8.255. 虚化与阔纳（chora）：都是未思，西方哲学尚未思考那更为柔和的虚化，中国哲学尚未思考更为位置化的"虚位"，二者相关，都是未思，西方没有"虚化"一词——尤其与"唯道集虚"或者"虚室生白"相关的那种虚白。而气化，则是因为论题性思考太多，而且有着被政治秩序一体化与同构化的危险，同样需要被解构。置于"余地"的虚位，如何同时保持微小之物的存活余地，以及广大之物的虚位无用，也是中国天下统一秩序与战国残酷争夺二者都尚未思考的生命空间，与施米特所思考的"大空间"之伟大政治学根本不同。

8.26. 如果《蒂迈欧篇》有关阔纳的这一段是思想的隐秘心脏，那么西方一直没有进入这个思想，直到进入现代性的哲学家们才使之跳动起来，这个位置，世界发生与振荡的隐秘位置，也是在个体生命中震荡不定的位置，如果落实在身体上，有学者认为是肝脏，如同普罗米修斯神话中不断被啄食又不断"可再生"的肝脏，对于中国文化而言，"心肝"不可分，那也是在于"心"。

8.261. 对这个隐秘阔纳的思考，蒂迈欧也认为需要有着心灵，甚至仅仅属于少数人的心灵："如果心灵和真实的意见是两类不同的东西，那么我要说的是，那些不能被感觉所感知而只能为心灵所理解的自在理型肯定是存在的；但若如某些人所说，真实的意见同心灵没有什么不同，那么我们通过身体所感受到的一切事物都可以当作最真实的和最确定的。但我们必须认定这两种东西有区别，因为它们来源不同，性质也不同。前者借助教化而植入我们体内，后者则是说服的结果；前者始终有真正的理性相伴，后者则无理性；前者不会被劝说所征服，后者则能够被劝说所征服；还有，可以说每个人都分有真实的意见，但心灵只属于诸神和少数人。"

8.262. 如果把阔纳落实在"心"上，就是心之虚位。心之虚位，在荒漠化的荒漠化之中，还可以打开一个让与的位置吗？宇宙的发生如何凝缩在一个个体身上？这个落实点在哪里？在心上！当然，也许是余心之虚上。

8.263. 哪怕世界仅仅剩下余心，如同那处于余地困境中的余存之心，也是世界震荡筛选的心感所在，如同地震仪的细微测试与感应。

8.27. 楔子："虚"的方位学

何谓虚？

 古鉢　 説文·丘部　 老子甲一〇二

虚 西陲簡五四·一三　虚 華山廟碑

图一："虚"字的不同形体

（注：出自汉语大字典编辑委员会编纂，《汉语大字典（第二版）》，四川出版集团·四川辞书出版社，2021年第1版，第3014页。）

"虚"，据《说文解字》，属【丘部】："大丘也。崐崘丘谓之崐崘虚。古者九夫为井，四井为邑，四邑为丘。丘谓之虚。从丘虍声。臣铉等曰：今俗别作墟，非是。"据清代段玉裁《说文解字注》：（1）"大北也。昆仑北谓之昆仑虚。昆仑丘，丘之至大者也。释水曰。河出昆仑虚。海内西经曰。海内昆仑之虚在西北。帝之下都。即西山经昆仑之丘。实惟帝之下都也。水部曰。渤津在昆仑虚下。"（2）"按虚者，今之墟字。犹昆仑今之崐崘字也。虚本谓大丘。"（3）"大则空旷。故引伸之为空虚。如鲁，少皞之虚。卫，颛顼之虚。陈，大皞之虚。郑，祝融之虚。皆本帝都。故谓之虚。"（4）"又引伸之为凡不实之称。邶风。其虚其邪。毛曰。"（5）"虚，虚也。谓此虚字乃谓空虚。非丘虚也。一字有数义数音。则训诂有此例。虚训空。故丘亦训空。……自学者罕能会通。乃分用墟虚字。"（6）"而虚之本义废矣。古者九夫为井，四井为邑，四邑为北，北谓之虚。此又引小司徒职文。言丘亦名虚。皆说虚篆从丘之意也。丘虚语之转。易升九三。升虚邑。马云。虚，丘也。"（7）"虚犹聚也，居也。引伸为虚落。今作墟。"

"虚"为形声字，篆文从丘，在《辞源》上，有着如下含义。（1）是古人穴居的废窑包，即废墟。是荒废之地，如同荒漠或沙漠。（2）与"尧"相关，在这个意义上，尧舜之尧与虚、虚让、禅让相关，在生命姿态与位置发生上内在相通！孔子之为孔丘，这个"丘"本来也是要虚化的，这是庄子的隐秘游戏？是要孔丘转化为昆仑之虚？是余地？（3）区域与集市。（4）天空。（5）方位。（6）稀少，疏松。（7）空着，使空，空起来。（8）空隙，弱点。也许就是"余地"的暗示。（9）不足，缺损。（10）不真实的。（11）不自满，谦虚。（12）虚弱。（13）胆怯或虚怯。（14）居住。（15）星宿名。（16）

虚张声势，围绕势力要展开的余势与余力。

——虚，有待于展开为一种新的方位学，新的世界定方位，虚张声势的震荡筛选余地，乃是不同于"乌托邦"与"异托邦"的另一种：**虚托邦**。

8.3. 从"虚"与"虚化"重新开始

8.3. 虚：在混然之中，有着有，但也无，消失着，只是虚晃一下，就消失了。这个虚晃，显现某种兆头。不是有与无。而是消失的余影，虚的显现为余影、余震。是阔纳式的晃动圆弧振荡：虚荡。

8.31. 虚化：虚一直在浑化中来临，保持在消失之中。但留下震荡、震惊、震动。振动与震怒，如同庄子《逍遥游》开端中的"大鱼"之"怒而飞"，这个怒与震怒，来自最初那难以控制的、如同原始提坦巨人一般的震荡与振荡。

8.311. 虚无化，才有虚空：空间才被打开，震波的波击，但又消失了，化为虚无。

8.312. 虚位：那是持久的震荡形成了某种位置，余波的来回，形式显示的方式，留下一些间隔，间断的节奏，但又可能被打断。

8.313. 虚待：出现可能的主体。如果有某个主体进入这种震荡筛选的感受之中，如同恐惧与战栗，持久感应，因为自己的期待，形成可能的身位。伸展，展开，身体的所谓俯仰之间。

8.314. 而人性，我们人类，其实都是余波所及的主体："余"是对原初冲击的回应，是对不可遏制的最初震荡的冲击波的回应，或者某种宇宙之回声的余留而已！

8.315. 因为要回应这个震荡与震怒，才有"游"：游荡，游离，游走，但因为会四处碰触与碰壁，才需要余地，才需要让与，打开余让的自由游戏场域！

8.316. 思想，乃是在如此震荡的余波中书写。心，之为余心，乃是此震荡之隐秘的节奏化铭记！

8.32. 心斋的思考，"唯道集虚"，就集中于"虚"上。而"虚"是无法实在思考的，心要思考虚，心必须虚化，只有虚化之中，才可能生成出一颗心，人心与道心的连接，唯道集虚，乃是在虚化之中，转化之中。

8.321. 但仅仅保持虚化，如同传统思想所为，又无法被普遍理解，思想一开始就面对着自身的不可能性与吊诡：既要实际地思考虚，又要虚化地触及虚，既要让虚有所虚化，又要让虚生成为世界的实际，当然是敞开可能性的实际，这就是所谓的虚虚实实与实实虚虚。

8.322. "虚"却不可定义，"虚"并没有自身，"虚"仅仅"虚托"，"虚"仅仅显现于"虚化"的过程之中，因而，"虚"无法翻译为外语。

8.323. 如同希腊哲学与基督教神学的logos（理性、语言、计算等）无法翻译一样，"虚"也是无法翻译的。如果有着某种相应的翻译，应该去激发西方传统所未思的柏拉图《蒂迈欧》中的那chora（非位置的位置，某种"虚位"），如果有着翻译，应该激活这个未思的chora，因此可以对应翻译为"虚化"或"虚位"（choralize）。否则，如果西方一旦以"空"（void）来翻译，就无法理解"虚"，"空"或空无在西方针对的是"实有"，尽管"虚"不离"空"与"无"，但"虚"也显现为实，所谓的"实实虚虚"。

8.324. 悖论是：虚，既非实有也非虚空，但也不离虚空与实有，这是所谓的"不即不离"的诡谲论，西方有待于再思。

8.33. Khôra（阔纳），在德里达的解读中，其逻辑形态如下。（1）既是肯定：创造世界需要的某种接收器或者空间。（2）也是否定：不可见。（3）既非肯定也非否定：接受一切，留下痕迹，但也涂抹一切痕迹，有着元素在其间，但并非元素，如同混沌。（4）同时是肯定与否定：接受一切，让一切震荡，如同梦中，但也分享理智，尽管是混杂与悖论的逻辑。（5）诡异的虚中：不落入两边的立场，但也不占据中心，只是作为余地，但又影响全局。

8.331. 西方文化一直排斥此吊诡的逻辑，西方文化没有语言来命名这种悖论的逻辑：它打破了西方的同一律或者矛盾律，既不同于康德的二律背反，也不同于辩证法的综合统一，既非虚无主义的一切否定，也非相对主义的一切都被肯定。而在中国文化，之所以没有上述逻辑模态，就是因为"虚"在主导着中国思想，内在引导着中国思想，形成了诡异的逻辑。

8.332. 但问题也在这里，这也是一个吊诡自身的绝境：因为中国文化以"虚"作为主导逻辑，就没有走向西方的形式逻辑与辩证法，没有科学与技术的"原理性"贡献，甚至，按照韦伯，就没有出现资本主义等等；但也避免了西方文化的极端形态，或者走向外在超越，或者成为技术的奴隶。中国诡异哲学的逻辑，乃是"化圆为方"与"化方为圆"，前者是生命技术的方位学，后者则可能是生命政治的阴谋术，中国智慧并没有找到区分二者的哲学反思，就把技术与谋略、科学与巫术、诡计与诡诈，混杂起来了。

8.333. 因此，困难在于：既要学习西方的辩证法，但也要重新激活虚化的模态。但如何既保持虚化，又要有着辩证法，甚至是否定的辩证法？否定的辩证法如何有着肯定的积极性？有必要加入虚化？也许这是一种可能性？这也是为何我们要以虚化来增补西方的否定辩证法，甚至增补解构。

8.34. 如果我们把德里达早期对阿尔托的残酷戏剧与呼吸的象形文字的思考，与后来他对于阔纳（chora）的思考，内在联系起来，就可以形成另一种心灵书写、生命书写与精神书写。

8.341. 其一，是德里达对于"痕迹"的逐步还原。

8.3411. 从索绪尔语言学的能指与所指开始，在符号（sign）之任意性与差异性的原理下，所指被还原为能指（signifier）。如同中国《易经》定本后的卦名固定，及其相关的卦象展开，并且形成差异性的转化关系（以乾卦与坤卦的对举为例），尽管在历史演变上，卦名并不确定，有着不同写法。

8.3412. 但能指也仅仅是一般性的标记或记号（mark），任何的记号都是反复被标记之后的再标记（remark），并且也会被赋予某种象征记号，而被识别。如同《易经》最初仅仅是数字卦，奇数与偶数的刻画标记，但已经出现了计数。整个商代帝国无数次的占卜，就如同现在电脑的运算，来回应那些来自不确定"四方"的危险，而试图加以预测与控制，帝国的数字统治术以及模造块量化的治理逻辑，已经形成了。

8.3413. 原初的记号来自面对未知事件时，所刻画的痕迹（trace），原初事件的回应所留下的仅仅是痕迹。痕迹是回应事件时留下的可能判词，如同中国古代以龟甲作为占卜时所烧灼的兆头，因为多次回应事件，才留下某种重复或涂改过后的痕迹（retrait）。只有当这些重复的痕迹被固定下来，才成为原初的记号。

8.342. 其二，一旦德里达思考弗洛伊德的心灵书写板（内在的心灵无意识与机器的舞台装置），尤其是走向阿尔托的呼吸式反神学，回到呼吸的象形文字，就与中国道教密切相关了。与之相应，语词符号，都还原为生理性的呼吸，向着呼吸还原，也是把"记号"与"痕迹"向着质料（hyle）还原。

8.3421. 首先，把语词与语义都还原为呼吸。呼吸也还带有语义，但以呼吸为主，比如呼吸着歌唱，歌唱因为歌词，总是带有着语词，而语词有着意义。这是意义中带着呼吸。比如卡夫卡小说人物约瑟芬这个著名歌手的歌唱。

8.3422. 随后，歌唱还原为呼吸。如同无词歌的哼唱，仅仅是哼唱。如同约瑟芬可能仅仅是在吹口哨，但吹口哨也可能带着某种莫名的歌唱的调子。

8.3423. 最后，呼吸则被还原为纯粹的气息。如同动物的喘息，并没有意义，纯粹是声音的喘息，身体极限的发挥。如同约瑟芬的声音成为耗子叫。这是阿尔托戏剧所要抵达的生命状态，以纯粹的呼吸，彻底去除了语词的意义、表演性与再现，声音已经被还原为纯粹的肉体或躯体，所谓"无器官的身体"。或者就是如同身体遭受了病毒之侵袭（这是残酷戏剧与瘟疫的相似性），整个身体处于不由自主的咳嗽或发烧的战栗之中。

8.35. 生命技术：诡异与延异的差异。

8.3501. 进一步，我们必须把"质料"向着更为本源的"位置"或者"原初空间"（chora）还原，尽管此"阔纳"在西方一直被理解为质料，限制了本源发生的丰富含义，但把痕迹与阔纳相关，将对德里达解构生死的生物文码学进行再次的补余，而走向"元生命"的宇宙技术。

8.3502. 一旦一切仅仅是声响或噪音，但还必须把此噪音或喘息，重新聚集，赋予其"非语言"或"非语音"的某种"符号"，这就是阿尔托受到道教影响而提倡的"呼吸的象形文字"之开始。但其中有着断裂，发生了来自本体论的"逆转"，施行了"呼吸的转向"（Atemwende）。

8.351. 在道教中：呼吸的重建，如同《老子中经》与《黄庭经》重新赋予呼吸本体论的重构。乃是以空无的意念在"空无的丹田"位置而聚集，但又是回到胎儿母腹共有的"先天之炁"。这是两个根本的差异，从而与各种气化的阴阳实体论，根本区分开来。

8.352. 建构一个空无的位置，这是腹部丹田与三重丹田的重新建构，同时从先天性的自然性——那个腹部的位置——回照胎儿与母体的共在生命保护空间，并没有用嘴与鼻来呼吸（器官的悬置或无器官），而是回到寂然不动的先天胎息，回到母体的原初生命位置，以此自然化的生命技术之模拟，来重建一个新的躯体，结成"新胎"。

8.353. 这个先天性的丹田位置，就是另一种的"阔纳"，修炼活动以此"先天之炁"重构身体器官，赋予每一个器官新的名字与色彩，让先天之炁重新充满器官，所谓"含太一气入丹田中，止，常念玄光道母养真人子丹，正吾身也"。并且，"服食天气，灌溉身形，合人丹田，藏之脑户"。或者是"念天精黄气，来在目前，入口中咽之"。以此不断"逆生"的修炼，而聚集宇宙"神光"，重构出"真生命"（这也不是"无器官"的身体），生成为新的"虚化器官"（炼神还虚）。

8.354. 当然要借助于肠腔的空管与穴道的空穴，因为"真人子丹正在太仓胃管中"，这个"恢恢乎"的硕大胃管，对应于人体进化的肠腔空管，人类的生命躯体本来应该一直保持此空腔的可塑性及其可再生性（如同胚胎与肠道细菌对于生命的重要性），因此要"常自念己身在胃管中童子"，此"童子"就是老子所言的食母之婴儿与胎儿，就是"真生命"之重新"结胎"。德里达在讨论阿尔托的绘画时，不是没有注意到洞腔的敞开与基底的阔纳性，但更多指向坟墓的死亡学了。

8.355. 甚至德里达在解构海德格尔的精神时，联系呼吸与精神，但还是错失了生命技术的呼吸原理，而落入了西方的精神燃烧与灰烬幽灵的思考，依然是死亡学、幽灵学与未来学的延异模式，而不是我们肯定延异，但走向生命本体可再生的诡异模式。

8.356. 道教之内在化的呼吸重构或内丹之药学，与斯蒂格勒的外在技术器官学或药学，就是生命宇宙技术的本体论差异，也是"诡异"不同于"延异"之处。

8.357. "庸道哲学"不同于死亡的延异，而是指向新生命的重新出生，生命总是出生于自身的出生，并且一直保持为新的出生，这就是阿伦特所思考的"诞生"的开端性、西蒙东所思考的"持幼态"，以及德勒兹在《重复与差异》中思考的"幼虫主体"。

8.36. 因此，反过来，我们可以把中文的"虚"与"虚化"翻译为Chora与en-Choralize？如同希腊语的chorismos与chorithein，乃至于infra-Chora？或者是德语的Gegend（如同海德格尔对chora的暗地回应？），形成一种新的Chorology（如同萨里斯所为）？

8.361. 其相关差异乃是：中国思想思考了虚化，但没有思考位置以及空无的自由敞开，过于虚无了；而西方思想无论多么触及chora，还是会陷入德里达过于荒芜与沙漠化的思考，或者陷入过于位格化的否定神学，而且要面对荒漠的涂抹与等待弥赛亚的爱欲之两难；中国思想的虚化可能走出了第三种可能性，即把虚化面向自然，打开自然的无限性通道，但还必须肯定个体生命的身位，并且走向余让的思考。二者之间的对话还有待更为深入展开。

8.37. 心，只有进入虚化之中，一直保持为虚位的，所谓的虚位以待，才可能一直保持觉醒，如此虚化之心，乃是"余心"，仅仅是一个多余的主体，虚化的主体乃是多余化的主体，但此余心因为觉醒到自身的多余性，乃至于成为无余、无用，因为心，如果不感应道心，也是无用的，而感应到道心，依然是无余的，因为人心还是个我之心，最终感应承受的主体还是个我之心。

8.371. 在双重的无用之中，余心乃是多余与无余之心，这是至高的觉悟，让心一直保持为虚心，如同基督教的虚己空出（kenosis）的神学，如同上帝创世之际的自身退出（zimzum）。

8.372. 心，一直有待于进入世界，保持自己的觉悟与觉醒，保持自己的余觉，这是心的判断力，这是余心的余觉！

8.4. 虚化的中国表现

8.4. 与之相关，如果我们思考虚化与气化，还是继续在传统的气学与理学范围内思考，那就还仅仅在"可能性的逻辑"中打转，仅仅是气之聚散的张力关系（张载与王夫之基本上还是如此），如何摆脱太极阴阳的循环论？如何有着创造性转化？如何有着新的文化批判的可能性？这是问题之要害。

8.41. 不能把"虚"一开始就实在化，即气化，如同《蒂迈欧篇》开始思考宇宙躯体的生成的困难言说，纳入"第三类"来重新开始，文本首先说好像要先讨论火与其他元素，就如同中国思想中虚与气的关系一样，似乎首先也要讨论气与相关元素一样，但文本很快指出，不是这个火与那个水的元素性，而是"如此这般"不确定的东西，一直处于打开空隙的震动之中，是筛子的"空隙"，起着播散与区分的作用。如同德里达的解构阅读指出的，"阔纳"不能被任何的实体以及感性要素所化约，而是一种保持为仅仅是"如此这般"的不确定的形式显示或者形式指引而已（"沙漠"或"荒漠的荒漠"是最好的暗示性位置）！而且在接受器之中，各个元素不均衡地摇晃与震动，而不成为具体的这个与那个元素！

8.411. 我们这里的思考将展开如此的对比，这不是一般的比较哲学，而是在彼此的未思上，乃至于彼此不相干，在"没有关系的关系"上，在不可能性的逻辑上，展开二者的彼此触发，或者促发：在相互触动中展开新的对话，打开哲学的可能性。

8.412. 法语的汉学与庄子研究是否面对了"不可能性的逻辑"？而这是从尼采与海德格尔开始，到德里达与德勒兹，南希与阿甘本等人所打开的"不可思"的维度，尽管朱利安反复说及"未思"，但他的写作与思考是否面对了不可能性？比如，他讨论"势"时似乎并没有思考"无势"，讨论"平淡"时没有深入面对平淡的不可能性，而平常的平淡恰好是面对"无味"而生发的。

8.42. 对"道"的理解，可以就是——"道无所在与无所不在"：一方面，"道无所不在"，这是道的普遍性存在，是顺化的展开，以至于庄子还说道在蝼蚁，气的一元论也是道的无所不在的体现，是世界大全的总体性原则，是可能性、现实性与必然性的逻辑；另一方面，则是"道无所在"，这个不好理解——因为这是不可能的经验！需要抽象，即"道"不在任何地方，道并不存在，这是逆觉的理解，否则即仅仅是海德格尔所言的存在者论，因为"存在本身"是不可能仅仅体现在"存在者"上的，因此道仅仅是打开存在论区分的那个"区分本身"，是不可对象化的区分或者间隔（espacement），是"之间"。这个"之间"（entre）不可对象化，所以不是空间（space），而反倒是空间的敞开（opening），是肯定余地的细微政治。

8.421. 因此，要反过来思考那个无所在与无所不在的"与"或"之间"，这是"之间"的反向重构：

8.4211. 一方面，因为"道"无所在，"道"并没有自己的位置与所在，但"道化"要不断打开自身，让这个"道"的空无性无处不在，即道也要渗透到所有存在者之中（"道"绝不是悬空的！或者幻无的，绝不是在另外一个世界），让不可能——可能，这就是反向重构！

8.4212. 另一方面，这个"之间"的间隔打开又不可能固定化，而是要"虚化"，西方尽管有所打开，但很快使之空间固定化了，如同对柏拉图χώρα的空间化与位置化处理，因为中国的虚化反而一直保持住了之间的展开，但这不再仅仅是"之间"了，而是"间杂"或者"虚白"（不是西方的空无）。这也使得中国文化在"道"的虚化之中，并不反对气化，因为"虚化"可以反向渗透到"气化"，也可以是其他元素的虚化。

8.422. 西方的问题是把χώρα的虚化空间对象化了，导致理性与感性的分裂，而进入理性时不得不超越进入神秘主义，进入感性之际又过于贬低混沌或者导致感性的虚无主义；中国的问题是道之虚化与气化过于纠缠在一起了，没有分开，要么是虚实的转换成为阴阳二气的循环，要么是虚化的间隙无法在具体的气化中展开，而被虚无的无力所蒙蔽，或者虚化无法获得个体的身位感受，从而无法形成严格的政治批判。

8.43. 从海德格尔《存在与时间》那个cura的神话出发，这个操心与烦（Sorgen）的生命本身，与福柯晚期自我技术相关的身体修炼（自我关心），我们这里扩展为三重的"关心"（也是与χώρα之为接受器、之为母亲的滋养相关）：

8.431.（1）其一是物的管理与关心，海德格尔最初彻底打开了从器物到艺术品再到礼物给予的三重关心；

8.432.（2）其二是人之身体的关心与生命政治与生命经济的管理，如同最近阿甘本从福柯生命政治走向了生命经济的研究，并且与基督教的三一体相关，带来了新的灵势；

8.433.（3）其三是自然的管理与关心，这是西方所没有展开的，即如何面对自然来反观身体与事物，从生命政治走向生命技术。

8.434. 其中有着交错，比如斯蒂格勒从关注或关心（attention）展开的生命心灵能量和注意力在技术时代遇到的问题，以及就书写技术展开的思考，推进了阿甘本等人的思考。而中国文化在物的管理上是比较薄弱的，以至于没有出现韦伯所言的资本主义；在身体的家政管理上无疑最为丰富，但没有基督教那种神圣的经济与超越性，当然鬼神的经济有着内在超越性；中国文化真正的"关心"是把物的管理与身体的管理都置于与自然的关系之中，"对自然的关心"构成了最为根本的前提！

尽管宋徽宗时代关注了自然，但那个自然也过于政治权力类比了，比如祥瑞图上的政治审美，因为对危险的关注以及对自然灾变的关心是根本缺乏的。

8.44. 如同χώρα的护理性或滋养性，接受器也被比作母亲，乃至于联想到子宫，是对接纳与敞开给出的那种感知，如同女性的怀孕与孕育过程（子宫-母体的女权主义与怀孕的现象学思考由此展开）。

8.4401. 但这个滋养与关心，乃是某种渗透的、变化的而并不明确的作用与目的性。此外，参看萨里斯对天空和大地的元素性之精彩的分析，其广袤打开了无限。

8.4402. 如同χώρα的模糊性，在梦中一般的影像，而且一直保持摇晃或者震动，还没有理性与尺度，但留下了印迹。

8.441. 中国书法与山水画的书写就是如此！中国文化的造物原理与生命宇宙技术，都必须体现出第五维。为什么山水画如此简单又如此玄妙？中国的本源艺术都具有第五维的表达。那么，山水画的维度如何？山水画如何表现出第五维？

8.4411. 我们从"第三维"开始："三远法"（高远-深远-平远），看起来好像是第三维的立体表现，如同西方透视法的散点透视，但其实这是非本真的表象式思考。因为第三维已经是第四维的投射，这个第四维体现为：小大之观。比如在宋代的《溪山行旅图》上，高远的巍峨大山与下面微小的行人，其实是不可能以透视法或以三维空间的感知来观看的，大的如此大，小的如此小，如何可能同时被观看到？除非这是来自第四维的视觉，如同VR技术，把景物拉近与去远、缩小与放大，这已经以高维度的视觉在看视第三维了。

8.4412. 其次，山水画的"第四维"：山水画如何表现第四维？第四维来自梦想，瞬间的穿越与变化，或者借助现代网络虚拟技术。那么，山水画可以传达第四维的梦幻变化与瞬间的时空穿越吗？这是什么元素呢？这是烟气。烟气与烟云的生灭变化，飘散无常，瞬间生灭，如同梦幻泡影！这也是为什么后来山水画一旦出现烟云的元素与图景，北方的斧劈皴就基本上消失了，这都是因为烟气指向了超越三维空间的图像，而走向第四维的生动变化。因为烟气、烟雾、烟云，都是瞬间生灭变化的元素，并不是三维立体的明确建构。这也是米氏云烟为何如此重要——使得山水画为之一变！这就是从三维走向了四维。

8.4413. 同时，何谓——第五维在第四维的投射呢？烟云还可能被固定化，成为某种三维的季节性痕迹或皴法的表现，烟云在生灭变化中如何一直保持变灭呢？除非这是来自第五维的投射——即从第五维来思考，不是从第四维来思考，这就是第五维投射出来的——烟气之影——"烟影"由此出现，烟云已经处于变灭之中，而烟影——烟本身即是影——这是第五维的投射或投影，或者烟影——乃是飘散的烟云投射了影——这些烟影其实无法留下来，仅仅是某种临时性的自行消失的痕迹，痕迹不是痕迹（如同禅宗的"鸟道"），痕迹自行消散，此烟影之美却又最为迷人。这就是《烟江叠嶂图》这幅宋画的魅力。

8.4414. 最后，到底何谓山水画的"第五维"：山水画如何表现出第五维的真理性呢？这是从烟影倒退，如果烟影来自第五维的投射，那么，第五维自身的显现方式，就是更为缥缈的幻影，但此幻影是"存在"的，只是这个存在是异常独特的显现：是宇宙各个变化的元素之瞬间的生灭聚集，但这不同于第四维的生灭变化之烟云与烟影，而是更为虚幻，更为聚集那闪烁的神秘幻象，比如海市蜃楼，海市蜃楼是各种不同时空的事物之影像的瞬间聚合，显然人世间并没有如此的海市与蜃楼，但又确实以无比美妙的幻象显现出来了。

8.4415. "海市蜃楼式"或"类似"的第五维幻景，如此真实但又如此虚幻，在山水画上的表现又是什么呢？这就是"意境"！但并非一般意义上的诗品之意境，在中国山水画上，则是"烟霞境"！此带有道教修炼成仙的烟霞境——才是第五维的显示，是一种感应的心境，但又是可以直观显示的迹象，这也是为什么山水画来自道教的某种投射。

8.45. 这就如同量子蝴蝶的翅膀，蝴蝶翅膀上的纹理图案之复杂多变，乃是蝴蝶对于天敌之天敌的想象投射，已经是第四维的显现，在基因中都有所显示，或者在表观遗传中有所不同，但是，飞舞的蝴蝶在阳光下打开几千鳞片之"闪烁"，则是整个周围世界之各种元素的瞬间聚合，但一旦蝴蝶停顿下来，此显现就消失了。

8.451. 从蝴蝶的翅膀之为第四维，到蝴蝶翅膀在阳光下的瞬间闪烁之为第五维，此恍恍惚惚的变幻就是第五维的显示。

8.452. 与之相应，庄周梦蝶的卮言中：在三维世界中——庄周与蝴蝶有着明确的区分，人是人，蝴蝶是蝴蝶；在四维世界中，庄周梦为蝴蝶，翩翩飞舞，好像是蝴蝶了；但，蝴蝶梦为庄周，如同蝴蝶翅膀的投射或投影，在庄周的第四维梦幻中，投射一个与庄周相似的图像——友善的图像，不是天敌之天敌。

8.453. 但此第四维的翅膀图像，在第五维中，则是蝴蝶翅膀的无数鳞片在无尽闪烁时，显现出来的量子态图像，它可能相似于庄周，但可能只是庄周的某种余象，只有微弱的相似性，它可以一直保持变幻，生成出另一种的人性。

8.454. 此变幻之中的恍惚图像，当然也可以投射在第四维，好像是某个庄周，如果被庄周带着自己的相似性余象，加以投射的话；但就其自身，就那个第五维的蝴蝶翅膀的恍惚变化而言，一直保持为瞬间幻化振颤的，一切皆振颤，振颤的节奏才是未来要转录生成的生命宇宙技术。

8.46. 道之虚，之为虚化；虚虚化自身——这个看起来不合法的语句，与海德格尔所言的"无无化（Nichts nichte）"以及世界世界化的说法有些相似，是为了摆脱存在论句法，它可能要混杂海德格尔的这些语句：ich ichte, ich nichte, Licht lichte, Nichts lichte，等等，这些语句游戏中有着杂音，但汉语的虚化或许可以包容这些看似不可能的各个要素？

8.461. 西方文化虽然也有着"反向重构"的尝试，比如柏拉图对灵魂不死的论证，尤其是《理想国》结尾的那个隐藏与遗忘（lethe）的神话，还有《蒂迈欧篇》的χώρα，但如同海德格尔与德里达所言，柏拉图主义和形而上学遗忘了它，需要拆构（Destruction）和解构，而基督教本来在坟墓之空（kenosis）的神学前提下重新理解复活，以此复活之爱重构基督教的生死观，但还是被复活的神话与教会的解释垄断而错置了，犹太教的弥赛亚与末世论其实是有着反向重构的，但被基督教神学淹没了，本雅明的历史哲学思考在20世纪对此有所唤醒。

8.462. "虚化"的反向重构是一个创造性转化的原则，是不可能性的逻辑，而"气化"还主要是文化历史的继承性并且有着相对性，是可能性的逻辑。中国现代化的困局是缺乏创造性的想象力，无法进入第五维，这并非比较哲学，而是世界哲学重新开端的条件。

8.47. 在庄子那里，"虚"，还是与虚己、虚静、虚无、虚心、空虚、满虚、太虚、四虚、盈虚等等相关，主要还是虚化与虚静的原初展开！因为虚化与气化的互转（gegenwendig），并不陷入有限与无限的断裂，而西方的受难，比如基督在十字架上的受难则是陷入断裂。

在中国思想，"虚化"后来也有着如同χώρα一般被对象化的命运，即有着如下几重展开。

8.471.（1）荀子与韩非子的"虚一而静"，成为一种认知的方式，已经在弱化虚化的反向重构性与不可能性。

8.472.（2）则是从汉代开始，与道教的相关，"还虚"成为一种神秘主义的方式，尤其与炼丹术联系起来，"炼神还虚"，当然也有着对"虚"与"炁"之间关系的微妙展开。

8.473.（3）则是进一步，在"虚实"对举关系中展开，对虚化的微妙性有所减弱，如同χώρα被空间对象化或者成为被动质料，庄子的虚者心斋或者虚室生白也成为虚实的对举以及虚气的质料了，这也是张载"太虚即气"的来源，所谓虚虚实实、实实虚虚的各种建构方式，但都远离了庄子虚化的反向重构。

8.474.（4）中国山水画理论也是以虚实展开，但还是无法解释虚气，虚化与虚白之间的转换方式，有待于重构。

8.475.（5）西方对虚化的理解，因为翻译上的困难，总是把虚与虚化翻译理解为空无，尽管表面上虚化是西方的未思，但那仅仅是简单的文化外在性，如何相互转换？首先要克服翻译的困难，但西方还并没有面对这个翻译或转渡（Über / setzen）的困难！因此回到虚化，并非那么容易，但如果借助于西方对χώρα的重新理解，我们就试图避免回到传统虚气以及虚实的思考方式之中。

8.48. 回到对中国文化虚化的问题：虚化与气化的关系如何？虚化与神化的关系如何？虚化与无的关系，虚化与空的关系，与佛教的相关差异呢？虚化如何被遗忘，以及如何回到庄子重新打开虚化。

8.481. 虚化乃是：气化——浑化——无化，虚化一直保持为神妙变化的微妙性，不落入气化的实体论，也不落入区分与聚集的中心论或者固定。有着之间，但这个之间，乃是在混杂之中，在杂交之中，在搅动浑化之间，而且保持为空无的反向重构。

8.482. 以这三者来对应χώρα：第一个是元素性在其间的颤动仅仅留下痕迹choros——其次则是接受搅动保持浑化chaos——给出空无保持——空无化的给予——choros是环舞——环舞乃是空出——空出乃是筛子空隙的运作，这是虚化（kenotic）的运作。

8.483. 而且，不同于西方还在于：西方一直有着χώρα与元素性以及感性之物的生成的断裂，在德里达那里，也最后还是要假定弥赛亚性，如果空出是某种空让，就展开了χώρα的可塑性。

8.484. 弥赛亚性，不过是一种空出的让予姿态，从给予走向让予，就弱化了弥赛亚的权力，却生发出柔和的命令，即让出自身，此让出就是正义！正义的实现还需要让出的共通合作，由此形成了合用或适用（Fuge）的节奏，海德格尔思考"天地神人"时的柔和环舞，还需要让予的发生。但让予的正义，也需要生命的免疫保护，即余地的发生，此余地可以保护生命。虚化，也是这些相关环节的调节过程。

8.5. 走向"绝对虚"

8.5. 海德格尔早期认为西方哲学遗忘了思考"存在"或存在论差异的"敞开"，海德格尔中期则认为西方哲学遗忘了"无"或"无根据"，后期的海德格尔还认为西方哲学是更为彻底地遗忘了"予有"
（es gibt 与 il y a）。

8.51. 但一旦中国思想进入世界哲学，哲学本身遗忘的就不是海德格尔所言的存在，也不是无根据，还不是予有，而是——"虚"。

8.511. 中国哲学，并非如同德里达等人从logos出发所做出的区分，中国只有思想而没有哲学，如果我们把哲学定义为：对于元现象绝对直观的经验，而赋予其唯一性的绝对概念，并且形成悖论的表达。比如，面对日常的"烟气"的飘散与无常的变化，却又有着变化的天机，体现元现象的张力——在生灭之间的转变，既是无常与无根，也是生机而氤氲，而形成绝对的直观——被中国哲学提炼为"虚"或"无用"的哲学概念，因为烟气没有什么用处，无法收集无法保存，但哲学之为哲学，一定是从悖论出发，中国哲学命名为吊诡——这无用的烟气与烟云，乃至于"烟影"或"虚影"，由此形成了哲学的自身表达——"以虚化实"或"无用之为大用"，此虚化的烟影，在艺术上的表达最为困难，也最为迷人。

8.5111. 为什么中国哲学与世界哲学都遗忘了"虚"？一方面，尽管在中国哲学轴心时期的开端，在老子与庄子那里，面对了"虚"，但并没有给予明确的哲学思考或主题化思考，哪怕庄子那里形成了"虚室生白"的表达，中国传统后来以"虚实"的对举范畴以及"虚实相生"的辩证法来展开，但并没有进入"虚化"的悖论；不进入悖论之思的思考，就还不是哲学的反思，哲学一定是在悖论中展开自身的张力。另一方面，"虚"，在西方哲学的开端中尽管有所显露，比如在柏拉图《蒂迈欧篇》中作为第三类的"阔纳"，但也被随后思考为空间、质料、处所与区域等等，其不确定的状态同样也被遗忘了。直到二十世纪下半叶，在德里达与一些女性哲学家唤醒之后，阔纳才重新开始进入哲学。

8.5112. 如果哲学是去思考思想之未思的话，虚，还有待于再次主题化展开。

8.51121. 为什么在西方当代哲学思考了阔纳或虚化之后，我们还要认为哲学遗忘了思考"虚"或"虚化"呢？尽管德里达思考了阔纳，但并没有深入展开，女权主义哲学家又过于把阔纳与女性的肉身紧密关联（比如子宫），而丧失了普遍性。而中国哲学，对于虚化，有着更为丰富的思考，但也并没有充分地主题化。

8.51122. 虚，虚化，乃是思想之未思，乃是哲学之新的任务。

8.52. 西方现代主义的基本问题是：或者，肯定世界的无根与虚无性（Nothingness），并且肯定这空无的空无性，即虚无的虚无性，这是神性与根据的缺失，走向彻底的虚无主义，但积极地承受之，如同布朗肖所言，保持此中空的空无，恰好是勇气；或者，保持其空无的空无性（Emptiness / Void），如同否定神学所为，肯定上帝自身的缺席与无能，以此无能的主权为祈祷对象，要求认同者进入此"不去为"的状态，如同阿甘本等人所为；或者，以此空无性走向敞开性，这是以空无的敞开性（Opening）为救赎，这是南希等人的方向。即，西方对自身困境的思考，分为三重分离的经验来直观。

8.521. ——西方的现代性已经分别形成了如此三重的思考，即虚无性（nothing）、空无性（void）与敞开性（opening），打开了信仰与认知的双重空间，但三者之间的关系到底如何，还并不明确。

8.522. 这就出现了"后现代主义"与"现代主义"的差异：如果现代主义一直肯定此空无的空无性，并不去填充它，而是继续扩展此空无的敞开性，那么，后现代主义则不同，要去"填充"这个空无，无法忍受此空无的空洞性：或者以"污浊的现实"去填充，如同齐泽克的思考，这是亵渎的普遍性，既然崇高的空无之为空无也是空寂的，倒不如回到污浊的现实，更为体会到个体自身的短暂有限性与存在感，肯定个体的有限性欲望与享乐；或者以佛教的悖论去面对，即烦恼即菩提，神圣空无与亵渎罪恶同在，二者的区分只是在于"自我的舍弃"，如同恐怖主义的袭击实施者，既然以个体的绝对死亡与牺牲为代价与前提，又是为了神圣的目标，而不是个体的享乐与补偿，那么就不同于前者，作为东方式的填充，如同日本佛教的绝对空与自杀的表演；或者，有着"虚拟的填充"，这是科幻电影在虚拟空间的短暂满足，如同技术通过元宇宙更为彻底地打开虚拟的四维空间，或者进入外太空的无限探索，这是对敞开的填充，无法忍受外在的无名性，以化解个体有限性与必死性的焦虑。

8.523. 这些填充物，看似解决了空无的危机，但其实导致了更大的困境，陷入更大的冲突，只是虚无主义的颠倒，并没有给世界留下更大的余地，依然没有展开虚化的维度。

8.524. 因此，思想的困难在于：一方面，既不可能放弃空无性与敞开性，又不可能舍弃个体的有限性，但如何可能同时接纳二者，如同德里达所为，这是可能性与不可能性的双重约束，不可化解；但另一方面，既不可能肯定此空无的敞开性，因为敞开性与否定神学，并没有走向肯定，又不可能肯定此有限性的虚无与暴力，因为这根本无力解决后现代的冲突，如同卡夫卡与本雅明的思考。

8.525. 那么，如何同时面对这三者，肯定虚无、空无与敞开，不陷入欲望与暴力的填充，但又并不否定欲望的有限性与革命的机会？

必须同时虚化它们，但以什么来虚化这三者呢？

8.53. 何谓虚？一个指引性的思考。

8.5301. 何谓"虚"？当然，"虚"不可定义，如同虚烟一般，"虚"并没有自身，"虚"仅仅"虚托"，"虚"仅仅显现于"虚化"的过程之中，因而，"虚"几乎无法翻译为外语。

8.5302. 如同希腊哲学与基督教神学的logos与中国的道（Dao / Tao）无法翻译一样，"虚"也是无法翻译的。如果有着某种相应的翻译，应该去激发西方传统所未思的那些潜能，而不应该以现存已经充分解释的语词。这就是当代西方思想对柏拉图《蒂迈欧》中chora（χώρα：非位置的位置）的再发现，如果有着翻译，应该激活这个未思的χώρα，因此可以对应翻译为"虚化"（choralize）。否则，西方一旦以"空"（void / vide / Leere）来翻译，就无法理解"虚"，"空"或空无在西方针对的是"实有"，尽管"虚"与"空"与"无"不分离，但"虚"也显现为实，所谓的"实实虚虚"，超越了西方的二元对立逻辑。

8.5303. 悖论是：虚，既非实有也非虚空，但也不离虚空与实有，这是所谓的"不即不离"的诡谲论，西方有待于再思。

8.531.（一）"虚"——不是西方所思考的这些要素。

8.5311. "虚"并非"实体"（substance）：无论是西方的存在论，还是本体论神学，无论是主体论的实体，还是客体论的实体，或者绝对精神的实体，或者是单子的实体，都过于坐实或者僵硬。

——而"虚"，不可定义，并没有自身固定的同一性，"虚"没有自身位置，"虚"乃是"虚化"。即便有着临时性的主体或实体，也要把自身虚化，"化"是化去自身已有的实体性与主体性，虚化更为不刻意，更为不确定。

8.5312. 不是西方的"无"（nothing）：无论是否定性的无（规定

上对谓词的否定），还是海德格尔生存论上的无化（向死而在，死乃是不可能的可能性，是临在）。

——但"虚"并非否定，虚化并非死亡的可能性，而是虚化的可生长性，虚化尤其关涉自然的力量。

8.5313. 也非西方的"空"（void）：不是物理学意义上的真空（一个必要的工作假设），不是一切无意义与无价值的虚空（会彻底消亡而不留下痕迹），也非西方神学上的"从无创造"（此空无乃是隔开被造物与造物之间的条件）。

——但虚化的虚空并非空无，而是进入混沌之中，保持浑化，转化混沌，但又要借助于人之力来弱化或虚化混沌的冲击力（如同黑洞转变为灰洞）。

8.532.（二）"虚"——西方所触及的些许思义。

8.5321. 柏拉图《蒂迈欧》重新开端的第三类chora，阔纳（chora）也关涉到"虚"：因为chora既非感性也非理性，既非神话（muthos）也非逻辑（logos），而且是抹去自身踪迹，留下的踪迹也要抹去，如同梦中幻象，还保持为持续的震荡。虚化的空间仅仅是一个虚位（也可以把chora翻译为"虚受"），是临时性的位置，一个空的接收器，如同女性的子宫之为宫籁，但并非空无，因为其中有着元素性的涌动，但也并非具体的某种元素。

——但中国的虚化与之还是有所差异：虚位之为"虚位以待"，允许人力的参与，当然除非这人力也虚化自身，苏格拉底是一个临时性的老师，一直以自我反讽的姿态去除自身，甚至进入沉默的倾听，但中国文化的虚化，却并非如此刻意地自我反讽与沉默，而是沉默中还有所为，虚化反而是一种更为积极的力量，尤其在艺术中，要平淡天真，但这是面对个体长久形成的习气与历史的各种风格规训，在持久地进入自然的无用游戏状态，从自然中学习化解习气的逸气闲散，而又有着绚烂的平淡之张力。

8.5322. 犹太教神学与基督教神学涉及的"去己"或"虚己"（也许应该翻译为"自空"：kenotic）：这是神自身必须空无化自身的权力，是对自身"无力"的经验，对"不可能性"的经验，"虚"之为虚弱，既是对自然混沌强力的虚化（针对《安提戈涅》的"人颂"合唱曲中对人力惊恐的惊恐），也是对神性所要求的牺牲献祭要求的虚化（如同耶稣对自身的空无化，坟墓的清空也是去除死亡崇拜）。

——但虚化与之还是不同，虚化对神力的弱化，乃是给出更大的虚余之地。虚化乃是去除任何献祭牺牲的冲动与要求，也不是礼物的供奉，而是馈赠的回撤。

8.5323. 西方当代哲学所思考的空无之敞开：空无的敞开（opening）并非传统的自由，而是把创造的行动重新赋予了自由，保持未来的敞开，敞开一直敞开着自身，形成通道，这通道（passage）不可能被占据，任何的神与人都不允许占有它。所谓荷尔德林式保留神圣名字的阙如，是"神的缺席"构成新的救赎之条件。这在晚期海德格尔，以及德里达与南希对间隔与敞开的思考中，愈发明显了。尽管敞开与技术的关系是模糊的，要么是海德格尔走向诗意的让予，要么是德里达对生命技术的需求。

——但虚化依然还是不同：虚化要求敞开，但"虚室生白"的敞开，让此空无的敞开更为游刃有余，是对"余地"的要求。因为虚化的敞开，能够让技术的虚拟与自然的让予二者更好地融合。

8.533.（三）"虚"——中国传统的已思。

8.5331."虚"，之为虚化，是去聚集空无与留空，使之保持活化与持续的运动，庄子"心斋"中的"唯道集虚"，是虚实之间的互动，所谓的"虚虚实实"或"实实虚虚"。"虚"并不离开"实"，但这实体并非保持同一性的实体，而是一直保持变化，比如烟云的变灭。但烟云一旦被赋予节奏，也就获得临时性的实在化显现。即虚虚实实与虚虚实实的相互转化。

——这个虚实转化的方式，如何在技术虚拟时代还能够再次回到个体生命的实际性经验？

8.5332."虚"，之为"虚己"与"虚心"——乃是一种原初伦理化的态度，也是虚静，所谓的恬淡无为，让虚淡无为成为生存的基本姿态。如同山水画上的"丘壑"所象征的空无间域，并不占有什么，而是任烟云来来去去、自在吞吐。

——这个虚怀若谷的伦理态度，还有着当下的活力吗？如何把虚己或虚心与现代性个体生存焦虑的虚无感，转化为一种更为轻逸的姿态？

8.5333."虚"，之为"炼神还虚"的修身方式。这是把虚化进一步与修身实践结合，把整个世界通过身体的感应整合起来。其中有着神秘的炼丹术，也有着感应的普遍化。

——这种炼丹术的方式是否过于玄虚？炼丹术的方式如何在"解神话"之后，还有着对个体生命的医治作用，又还能有助于我们重新思考技术与自然的关系，让技术自然化？

8.534.（四）"虚"——中国哲学的未思或未来之思——虚让的不可能性。

8.5341."虚"，乃是虚位的制度化保证：中国传统尽管思考了"虚位以待"与"虚与委蛇"，但在各种禅让的政治操作中，走向了权谋的诡诈，这也是虚化的哲学之为诡异之处，只是中国智慧无法区分开"诡异"中的"诡诈"与"诡谲"，就如同老子的智慧可能来自兵家。因此，如何保持虚位之为虚位的绝对性与制度化？中国文化一直缺乏这个对空位保持虚化的制度建构，要么过于虚化无力，所谓的禅让只是虚晃一招而已的诡计，要么过于被帝王所独一占据。因此需要让"虚让"成为实际性的让予的伦理，但又是保持虚化的持续空余。

8.5342."虚"，虚化乃是让"虚势"生成，打开虚间的间隙：保持虚化与集聚的生长性，而且让艺术中的虚势得以在社会学上充分展开，打开社会空间的虚间，给予更多的余地，打开更大的虚余的场域空间，激活自然的潜能与空无，形成"虚托邦"。

8.5343."虚化"如何在保持虚化的同时，还激发救赎的力量？中国传统并没有解决个体幸福的短暂性，尽管在艺术中偶尔有所展现，但并没有体现出普遍性上的救赎力量。"虚化"可以重建一个已经彻底世俗的世界？如同犹太教所言的复原返本（Tikkun），让万物恢复（Wiederherstellung）到和谐状态，或者本雅明所思考的整体性复原（restitutio in integrum）？吊诡的则是：与其说，这是回复到创世的理念，这理念原本已经被计划，但从未被完全地实现过，因此需要虚化神的已有计划；倒不如说，从一开始这器皿就已经打破，只有剩余，需要更大的余地，需要更为彻底的从"未来"而来的"反向重构"。虚化的方式可以消解唯一神论的预定计划论与现代科学的进化论，让救赎得以反复发生。

——虚化与让予的关系，还有待于在现代性深入展开。

8.54. 虚化：空、无、开，三者形成"绝对虚"。

8.5401. 空、无、开，三者之间要互动与活化，形成"绝对虚"（absolute chora），不同于西方的"从无创造"与日本京都学派的"绝对无"。

8.541.（一）"无"——无之虚化。

8.5411. 一方面，无之无化。（1）无是：作为谓词的否定。"是"不存在，"是"超越存在。（2）无之无化：死之悬临，最后之人的悬置，进入深渊。（3）无之幽灵化：鬼魂，如同无与舞的关系，起舞降神。中国文化：幻化，共同转化，以及"即刻幻化"——走向虚化。

8.5412. 另一方面，无之虚化。（4）无与空：无是不去为，无为，保持其无所显现。（5）无与开：让无来为，无如何无为？这是让，退出，退让，让开。（6）无与色：无色，光色，光白，透明，但透明又有时间性，中国文化特有的包浆色。

8.542.（二）"空"——空之虚化。

8.5421. 一方面，空的空化。（1）空间而言，不是对象化的几何静止空间，而是空之空化。（2）空之动：老子的"橐龠"——虚而不屈，动而愈出，空的空间化运动。（3）空的渗透性，这是特殊材料带来的，拟似自然的渗透性。

8.5422. 另一方面，空之虚化。空之为无的敞开，之为色的日常性。（4）空与无：保持空空，一无所有。空保持为空，在其中没有什么，不去填空，似乎就是空无的。（5）空与开：空一直保持敞开，空开的运动，渗透的延展，以此重构事物。（6）空与色：空出，空白化，比如中国宣纸材质的留白。这是余留之白，形成虚白。有着两个方面的互动：虚化与虚白。

8.543.（三）"开"——敞开之虚化：

8.5431. 一方面，"开"之为开端的"端倪"。（1）"开"乃是开始于原则，重新开始，但仅仅是开始之端倪。（2）"开"之开始于混沌，消除混沌的不可能性，进入死亡与吞没的悖论经验。（3）"开"乃是开场白，打开场域与出场，是通道的敞开。

8.5432. 另一方面，"开"之为"虚化"。（4）开与空：敞开又有着混沌，还打开通道，这是默化的方式。让自然来为。（5）开与无：回撤（zimzum）的方式，退隐，自身涂抹。让让来为。（6）开与色：玄色而非黑色，浑色，保持玄暗的背景（chora）！

8.55. 这样，我们就从纯粹的形式显示上，把西方哲学分开的三重思考，以虚化的名义，加以整合，并且赋予了新的思考方向，这是"虚"之聚集：无-空-开的整合。这就形成了"虚托邦"，由此打开了"虚位"（enchorial-topia: enchorial space）的相关思考：

8.551. 虚晃。虚在混然之中，好像实有，但也虚无化，"虚"会很快消失，只是虚晃一下，就消失了。这个虚晃，显现某种兆头，阔纳的痕迹不仅仅是事后的痕迹，也可能是预兆。虚不是有与无，而是消失的余影，"虚"的显现为余影、余震，也是chora的晃动振荡：磁场的虚荡。

8.552. 虚化。虚一直在浑化中来临，保持在消失之中。但留下无尽的震荡、震惊，尤其是振颤。

8.553. 虚无。也是虚空：空间才被打开，震波的波击，但又消失了，化为虚无。

8.554. 虚位。持久的振荡形成了某种位置，或者是余地，如同余波的来回震荡，以形式显示的方式，留下一些间隔，间断的节奏，但又可能被打断。

8.555. 虚待：出现可能的主体。如果有某个主体进入这种振荡的感受之中，如同恐惧与战栗，持久感应，因为自己的期待，形成可能的身位，在振荡中形成个体记忆的音乐式振荡的回声旋律。

8.556. 在振荡的作用下，我们都是余波所及的主体："余"是对原初冲击的回应，而"余心"，是最为敏感与切身的位置，也是切心性（Innigkeit）的所在。"让"此余心更为感受到更为内在本源的振荡，是否就是另一种的余让？但这只有在深度虚化的条件下，即"虚让"之中，才有可能。

8.6. 虚位与余地

8.61. 如何让虚位一直保持为虚位？如何让开端之为开端，一直保持为虚化？

8.611. 如何让东西方文化在相遇之间，保持彼此之间的空余之位？并不彼此进入对方，越是接近越是远离，不是视界融合，也非彼此结合，而是保持之间间距，但还有着感应？

8.612. 阔纳之为虚位，之为可能的地带，有待于一直保持为虚化的、伸缩的空间，保持为不可能被占有的余地。

8.613. 如何在当代冲突的全球化世界上，让阔纳的虚位得以生成？虚位以待如何一直还有着余地？

8.62. 也许只有庄子的政治解释学，可以类比为柏拉图式的政治哲学，一方面庄子的丰富性只有柏拉图可以相比；另一方面庄子的政治哲学具有对中国文化自身的批判性。

8.621. 如果从χώρα（阔纳：chora）可以开始一种新的政治批判，如同德里达试图超越在场中心与逻各斯中心主义的那种批判，德里达还试图把阔纳的先在性与不确定性，与弥赛亚性的他者来临的正义结合，阔纳作为一种绝对外在性的位置，也是一种杂交的状态，是绝对不可超越与异质的位置。

8.622. 如同德里达所强调的：阔纳它永远反对善、上帝、人和历史，而且它永远没有在先的将来，将永远不可能重新居有。那个没有信仰和规则的阔纳，不可能让阔纳屈服或再屈服，它是一种无限的反抗、一种无限不可超越的反抗的位置本身：一个没有脸面的整全他者。在德里达，阔纳也是荒漠的不可记忆！是荒漠中的荒漠，是不确定的摇摆，其不确定性也许可以成为任何有责任的决断和另外的反思信仰，以及一个新的宽容又决断的机会？

8.623. 同样，我们从庄子的虚化，也试图展开一种新的政治批判，并且走向正义的诉求。这是让虚化与余地发生关联，展现一种新的余让，也是争斗与余让的相互转换，是一种新的可塑性，这种可塑性，甚至可以超越德里达在阔纳与弥赛亚性之间的二元性，如同马拉布的思考，虚化的可塑性可以在内在与超越之间，打开可能的余地，以"余地"本身的打开作为批判是否可以带来一种新的正义？

8.624. 不然，又如何引入西方对正义思考的新势？如何在虚化之中引入正义批判的可能性？这也是庄子哲学政治批判的展开。就阔纳如何与正义相关，在女权主义那里有着深入展开，这与身体相关，而气化如何不陷入等级制的身体规训？阔纳重塑了身体的痕迹，比如肝脏上的痕迹，生命有待于重新加强此活力。

8.63. 中国文化有着"变化的规则"与"规则的变化"的内在连接，但很多时候又混淆了规则与变化，这就出现了吊诡。投机取巧者则两面使用，出于个体利益，任意使用规则与变化，获得最大利益。但因为如此的弹性与吊诡，还接纳了西方式自由敞开的空间性，就尤为需要确立起变化与规则的新关系。

8.631. 虚位的思考在于：面对规则与变化，既要让规则保持为规则，又要接纳变化，不可能让变化成为规则，但也不可能让规则仅仅是规则，既要肯定法则的规定性，也要保持变化的灵活性。并非古典或传统以一般性接纳特殊性，也非反思判断力的特殊到一般。也非仅仅是例子的逻辑，如同康德对天才之为范例的思考。

8.6311. 或者说，如同德里达后来接续展开的例证逻辑，是在可能性与不可能性之间展开余地的思考。一方面，法则是绝对的，比如不许杀人！另一方面，法则是可能改变的，给出更多的正义。

8.6312. 虚位之为虚位，乃是既要尊重规则，也要尊重变化，没有固定的位置，但又要有着一个临时性的位置。这是心之为虚位，在外界，则是对应于心性的虚室：如同中国文化的园林，心性化的自然，自然的心性化，主体是虚化的心，但并非心体，对象是自然化的心室或者心斋化的自然，即虚室生白的虚室，心之虚化，对象之虚化，二者的对应转化，就是虚化。

8.6313. 阔纳，在柏拉图那里，既有着不确定的变化，也有着自然风景的指向，尽管阔纳在身体的位置似乎是肝脏，但在中国文化心肝一体的经验中，阔纳也是心感的位置。心感最为体会阔纳的虚位。

8.632. 奇妙的是，在中国文化，心斋之斋，也形成了一个类似于书斋与庙宇之类的位置，是一个斋戒或者吃斋的位置，但为何成为书斋的位置呢？书斋乃是一个文房四宝的位置，是一个文人修心之所。但进入现代性，这个书斋的空间被消除了。

8.633. 如何重建一个书斋式的场域？或者说，从心斋到书斋，仅仅是一个学究气的扩展？显然，这是一个诗意空间的扩展。

8.64. 德里达思考了这个"也许"（peut-être）的混杂化模态逻辑，在《友爱的政治学》与相关晚期文本中试图展开这个逻辑，但他并没有更为明确地指出，这个"也许"的逻辑已经不同于他自己反复强调的"可能性与不可能性"双重约束的绝境式逻辑了，"也许"的模态与剩余（rester）还有着更为丰富的关系，由此可以打开余地的可塑性。思考"余地"的可能性与不可能性，就开启了解构之后的另一种哲学——庸道哲学或庸用哲学。

8.641. "也许"（maybe, perhaps: happening）在西方语言经验中，是面对可能性与不可能性的绝境，试图打开"之间"的可塑性余地，事件之为事件在这个并不存在的"之间"展开，但西方文化过于被受难式献祭的事件所控制，可塑性的之间余地，并没有充分展现，甚至在德里达那里也还是不明确的。而我们试图以虚化（带有气化的虚化）来更好地打开"余地"。

8.642. "也许"的逻辑是一种"没有关系的关系"（relation sans relation）！当然关键在于那个"没有"（with-out）的展开上，如果西方思想与中国思想没有关系，如何可能迈出那个之间的步伐？或者说，即便表面上迈出乃至于交错了，如何打开不可能发生关系的那个余地？或者说，如果东西方已经处于混杂之中，如何打开真正的交往的事件？这都还是问题，还并没有一个"之间"被间隔开来。

8.643. 如果从阔纳出发，既要保持混沌的杂乱以及荒漠的荒漠性，因为这是事件发生的条件，是不可能性的，也是未知的，但又要有着现实世界的转换，既然有着爱欲，那就一定还有着争夺与战斗，这是可能的逻辑。那就是如何打开一个可能与不可能的之间？这首先是一个问题，而非一个现存的出发点。

8.644. 要保持虚位，就必须进入当前世界的——"争夺"与"让予"——之间，打开可能的"间-杂"，并没有一个现存的"之间"和差异已经在那里，让虚位得以重新生成出来：既要找到已有虚位的那个地带，又要让虚位可以重新生成。

8.645. 这已经与朱利安的思考有所不同，"其间的差异"在于：他先在地假定了差异、间距、之间。比如：文化开端的、历史既定的、文字思想的等等已有的间距。但在我们看来："之间"之为"之间"，乃是通过艰难地争取、争斗、争夺，以及争辩与争执，反复撕扯出来的，因此，间谈或间辩法等，离不开争夺，而且始终处于混杂之中，如同元素在阔纳之中的状态。

8.646. 但因为：我们这个时代已经混杂，并没有直接的异托邦。我们处于全球化时代，即"混杂现代性"的普遍状态，一切通过经济与网络信息等等的交换，已经混杂起来，甚至处于混乱之中，因此，不可能直接从"之间"或间距出发。

8.65. 就开端而言，犹太教是在巴比伦文化与巴比伦塔（Babel）之中混杂，唯一神论的开端并不纯粹；而"9·11"事件警告的是，美国世贸双塔试图自我确立而不混杂，却被摧毁！开端从来不纯粹，是多元混杂的，希腊与埃及的关系，中国或印度文化，都尤其如此。

8.651. 历史已经是杂交的，中国的唐代与印度、中世纪的西方与阿拉伯等等。语言也多元混杂，"解构不只说和写一种语言"。

8.652. 因此，"之间"乃是艰难地通过反复的争斗与争夺、争辩与争执，而反复争取出来的，所谓道化辩证法，离不开这个争夺或争取的过程！所谓"争（polemos）是万物之父"（与之对应，"让〔Gelassenheit〕是万物之母"？接受器或者阔纳，难道不是一个万物发生之母？），这即问题之所在：

8.653. 不得不"争"，这是一个全球竞争的时代也是竞争被肯定的时代，但争会导致人类自身的灭亡、核武器军备竞赛、消费带来的资源浪费等等；

8.654. 这就需要"让"，"让"给才能余存；与争斗相关与相对的不仅仅是和平，而且是让予。

"争"是争取，"让"是让予；一个夺取，占取进来；一个让予与让出，让给出去。

在"争"与"让"的来回撕扯或者运动之中，形成一个"之间"，在这个反复过程之中，"之间"才呈现出来，"余地"才打开。道化辩证法，在此"之间"展开，也展开此"之间"。

8.655. 而在一个混杂的时代，"争"与"让"都有机会，而"转机"在于，"争"与"让"的相互转换，直到其之间的"良机"打开。越是让予，越是有余，庸用辩证法，就是要让良机与余地一道生成。

8.656. 庸用辩证法的转换是几微的，是虚化的，"之间"是在"间杂"之中，形成浑化的空白。

即，庸用辩证法所要打开的"之间"，乃是生成出来的，并非历史现存的。而且，这个争与让，乃是在一个混乱与混杂时代处境下的：全

球经济的混乱；西方的三个唯一神之间的混战；美国的多元混合；当前
新帝国的现代性混杂，地缘政治的危机将会激发更为危险的战争冲突，
历史与现实、文化与政治的混杂不清。"混杂现代性"呈现出一个中国
文化的古老形象——饕餮，我们身处一个全球化"饕餮的时代"，饕餮
的兽面纹有着四不像的混杂（或者就是χώρα一般杂交的理性）：纯粹的
几何形，动物性的模样，神异性的暗示，却又兼顾实用性、技术性与自
然性。因此在我们这个混杂的时代，并没有直接的异托邦！哪里有异？
因此我们并不事先假定他者与外在超越！

8.66. 庸用辩证法，将具体展开争夺与让予的之间！我们将从三个
方面展开：混杂的前提（再次注意，χώρα之为私生子或者杂交混杂的理
性）；间杂的让予；间白的自由。

8.661. 其一，混杂的前提。我们首先要从混沌、混乱、混杂出
发。为了避免"之间"被现存化，任何的争夺乃是在混沌的背景之中
"争"。

8.6611. 法国思想对差异的思考之复杂与多样性：差异（德勒兹的
差异还与"重复"相关也相反）、延异（德里达的延异与书写相关，
其延异已经思考了语音与书写的内在解构与外在解构，打开了间隔
［espacement］，要面对书写与事件的关系）、歧异（利奥塔的歧异也
是面对无法解决的争议，无法给出先在的一般普遍性的判决，但有着
对公正的诉求，如何有着之间的来回传递，如何面对这个判断力的困
难？）、异感（南希的意义的世界既是可感的世界，也是不可感或者它
异感发的，其之间有着技术的增补，如何面对技术与生命的差异，也有
待思考）。当然海德格尔对差异，以及后来超越存在论差异，走向事件

之发生与退隐（Entzug）以及礼物馈赠之发生的可能性与不可能性的绝境，也是与"之间"之无法打开相关。

8.6612. 重要的是，法国当代思想之所以强调差异，乃是从根本上受到尼采影响：因为混沌背景不可消除，阔纳不可对象化与知识化，不再有外在超越上帝，不再有任何立足点，不再有透视的现存差异，而只有对瞬间小门的闪现直观。因为处于混沌之中，而并没有光的断裂，同时思考歧异与差异，让混沌不断生成转化。而且就被动性的浑化，当代法国思想还没有彻底展开。

8.6613. 如果以尼采的混沌为背景，或者中国思想重新从庄子的混沌开始。混沌之喻警告我们：一旦出现区分或个体，反而导致个体之死亡，但一方面肯定这个有限，另一方面，也肯定那个混沌并在混沌中再次个体化！这是双重的肯定！

8.66131. 一方面，在一直有着混沌（chaos, Il y a），一直携带着χώρα（阔纳），生命被动地浸染于这个混沌的背景之中，因此首先不是"之间"，生命一直携带着此混沌的背景噪音！另一方面，争夺出一个个体性的地位，被涌逼出来，但仅仅是，在等候被改变的位置上。如同阔纳的虚位。要有所争夺。与这个混沌争夺。这个争夺是在已经出现的一个个个体之间，保持在混乱之中。

8.6614. 其他个体也是如此。而且彼此争夺。在争夺之中：要么都再次被混沌淹没，如同大洪水的神话所暗示的；要么一个淹没取代另一个，一个战胜另一个，但最终还是被新的混沌淹没，再次进入混沌；要么，形成一个几乎不可见的彼此之间，但很快又被浑化。

8.6615. 因此，才有混杂，混沌中的彼此共在，混然处中——仅仅只是在其中，还并没有之间。还没有明确间隔，只有少许间隙，但很快混杂！网络时代的信息也是如此。这个间隙也是自然之让出的，让个体有机会，有一个余或我生成出来。觉悟到此多余之生命存在本身，乃是不可能的一个"余"，因此还是无余！

8.662. 其二，杂-间的让予。其次是进入"间-杂"，似乎是于"间"中带入"杂"，其实相反，是"杂"中才有"间"，文之为文，乃是驳杂才形成其间的纹理或肌理。这是"间杂"的伸缩性，是弹性与余地的打开，"争"也要有余地，才是争，但形势并不明朗。因此，需要让予。这是争与让的并存。

8.6621. 在混杂之中，个体性再次打开"之间"，彼此"之间"：彼此肯定对方。如同尼采的透视主体，但这是幻象，但要肯定这个幻象。要以"无厚入有间"的方式！即不断削薄自己！这是自我的减缩与余化。还要看到对方的间隙，只有彼此都减缩之后，才有一个可能的间隙出现。彼此之间间隙的打开，还主要以生产的技术工具，要借助假借工具，是这个假借的借势打开了彼此间隙。如同德里达所言的间隔。但一直有着混杂性。是技术的外在性，打开了人与自然、人与人、人与自身的外在性空间，打开了一个感受性的区分。人与假器（prosthesis）的共在，形成了一个之间。但这个之间带来了个体性的死亡，死亡又是混同，死者其实并没有自己的专名（proper name）。因此，在假器打开的之间，与死亡的献祭再次确立的个体边界被解构之后，个体生命还是要回到区分之前的那个混同之中，西方当代思想一直无法面对这个问题。

8.6622. 只有彼此减缩，退缩，后缩，把自己向着混沌中压缩，看到间隙，向着很多间隙压缩自身。如同尼采看到瞬间间隙的小门。缝隙打开，才有之间。这个后退，形成退让，如同阔纳也是要腾空自身而给出位置的，这也是与物一道退让！不是以"物"来占有，因此不是存有论，不是占有或占据（appropriation），而是让出！让出自己的物，以生产出的物来给予，来让予，"为彼此承认而让予"！不是为彼此承认而斗争。这就在米歇尔·亨利的四条现象学基本原则之外，尤其是在接续"还原越多，给与越多"的原则之后，增加第五条原则："越是还原，越是让予"，或者说，"让予越多，给予越多"。

8.6623. 让予才有之间，让出才有余地！"让之"——才有"之间"。之间之为之间乃是让予出来的。有着生产争夺之争，无法消除物性带来的争夺，但要逆转之，又以物来让予！把争夺的物还要让予出去，给予出去！在这里，"之间"与物之给予错杂着。以"为了承认而给予"的元伦理来转变"为了承认而斗争"的残酷逻辑！

8.663. 其三，间白的自由。这个打开的"间"也要无化，否则之间会被对象化与现存化。这就要出现"让与"之争！还是有着争！但这是让予与让予之间的争，不是争夺与争夺之间的争！

8.6631. 从其一的争夺之间的争，到其二的争夺与让予之间的争，现在则是让予之间在争！但又要让之争的这个之间被空化——空白化与空无化！这乃是"让之让"，是空让，形成间白，这个之间还要虚化，虚白化。

8.6632. 让予出物，物也退缩，如何退缩？物性走向自然性！物要退缩，要向着自然物。如同杜尚让物向着现存品退却。自然物的变化，乃是发现灾变，在变化的关节之中寻找打破节奏的节奏，形成新的关系。

8.6633. 让予之争：是唯一神，众多之神的让出，也是退出，是退让之争，看谁更能让步，让给或让出！但这不是策略与虚伪。尽管有着虚伪的可能性。就需要让之让，让本身的让出，谦虚，打开虚化的条件，让之间虚化，形成间白，即之间被空白化。以自身的空出（kenosis），即空白化，来解决虚伪之让。让此间白返过来，反向重构！渗透到已有争之事件与事物之中，其实不再是物，而是浑化的物化。

8.6634. 被间白渗透，穿越，穿透！是通道与通透的敞开！因此与尼采的永恒复返不同了。因为保持浑化与虚化的这个间白，既是间与空，也非间与空，否则还是会对象化，会成为占据对象，去填满。

8.6635. 因此，要浑化，形成浑白（如同庄子的虚室生白）：依然有着阔纳如同梦一样模糊的特征，或也是阔纳之为可塑性的材质，更为展现可塑性，浑白的虚化把可塑性（plasticity）与可再生性结合起来。

8.6636. 但依然以可再生性的生命技术为主导，因为可塑性主要还是宇宙技术，可塑性的智力奇点也必须回到生命的可再生性上，如果于生命无补，宇宙技术与生命没有关系，此智力的自身进化可以取代自然化的生命？这显然是对人性生命的威胁。

8.7. 虚托邦之庸用

"余让"一直保持为虚化的根本要求，才让自由的敞开可能，自由的敞开离不开"余地"的保留。

我们以"余让"或者"虚余"补余了德里达的"也许"的之间逻辑，打开了更大的余地。因此，我们是把传统的虚化进一步展开为虚余的余地之庸用。

"余让"，是一个好的例子，因为虚化的让予展现了更为内在的伸缩性。从这个可塑性出发，我们可以回应最近西方左派对海德格尔"泰然让之"东方性的批判，激发政治弥赛亚的激情与斗争的哲学，但在我们看来，如果从中国思想出发，从对20世纪革命的反思出发，我们要面对斗争与"泰然让之"的悖论，而不仅仅是彻底贯彻斗争哲学，而从

"争斗"与"让予"的张力上，也可以看到革命左派的问题之所在。

海德格尔在思考"泰然让之"的地带时，试图打开不同于西方地平线的看视方式，那是旷野或者空旷的敞开。柏拉图当然并没有彻底面对"废墟"，尽管赫拉克利特认为世界不过是一个垃圾堆，只有在本雅明哀悼剧的目光下，世界历史才不过是反向回顾时的废墟的上升，虚像也是余像——是回眸时的目光，是幽灵回顾时的目光。余地的发生，不在乌托邦（U-topia），也非在异托邦（Hetero-topia），而是在"虚托邦"（Ankhorite-topia），在庄子哲学与西方对话之余，仅仅剩下虚托邦，虚化之位置与位置之虚化的发生事件，在让予之余，在余让之中，在余心的触感之中，以余地的保护，给世界重新"定方位"。

这不再仅仅是斯洛特戴克所解构的生命免疫保护的空间现象学之"球体学"，而是中国文化"天圆地方"中的世界之定方位（Weltorientierung），也要解构中国自身的太极图与向心性帝国思维，还有所谓的"天下观"，而建构另一种的"庸用哲学"，或生命宇宙技术要展开的"方位学"，这也是庸用哲学的未来工作。

9

再造元生命

第五维的思想实验

> 一座花园竟如魔法般打开
>
> 心，沉入物哀，沉入心物离析
>
> 触碰到大片大片的蝴蝶翅膀
>
> 最初的纯洁，经众匠人之手
>
> 从金银细活提取出活色生香
>
> 又从宇宙之大，提取出少和极少
>
> 但仅凭一只瓦罐，能将万般皆空
>
> 幻化为水滴般大小的世界吗？
>
> 风格的盈余，自物的盈余溢出
>
> 物，朝表达的悲剧性崇高涌起
>
> 农作物和建筑物，朝金字塔涌起
>
> ——欧阳江河，《宿墨与量子男孩》第14节

9.0. 世界是高维度的，我们所生活世界的各种变化，不过是一次次来自对第五维之直观的感通，以及玄秘的制作。

9.1. 维度的哲学思辨

9.1. 我们所生活的这个世界或宇宙是神秘的，不是它总是有着未知的不可说，而是有着明确显现的"第五维"，却又依然处于吊诡的不可说状态，处于"玄之又玄"的转化之中。我们人类生活的世界，不过来自对于第五维度的直观感知，并制作出相应的纹图器物，以此标划出不同的时代。世界是在第五维度不可见的"道"与可直观此道的"器"，即，在大道的感通与制器的技艺中，被一次次打开。

9.101. 也许有着第五维的直接显现，但如此直接的显现依然是指向"第五维"的不可见，或，与"弦理论"的多维空间有着关联，20世纪下半叶弦理论数学时空观的出现，迫使哲学进入多维度的思考，如同上世纪在相对论之后，时空结合成为主导的思考（海德格尔就写出了"时间-游戏-空间"或"时空游戏"），哲学思考必须给出自身的可直观性。哲学，最终还是要回到现象的可直观性，是一种非知识，而不是反知识，是时空的明证给予性，是最为一般性的直观化思考。

9.11. 从第四维开始：从第四维开始，乃是因为我们这个"网络时代"提供了直接又直观的虚拟交流方式，我们发出的各种信息，自己的图像与自己的表达，以数字信息方式，进入网络虚拟空间，"我们"一下子就似乎"进入"了第四维。

9.111. 直到2021年，"元宇宙"的出现，第四维的升级，其实不过是人类在疫情年代的单子化、虚拟交往的扩大，现实三维生活被压缩为一个二维的表面了。

9.112. 第四维：即时性或瞬间的空间穿越——时空的压缩，图像的瞬间显现——无尽幻象的涌现之所，信息通过媒介技术的普遍可传达性——中介的感通性，梦中的幻象流动世界——从动物到人类可能都有着此灵魂的感知方式。在第四维之中的交往，不同于第三维面对面的局限场域的对话，而打开了同时性的多维度交往的可能性，拓展了人类交往的丰富空间。

9.113. 第四维是生命本身的幻象滋生之所——如同弗洛伊德在梦的解析中认为梦中的文字是象形文字的混杂——拟似性的图纹、图像、文字、事物、象征等等，是各种图符的压缩与转换。2020年以来的疫情时代，最好地体现了第四维虚拟技术的控制权力：以"第四维"的大数据运算与指令，可以让处于"第三维"现实生活空间的个体，彻底止步，保持静止隔离状态，而这都来自"第二维"的被赋予不同颜色的图像符码，此"二维码"就如同道教的"符箓"一般，有着巨大的来自第四维的指令权能。但是，并没有来自第五维的超越幻象与救赎指向，这是作为现代性的人性之彻底的失败，是现代性本身的巨大挫败。

9.1131. 第四维就是影像化的世界，如同佛教所言的梦幻泡影的幻象世界，无数镜像投射的幻影世界。此第四维，如果不与我自己的那个"我"发生关联，就只是影像的显现，甚至会自动显现，但并没有与第三维空间中的那个"经验的我"——却有着与第五维关联的那个"绝对的我"，发生感通的关联，就只是一个幻象化的第四维世界。

9.12. 在古代，只有少数人可以进入第四维，通过神秘仪式、巫术仪式、宗教仪式等方式。那是属于少数阶层的特殊能力，比如：巫术通灵者或宗教神秘主义者，宗教领袖与历史英雄，等等。

9.121. 但进入现代性，随着影像技术，从电影到电视，直到网络虚拟空间的出现，一点儿也不困难的是，现代性的人类已经可以自由地随时

"进入"第四维，即与虚拟空间这个第四维发生关系，没有什么比现代性的人更能够如此与第四维打交道的了，这在之前的人类是不可能想象的。

9.1211. 因此，现代性的普遍平等，因为第四维已经变得可能，不会被少数人所垄断，除非可以控制大数据，可以控制网络，形成所谓的敞视监狱。

9.12111. 第四维：这是一个虚拟的网络世界——人类的道与器，似乎在此虚拟网络中彻底合一了，就是我们这个时代超出三维时空的方式，无数的信息或图像，以接近光速的速度在虚拟空间中传递，此虚拟空间的形成，打开了即刻进入第四维的可能性，就如同佛教世界的梦幻泡影式幻象世界。

9.121111. 对于人性而言，第四维其实一直就有着显现：这就是他处于梦幻的时刻，在梦幻中，第四维流动的时空超越，影像的快速无目的变幻，人类对于第四维一直有着感通——甚至是先天的感通，并且与三维的身体感知相关，与第五维的幻念——那个似乎清醒的我，有着全息的总体感知，而一旦醒来，人类就只能处于第三维的日常时空。因此，作为梦幻状态的第四维就消散了，第五维与第三维也分离开来。

9.13. 降维及其投影，进入"第三维"：第三维乃是一个人性化的世界，一个人类自身生产的器物所围成的立体世界。人类生活在自己建造的立体空间之中，这是可以测量出长宽高的立体空间。

9.131. 建筑与居住就是人类生活的基本生活空间。但人类也封闭在这个第三维度的生活世界中，它可以与"前维度"的自然世界发生关联，但已经成为第三维度控制的"周围世界"（Umwelt），要摆脱第三维度的控制，进入自然的"前维度"，对于人类是相当困难的事情。

9.1311. 第三维：人类处于第三维的世界，因为人类通过自己的劳动，建造出一个三维的物质世界，一般是以圆形和方形的几何形，来建构出立体化的场域，甚至"方"与"圆"不可能合一，人类不可能不生活在此三维空间中，但人类也被限制在此三维空间中。如同柏拉图所言的数学化的理型，只是对于不可见的第四维——纯粹理型的模仿显现。

9.13111. 第三维的世界基本上会被等级制化，会出现高下、左右、长短等等的区分，由此空间的区分导致伦理的等级制，形成高下的等级制管理秩序，无论是空间的区分还是政治的区分，通过符号化的权力赋予，就可以对第三维度进行等级的秩序化与结构化区分。而自然的"前维度"是可以打破此区分的，只是，一旦自然也被人类加以"类比化"，瓦解等级秩序的混沌变化也就被限制了。

9.131111. 第四维度的瞬时变化也可以打破第三维度的结构秩序，但如果只有帝王或者极少数人，可以进入第四维，并且垄断了第四维的幻象空间，这就出现了帝王个体的神学化（或者帝王成为天子）——垄断了第四维之天地贯通的德能，尤其是在"绝地天通"之后。

9.132. 进入现代性，虚拟网络空间的敞开，让每个人随时可能进入第四维，就形成了平等共享第四维的机会，这是庄子的齐物之论——只要每一个个体进入第四维——天倪进入道枢的葆光（看似可见其实背后的技术运作不可见）——就是平等的可实现。

9.1321. 中国文化的第三维，则体现为阴阳五行八卦所建立起来的汉代《月令》的基本图式，把所有行为按照这个已经对变化加以结构化的整合方式，来按部就班地行动，服从于这个图式化的生产节奏。

9.1322. 但这个图式本身是第四维的，其时空压缩的方式，如果不是按部就班地依照时令季节来行为，而是加以瞬间的综合直观-——如同《易经》的象数学运算或者总体观察——就是第四维的穿越，或者整体性的直观。如同河图洛书的数字排列，其实来自第五维的"幻方"投射，已经是第五维的思维投射，其数字幻方具有直觉的扩展性。但此《月令》图式投射在第三维的现实生活世界中，并且塑造着中国人的现实劳动与生活世界，就只能按部就班地劳作，此投影就覆盖控制了整个三维的世界。

9.14. 继续降维，其他的维度并非不重要，那也是另一种的幻象与真实。

9.141. "第二维"：第二维是一个平面的世界，尽管此纯粹的第二维世界也是人类的视野中显现与制作出来的，因为二维实际上也是第三维的投影，以绘画艺术的二维平面最能体现此二维的纯粹性。

9.1411. 为什么会有第二维的出现？生命如何可能生存在第二维上？第二维难道不是虚构？为何会有最初的墙面与地平线？是否与人类的直立行走有关？

9.14111. 但第二维的直接性与顺滑性，可能是人类最为渴望的直接性，也许第五维直接抵达第二维，才是人类的梦想？

9.141111. 绘画对于二维平面的保持，有着什么样的感知秘密？这有待于后面展开。

9.142. "一维性"：严格来说，一维的点也并不存在，自然并没有点与线，但点线其实也是抽象，是三维的一个面，如同人类可以预先看到看不见的立体三维的另一面，所有现象学的惊讶均来源于此。

9.1421. 但一维性可能更为具有"元点"的重要性，启发了瞬间的爆炸？是瞬间节点的形成？是抽象的开始？

9.143. 零维：元点，原子，单子，自我，绝对的我，不死的我，似乎都来自这个元点的形式显示？元宇宙的单子化也是回到孤独个体的梦想，或者个体唯我论的虚拟投射的普遍化。

9.144. "前维度"：自然，那个所谓的自然世界，一直就处于人类认知的维度之前，自然自身的涌现，自然物的自身生长，或者被认为是分形几何的，或者就是混沌的涌现，或者就是黑洞的边缘事件。

9.1441. 自然，在维度之前的自然，是前维度的"那个"世界，是不可能对象化的与言说的，但有待于在人类认知建构的维度中显现，却又一直保持在外面，作为纯粹的客观性与所谓的"物自身"。

9.1442. 如果有着所谓的中国智慧的可直观形态，这是通过前维度的自然来与第五维感通，是第五维——不经过三维的秩序与四维的虚幻，而"直接地"与前维度的自然变化——那个并不落入二维、三维、四维尺度之下的涌现生长的自然，发生感通。因此，中国智慧要求去除三维等级秩序——比如儒家式的亲亲尊尊，要求去除四维的幻象变幻——比如佛教繁多的幻象世界，而是在前维度的自然状态——发现生生不息的种子。

9.15. 海德格尔的存在论差异，也可以被转换为第五维的诡异论。

9.151. 第五维显现为第四维的投影，就如同存在的显现，第四维投射在第三维之为存在者的显现。但无论是存在还是存在者，都来自差异化的运作——敞开，敞开才是第四维的纯粹运作。

9.152. 但敞开并非仅仅在第四维上，这可能是向着其他存在敞开，但如此的敞开，可能仅仅是斗争，因为为了争夺这个第四维，而导致存在之元政治的元争执，存在历史的命运就是如此，其悲剧性也是如此

（世界化的民族与大地化的民族，如同德意志民族与俄罗斯精神），存在的终末论也是如此（如同希特勒国家社会主义的自我毁灭）。

9.153. 存在本身之为第四维的敞开，应该是更多接受来自第五维的给予，这就是海德格尔后期走向es gibt（有着予有）的被动性，不是存在的存在，而是存在的被给予，就是第四维的再发生（Er-eignen）或者成己之事——需要第五维的给予，这就需要第四维的存在让自身被"去己"（ent-eignen）——使自己"无用化"，否则就仅仅保持在第四维的幻象之中了！

9.154. 因此，一方面是存在的无用化，另一方面存在又必须接纳第五维的给予，但此给予又不能固定，这就是再次的给予敞开，"给予一个无"，第五维只能作为无用之无来给予——这就是敞开的吊诡或诡异之处。

9.16. 这就犹如庄子的大圣梦。梦中还有梦：第四维就是在梦中——仅仅是第五维的投影，而我们所具体生活的第三维——则仅仅是梦中之梦而已，作为梦中第四维的投影，而真正觉醒的只有那个不可见的第五维，但第五维并不存在，其不可能显现，只能是以第四维和第三维的现实时空与切身经验显现，我们只能生活在梦中，但我们又明明感受到第五维的来临，接受第五维的指引，接受第五维的馈赠，这是人类企图走出第四维幻象与幻影的哲学方向。

9.2. 第五维如何显现

9.2. 哪里有着第五维的显现？第五维本身不可见，我们人类不可能直接进入第五维，我们不可能直接言说与指明"那"第五维，这是所有的神秘之源。

9.21. 每一个个体绝对的我——似乎是不死的我之念头——与整个世界的全息感通、瞬间的穿越、彼此的看穿，不仅仅是处于第四维中的虚拟穿越，而是第五维的那个绝对念头"我"，既可以与第三维的身体感通——但这是激发其第五维的生命念头——也可以进入第四维并且穿越之。那个绝对超维度的意念穿越，处于第五维的全息共感中，所谓"吾心即是宇宙"或者"一念三千"的瞬间感应——就是弥赛亚性的"绝对我"，或王阳明所言的灵明闪烁："盖天地万物与人原是一体，其发窍之最精处，是人心一点灵明。"

9.211. 就是第四维我们当下也不可能直接进入，第五维仅仅通过投射在第四维上的投影来显现——这是第四维的无限网络虚拟空间，我们仅仅是以图像为媒介而进入，而不是直接进入，或者第四维的知识信息有可能在某一天被我们直接共享——人工智能与神经科学的结合。

9.212. 多重"我"的整合：第五维的那个"不死幻念的我"——第四维变幻中的"我之索引"——第三维身体中的"自我感觉的我"。或者如同我们在梦中经验的那个我：我们处于第四维的瞬间变幻之中，第三维则是我们睡眠中的身体——这个身体状况也可能影响梦境，但其中还有着第五维——那个凝视这些场景变化的那个视点"我"——总是有着一个奇怪的"我"——在梦中看着这一切，醒来之后，也是这个我醒来，似乎只有这个我可以穿越一切，但可能也会消失——我死后的那个时刻——这个绝对的我就不再与第三维的我发生直接的感知了。即，这个我，乃是与第三维的身体结合着——除非死亡后这个我脱离了，与第四维的变幻世界也相关——但似乎可以在外面——如同网络虚拟空间有着我的各种图像——或者我可以操作第四维的显现——但这个"我"其实还是在外面，这个我似乎又是不死的——这是第五维的念头——就是进入第五维的指引。

9.213. 量子蝴蝶的灵魂等级也许高过人性，但蝴蝶或者沉迷于自身翅膀上的图像变幻来吓退天敌，或者沉迷于打开鳞片飞舞时的闪烁变幻，此恍惚变幻的瞬间会消散，而人性不同于蝴蝶，或者说人性的灵魂可以上升为神性，就在于人性中的那点灵明就是第五维的神性，它不仅仅一直在闪烁，而且一直在发现"会神"之法！所有的宗教与神学，乃至于生命宇宙技术，都是在汇集这闪烁的神性灵明，如同王夫之解释庄子"以神合天"时所言的"凝神"，"神使明者之天光"，使之成为永不消散的"星座"，或者人性对于闪烁神明的聚集，之为生命宇宙技术，也可以折返到人性内部单子式的微知觉，让"绝对我"（如同自创生理论中的"观察者"）一直可以保持为自身觉感。

9.22. 但人类不可能以第三维的方式直接进入第五维，否则，必须整个能量的运动发生彻底的改变，如同第四维中因为巨大速度而导致物质的弯曲与能量改变。第五维的生命躯体就是"天使"或者"飞天"的形态，就是中国"西王母"的生命形态，自由飞翔，不吃不喝，纯然穿越。

9.221. 如同孙悟空的自由变形，其显现的各种形态是第四维的幻象，而孙悟空的个体生命一直可以进入第五维——与神仙或者佛陀对话——其不死的生命体也是处于第五维的生命体。

9.2211. 处于大地与进化中的人类生命体只能在三维世界中，感知第五维，但无法进入第五维，因为人类现在都无法进入第四维，只是打开了与第四维的虚拟化感知的丰富关系，人类要进入第四维都必须极度的身体变形，能量的加速变化，因此只能以"图像"的方式进入，此图像化的虚拟显现方式，就是第四维数字时代的形成。

9.22111. 此第四维的虚拟世界中，也只是第五维的投影，或者说整个第四维都是第五维的投影，但如果第四维被固定下来，这就是梦幻世界的透明化，如同汉代墓葬中的图像世界的日常历史化。但其实只是技术的复制，中国的青铜器饕餮纹复制技术就是如此！中国文化的万物"模造"方式，就是第四维的复制化与程序化生产，中国当前的全球化世界工厂之形成，其实是与这个来自西方的四维数字方式的再复制化——与中国程序化山寨生产——之混杂的结合而已。

9.222. 如果第四维要保持与第五维的关联，必须一直处于变幻状态，如同孙悟空的七十二变，并且呈现出悖论的感知："化方为圆"或"化圆为方"！诡异的辩证法，一定是吊诡的方式，有着看似不可能的可能性。

9.2221. 现代性世界出现了第四维的广泛主宰，却导致第五维消失了。现代性的价值在于：随着技术对宗教的代替，人性被充分、迅速地带往了一个虚拟的幻象世界；随着摄影及其流动的影像技术——电影的出现，时间可以直观感知，运动或流动的时间可以被人类直观到；以及随着网络的出现，每一个个体都可以"直接"与这个媒体化的虚拟网络打交道，通过这个虚拟第四维，穿越时空，与远距离的人交流信息，并且无数的信息可以存储在这个电子信息的世界，这导致了第四维的极速膨胀，人类反而遗忘了第五维。从流动自由连接的蒙太奇组合方式，到网络虚拟的电子信息世界，第四维空间不同于人类生活的三维空间，是影像的第四维世界，但人类可以与之交流，可以以信息的方式在其中表达，第四维已经充分地参与了人类在三维空间中的活动了，以一种弦理论所言的垂直的"细弦"的缠绕方式。

9.2222. 这也是人类最为基本的困境：必须以第四维的梦幻时空，来连接三维的现实时空与第五维的全息时空，但这必须经过创作的技艺，一般的人性并不能直接把第三维的现实生活世界与那个全息感通似乎不死的宇宙关联起来。因为梦中的被动感知，不可能被固定下来，因此，人类不得不去发明出各种方式来进入第四维。

9.2223. 但这个虚拟第四维的世界带来了致命的问题：第四维人工技术并不能与第五维发生感通的直接关联，不能与那个不可见的不死性的我——或者生命的念头——发生宇宙全息整体性的关联，它也不可能直接与我的灵魂感知——既是第五维的不死信念，也是第四维生命肉身的灵魂梦幻世界——发生感通。

9.2224. 如果我们的生命在梦中是第四维的感知，那么现在，这些快速变幻的信息，是佛教所言的梦幻泡影，如果不与第三维的身体感知世界相关，不能感动我们的灵魂——身体中的第四维，那么也并没有价值，反而吞噬了我们生命的一个个瞬间。就如同那些在影像世界中流动的影像——如果它们不打动我们，我们也根本记不住这些图像影像，无论多么美妙与惊恐，都与我们的生命没有感通，而只有中介信息储存的价值。

9.223. 因此，我们这个技术时代的问题就在于：看似我们都非常容易进入第四维的虚拟世界，但其实我们的现实还是处于第三维之中，即便我们可以随时进入第四维，但第四维与我们第三维没有深度关联——那些图像并不打动我们的灵魂！因此我们根本不可能记住那些图像。

9.2231. 当然，第四维可以记录我们的所有"图像化身"——如同佛的无数化身，但也仅仅如此，我们也可以拒绝之。同时，这个变换的第四维世界，其实与那个我们每个人都已经具有的不死性的幻念，那个神秘的我，在梦中也出现的我，没有关系，因而也与全息的宇宙无法感通。

9.2232. 而现实生活中的我们，则是以第三维的身体，与第四维的梦幻有着感知的深度关联，同时与第五维的生命幻念有着全息的整体感通。但因为虚拟第四维的诱导与成瘾，反而让第三维的有限生命与第五维的无限维度没有了关联，这是我们这个思维技术时代的根本危机。

9.23. 整个现代性的哲学都在面对第四维与第五维的关系。

9.231. 无论是后期的梅洛-庞蒂，还是后期的海德格尔，都遭遇到如何与第五维发生关系的难题，无论是回归到世界之"肉"还是自然的"涌现"上，或者有时候被理解为第三维了，其实应该是前维度的"自然"，但又必须打通到第五维，但他们无法付诸直观。

9.2311. 因为第五维只能感知，却可以在"神化的图纹"上显现出来（神纹化：或神面纹，或神人纹），在看似可以直观的图纹上，却又依然保持为不可见。中国思维提供了可以直观的回旋的神纹。这是塞尚晚期想做而还没有彻底做到的，而海德格尔晚期则过于陷入"天地神人"的"合四"聚集与镜像投射的游戏了，除了在思考荷尔德林诗歌中的天空与大地时，对于无限的关系有所触及，但还是不明确。因为他们缺乏"源语言"。

9.2312. 海德格尔一直没有明确指出这个后面的更高维度，而德里达感受到了，以其荒漠中的荒漠、弥赛亚的降临、幽灵的突然显现，还有阔纳的诡异，但又没有找到与之感通的关联，那个共感与共振的感知关联，而是陷入了形式显示的概念化思维。

9.232. 无疑，德勒兹注意到了天地节奏共感的重要性，试图打开感通天地的第五维度共振，或者说形成逃离四维的逃逸线，但因为与革命机器、欲望生产，还有内在平面，都搅扰在一起，其实就是与第五维有着纠缠的网络虚拟四维空间而已，尤其是瓜塔利的混沌似乎带入了自然的前维度，前维度——第四维的逃逸——第五维的显现，这些关系并不明确，因为混沌的力量似乎太强大了。

9.233. 而斯蒂格勒没有明确这些区分：第四维的虚拟技术转录，尽管有着幽灵性，但其实只能在第三维被大量生产，但又看不到第五维——因为他对于德里达的弥赛亚降临并不在意，才不断陷入如此多重的纠缠：第四维的敞开——第四维的流动——第四维的复制——第四维的下降，而看不到第五维了。最后，其实都只是第四维的"残余"投影：看似有着无数流动的影子，但其实都是被重复，被消耗过，被不断复制着的——残影而已，贫困的新无产阶级与年轻人——都是第四维的残影而已。

9.234. 哪怕是关于鬼魂与幽灵的思想，在德里达那里，到底是第五维的弥赛亚性还是第四维的幽灵性，如何区分开幽灵、鬼魂、弥赛亚性，第五维度的来临，既要区分，又要发现可以感通的神纹，这是未来的工作。而中国的文化历史，尤其是远古时代开启的感知方式，在语言学与文字学之外的第三种"源语言"，一种神纹化的形态学，提供了这种感知的可能性，这就不再是德里达的文字书写技艺，而是神纹的形态学。

9.24. 按照数学的空间思维与可能性的逻辑来说：三维时空只是四

维投射的一个"面"，同样，四维时空也只是五维时空的"维面"，当然四维的面会更多——可以同时看到很多的可能性，不再是二维的"一种"可能性，三维的"两种"或者"三种"的可能性，在四维时空中则是有着"很多的"可能性——也许是很多很多的，却不可能是无限的，因为第四维毕竟只是第五维的多维投影，但不可能是无限的投影，否则就成为第五维。

9.241. 一旦我们以"可能性"（possibility / Möglichkeit）的范畴来理解，会更为明了。

9.2411. 古典哲学"可能-现实"的二维逻辑。二维层面的思维与行动的可能性，就是古典的可能性与现实性的相关逻辑：从可能性，经过现实性，只有一种必然性，才体现真理的唯一性，从起点到终点，都被一种现实性的逻辑与目的论所控制着。

9.2412. 二元可能性的差异逻辑。三维平面的思维则是近代的二元论或者三元论（统一或者综合），有着几种选择的机会与自由，所谓个体的自由意志与上帝的意志——之间的冲突，以及意志的自由悬置——不去做的自我悬置，其实就是这两种或者三种可能性的模态表现，不会有更多的可能性与现实性。

9.2413. 多重"潜能"（potential）的可能性逻辑。第四维层次的思维或者行动的可能性，则有着很多的可能性，非常多的可能性，这是因为"潜能"比现实与可能性都更为重要，"潜能"超过了现实性与可能性的对立逻辑，潜能有待于被激发，被不同的他者所激发，如果他者也处于第四维之中，那么在相互的交往中，就增加了更多交错的截面与重新开始的机会。这就看起来，似乎有着无数的可能性了。

9.2414. 不可能之"不可能性"的逻辑。第四维来自第五维的投影，那是否我们可以直接处于第五维呢？但这是不可能的！我们只能说，期待自身不受第四维的限制，因为第四维的丰富可能性会迷惑我们，不同他者的广泛相遇，在现代性变得可能——并且在网络虚拟交往平台上与很多他者同时性交往，但也导致了无数镜像的相互映射与幻象迷惑，因此，好像我们进入了第五维，但无疑，这是第四维的虚拟交往带来的错觉，整个当代技术的人性就处于第四维的五维幻觉之中了。

9.25. 面对第五维，我们只能说：第四维的多维截面——这第五维的投影——被加速旋转——尽量摆脱四维多重截面的限制，这就需要"加速旋转"，不断"回旋"或者"圆转"——摆脱四维的"方形"，这就是"化方为圆"或"化圆为方"，这就是吊诡的诡异转化，以此摆脱四维的限制——接受更多来自第五维的能量投射，而不是进入第四维的自身截面的多重交叉——这还是四维多重截面的敞开而已。

9.251. 因此，第四维的人性要接受更多来自第五维的"更多"投射——即仅仅顺从于敞开的敞开，或者另一个他者也受到第五维投影的进入——也不受限于第四维的相遇与诱惑，那么，第四维的截面就可能被打破，如此的可能性就不再是个体的四维潜能，而是受到来自第五维的相互作用，这看起来几乎是不可能的。

9.252. 这就必须迫使第四维的时空，进一步被压缩并加快旋转的速度，"几乎"可以摆脱四维的限制——但这又几乎是不可能的。但这不可能性要成为可能，人类才可能感受到第五维的直接力量，而不同于第四维的自身繁衍——多重截面的相互投影——如同佛教无数镜像的虚幻投射，才可能摆脱无量数影的幻象。

9.253. 要进入第五维，就必须进入众多四维的运动急速震荡之中，不是三维物体空间的立体固定，而是四维的加速震荡。

9.2531. 四维时空中还有物质——波动的能量，不是三维的物质固定形态，而是细微的粒子波动及其不确定性。

9.2532. 这不仅仅是维度，而是在物质与空间的关系中，因为极度细微粒子在运动中的回旋，形成波动与波势。

9.2533. 此微观的巨大波动，且保持高速的旋转，就可以压缩自身，越是压缩，越是需要能量，也导致物质能量的爆发或者爆破。

9.2534. 能量的极度回旋中，塑造出可能的物——如同陶器制作的拉胚器——回旋的转盘上——手不断在空中——拉动可塑性的物态，使之处于弯曲变形之中。

9.2535. 此弯曲的拉伸及其打开的曲度，被挤压到一个点上，四维时空成为一个点，奇点或者零点，密度极大。在四维与五维之间，有着无数的0点，看似有着1，但其实都是零。但这个零点的内部爆破，第五维就来临了。

9.2536. 但这是接近于零点的、无数细微粒子的能量波动，要与更为广大的宇宙一起波动，并且进入共振，这个弯曲与波动的振动过程，乃是寻找那个与第五维振动的共感节律。

9.254. 这要求把卑微的自身变成中介——一个波动的场域——如同磁场——形成与宇宙共感的节律，融入更大的宇宙合唱之中。即，个体的振动频率——宇宙的振动波场，因为此巨大的回旋运作，获得了节律性的共感，节奏乃万物的主宰，节奏的普遍共感乃是维度穿越的秘密。

9.255. 与之对应，则是古典的"地狱"状态：没有回旋的上升之力，只是被围困！越挣扎越深陷自身！或者说，地狱状态就是处于绝对封闭的二维平面：僵硬，困住，在绝望中来回重复滑动。但其咒语来自第五维：拯救不再可能！这也是为何但丁地狱可以启发绘画的二维平面之故。

9.3. 技术-艺术-道术

9.3. 那么，这如何可能：重新让第三维中的第四维（个体灵魂的梦幻），与虚拟的第四维相关（虚拟空间的打开），也与第五维的全息幻念（个体与全息宇宙的共感）相关？如此三重的连接，也是"技术"的制作、"艺术"的第四维、"道术"的第五维的重新连接。

9.31. 然而，第四维如果不仅仅是技艺——这也是多媒体艺术带来的错觉——而是显现出第五维的投影，或者说第四维的技艺——如果有着感通的艺术关联——不仅仅停留于第四维自身的信息泛滥与恶无限的复制，而应该指向第五维——或者与第五维的全息宇宙有着感通，有如此三重的连接，并且让第四维可以感通三维世界中的生命灵魂，同时指向第五维的全息宇宙感知，这就是艺术，就可能形成艺术的第四维，如此艺术才不同于现代性的虚拟多媒体技术。

9.311. 此显现出第五维的第四维艺术，一定是悖论性的，这就是不同于第四维的媒体技艺之处：它是对不可见第五维的呈现，是其投影与显现，这就是化圆为方或化方为圆，看似悖论不可能的逻辑，却吊诡地显现出来了。

9.3111. 在现代性艺术中，杜尚是最为深刻触及了这个最为根本的问题。现代艺术过于被他的现成品艺术限制了视野，一旦我们深入理解杜尚自己的最初动机，就能理解他对于第四维问题严肃的思考与表现，尽管对此表达似乎并不满意。

9.31111. 现成品艺术，只是瞬间的即兴打断与重置，并没有深入打开第四维，当杜尚看到飞机螺旋桨的运动与复杂性，哪怕是画下楼梯的裸女时，已经具有二维半的立体派也开始了在绘画平面上表达运动，似乎也并没有传递出第四维。杜尚由此花去了八年的时间制作的《大玻璃》（1915—1923），也只是利用欲望的幻觉，如同电影胶片运动中赤裸肉体的刺激，诱发单身汉的性幻想，这个性幻想就是人类梦中的第四维世界，但也并不直观，需要太多的解释，因为第四维看起来似乎如此简单——就如同我们当下打开电脑就进入了第四维，作为艺术又是如此不可能——必须体现悖论与反常，杜尚的时代可能缺乏技术的支持，而开始了过早的艺术想象。

9.31112. 后来杜尚以20年隐秘做出的《被给与》或者《玄关》——但这依然还是三维立体的装置——也是为了带入梦幻的第四维，一个隔挡的大门仅仅只有一个窥视的空洞——这似乎暗示了第五维的念头。

9.32. 如何理解这个第四维艺术或第五维艺术在人类历史中的显现？我们可以以中国古代的各种表现为例。

9.321. 灵魂是身体中的第四维。但灵魂不可能显现，或者通过人造物的方式，或者内丹中丹田的炉造——先天之炁本来并不存在——这是第五维，在身体内部的丹田——这是第四维的虚拟，因此丹田之气来贯穿整个身体，感通各个器官——重新塑造整个五行化的器官整体，是以丹田之气（第四维）在意念的引导下（第五维），贯通整个身体，使之重新运行，而并非生理学已有的器官化自然运作方式了，而是以"无炁"加以意念引导的重构，如此形成的五行元素的整体感知模式，其实就是第四维的虚拟重构——如果整个内脏器官的五行元素，最终被丹田之气充满贯通，就彻底重组与重铸了所谓的生理学器官组织机体，是一个新的第四维的修炼机体。这是第四维的丹鼎建造。

9.3211. 因此，启发了艺术作品的创作，把魂魄——生死与超生死——在人造物上做出来，才可能指向第五维——超生死——超越变化的幻象。

9.3212. 网络虚拟影像彻底展现了第四维，然而：一方面它无法与第五维的不可见发生关系，另一方面不可能与个体的灵魂发生关系——宇宙化的个体的灵魂是第五维的，只有在第四维才可能进入梦幻的感知世界——即刻幻化，只是佛教所言的梦幻泡影而已。这就是斯蒂格勒无法解决的问题：第四维的虚拟技术之为器官学与药物学，如何与第三维的个我，以及第五维的不死幻念，发生感通的关联？这一直是问题。

9.33. 古人对神秘形态有着更为直接的感知：以飞空的第五维的灵感念头——打开第四维的变幻组合形态或使之处于动态之中——显现为第三维的立体场域。但当今，虚拟空间的第四维在无尽扩大——网络世界的瞬间变化与自由穿越的元宇宙被打开：但此第四维与第三维中的灵魂没有关系——身体的整体感知，也与第五维没有关系——无法接通那个神秘的全息不死的绝对我！因此，只是运动变化的虚假第四维——就如同佛教所言的梦幻泡影而已。

9.331. 如果第四维是第五维的投影——中国文化以飞鸟的形态开始塑造第四维的想象力模式："鸟"在天空中飞行——这是打开第五维的超越时空——无痕的"鸟道"，而其投射在流水上的"飞影"，则是第四维：水在流，影在飞，并不留下，但又好像在瞬间留下了飞鸟的影痕。因为第四维只是一个时间变化流逝中的虚影。第三维则是固定、描绘或者制作出的立体风景与场景。

9.3311. 这也是为何飞鸟，在各个文化中，都具有某种打开第四维空间的象征作用。因为飞鸟超越了人类的尺度，又打开了与无限天空的无限关联，是时空之敞开的指引，因此就成为天使这个灵媒的翅膀。

9.332. 飞鸟的飞行，就形成了"鸟道的诗学"，并且开启了"超自然主义"的美学与"第五维"的哲学。

9.3321. 诗人王维的《华子冈》："飞鸟去不穷，连山复秋色。"苏轼的《和子由渑池怀旧》："人生到处知何似，应似飞鸿踏雪泥。泥上偶然留指爪，鸿飞那复计东西。"这来自云门宗第五代祖师天衣义怀禅师的一段话："雁过长空，影沉寒水。雁无遗迹之意，水无留影之心。"明朝洪应明所著《菜根谭》："风过疏竹，风去竹不留声；雁渡寒潭，雁过潭不留影。故君子事来而心始现，事去而心随空。"尤其是杜甫在《秋兴八首》其七中，以诗意的虚化之鸟道，明确了个体生命在江湖中的位置："昆明池水汉时功，武帝旌旗在眼中。织女机丝虚夜月，石鲸鳞甲动秋风。波漂菰米沉云黑，露冷莲房坠粉红。关塞极天惟鸟道，江湖满地一渔翁。"——或许杜甫的诗意已经受到了佛教的某种潜在影响（杜甫天宝十四载的《夜听许十一诵诗爱而有作》诗中说："许生五台宾，业白出石壁。余亦师粲可，心犹缚禅寂。"），又或许是杜甫的诗意启发了随后曹洞宗的"鸟道"开示手法——所谓鸟道、玄路、展手三种方法作为接引学人使其开悟的门径。超自然主义诗人赵野在其组诗《秋兴八首》的《人类第七》第二节中给出当代的回应："大地盖满了房子，安置自由/原来鸟道才是我们的路。"因为天空的广阔容纳了飞鸟，也召唤飞鸟去拥抱接纳天空，这是诗意的阔纳。

9.3322. 我们可以列举禅宗对此"鸟道"诡异智慧的各种公案式诗句说唱，学者们已经就"鸟道"的语段有所收集。《增一阿含经》卷十五《高幢品》："或结跏趺坐，满虚空中，如鸟飞空，无有罣碍。"
《法句经》卷上《罗汉品》云："如空中鸟，远逝无碍。"又八十卷本
《大方广佛华严经》卷七十七《入法界品》云："所行无所乱，所行无
染着，如鸟行虚空，当成此妙用。"《维摩诘所说经》卷中《观众生
品》："如盲者见色，如入灭尽定出入息，如空中鸟迹，如石女儿，如
化人烦恼，如梦所见已寤。如灭度者受身，如无烟之火，菩萨观众生为
若此。"八十卷《华严经》中《如来出现品》："了知诸法性寂灭，如
鸟飞空无有迹。"——《法演禅师语录》卷下《悼四祖演和尚》诗：
"此病彼圆寂，吾门何得失？生死若空花，去来如鸟迹。东涌忽西没，
影挂寒堂壁。三十三天扑帝钟，普念般若波罗蜜。"《大般涅盘经》中
《狮子吼菩萨品》："善男子，如世间物，有因缘，故不可得见，云何
因缘，谓远不可见，如空中鸟迹，近不可见，如人眼睫。"——此外，
禅宗更为明确指明了鸟道的秘密。《祖堂集》载丹霞天然《孤寂吟》：
"尘滴存乎未免僭，莫弃这边留那边。直似长空搜鸟迹，始得玄中又更
玄。"《祖堂集》卷六"洞山和尚条"："问：'承和尚有言，教人行
鸟道，未审如何是鸟道？'师曰：'不逢一人。'"洞山悟本禅师语录
（大四七·五一一上）："云：'祇如行鸟道，莫便是本来面目否？'
师曰：'阇黎因甚颠倒？'云：'甚么处是学人颠倒？'师曰：'若不
颠倒，因甚么却认奴作郎？'云：'如何是本来面目？'师曰：'不行
鸟道。'"《祖庭事苑》卷四"鸟道"条："鸟道犹虚空也。"——不
留痕迹的"鸟道"暗示出"没踪迹"与"断消息"，指向第五维的"阔
纳"，如同量子态的"非轨道性"。

9.3323. 在宋代宏智禅师（也是诗人的释正觉，1091—1157）修行
要路之四法，即《宏智四借颂》中，出现了鸟道与借用的智慧：借功明
位，借位明功，借借不借借，全超不借借。其一，借功明位："苹末

风休夜未央，水天虚碧共秋光，月船不犯东西岸，须信篙人用意良。"
其二，借位明功："六户虚通路不迷，太阳影里不当机，纵横妙展无私
化，恰恰行从鸟道归。"其三，借借不借借："识尽甘辛百草头，鼻无
绳索得优游，不知有去成知有，始信南泉唤作牛。"其四，全超不借
借："霜重风严景寂寥，玉关金锁手慵敲，寒松尽夜无虚籁，老鹤移栖
空月巢。"（收录于《人天眼目卷三（大四八·三二〇中）》，以及洞
上古辙卷上的《宏智禅师广录卷八》）

9.33231. 禅宗的"鸟道"，之为第五维的玄思，关联到中国最为诡
异的"借用"智慧，我们展开如下的思考：一方面，自己本无任何的能
力，不是能品与神品，是彻底的"无能力"状态，乃至处于失败的绝境
状态，或者彻底地让渡了自身，处于无用与无势的无余状态；但另一方
面，此无用之人，可以凭空假借，不是普罗米修斯式的偷窃狡计，而是
顿悟到空无与超自然瞬间连接的契机，以机——借机，借机——生机，
进入随机而发的感应状态。

9.33232. 以"第五维"来思考"鸟道"：飞鸟飞过我们人类的头
顶——这是第三维高处空间的打开，飞鸟投射在水面上的影子——这是
第二维的绘画式平面，飞鸟之为经过形成的轨迹——这是人类描绘出来
的一维痕迹，飞鸟按照太阳所给予的方向感飞行——这是动用了宇宙力
量的第四维空间。而第五维又如何呈现呢？

9.332321. 从"第五维"出发，以"鸟道"和"借借借"的开悟智
慧，来展开释正觉的《四借颂》。

9.3323211. 其一，借功明位：鸟道，来自飞鸟的飞行，在禅宗不着
名相、不留痕迹的意义上，飞鸟在空中的飞行，并没有留下任何的痕
迹，既没有在水上，也没有在空中，留下任何的道路或痕迹，显现即消
失，痕迹为空，似乎什么都没有发生过，如同"水天虚碧共秋光"。

9.3323212. 其二，借位明功：鸟道，呈现出飞鸟的"超自然"行迹，在水面上形成的虚影不再仅仅是消逝着的二维平面投影，而是随着空气中的阳光和震荡的水纹，在高空飞鸟的带动下，整体地，进入更为微妙的相互振动状态。这是进入"纵横妙展"状态。

9.3323213. 其三，借借不借借：鸟道之为飞鸟在宇宙天地之间的飞行，同时要把我们带入更为本源的"量子叠加态"，飞鸟投射在水面上，会带动水中的鱼，跟随水纹的振动，连接空中的光线，进入飞鸟翅膀的微妙振动，把"整个空间"，都带入整体的多维相互振荡状态，如同"始信南泉唤作牛"。

9.3323214. 其四，全超不借借：鸟道之飞行所展开的宇宙灵魂图像与宇宙的生命记忆，即，一旦我们带入生物演化中的"水中鱼"演变为"空中鸟"，这庄子式"逍遥游"的时空压缩量子态，在"抟扶摇而上者九万里"的高速运作方式中（就如同快速拉坯机的回旋状态），之前的整体振荡状态、整个四维时空，都同时瞬间进入宇宙的共感之中，遥远的宇宙记忆与指向未来的飞升方向，都一道得到了感应。收录在《宏智禅师广录卷八》中的《王观察求颂》也有所回应："廓虚深净里头看，一点至灵珠走盘。默默通身明有眼，尘尘分应妙无瘢。江湖浩浩月随溜，华木欣欣春入端。变化鲲鹏是时节，便乘羊角作风抟。"

9.332322. 此外，释正觉《偈颂七十八首》中及其相关诗句中，也多次指向了"鸟道"的阔纳性。比如，无羽翼之回归："莫道鲲鲸无羽翼，今日亲从鸟道回。"比如，万像与神通："只个是家风，明明入混融。江光芦映月，夜色水吞空。撒手悬崖下，分身万像中。回涂登鸟道，恰恰是神通。"比如，同异的浑沦一体化："地水火风休假藉，一切不留还脱洒。家风廓落等虚空，田地虚明非昼夜。鸟道须知举足难，玄机不许丝头挂。同中有异异中同，彻底浑沦无缝罅。"以及《符十五郎求颂》中的以机应机："圆虚里许得真游，离水犀通一点秋。机应无私登鸟道，妙同明月静随流。"

9.3323221. 鸟道，尽管看上去并没有留下任何道路痕迹，但触发了各个维度相互感应的振动，飞鸟在高空中的飞行，连带着海水的宇宙记忆，还要带动大地上的人性，同时激发生命整体也飞翔起来的内在冲动，又凝缩了人性漫长演化中的生命记忆，如同日本哲学家三木成夫的思考。

9.3323222. 鸟道，尽管没有留下任何痕迹，好像从不存在，但触发了"宇宙记忆"的振动，这是因为禅宗修习者观照与悟性的加入——如同量子态的观察者介入——但又并不坍塌为第三维空间的事物，而是感应到多维空间的整体振动，触及宇宙生机的涌现，并且提升了人性的感知维度。如同禅宗智慧与道家修炼，并不局限于当下时空的具体行为，而是把眼前之物，通过空无化的掏空，把看似日常的行为与动作，带入宇宙记忆的第五维振动之中。

9.332323. 回到"借用"的智慧，体现出"借借借"的诡异思想，在借用与不借的辩证法，在释正觉"借借借"的转化中，开启了中国智慧的"绝对悟性"。

9.3323231. 尤其是第四段的最后一句："老鹤移栖空月巢"，这个语句体现出诡异的借用智慧，超自然的"借借借"有着三重的转换，老鹤是具体的自然对象，巢穴也是所谓量子态的坍塌现实，微妙的感知要回到叠加的量子态，即，飞鸟穿越空月巢穴——飞鸟与空无与月光与巢穴叠加形成的幻象态。

9.3323232. 而"借借借"的诡异在于"不去借"，却又巧妙地有所"借用"，如此超自然主义式转化在于：1.不可借的自然态象，那无人的自然态，如同飞鸟进入巢穴；2.不可借的超自然，乃是月光投射在巢穴，月光编织出奇妙的空穴，显现出超自然的景色；3.不可借的幻象，是超自然显现出来的恍惚之象，并非语词的描述与解释，而是如同，飞鸟以其羽翅，借用"月光"，建造一个"空无"的巢穴——人性观看者视觉球体上视网膜的灵魂图像——都带入浑然一体的振动状态。而形成了超自然的超象。

9.3323233. 形成了绝对文本的诗人王君，在其密宗修行式写作《九只白色秃鹫飞过天葬台》的最后一节，也感知到了第五维发生时的余光："在黄昏中即将消失的，峰顶—黑暗，/目睹到一种狂风暴雨的寂静：寂静吸引了/厢式货车和卡车，油门刚刚发动，/方向盘的眼光转向远处，群山，/无源光源的尽头，在尽头的余光之中，/九只白色秃鹫飞过没有顶峰的峰顶。/修行者此刻只感知到消耗的无力。/在天葬台山顶的人群目睹了/白色的秃鹫如何以燃烧的方式/如何以不是鸟的方式飞临现场。/她们像刀一样锐利的翅膀在大地上/投下投影。……"

9.34. 中国商代的饕餮纹或兽面纹：面目、神面、炫目、兽面、鬼面、人面、面子的礼仪秩序等等，都在饕餮纹或者神兽面纹中整合，打开了第四维的虚拟感知。这也是三个维度的结合：立体的第三维——日常的适用器具；第四维——打开一个怪异的复杂图案世界；第五维——那是一个诡异化的各种矛盾的"全息"指示——指向一个神纹的世界。

9.341. 如同良渚文化中玉琮王的面孔启发了中国人的四维图纹，打开了与第五维神纹的关系，空飞的飞鸟——可以解决卡夫卡"笼子寻找鸟"的执念意志，逃出这不可逃避的囚笼关系？那要被什么样的神纹所梦见？

9.342. 量子态飞鸟在古典时代，就是信息的媒介——打开第四维中的感知空间——不是第三维的高空——而是在天地之间穿越——带来信息的媒介生命体，这也是为什么，远古的太阳鸟崇拜，从古代埃及到中国良渚与石家河，在羽人与天使的想象中，都要有翅膀。这也是为什么基督教离不开天使的灵媒。

9.3421. 作为自然物对象的飞鸟，是不同于人类的异类，在天空中，与太空中的太阳一道，打开深度的第三维。

9.3422. 人类想成为飞鸟，但这是不可能的，除非在梦中，而梦则打开了第四维，飞鸟，在阳光中的飞翔，变幻出各种炫目的幻象。

9.3423. 人类如何成为第四维的飞鸟？如果只是处身于第三维，鸟与人分开，梦中飞鸟又变幻不定，这是艺术表现的困难。

9.3424. 看到飞鸟在流水上的虚影，领悟到变幻，这变幻，尤其在烟云形成烟影之中，就指向了第五维。飞鸟投射在水面的影像——第三维，飞鸟自身在天空中一直飞翔——这是第四维——并且与天空和太阳一道被敞开，而飞鸟的"鸟道"——并不留下痕迹却又指向更高的维度，则是第五维。

9.3425. 第五维的敞开，来自人类进入了飞鸟的飞翔，人类因此成为天使——与飞鸟一道飞翔，飞鸟乃是人类灵魂图像的投射。

9.3426. 飞机在天空中飞翔是第四维的，但飞机还是要落下来，回到第三维的地面上，飞机的第四维也只是如同电影打开的第四维；飞机的第四维是虚构与现实并存的第四维，而且，飞机与第五维并没有关系，因为飞机必然落回到地面上，除非如同宇宙飞船，彻底进入太空！

9.343. 第五维的幻象——绝对不可见，只能如同飞鸟投射在流水上的虚影——只能如同梦幻之中的幻游幻视之眼才可能看到。此虚影——既是第三维的（如果被固定）——也是第四维的（如果保持自身的变化游动）——也是第五维的（与天光云影或者烟云一道变幻）。这是中国艺术之真正的"即刻幻化"的整合。

9.344. 但第五维的幻象如何表现在艺术中？飞鸟灵魂形态的简化，节奏化——处于飞动之中——但又要如同光焰般跃动——保持不止息地跃起状态，则指向第五维的灵魂图像空间，不是落实在第三维的具体空间中，这就是远古飞鸟图像或神纹带来的启示，这些器物上的灵魂图像，怪异、惊恐地看着我们，因此它们不可能被我们对象化为第三维之物，而且还是在远离我们，飞向某个神秘世界。

9.35. 就绘画而言，绘画就一直面对着绘画自身终结的挑战，尤其因为技术进步，绘画的平面性一直有着被淘汰的危险。随着三维立体动画与四维虚拟技术的出现，似乎更加重了危机。最为体现二维平面的绘画，一直在面对一个悖论：要么继续保持绘画的平面性，要么成为绘画装置而走向空间；要么不断改变平面的维度，要么走向消失。

9.351. 一旦我们回到绘画本身，持守绘画的平面性（flatness），又不得不接纳技术的多维性，就势必迫使绘画不断地重新理解自身的平面性。我们发现，每一次的绘画革命都是来自对于平面性本身的重新理解，因为绘画的平面性并不等于其二维性。

9.3511. 西方的艺术史中已经出现过绘画平面性的几次转换。从文艺复兴焦点透视开始，在二维绘画平面上，形式上通过地板砖与拱廊的递减退缩比率，形成了画面向深处延伸的虚幻"三维错觉"，尽管焦点透视在文艺复兴之前就出现过，但为什么只是通过文艺复兴它才成为主宰性的绘画语言呢？这是因为"焦点透视"在文艺复兴乃是一整套的世界观：从数学的几何学到物理的光锥学，从政治的僭主到哲学的我思，从绘画的二维到建筑三维的接纳，从教堂的上升穹顶到神圣来临的象征空间，焦点透视形成的内在错觉，是复杂的文化历史的主动建构。后来中国人把自己的绘画称为与之对立的"散点透视"，无疑是过于简单化的类比了。

9.3512. 进入现代性，遇到了摄影的挑战后，绘画开始走向立体派的形体化，这从毕加索后来做出大量立体派雕塑以及后综合立体派拼贴技术的发展可以看出，同时，模仿非洲面具的立体派，打开了绘画的"二维半"，不是立体三维，看似有着折叠错视，但其实还是回缩到了二维，接续塞尚晚期对于球面体的探索，形成了"二维半"的立体触感。

9.3513. 而一旦绘画回到自身，回到自身的平面性，就出现了后来格林伯格所言的"美国式绘画"的贡献，摆脱了文学性叙事与建筑的剧场化，绘画回到平面的平面性与"二维性"，不去制造深度，形成无限延展的壁画，此带有抽象的平面性召唤出"色域绘画"，无论是罗斯科色域的平面化，还是路易斯流淌的绘画，哪怕波洛克的滴洒，都保持着平面的平面性，回到了蒙德里安的抽象画，以此确立了美国式绘画的贡献。

9.3514. 随后的西方绘画走向单色画，无论是黑色绘画与白色绘画，都通过强制的概念导致绘画走向平面本身的二维绝对化，甚至有着单色画的"一维"回归。也许韩国单色画更为接近于"一维半"，画面表面的重复书写痕迹，尤其是韩纸表面上撕裂碎屑的触感，就是"一维平面"上的起伏错觉，因为并没有撕下来，带来绘画表面上的情绪触感。

9.352. 西方艺术，因为受到三维立体空间的主宰，无论是古希腊雕塑，还是文艺复兴的焦点透视法，哪怕是表现运动过程与惊恐克制的拉奥孔也不属于第四维，西方建筑艺术的穹顶式上升有着第五维的指引，尤其是当整个教堂具有一种图像故事的叙事展开时，还是打开了第四维的时空。

9.3521. 在20世纪的绘画中也出现了第四维的艺术，毕加索一直梦想第四维而不得，无论多么立体化，或者走向雕塑与拼贴的结合，都达不到第四维。而贾科梅蒂1945年之后的艺术则打开了第四维，这是在绘画平面上，无数次的笔画就如同要在平面上建造一个虚拟的图像空间，如同贾科梅蒂自己所言——在鼻翼的一侧到另一侧隔着一个撒哈拉沙漠，而且，必须使绘画的对象灵魂出窍，进入一种鬼魂般的幽灵状态，其魂魄在一次次的笔画中，变黑，沉没于绘画的深处，但依然是那个人——那个我的第五维度的念头依然凝定在画面人物的眼睛中，如同中国古代玉琮上的炫目神。贾科梅蒂的雕塑作品，当然也打开了第四维度的空间，这是缩小的雕塑打开了看视的空间，以及身体的边长来自水面上影子投射的拉长。

9.3522. 最为具有革命性的绘画则来自波洛克的滴洒，画布被平摊在大地上，当波洛克沿着画布来回行走时，颜料滴洒向画布，并不接触，这个颜料滴落或者抛洒的过程是第四维的。如此带来的绘画平面上的线条，也是处于一次次叠加的回旋状态，此眩晕的画面催生了第四维的感知。第四维对于艺术的压力，导致沃霍尔也不得不采取图像复制系列并置的方式，无论是摄影还是绘画，甚至采取X光式的显影方式，但并没有打开第四维。波普艺术也没有打开图像反向凝视的魔力。

9.3523. 当前光电视觉绘画对于第四维的建构，比如特瑞尔与埃利亚松的光电绘画与视觉变幻作品，在平面上有着绘画的流动，有着虚幻空间的敞开，在时间中画面不断变幻。但问题是，这已经不是绘画，而是平面的光电游戏，技术与自然互动，但缺乏了"手感"的唯一性。

真正的时间性，绘画的生命，在于时间性与个体手感的关联，而且是身体性、材质性与时间性都同时体现在绘画的平面上。也许有着沉浸式体验，尽管这确实让观众进入了第四维的虚拟体验，但与观众自己的灵魂世界、与第五维的全息感知，没有关系。观众的体验仅仅是一种暂时的错觉——个体的第四维被打开了的错觉。

9.3524. 第五维的"超自然"艺术不同于多媒体虚拟技术在于，这是灵魂的艺术，有着艺术的真理性，这就是连接灵魂的世界：个体生命的第四维灵魂与世界本身的第五维念头。

9.36. 以贾科梅蒂的绘画与雕塑为例，与记忆及其重复书写相关，乃是诡异哲学的绝对个案。

9.361. 贾科梅蒂反复面对一个活生生个体当下在场的头颅，以素描的范式，也是毕加索立体派平面压缩三维空间的范式，但更为平面化，对形体的解散更为彻底，但又重构了一个更为结实的头颅或躯体，使之再次出生，而且，这个工作可以无尽地进行下去，如同"无尽的巴黎"的观念，其中既有着记忆的重复操作，也有着差异、延异与诡异的明确区分。

9.3611. 首先是三重记忆的区分：

9.36111. 当下记忆的再现，确实看着这个头颅，但绘画时，还是转过头去了。

9.36111. 也有着事后的回忆，比如，几个月后再来，重新开始延续之前的绘画过程，绘画一直在回忆与当下化之间转换。对于雕塑，则更为倾向于记忆的一般性。

9.36113. 也是不断重复地涂抹，覆盖，修改，如同外在记录，或斯蒂格勒所言的"第三记忆"。

9.3612. 但是，也不同于斯蒂格勒与现象学所言的三重记忆，而是"相似性"的游戏：

9.36121. 确实是这个个体，这个唯一的个体，有着重复，一直保持着相似性，看似要回到同一性，但又确实被解析了。

9.36122. 但绘画要不断地进入当下化，不断使之在这个个体上，就是这个个体上，重现这个个体的唯一性，不是其他个体，尽管不断地被解析，但需要回到在场，把"回忆"与"写生"结合起来，雕塑的瘦长形体倾向于生命的一般化，而绘画则无限接近活生生的个体化，但最终都回到个体的相似性，而走向"神似"，而具有古老埃及神像或圣像的晕圈或灵晕。

9.36123. 如此的重复，并没有终结，不是记录，不是幻影，而是让这个个体的生命形象，无尽地被解析，但又越来越结实，在解析与凝结之间，在存在与虚无之间，在涂抹与重现之间，结晶了时间性，但又保持空隙的穿透，断裂的粗粝线条打开了钻石一样的"空白"（这是自从塞尚以来打开的东方式空白及其无限的空开，或虚化），如此悖论性的张力，却越来越凸显其灵魂的活力。

9.362. 在贾科梅蒂的绘画以及雕塑上，尤其是雕塑形体的拉长与疙瘩，以及不断的增加与削除，形成凸凹不平的触感，如同生物建立新的突触，比如生物学家发现，海兔长时记忆的持续是由于感觉神经元长出新的轴突终端，增强了它们与运动神经元的突触连接，以此来延长记忆，并塑造感知与记忆的丰富性，但也要确保返回到自身的"相似性"，长时记忆需要生成新的突触连接，并在基因表达与调控中得到遗传。持久地反复制作，越看越相似，但并非同一。有着重复与差异，但不是差异，即并不走向德勒兹的差异，而是走向诡异，也不是延异，并没有延迟，一直要在场，一直要对象化与当下化。

9.3621. 一方面，贾科梅蒂艺术作品相似性的游戏，不同于德勒兹的"重复与差异"：看似差异，其实是相似性，还是要回到这个个体上，尽管看上去有时候越来越像鬼魂，但并非差异到——成为女人，这个男子还是男子，并没有成为女人与动物。因此，这不是德勒兹的差异！不是生成为他者，而是回到自身，保持自身。无论多么虚在的过去印象，都要在当下获得表达，并且变得坚实，但一次次的描绘，确实又有所差异，这就形成了诡异的相关性，并不成为他者，却与自身有着差异，但还是这个个体，还是他，与之有着相似性。

9.3622. 另一方面，此相似性的游戏，也不同于德里达的"痕迹与延异"，一笔又一笔的分解，甚至形成看起来如同鬼魂一样的黝黑虚影，似乎这个个体成为某种幽灵，但还是这个个体，是这个男人或某个具体的女人，还是他的样子，并不是事后的能指书写式播散，尽管记号式的笔触一次次被分解，微分化，如同莱布尼兹的微知觉。绘画好像成为解构的行动，但其实是"重构"。它也不是事后痕迹的涂抹，就是当下的重构，但还是要"再现"这个个体。它也不是德里达式回应他者，尽管确实是被贾科梅蒂这个艺术家他者所描绘出来的，但艺术家与被描绘的对象都在倾听召唤，要回到自身，再次出生。但确实此自身又被解析了，但还是有着明确的相似性，因此这是诡异的事情。

9.363. 自身性的出生，或相似性的游戏，并非固守不变，而是接受差异化与解构化，但并非成为他者，也不是彻底播散，而是在分解中，回到自身，但又并非仅仅是自身了，而是具有相似性，生成为"重影"。

9.3631. 这个不断建构着的重影，更为真实，更为丰富，更为内在，更为空灵，线条不断形成现象学的"晕圈"，从而激发了无尽的灵晕，灵晕可以重复而不断再生，这是重复的真理性：诡异。越是重复，越是诡异。

9.3632. 诡异面对的图像显现：越是显现，越是隐藏，接近幽灵的肖像，似乎退隐到黑暗深处；但同时，依然要显现出来，就是这个个体，他或她要凸显出来，世界深处的眼睛在反向凝视我们，带着黑暗的光晕。

9.364. 尽管德里达与德勒兹或法国哲学一直在思考各种"差异"，而且他们二人还主要从"重复"出发，但悖论或吊诡的是：他们看似思考了"差异"，却依然并没有深入思考"重复"。

9.3641. 首先要回到"重复"，习性与记忆，永恒轮回以及签名的余存，等等重复方式；看似强调了重复，却总是要走向"差异"，未来的弥赛亚来临打开的差异，那么，其实还并没有深入思考"重复"！或者因为西方哲学家恐惧同一性或不矛盾律的逻辑要求，尽管思考了"强制重复"，但并没有深入生物宇宙的无限重复，以及人为技术拟似自然繁殖的主动复制。

9.3642. 也许中国思想最为诡异之处在于：无限地肯定自然宇宙的重复，并且试图让人为技术也模拟自然自身的复制方式，但同时，又不要体现出人为的技术性，让自然自身在人为技术中自行生成，看似人为，其实是让自然来为。

9.365. 诡异之为诡异在于：越是重复，越是差异，但不是差异，而是诡异，因为诡异并不取消重复。越是重复，越是相似，越是诡异。我们在重复与诡异之间，增加第三个词"相似性"，而打开全新的思考。

9.3651. 无论是德勒兹差异化的逃逸之线，还是德里达的延异化播散，都试图摆脱重复，而诡异——则是"在重复中"（自然已有的演化过程）——"重复"（人为技术去发现自然的重复规则）——"重复"（以人为技术去压缩自然的重复，加以提炼，返回生命自身的潜能），生命技术只是"压缩"与"精炼"重复的时空节律！

9.3652. 诡异的思想必须接续海德格尔对"重演"的激活，越是重演，越是差异，但西方现代哲学还是没有足够思考重复。无论是德勒兹的被动综合与习性，并没有深入展开习性与风土的关系，习性与生物性本能的关系；还是德里达思考了模型与生物性的繁殖，但他更为强调人工技术生产的复制，而非生命与生物的繁殖性复制。

9.3653. 德里达与德勒兹对重复或复制的思考，还不彻底。一旦重复思考不充分，必然导致差异不突出。而诡异之为诡异在于：越是重复，越是诡异。如同贾科梅蒂绘画式的重复！贾科梅蒂就是要重复，要无限相似于这个个体，但这是通过每一次的解构进行的，但并非要成为他者，而是成为这一个——让这一个不断地出生到在场，尽管是"这一个"的魂魄余像！德里达与德勒兹恰好没有足够去研究"重复"，那更为彻底的自然本能生命力的重复，而培根式绘画缺乏重复的力量，反而是波洛克的滴洒显示了无尽的重复。

9.366. 诡异的技术：不同于德勒兹的差异与重复，这不是要成为他者，而是要在重复与差异的张力中，再次回到自身的内在性，这个内在性更为丰富；不同于德里达的延异与增补，尽管被不断地涂抹，否定，也允许被解构，但重要的不是解构，而是重构或可再生性。

9.3661. 但任一痕迹都是要回到这个具体的个体上，回到明证给予的饱满在场上，使之第二次出生，也是不断地出生；因此，这是诡异，看起来有着差异，变化与解构，打开内部线条的空隙与外在凝视的空间，但还是要回到自身，这个自身已经有所不同，还是有着相似性，在似与不似之间，打开了个体与自身的"可再生性"游戏。

9.3662. 贾科梅蒂的肖像绘画，涂抹与覆盖，再画，反复进行，乃是对应生物繁多的复制，但又是无限接近这个个体，要回到写生，把现象学的面对事物本身改造为"面对生命本身"，彻底面对黑格尔以来一直无法面对的"这一个"，直到其再个体化余像的灵晕生成，个体之灵魂图像的生成，是"余化"的无尽复制。此无尽还原与复制的过程，表达出个体化的无限余化性，同时也是个体的未完成性，体现出个体生命可无尽回味的"余像"，绘画基本上更为接近于这个"在场"的个体性，一些雕塑则更为接近于"记忆"的一般性，但都是余像。乃至于如同古老圣像在时间中的皲裂余痕，而变体为空间的可能整合，此不可能完成的艺术创作，也是人类行为拟似于自然无限的繁殖性，是个体艺术家对生命的时空压缩，但越是重复，无论雕塑还是绘画，线条与形态，变细变薄，也就越来越轻逸。

9.3663. 为什么贾科梅蒂不是一个"超现实主义者"，而是一个"超自然主义者"？这是因为贾科梅蒂的绘画与雕塑艺术也是第五维的表现：开始于一根线，每一次都是一根线，就是一维的；随后形成一个方块，好像眼眶，就是二维的；而不断增加的方块形成一个个立体的矩阵，就是三维立体，但并不走向立体派绘画，而是解散，形成空隙；进入第四维，则是无限微分化的分解过程，如同一个数字化的网络空间，把间隙放大，建构无数的矩阵；但是，每一根线与线之间，都有着断裂，形成空隙或空白，无数次的笔触都是为了赋予空白坚固性，是空白的间隙越来越密集，却永远不闭合，因为在人的头骨里并没有一点无机物，细腻的头部就需要绝对的内部，还活着的生命及其内在的活力就必然处于未完成的回旋状态，这导致线条一直在细微地振动，细碎与坚固形成诡异的张力，围绕空白与碎线形成晕圈！不断制造晕圈，无尽回旋的晕圈！所有的线条成为振动的细弦，一直处于生成变化，存在与虚无，也是虚无与存在，之间的无尽转换与过渡，生与死的同时性，或第二次出生的再出生，可以一直画下去，一直处于余像状态，但越来越神似，越来越轻盈，在神似的感知上，确立了神性与神秘的第五维。

9.4. 第五维在第四维中的投影显现

9.4. 第四维乃第五维的投影：投影就需要返回到那个原型的第五维——但那是不可能的，我们不可能进入第五维，我们只能在第四维中，接受第五维的投影。

9.41. 但我们可以把这个投影固定化——本来是不可能固定的。这就出现了两种第四维。

9.411. 一方面，这是作为第五维投影的第四维，处于变幻、悖论与不止息的变化之中，因为第五维不可能显现出来，第五维是瞬间变幻的，只是暂时投射在第四维而已，如此的第四维上的投影必须也保持变幻，这是水面上的鸟影，必须伴随飞鸟的飞逝。

9.412. 但另一方面，一旦我们看到水面上的投影，我们就可以通过绘画、拍摄等记录方式，把此第四维的影像固定下来，并且确立下来。尽管它有着变化或者变幻的形态，但一旦确立，就可以被复制，一旦此第四维上的第五维投影被固定下来，而且可以被复制，其影响力就非常强大，因为它毕竟关涉到第五维的神秘，有着第四维的变化与变幻，尽管被固定，还是充满了魅力或者魔力。而一旦被反复复制，扩散开来，以程式化的方式被生产，被复制，就成为普遍的统治。

9.42. 第四维与第五维的关系，可以启发我们思考中国式的政治神学。

9.421. 处于第三维中的帝王或者统治者——成为余一人——垄断这个第四维图像的权力——龙，就导致了权力等级制的形成：

9.4211. 第五维——变幻不定的烟云中的飞龙——某种神秘图像，第一次呈现出来。仅仅是显示形式。

9.4212. 第四维——的投影——蛇鸟恐龙等等——很多的变化，具有S形的影像——气化与虚化。

9.4213. 第四维被固定的形象——气化的固定，某种飞龙，或者伏羲与女娲的交尾。

9.4214. 第三维的获取此图像：龙王，龙袍，被固定为天子的象征。

9.422. 中国文化所有的问题在此第四维的双重性：因为中国文化最为彻底丰富地打开了第四维，而主要集中于第三维的古希腊——戏剧舞台的表演空间，只有酒神歌队属于第四维，而中国文化的奥秘就体现为第四维的交错，如果无法区分此东西方的不同，就无法理解中国文化的奇异性。

9.4221. 一方面，第四维来自第五维的投影，总是与第五维的神秘有着感通的关联——精灵的感通论；但另一方面，因为这个第五维投影在第四维上的影像会被固定下来，并且被复制，而且既有着图像的神秘感，又有着技术的复杂性，一旦一个阶层或者一个集团拥有了这种图像复制的技术，就成为主宰。一旦这个第四维的图像复制与第三维的等级制关联，就几乎很难改变。

9.4222. 中国商代的饕餮纹的青铜器复制技术，中国周代以来的《易经》式图像数学重复演绎技术，并且与养生技术结合，就会成为主导。

9.423. 在中国文化中，真正的神学政治在于：

9.4231. 一方面，第三维的王权等级制垄断了第四维的复制生产技术，而且还会运用神话故事，指向第五维，但因为第五维变幻不定，所以垄断第五维的工作其实不可能实现。因此一旦打开第四维与第五维的感通关联，第三维与第四维复制的帝国统治方法就会遇到危机。这是中国历史上，朝代帝国与帝王统治的秘密与危机。即，一旦第三维的帝王垄断第四维的图像，这就是传统以来的"龙-帝王"的关联，在一般情况下正常运作，帝国可以持续；可一旦第五维与第四维产生通感，第四维被垄断的形象不再固定，不再是已有熟知的形象，便出现了危机；既可能导致王朝更替，也可能导致混杂的新战国时代。

9.42311. 其中有着政治神学：政治乃是第三维的权力垄断，神学乃是第四维的图像技术复制，其中的政治神学危机在于，不可能以第三维来垄断第五维的变幻不定，除非彻底堵住第四维与第五维的关联，但如此一来，就没有了第五维，第四维的复制技术会走向乏味繁殖，仅仅是机械重复，一旦能量耗尽，不再有激情，就会终结。

9.4232. 而另一方面，在中国文化中，还有着另一种神学政治，这是来自对第五维不止息的苛求——或者与第五维的神秘保持着不间断的感通，只要保持此感通，并且建立其深度的不断绝的关联，就具有第五维的神学力量。

9.42321. 从陶器玉器崇拜的神秘图像，一直到道家与道教，就是另一种的神学政治模式，但处于隐没之中。

9.43. 当然悖论也在于：此第五维的投影不可能被彻底固化与程序化，一旦被程序化，也会成为第四维的图像复制技术，实际上就出现了三种第四维的模式：

9.431. 第一种，就是把第四维的复制与第三维的权力垄断相关——中国朝代的帝王政治就是如此，具有某种神学的维度与象征；

9.432. 第二种，则是第五维投影的变幻来自第五维不止息的共振，并且随着变幻而一直保持变幻——这是庄子的卮言与中国后来的各种即刻幻化的艺术表达；

9.433. 第三种，则是试图把第五维投影与第五维保持程式化有所固定地关联，这是道家，内丹与外丹的修炼，就是试图通过第五维的念头，聚集第五维的先天之炁，投影在第四维的丹田中，建造一个丹鼎，形成第四维的复制生成，要进入与第五维的全息感通——直到彻底进入第五维——生成不死的境界。

9.434. 或者可以说庄子三言的书写：庄子的重言——针对第三维度的帝王等级制垄断——孔子的儒家就是其典型代表；寓言——乃是针对第四维与第五维的感通关联——动物或者它异的图像变形与变幻——打破大小的区分且一直处于变幻之中；卮言——则仅仅指向第五维投影的捕获与感知——但这是不可能固定的、不可能明确的，也不可知的——但可以感通，可以显示——飞影。

9.44. 中国文化的神学政治就是在此三重复杂性中展开。秦始皇看到了第四维的力量，在第三维中建立唯一的关联，从而形成帝王的独裁统治模式，而且试图进入第四维与第五维的固定关联——寻求长生不死之药——蓬莱仙岛的虚幻空间被敞开。

9.441. 这也是中国神秘道教的复杂性：既保持着第四维与第五维的神秘感通关联，也有着第四维投影的程式化修炼——道教的丹道学，还与第三维的诉求——或者对于帝王有着诱惑力，或者成为颠覆性的革命力量——相关联。

9.442. 中国政治就是在此第四维上的来回拉扯之中：

9.4421. 一方面，第四维与第三维的关联，形成神学政治的等级制关联，中国帝王政治的核心秘密，成为内在性；另一方面，则是第四维与第五维的关联，形成神学艺术或者神学道学的感通秘密通道，保持超越性。

9.4422. 因为道教的修真术，以及道教的民间化，导致了内在与超越的模糊性，后来佛教进入中国，也是如此，尽管更多保持了第四维的幻影图像与第五维更为丰富的关联，但也更为复杂地模糊了区分，因为太多的幻象，佛教过多的幻象，以及最后成为第三维的佛像复制，即便不是被帝王垄断，也渗透到第三维的日常生活之中，就敉平了第四维的虚幻性，导致第四维与第五维感通关联的模糊不明确了。就如同第八识与第九识的争论所体现的。

9.45. 未来哲学的任务是：既然第四维是第五维的投影，没有第五维的投射，第四维就不可能发生，则第四维的问题在于，要么仅仅停留于第四维自身的幻象泛滥，要么就是不断复制第四维的要素并且形成固定的组合模态，要么被第三维的权力所垄断，而遗忘了与第五维的关联。

9.451. 既要解放第四维虚拟空间的开放性与平等性，又要批判第三维垄断第四维的政治权力，还要约束第四维自身复制的危险。

9.452. 最为重要的则是：发现第四维中与第五维相关的要素，既然第四维是第五维的投影，第四维有着第五维的踪迹，那么，如何让第四维虚拟空间中的幻象与第五维保持关联，并且与第五维一道再次塑造第三维，这是困难的工作。

9.453. 这是三个方面的同时工作：压缩第三维的生活使之简单化或者贫穷化——发现第四维中来自第五维的关联痕迹——第五维的持久保持与感应。让三个维面有着紧密的贴近！就是"三一体"的新关联！而音乐可能是最为"轻薄"或"虚灵"的关联方式，是三个维度感通的灵媒。

图一：良渚文化玉器神徽　　图二：良渚文化玉琮　　图三：良渚文化玉器神徽线图
（注：约公元前3500年，2021年7月作者拍摄于良渚博物院。）

9.5. 第五维敞开的范例：良渚玉器神徽

9.5. 第五维敞开的范例。

9.501. 超弦理论：十维空间由我们所在的四维时空加六个看不见的空间维度——即所谓的"卡-丘空间"（Calabi-Yau Space）所组成。而卡-丘空间不可能被看到，因为它是蜷缩在普朗克尺度下的异常紧致空间。以硕大下水道的空管为例：在多维空间下此立体的管道不过是一根发丝，可以反向直观，如同一维只是空管接地的一个底边，二维是摸索空管一面的块面，三维则是在整个空管体积，但四维呢，则反过来看，如同空管的整个立体可以被压缩为空管接触地面的那一根线，三维立体仅仅是四维的一根线，但进入五维，整个四维的无数的线——也仅仅是第五维中的一根非常细微的线，第五维本身则是无数几乎不可见的线，而第六维是更为细小的不可见的线。因此整个第四维也可以压缩为一根"线维"——如同三维立体只是四维的一根底线，尽管第四维看似有着"多面线"——作为第五维投射的边影线，但以第五维来看，第四维也只是一个个细小的线维，第五维则与第四维的边线有着重叠，第五维的线更为细小不可见，且保持着不止息的震荡。

9.502. 而构成我们物质粒子的无数细弦，这些看不见的第五维或者更高维度的细弦，就缠绕在里面振动，不同的振动模式就形成了不同的粒子。而且卡-丘空间看起来好似一团揉皱的卫生纸，又像一条性感蛇妖盘旋起来的神秘图像，这也是远古时代人类对于太阳光与飞鸟散射线及其神目回旋的最初直观。一方面它们杂乱地盘绕纠缠在一起，看似混乱无比，但另一方面，这些弦线或者玄线——因为其玄冥的弦线运动与共振，都在迂回曲折中翻转腾挪着。

9.503. 其中有着共振的秩序，有着某种可能的镜像叠加，它一直处于运动之中，方结方解，方解方结，里面是外面，外面是里面，一直绕着自身的内部和外部不断翻转与转折，而且由此穿越了克莱因瓶。

9.504. 最为重要的则是频率的共感，是玄线的弦线共振，隐含着某种超对称的可能性，尽管这仅仅是一种几何学与物理学的假设。

9.505. 这是频率与能量波的共感：弯曲回旋的波动。如同一个媒介，连接宇宙的光波与我们三维或二维（更直接），使三者共感！在回旋中共感。对于三维中的人类，其身体需要在意识中聚精会神——形成大脑身体气感的统一振动：在舞蹈的节奏塑造中，形成气化的波动振动，而中介是凝缩的形态——比如天地变化之中的幻龙，与不可见的宇宙波，三者发生节律的共振。最初的炫目神纹与后来的饕餮纹，都是纹理的回旋波动——此回旋波动才是中介的源语言，灵媒的能量波振动。

9.506. 柏拉图的阔纳（chora）也属于第五维，世界需要德穆革以不变的理型由几何形去构成，但一旦出现生成变化，就会产生回旋的震荡，阔纳就有着生命的孕育作用！

9.51. 举一个例子，中国文化起源上的良渚玉器神徽，是第五维显现的原初例子。此玉器上的神徽，人像头戴羽冠，双手叉腰，下肢作蹲踞状，脚为三爪鸟足。神人像身体部分又为一兽像，身体中部为一对兽眼，在两眼之间有鼻，鼻下为口，有牙齿及一对獠牙。人像双臂似为兽面纹眉毛，下肢则似胡须。整体空档处填以卷云纹、短直线和弧线，尤其处于回旋状态。

9.5101. 良渚玉器的神徽图像，展现了中国文化最为根本的三重心魂的感知结构：祖先祖灵具有相似性的鬼魅面具化的面孔——动物之超生命的夸张吞噬与威武的力量形象——神光的头冠之为升天的飞鸟幻化图像，"神光-祖灵-活力"。这三重图像的整合，是天道（不可测的宇宙）-人道（祖先鬼魂的护佑）-地道（动物繁殖与驯养的生产）之三重的组合，也是图像器物制作要展现的三重元力，是生命宇宙技术的"元力机器"，类似于柏拉图《理想国》"欲求-心气-理性"的三重结构，只是中国文化的三重元力更为本源。

9.5102. 可以把这些纹饰、神徽，称为"神纹"！具有神性的纹饰或者纹理。这是第五维古代显现的源语言：不同于后来的象形文字（无论是埃及的还是中国商代的），也不同于后来的拼音字母文字，也许希伯来语在神秘主义的观照中还保留了此源语言，在中国文化中则一直并存着三重语言：神纹——被掩埋了，象形文字——书写与艺术书法化，语音文字——进入现代被强化。而神纹则最为接近第五维，就是第五维最好的显现踪迹。

9.511. 几个维度的分析展开。这是一种原初的"图符–器物"的形态学语言——不同于语音字母文字与象形文字书写的第三种源初语言，有待于重新展开的图符的生命形态学这第三种语言。

9.5111. 一维平面：阴刻的几何学回纹或装饰性的线纹，却有着太阳的圆圈或者神目，羽冠上暗示无数弦线的线纹——不就是高维度振颤的迹象？在此炫目的神目或者太阳的双重化目光中，下面有着鸟的爪子——也是进入了第二维或者来自第二维的投影了。

9.5112. 二维平面：上部带着太阳金光羽冠的完整面目头像，这是鸟与太阳的合一——既是第五维的直觉，而打开了天空，但也可以投射为第三维上。

9.5113. 三维空间：下面突出双乳但也是立体的双眼与鼻子口的简化形态。形成错位重叠感，其实也是第四维的投影。

9.5114. 四维空间：这也是一个头套头的面部，整个看起来是一个面部或者人形。但处于反复重组，各个要素可以多次错叠，重构，局部与局部，局部与整体，局部整体与整个整体，多重变化套叠之中。这是一个动物？还是一个祖先的面具？还是不可见的太阳鸟神明？是巫师的仪式化感通面具或者装饰？

9.512. 第五维空间：整个制作出来的器物，乃是一个完整的人形，这已经不是所谓正常人的形态了，如同一只飞鸟要抓住什么，或者准备起飞，或者正在降临。这是第五维的显现：处于悖论与反转之中，而且如此多的回旋图案，都处于旋转与回旋之中，两只眼珠凝视着我们，不是我们去凝视它们，而是要吞噬我们。甚至准备飞翔起来，局部与四周都有着鸟的翅膀形态。

9.513. 道与器，在这个所谓的神徽玉琮上合一了。这是中国文化所塑造出来的神纹——作为本源的天使！被重新发现作为生命保护的新天使，这在后来的石家河玉器上，在三星堆的铜人神像上，都有所显现，直到商代的青铜器上的饕餮纹，才使之程式化。

9.52. 此第五维敞开的图符玉器或神纹玉器，也体现了中国文化混杂化与多余化的哲学智慧，其多余的第三项如何体现出来？

9.521. "第五维"之为炫目的反向凝视：无论是上部的神面或祖纹——可能是带着羽冠的祖先被神化的面孔，还是后面阴刻的"神秘躯体"借助于前面的阳刻躯体，都在隐秘地"反向"凝视我们——这是第五维的投射，我们看不到它，除非它看到了我们，但这些纹迹暗示了第五维的无数细弦在我们周围振动，并且形成了共感的效应。

9.5211. 飞鸟及其羽冠打开了"第四维"：飞鸟一直是第四维的信使，因为飞翔，人类无法抵达，因为飞鸟的羽冠与太阳光的融合，超越了飞鸟的动物形态与空间第三维的高度，而是与整个金光的天空融合，与无限的敞开统合，以其光线的"瞬间"穿透了无数的整个世界，是无数的金光与羽冠纹理，就如同虚拟网络的高速穿越，敞开了一个虚幻的世界。

9.5212. "第三维"指向中间的部分——人的面孔或人面或者兽面，主要突出了双眼与鼻子，还有嘴巴，带有动物性或者老虎的特点，看似人类面孔——其实已经叠加了动物的夸张面孔，因为最下部的双爪不是人性的，而是动物性或者鸟的爪子，后来的老虎饕餮纹也与之相关。因此，严格说，人类并不存在（人性自身是多余的！），但一旦固定，就是第三维，或者就成为帝王的个体垄断面孔与符号。

9.5213. "第二维"则是把整个完整的图纹看作一个二维的平面，即一个飞鸟的图纹：上面是羽冠与脑袋，下面是双爪，中间是身体上的纹饰而已。这样就固定了凝视而呆滞了。除非进入整体的回旋，不断加速的回旋，才可能进入化解此凝固，而进入第五维。

9.522. 哪里有着"多余"或者"第三项"的余化显现？这是图纹上多重维度的整合。就是：局部与局部，局部与整体，整体与整体，形成余化。总是有着多余的部分，不相干的部分，尤其是装饰回纹带来。

9.5221. 局部与局部：上部分羽冠与祖面之间的回旋目纹，中部双目周边旋转的纹理，下部双爪上面的回纹——装饰性的回纹。

9.5222. 局部与整体：上部祖纹的双眼——中部人面的双眼，这是局部的炫目与中间部位占据主导的炫目，形成的错视。

9.5223. 整体与整体：上部的祖纹面目（来自第五维）——中部的人面双目（第四维的幻化）——前面"阳刻"的双重躯体（上面的祖灵面孔与下面的动物面孔），后面还有一个"阴刻"的虚化躯体（五维的纯粹显现），这个阴刻躯体有无数的幻日飞鸟组成的神目——乃是元生命的胚胎或种子，这几重套叠着的眼目，形成了多重维度的整体与整体的错觉关系。

9.5224. 而整个图纹都是在炫目的回纹装饰的总体性中展开：所谓的"装饰"就是多余，装饰图纹的繁复就是盈余，更为不必要的与无用的审美游戏，却统摄了整个图纹，并且打通了多维空间，是回旋的回纹，看似多余与无用，沟通了五维、四维与三维，并不固定于二维。

9.5225. 炫目的回旋重复与节律的共振——就是余化的标志：羽冠来自第五维——也是多余的——祖纹面孔不需要羽冠，中间一对左右的小飞鸟就是多余的——但没有飞鸟就不可能有着上部的羽冠——也不会有下面的爪子，就只是中部的人面——这只是第三维的——对应于上部第四维的神的面孔，人的面孔在中间——相当于指向第五维的祖纹面孔——最为多余。

9.53. 以约6000年前良渚文化之诡异的良渚玉器神纹图像为例。

9.531. 这些面孔，第一眼看上去，难道不就是蝴蝶化为人类的面孔？这个"面具"不就是神秘的神——动物——人脸——蝴蝶或者飞龙或者飞鹰——太阳神鸟——等等合成的？这是如此具体化地制作出器物，这些玉器及其图纹已经制作出来了。

9.532. 为什么先民们会制作如此的玉器神纹——这是有点儿神秘启示的，还有后来的那些神兽面纹或者饕餮纹，当然有着各种图像的组合，及其简化重组，尤其是技术的要求——以复杂的范模制作工艺来实现。

9.5321. 5500年前的先民就制作出来的玉器神徽，作为辟邪敬神与生命保护的神器，乃是把不可见的神秘维度，以非常具体的器物方式，显现出来，达到所谓天与人的感通，生命宇宙技术的形成。

9.5322. 有着某种神秘的感应，又有着具体器物的显现。这就是第五维中的事件，在制作者那里回旋着，获得了"共振"的感应，得以制作出来。

9.533. 中国文化后来出现的《山海经》中众多的鸟人，庄周的鱼化为鸟，秦汉之际的西王母及其羽人，直到佛教的飞天，直到现代的飞行器与外星飞船，还有海中带有翅膀的鱼，这是关于生命宇宙化的思考，而卡夫卡《变形记》的甲虫却没有翅膀，被世间的伦理所闭锁，庄子的飞鸟则要打破囚禁的笼子。

9.534. 我们这个时代的消费主义有着双重的网络囚禁：一方面来自

我们肉身无休止地被唤醒的欲望；一方面来自网络虚拟空间的游戏；二者逐渐得到了虚幻的共感与谋算的连接，相互投射中，几乎不可能分离，这是无所不在的广大笼子。如何可能走出此恢恢天网？需要我们发明一种"巫术"或者"舞术"：那就是与这个"囚笼"一道"周旋"，让飞鸟与笼子一道旋转，既然飞鸟与笼子都已经合为一体，那就必须让二者进入高速旋转的旋涡之中，在一道的旋转中，让笼子与飞鸟的合体分崩离析，彻底分解开来，才有着自由的可能性。

9.535. 卡夫卡的《地洞》以及约瑟芬的老鼠式叫声，都是指向内在回旋的旋舞磁场，因为警觉与恐惧，不断自我挖掘，打开自身或者掏空自身，不止息地反复回旋中，导致内在的爆破，打开回旋的余地，打开生命生存的空间，这是第五维度被炸开。

9.54. 量子蝴蝶及其翅膀所启发的诡异之思，也是生命宇宙技术的体现。

9.541. 蝴蝶及其翅膀的模仿的几种模态：

9.5411. 模仿无用或者被天敌讨厌的东西或者对象：成为另一种发出臭味的某些昆虫，等等。这个模仿方式的成活率比较大。

9.5412. 模仿周围环境之物，这是"伪装"，尤其是枯叶等等看似无用腐烂之物，不可吃，但也可能被吃。因为无法识别。甚至也很容易被人类剪掉——当作枯死的树枝。

9.5413. 模仿一种奇怪的图案，尤其是比较怪异的图案，这个是"恐吓"的诡计，为了惊吓对方，突然地显露出奇怪的图案，吓唬天敌，以求脱身的机会。或者说这也是一种模仿天敌所恐惧的形象——这是对于天敌之恐惧的恐惧之想象。

9.5414. 甚至，模仿一种让天敌也无法捉摸的、被放大的、更为惊恐的图案，这个就是"夸饰"了，威胁的奢侈，或者过度的危险了。比如更多的眼睛，不仅仅是一对大眼睛而已，这就不仅仅是惊吓天敌，而且是放大了惊恐！

9.5415. 最后，蝴蝶陶醉于这种模仿的游戏，走向过度的模仿，或模仿的过度，似乎"沉迷于"自身的模仿，或者是某种灵魂出窍的神秘，更为幻美，因为这伴随着在阳光下飞舞时吸引异性的诉求，更为变幻多变，这是自然幻象的恍惚变化，进入了量子态的磁场共振。

9.5416. 那么，面对如此之多模态的模仿游戏，蝴蝶模仿庄周，实际上是庄子所梦想的一种卮言：可能的生产方式，并非现存已有的各种方式。所谓《道德经》第二十一章所言的："道之为物，惟恍惟惚。惚兮恍兮，其中有象；恍兮惚兮，其中有物。窈兮冥兮，其中有精；其精甚真，其中有信。"蝴蝶之为生灵，在自然之中的变化与变幻，生存与生产，作为来自自然自身之自我保护的生命技术，是宇宙灵魂在自然生命中的技术生产，这是无意识的重复，还是灵魂之自身触感的发生？

9.542. 量子蝴蝶对应于那难以区分的诡异"物化"的几种模态。

9.5421. 其一，这是蝴蝶翅膀在模仿中的"灵魂出窍"——无数鳞片瞬间闪烁出来的幻美时刻，那是最为体现"惟恍惟惚"的道化之美，突出的是"恍惚"之"惟"，即只有闪烁着的瞬间的无数变幻，这是第五维的幻化状态。此第五维不可能被对象化，不可能被图像化，而是一直处于变幻之中，但有着波势与振动的频率。

9.5422. 其二，则是随后，在"惚兮恍兮"的变幻中，突出的是"惚"，即更为强调瞬间的变幻，更为迅速的变化，但也已经生成出某种"象"，直到被固定下来，成为蝴蝶翅膀上的"某类图像"，并且得以命名，但实际上可能有着"更多"的种类、更多的变化模态，没有得到命名。这是第四维的显现方式。

9.5423. 其三，再进一步，则是"恍兮惚兮"的明确化，突出的是"恍"，"恍"是光明的显现，已经是"微明"状态，因此，"物"的端倪形态已经有所显露了，既是蝴蝶这个物种的基本变化模态，也是人类由此可以模仿这个物化状态，形成第三维具体现实空间的可以对象化的器物。

9.5424. 其四，但这些器物也要再次进入恍惚的变化状态，这是通过加速的回旋（或玄之又玄的玄化），再次"回到"第四维的多样性。这是逆觉的转化，即庄子《达生》的："精而又精，反以相天。"这就出现了："窈兮冥兮，其中有精。"即，必须再次把器物还原到其微妙变化的端倪状态，进入混沌的振动波势与场域之中，但还要聚集那些闪烁的瞬间图像，使之固定下来，获得简洁明晰的节奏，以极其精工制作的方式汇聚起来。

9.5425. 其五，仅仅"聚-精"还是不够的，还得"会-神"，模仿那第五维的变幻性，因此这也是最为困难的技艺，这即"道术"——"模仿"自然之恍惚变化中的——宇宙灵魂的生命技术。老子与海德格尔所言的"天地神人"之"四大"就是如此，以及庄子《天地篇》之中的："故深之又深，而能物焉；神之又神，而能精焉。"这是把恍惚变幻的闪烁瞬间，以更为变幻的方式，做出整体的回应，是整体的波场振动，才体现出"精-神"的"其中有信"——这里的"信"，乃是"精"进入"神"的信仰，以及同时性地，"神"回转到"精"的信实。

9.55. 在良渚玉器及其神徽图像上，也有着如此的量子态变幻。

9.5531. 自然界的玉石，本来作为石头，其神采并不可见，但在自然光线与水色的偶尔照耀中，闪烁出彩虹般的光芒，如同西方诺斯替教的神圣火花，或海德格尔晚期思考的闪电闪烁，如此就唤醒了原始人性对于宇宙闪烁幻美的感知，同时，人类也可能看到了蝴蝶翅膀在缤纷飞舞气氛中的斑斓幻美，这就进入了"惟恍惟惚"的状态，一旦此宇宙的灵魂被唤醒，人性就会着魔于此不可测的神秘"幻象"，而且还试图把这个闪烁的幻美，聚集起来，永不消散，这是炼金术式的不可能梦想。

9.5532. 玉石被开采出来，其斑驳的纹理，几万年或几亿年生成的纹理图像，被人性所关注到，这些纹理已经是自然自身持久生产的产物，是宇宙灵魂的图像显现，在人类之前的——自然之自在的自身显现（这是海德格尔要回到的大地时刻，也是在人类庸用之前），人类已经"观看"到了这自然的奇妙，尤其是在这些石头在阳光中闪烁不定的状态，如同幻日，带有三角与弧线的结构，但又处于波动的战栗之中。

9.5533. 人类必须重现此自然闪烁的美，而不是任其消失与消散，人类就要制作出如此具有幻美状态的器物。这就是最初的玉器，不是旧石器与新石器的器物——它们是石头，依然是石头，尽管已经是工具，也是日后代具的发端，甚至也不是陶器——无论陶器的形体还是图纹都已经具有某种幻象之美，但无法凝聚那闪烁的幻美，玉器的制作，通过以柔克刚的线切割，以及石英砂与水的渗透，化解了石头的坚硬，整个玉器都化身为轻盈飞舞的形态，并且刻画出细微的细节。

9.5534. 玉器制作的技术，必须更为"精而求精"，无论是打磨带来的光滑，还是图像的形态，尤其是对于自然生命力或繁殖力的模仿，这就是良渚玉器神徽图像之繁复，无论是动物的大眼面孔、祖灵的惊恐面孔，还是肢体的细节，都被雕刻得异常精致，仿佛是在模仿蝴蝶翅膀图案的多样性，都带来更为复杂的技术的出现，尤其是制作工艺的改进，比如快速拉坯机的出现。

9.5535. "拉坯机"所体现出来的原理乃是：在高速"旋转"中，保持物性之"元素性"的可塑潜能，并不固定，而是在"空无"或"空腔"中保持可变化性，就是体现"道枢"之变化。而在良渚玉器上，则是羽冠的光线以及单独独立出来的"鸟眼"，此指向神目的炫目，乃是太阳与飞鸟在天空中飞动时的幻象之凝缩，不仅仅是技术与艺术的精致，而且体现出道术的幻化性。器物上无处不在的"鸟眼"，乃是指向闪烁神性的第五维，是要聚集最为变幻莫测的神性之力，而且此玉器之为神器，其形制与良渚文明的祭坛结构呼应，都对应于天空中北斗星旋转时所形成的时令节点，因此这是生命技术与宇宙技术的合一。此外，在汉语中，"拉坯机"之为"胚胎"原初形态，之为制作器物的原初器物——"朴物"，也是隐含着胎儿的生长性与可塑性原理。

9.554. 自然石块的神秘闪烁及其"自然的无意识生产"，经过人类"灵魂的精神化制作"，而得到了呼应与共感。生命宇宙技术就是两种生产的合一。

9.5541. "精-神"之区分：自从清朝以来的500年，中国人遗忘了何谓神！上古时代的精与神有着明确的区分，"精"之为第三维的极端显示——乃是人工的精工制作，但自然几何形晶体之凝结——这是时空压缩而形成的第四维幻象，"神"之为第五维——闪烁消失着的幻日所激发出来的各种幻象。

9.5542. 人类的制作就是要让人为的精工制作（"聚精"的技术与艺术）——进入瞬间闪烁的聚集或"会神"制作（道术），这既要参照学习自然自身的生产——既有各种几何化的晶体（第四维的三维化），也有消失变幻的凝结物（比如水母与水晶，之为第五维的三维化），把"精"与"神"，经过持久的时空作用而凝缩为具体的自然物，也要在器物上制作出来——精工细作是可能的，而闪烁幻象的聚集需要打开空无——则是不可能的。

9.5543. 但"道术"就是要打开空无的幻象来重新生成出新物，并且具有精工的结构（五维的四维体现），这是道术的会神！但又是三维世界中的可触可用之物。只有同时体现出漫长时空压缩的多维结构（四维），又要凝缩变化不动的幻象（五维），并且再次激发出新的幻象——具有自然的拟似性（五维-四维的再次三维化），才是"神器"。

9.5544. 在中国文化，甚至还要让人性本身也获得神性——如同以先天之炁——空无之起念——以及参同契的一道运作结构（宇宙能量的结晶化），而建构一个新的生命气化体，成为"炼神还虚"的神体。

9.555. "量子蝴蝶的第五维定理"：第四维不止息地回旋变幻，形成无数不可见的细弦振动的开放场域，既有着共振的频率，又不断变换着频率，由此可以与第五维接通，进入第五维的反向梦见，让其中隐含的自然神圣性或天道法则，来重构可能的人性或者真生命，如此的转换才是第五维世界的奇妙方式，才会有新的事件发生。在第五维中，一根非常细的线（带着多面颤动的线），与无数不可见的更细的线，相互共振，形成不断变幻的形态，只是投射到第四维时，被某个共振的个体瞬间看到时，才出现个体的形象。

9.5551. 没有什么比蝴蝶的羽翅更能体现量子叠加态及其变幻之美的了，这就触发了"量子蝴蝶"的诗意哲学性：幻美、拟态、保护、生变。蝴蝶的翅膀上，既有着量子的叠加态，也有着生命保护的密码。

9.55511. 再一次，有必要更为仔细地指明"量子蝴蝶"的生物学原理：蝴蝶的翅膀在形成过程中，表面的细胞在生长中整齐地排成一行，但这些细胞会迅速分化为交替、覆盖状的结构，产生"彼此重叠"的瓦片状图案；随着鳞片的不断增大，它们会沿着鳞片径长方向长出细长的脊——微小的波纹状特征，蝴蝶翅膀上的鲜艳色彩和美妙图案就是由无数这些细小的鳞片拼合而成；这些鳞片又由许多更小的"细粉"组成，其中含有各种各样的色素，微小鳞片的结构和排列赋予蝴蝶特殊的颜色和闪光，鳞片表面还具有不同的"微小纹理"，在光线照射下会显出不同的颜色；把鳞片放到电子显微镜下观察，每个鳞片有几十条之多的条脊纹，它们具有很好的折光性能，还有许多并行的薄片，像竖着的书面一样，"叠合"在脊纹上，这种脊纹越多，越能闪射出美丽的光芒。蝴蝶的色彩是由鳞片上的色素色和结构色两者混合而成的：色素色又叫"化学色"，其颜色是由附着在鳞片表面的色素颗粒决定的，当色素颗粒的化学性质改变时，色素就会因氧化或还原等化学作用变淡，甚至完全消失；而结构色也叫"物理色"，物理色是光照射在不同结构的蝶体鳞片上时，发生反射、折射所形成的，物理色不会受化学因素的影响而改变，因而是一种永久性的颜色；在不同的光照角度或不同的光源下，鳞片便会产生不同的光芒和色彩，当色素色和结构色混合在一起时，蝴蝶翅膀上的颜色和斑纹就更美丽耀目了。蝴蝶有5种视锥细胞，而人类只有3种，因此蝴蝶可以感受除红光、蓝光、绿光外其他两种我们无法命名的颜色。因此，蝴蝶翅膀在微观与宏观之间都处在某种"类似"于量子叠加的状态。

9.5552. 量子蝴蝶，以其羽翅的共振，让超自然主义与第五维，得到了更为美妙与明确的示范。

9.55521. 一维线纹：表现为蝴蝶翅膀上那一片片可以反射的磷光，

鳞片柔嫩如粉，为随后各种折射所可能形成的美丽图像，提供了生物学的条件。

9.55522. 二维平面：表现为蝴蝶翅膀上的图案之美，这美丽的图案是由几千片鳞片处于静止状态时，所构成的固定图案，当然它来自蝴蝶与环境的互动所形成的各种不同拟态的固着化。

9.55523. 三维立体：表现为蝴蝶展开双翅时的美妙形态，无论是其拟似周围环境的各种拟态，还是拟似天敌的天敌时所形成的惊恐图像，都是来自其与周围环境互动而形成的可以遗传的图案。鳞片"重叠呈色"以及两个不同颜色的鳞片上下叠加会带来出一种全新的颜色。

9.55524. 四维虚拟：蝴蝶在翅膀展开中，在阳光灿烂的时刻，尤其是在求偶的冲动非常强烈之际，彻底展开双翅时呈现闪耀形态，鳞片在多重折射中所形成的幻美图像，并非之前的固定图像，而是更为幻美的闪耀图像，一直处于变幻之中。这些图像会被求偶的对象看到——而受到诱惑，也可能被天敌看到——而陷入更为危险的境地，或者被人类看到——以至艺术家们的绘画中以天使翅膀的神奇之美来表现。

9.55525. 第五维幻化：第五维的蝴蝶形态则更为神奇幻美，这是当蝴蝶翩翩翻飞于阳光灿烂与花香四溢的时刻，乃至于彩虹显现的时机，蝴蝶的翅膀及其纹理，被周围的气氛彻底外展，进入与周围世界中的雨露，乃至于彩虹，还有粉尘混合的花香的各种芬芳等等的共振之中，即，蝴蝶的整个躯体，尤其是翅膀的鳞片与整个周围世界的空气与光线花粉，一道进入微妙的"共振"，进入量子叠加的振动状态，就出现了量子蝴蝶，这使得蝴蝶翅膀上的鳞片纹理与反光，都进入更为细微的振颤之中。

9.55526. ——"量子蝴蝶"的翅膀不再如同之前第四维把幻美集中于"自身"，而是彻底"融入"周围世界或者宇宙整体的"共振"之中。在第五维世界，一切都是振动，一切都处于微妙"细弦"的振动之中，形成"超自然"的幻化之美。

9.5553. 就"庄周梦蝶"而言，那是进入第四维的虚拟空间，如同人类进入梦中或者进入网络虚拟空间，人性的生命形象，可以虚拟为不同的各种图像，因为进入了数字运算的复杂转换之中，人性具有了不同的可能性，不再仅仅是三维空间的具体实在物，而是可以被"元宇宙"技术所转换与虚置的各种可能生活，让各种梦想可以虚拟实现，体验到三维具体空间所不可能得到的虚拟体会。

9.5554. 就"蝶梦庄周"而言，则是进入第五维的超自然显现，蝴蝶在梦幻的共振中，进入第五维之时，蝴蝶的翅膀就融入周围环境或整个宇宙的磁场"共振"之中，周围环境越是美妙与芬芳，其相互的振动就越是微妙无比，当然危险的预感也在其中隐含着，如果蝴蝶在其共振时刻，进入宇宙共感的美梦中，就生成为"量子蝴蝶"。那么，处于量子态的蝴蝶，其所看到的那个处于"梦中"的庄周，就是"另一个"庄周了——既非"三维"具体实在世界中的那个战国哲学家或漆园吏，也非"四维"虚拟梦幻状态或梦见着蝴蝶的庄周，而是一个"新的"庄周——其生命形态正在被共振的蝴蝶及其环境的共感所塑造着，甚至其中还有着天敌的模糊恐怖形态。蝴蝶在如此混杂的共振中，塑造着自身。新的蝴蝶与新的庄周，量子蝴蝶与量子态的庄周，也一道"共生"出来。这就出现了另一种人性，另一个美妙的世界。当然，这个彼此振颤共感的世界，一直处于量子态的共振之中，这个量子叠加态永不坍塌；即便有所停留，那美妙的瞬间，一旦被一个出窍的灵魂，所神奇地凝视到，那也是第六维投影在第五维上的"临时幻象"。

9.5555. 无论是道教的修炼还是密宗的修行，无论是艺术的迷醉还是诗意的出神，都是为了进入第五维的量子共振状态，个体生命与宇宙大全进入共振的时刻，以形成里尔克式的天使翅膀展开时的"节奏旋律"或"光的铰链"。如同里尔克《杜伊诺哀歌》的写作就是召唤生命的此在成为大地的转化者，把生命中所爱的可见之物转化为人性天性之不可见的振荡和感动，经由此振荡和感动，而将新的振荡频率输入宇宙的振荡频道，就是进入第五维的不止息振荡之中。

9.6. 元生命之庸用

9.6. 2021年"元宇宙"的重新提出，让一个问题变得明确起来，那就是针对虚拟强化同时导致的生命弱化，这个时候反而需要突出另一个方向——元生命（Ur-Leben或者Meta-life）。2022年，我们应该提出"元生命"？或以"胎儿–母体"的阔纳虚位空间所体现的"真生命"？

9.601. 如同中国文化的"真人"——由"修真图"所启示的"真生命"，真生命乃是对中国上古的"贞人"与秦汉的"真人"之重思。从庄子的"且有真人而后有真知"，到秦始皇的"我慕神仙真人"，到苏轼《书〈黄庭内景经〉尾，并叙》："太上虚皇出灵篇，黄庭真人舞胎仙。"以及同时代的释家德洪的《听道人谙公琴》："蕊珠三叠舞胎仙，坐令遗世如蜕蝉。"直到白玉蟾的《快活歌》中的："丁公默默守玉炉，交媾温养成胎婴。"与"火力绵绵九转后，药物始可成胎仙。"及其《大道歌》中的："此时方曰圣胎圆，万丈崖头翻筋斗。"中国文化的三个大时代：上古的"贞人"时代，中古的"真人"时代，近世的"圣人"时代？但进入现代性，中国人丧失了生命转化的方向与方位，面对全球化的球体学，中国文化需要重新调整自己的方向——"世界方位化"（Weltorientierung），但必须以"元生命"为核心。

9.61. 元宇宙的基本原则就是个体的单子化，虚拟交往与体验空间的扩大化，但也导致生命的扁平化或者有限生命感知的弱化。如果同时或者反之，强化生命呢？这就是我们试图提出一个对应的"蹩脚"概念——元生命。

9.610. 我们处身一个以有限的历史性为主导的生活方式，比如儒家的世俗伦常，以及启蒙理性导致的现代性的有限人性及其历史化。其实，人性之为人性，一直有着三重生活，在所谓的启蒙时代之前，这个三重世界其实还是明显的。

9.611. 有限的世俗生活。人道主义与启蒙理性，代表着现代性的基本世界观，是单一维度的生命意识。当然启蒙理性与现代性技术结合，也进入了技术的虚拟乌托邦。

9.612. 人类一直渴望进入虚拟的四维生活，古代以"梦境"为虚拟，试图实现梦中的生活，从壁画，到屏风，等等，直到照片与电影，电视与网络，而元宇宙使之根本上变得可能。

9.613. 人类一直渴望永生不死，不是死后复活或图像式的灵魂不死，而是长生不老与肉身不死性，古代的炼金术或者中国的丹道术，回应此无限的诉求，现在则是生命宇宙技术，生命合成的生物技术。

9.62. 而中国文化，可能比其他文明，对于这三重世界，尤其是对于双重余存的生命更为明确——虚拟空间中的灵魂不死以及肉身生命的精神永生：

9.620. 一方面是虚拟化的死后埋葬（或地道）——祭祀与祖先崇拜的墓葬在汉代最为明确（哪怕后来因为佛教进入，又形成了幻化的虚拟世界）；另一方面则是长生不老的炼丹术（天道）——方士与道教的出现（后来结合外丹与内丹）。

9.621. 这就是为什么"汉文化"成为中国文化的成熟化典型形态，因为它形成了如此明确的三重生活：

9.6211. 其一是儒家礼仪等级化的世俗生活，尤其是帝国式大一统的政治管理；

9.6212. 其二则是复杂的墓葬展布与图像虚拟空间，我们这个时代的元宇宙其实与之对应；

9.6213. 其三则是方士与道士们的长生不老术或丹道技术，我们这个时代则是生命宇宙技术。

9.63. 元宇宙，乃是探讨一个持久化和去中心化的在线三维虚拟环境，通过虚拟现实眼镜、增强现实眼镜、手机、个人电脑和电子游戏机等，让三维时空中的个体，进入人造的虚拟四维时空，让虚拟活动中的体验远远超过所谓现实三维中的肉身活动，将三维肉身生命活动简化为一个二维平面。通过广泛应用技术中的虚拟现实（VR），模拟办公环境的3D环境并进行虚拟协作，强化未来的脑机接口技术，创造逼真化身的技术，甚至利用人工智能使历史人物仿似复活，或者通过收集与模仿已有人物活动数据，让生命以图像不死的方式一直可以在网络上与活着的生命进行仿真交流，等等。元宇宙的基本原理体现为：

9.631. 病毒导致的隔离，彻底让人类成为"单子"，被压缩在个体化的孤独空间，被挤压为二维的平面，却可以直接与四维相通，并且在历史上第一次，人类与四维空间打交道的时间，多于现实的第三维，这导致第四维第一次成为普遍性的诉求，迫使网络虚拟空间升级。可能世界的交往大于现实生活，可能世界的立体交往或者沉浸式经验，将会出现更多的预想，去先在地塑造现实生活。

9.632. 莱布尼兹的"单子论"成为现实，还原到个体化的单子状态，而具有不同程度的知觉，从微知觉到上帝最大单子，元宇宙是成为最大单子的欲望，即，成为上帝而瞬间知晓一切，以及时空即时交流的无限欲望，也出现了大数据绝对窥视的控制。

9.633.个体生命在所谓三维现实空间被弱化，甚至被压缩为最为简单的肉体需要，直到彻底被各种网络神经接口所取代，现实肉身及其生活感知被替代，直到最后，彻底被元宇宙所反向重构。甚至，让生命以图像的方式永远不死地可以与之虚拟交流，并且让他继续地与活着的生命持续对话。

9.64. 什么是"元生命"或"真生命"及其庸用？

9.641. 人类的仿生技术：不断从自然宇宙中学习到原始世界的存活技术以及自然的自身生产模式，加以凝缩的简化与提取，制造出对于人类更为方便有益的生活条件。——如同丹道术中对于其他各种生命的借用。

9.6411. DNA剪辑在伦理约束下可以得到何种程度的强化？通过建立DNA测序技术人类开始"读基因"，通过DNA的重组技术人类开始"写基因"，随着基因定向突变与敲除的技术而开始"编基因"。人类对于基因组的发现，也导致人类可以在复制中，开始编辑与剪辑基因组，修改人类生命的未来。当然其中有着巨大的风险。乃至于通过人工干预方式简化复杂的天然生命结构，就此打破自然生命的界限，甚至可以人工创造全新的生命。——如同外丹术利用自然元素铅汞来提炼出丹药。

9.6412. 干细胞是一类未分化的生物细胞，它可以在一定条件下分化成各种特异类型的细胞，比如神经细胞、肝脏细胞、肌细胞等，它也可以自我复制产生更多的干细胞。——如同灵根种子的内在激活。不是机器人，而是智慧生命的提升，所谓生命感知的拓展，或者与元宇宙互动——并不排斥元宇宙，或者因为交往丰富，人类的智慧加强，人类的感知影响自身的DNA。——如同中国文化的内丹术。内丹的三个丹田其实就类似于原始干细胞的类似工作，原始干细胞具有可再生性功能，如同丹田可以通过激活先天之炁——出生之际保留的先天之炁（类似脐带的作用），激活这先天之炁就可以改变整个身体的感知，重新塑造生命的整体感知——形成一个丹田化的生命体，"准-不死"的生命体。

9.642. 庸用哲学的重新开始：生命的进化与真生命的思辨。思考生命的进化，需要区分开其不同的方式与庸用的过程，首先我们把人性生命区分为几个层面：

9.64201. 外在的形态，来自自身形态的动作，其中包括人类直立行走带来的重大改变；

9.64202. 中层的感知，比如劳动与制作，带来大脑皮层的进化，形成内在思维的神经活动；

9.64203. 深度的感知，对于自己呼吸的调节，以及对微知觉的感知，乃至于对细胞生长的感知与调节，甚至是控制。

9.64204. ——比如道教的内景观，以肠腔的空管与元炁来重建器官感知，佛教的内观器官乃至于各种修炼方式，以此来影响细胞的再生性，所谓长生不老的成仙修炼，尽管其中充满了各种幻象。

9.6421. 由此，我们可以区分开如下四种进化理论，并且指出三种不同的生命类型。

9.64211. 自然进化：从动物到人的自然进化。这是从有机到有机化——人性生命1。从自然化的生命到人性的生命，智人的形成，如同达尔文进化论所言。

"生命1"：主要表现为外在形态的改变。人类在直立行走与制作工具中，获得人性，成为人类。通过身体的动作、姿态的塑造，在劳作与仪式中的被塑造，人体发生了形态学的改变，也有细胞的保留与改变，外在劳作影响内在基因。如同胚胎发育凝缩了宇宙的生命进化模式。

生物界的生物也有着自身的生产，有着觉感：细胞对于细胞的觉感，吞噬细胞，等等。直到昆虫，比如蝴蝶有着自身觉感，才会去拟似天敌的天敌，以保护自己，并且展示自身的美丽。

那么，人性的区别何在，人性会：主动停止自己的动作（不去做的意念），及时自我终止或悬置（自由感的萌发），甚至彻底走向无用。或者随时修改自己的模式，以及扩展自己的空间，并不仅仅被动地停留于自己生活的生物圈。当然还有反思的"精神"，这个精之神，乃是对于瞬间消逝之物的捕获（对"不测之谓神"的感应），并且凝聚制作（精细的工艺学之为技术的开端）。

9.64212. 体外进化：通过改进与发明生产工具与人造技术，文明得到发展。这是有机体及其无机化的转变——有机体的无机化——人性生命2。

"生命2"：主要表现为中层感知的改变。人类依赖于外在技术的进步，人类自身的生命机体并没有根本改变，主要是人性在技术发展中，技术带来了（后生成性的）神经改变，从感觉到大脑皮层，形成语言区域，但并没有改变内在生命。

即并没有改变内在基因本身，没有激活细胞，也并没有改变内在的深度觉感。从自身感发到它异感发，但并没有深度的内在觉感。

9.64213. 智能进化：人工智能自身的进化——无机的再有机化。不再是人类本身的进化了，而是体外技术的自身进化，一方面是人类进化的终结，另一方面是人工智能进化的开始，体外进化摆脱人性演化，而走向独立，甚至，人类的存活依赖于智能的演变与发展。

这导致如下后果：一方面，人工智能不断改进，人类的生活离不开人工智能，并且依赖于人工智能，人工智能在很多方面，已经超过人性；但另一方面，人工智能是否会改造人性生命？比如植入或者连接人类大脑与器官。

人工智能将会影响人性到何种程度，甚至淘汰人性？这是人类本身的危机。人类要做的是，如何与人工智能合作，利用人工智能来工作。人工智能是外在进化的进化，是某种宇宙技术，但并没有指向自身，改变生命本身。

9.64214. 逆转进化：这就要求再次回到生命，进入内在生命，更为自然化的本源生命，激活那尚未自身觉感的生命原始潜能。

这要求外在的内在化，比如基因剪接技术、干细胞技术等等，这显然不同于生命1，自然状态与外在形态被改变，不同于生命2仅仅是神经层面的改变，也不是外在进化的植入，而是内在生命的双重改变：一方面，是外在植入，但进入人性的活化，不仅仅是植入与利用，而是与神经产生生物信息的活化共生关系；另一方面，则是让自我更为内在地自身觉感，感受到自己的器官运动，乃至于微知觉，及对于来自宇宙记忆内脏器官的感知之激活，乃至于进入海洋的原生记忆之中，甚至进入细胞活动的可再生性与可调节性，自己去调节自身，如同中国内丹学中对于呼吸的调节，进入器官的重塑，乃至于改变整个身体，既非德勒兹的"无器官的身体"，也非齐泽克的"无身体的器官"，而是以整个肠腔为空管，重建一个虚化的躯体。

"生命3"：生命内在原始觉感的激活与可再生。人工智能的进化，一方面在人类生命之外独立进化，同时另一方面也会反向作用于人类，乃至于改变人类，如同缸中之脑的设计想象。但是，生命再次激活与进化，而成为人性生命3，这是通过外在技术再次回到人性生命，激活生命潜能，不同于自然进化，不同于体外进化，也不是技术自身的进步而摆脱生命，或者即便技术改造生命，也需要回到自身触感，回到内在化的觉感，个体单子的整体潜能或灵魂激活，如同胚胎干细胞的整体再生能力的激活，如同泛心论的思辨，而诡异哲学则把"生命3"规定为"元生命"的可能形态。

9.643. 以"元生命"来看，人类的解放有着三个阶段，也是与第三维-第四维-第五维的各种敞开相关。

9.6431. 人类的第一次解放——乃是人性从自然的解放。其历史起点大致在于智人的出现，直到新石器时代晚期，从物的生产到物体系的形成，一个以人造物环绕自己的人为世界，形成一个与自然隔离开来的第二自然的技术世界，即形成了一个明确的"三维世界"（而自然世界乃是前维度的）。从新石器到陶器，从青铜到铁器时代，人类已经制作出一个完整的人造世界，同时，人类也开始圈养动物，乃至于使唤奴隶，把异族人、俘虏、妇女，还有黑人，等等，作为"动物"来使用。对于自然的解放，来自对于自然的征用，同时把自然物加以对象化使用，形成可以居住的群居共同体，生产足够的食物并且便于储存，圈养动物或者借助于奴隶的劳动来养活自己，并建立各种人工的生命保护空间，即第三维生命保护空间的形成，以代替自然化的子宫-母体。

9.6432. 人类的第二次解放——乃是人性从人类的解放。这是人类从人性本身中的解放，以15世纪的人文主义复兴到启蒙的19世纪，这是人类从人对于人的剥削之解放，同时也是从物质劳动与异化劳动的解放，如同马克思批判理论的伟大贡献：指出人性剥削与异化劳动的历史秘密，同时也宣告了历史与哲学的双重终结，因为"目的"已经"开始"去实现了，人性历史开始"去"终结自身了，历史的终末论已经显示了终极目标，即所谓的共产主义社会。当然与人性一道的解放，也是把物性同时解放出来，有足够的生产资料而不再缺乏食物，以机器代替劳动而使得劳动时间减少而闲暇增加，随着虚拟空间或"第四维"的出现，开始摆脱现实世界的束缚。大玻璃建筑空间的出现，也是对子宫-母体空间的第二次替代。当然，如此的人性之为人性，因为要超越人性自身，就如同尼采所言的超人——随后的时代已经不再是人性的解放了。

9.6433. 人类的第三次解放——乃是人性从神性的解放。但此人性或人类，已经不再是人性，而是弗洛伊德所言的"代具化的上帝"，是尼采的超人所指向的酒神或查拉图斯特拉。它开始于19世纪，就如同达尔文的进化论补充了人性从自然之中解放的过去时态，马克思的人性解放则指明了人性从人类自身解放的现在式历史时代，只有尼采，以其超人的出发点，以及对于基督教与各种宗教的系谱学批判，直到巴塔耶的非神学，直到各种否定神学与神学解构的出现，上帝死亡与人性成人的新神学观，此第三次解放的指向：人性本身从神性的解放，才变得明确起来。因此，这是要从各种宗教-神学-神秘的神圣性中，让人性从神性中获得解放，人性，要么已经是某种自然神的投射或自然的泛神论（各种原始文化的遗物在心灵记忆上的长久投影还在），要么是宗教神学的某种历史文化的残余记忆（死去上帝的阴影还会笼罩许久），要么是某种代具技术化的神（现代技术已经成为盗火的普罗米修斯之神，并且要取代宙斯或成为创世的德穆革），要么是基因剪辑或生命合成技术（人类似乎要成为上帝而创造生命了）。神学必须变得无用，如此，这就指向了另一种生命，在中国古代这是道教指向的神仙世界，即，与"第五维"相关的"元生命"，这是生命宇宙技术的自觉，乃至于人类摆脱地球，而进入另一重子宫母体空间，或体现出"第五维"投射的空间生活。

9.6434. 尼采的整个思想，都并非仅仅是人性的能量与使命的唤醒，而是要彻底把人性从各种神性的奴役中解放出来，不再是过去的种种人性了，不再是从自然之中解放，也不再是从人性中解放，而是要么想象另一种新的人性，要么超出人性，但这是面对神性本身，也不是各种后人性或超人性，因为它们都忽视了人性已经神性化，已经神圣化。因此，人性彻底从神性中解放——与神性一道超越神性，这并非否定了神性，也并非否定神学，而是"无用的神学"之指向，当所有的神学都变得无用时，无用的弥赛亚性本身成为大用，另一种弥赛亚化的人性将会来到世界的门口。但，其中有着所有过去的神明，人性的绝对性，未来的迷幻，之混杂与转化，人性命运之庸用的诡异都在其间！

9.644. 庸用哲学接续传统道家，转化了"子宫–母体"的生命保护空间，也经历了几次球体学或方位学的转换与替代：从第一次解放的自然模拟，比如各种体现三维空间建构的陶罐、祭坛与墓葬等，各种生死合一的场域；到第二次解放的人工建构，比如体现出第四维的大教堂、丹鼎与大玻璃等，各种梦幻的虚拟空间；直到第三次解放的虚托邦，生命宇宙技术还有待于在提取胚胎干细胞的实验室，在人工智能与身体活化的时刻，通过生命自我灵修的提升，建构出第五维的生命免疫与保护的虚所。

9.65. "元生命"的基本哲学原理——"生命宇宙技术"对于内丹外丹的结合，或者所谓的"信息生物化"与"生物的信息化"：

9.651. 出生之为新开端的生命事实，这是生命不断自我生产的还丹术。这也是因为疫情的病毒可以无止息自我复制的反向启发。是否生命自身有着自身出生的潜能？干细胞或者未分化的原始细胞可再生性的生命技术，具有自我复制与自我修复，并且产生更多干细胞的潜能！如同中国道教的外丹术或者还丹术。

9.652. 生命的不断重新出生或可再生性。作为政治本源的思考，强化阿伦特所思考的出生性或新生生命的开端性，而把"出生"融入胚胎干细胞类似的潜能，让出生一直保持为出生，让新的开端一直可以被激活，强化生命的可再生性。这可从仿生学的形态上得到明确直观。

9.653. 生命活力的自身觉感，中国的内丹术可以作为借鉴。内丹术就是要不断加强这个出生的活力——激活那先天之炁，以此先天之炁调动整合后天之气，重构生命的丹田，深入内在的生命感知，整个生命都因为开端的潜能激活，而得以重构。如同莱布尼兹的单子通过技术的协助，深入微知觉的自身觉感！唤醒原初生命的灵根种子，使之保持可再生的活力，元生命由此重生。

9.66. 几乎现代性的所有思想，都可以简化为"不可能性"的四重思考。

9.661. 不可能性之为"不可能的不可能性"：这是以犹太教为代表的现代性思考，犹太教的弥赛亚并没有到来，而是一直处于延异状态。或者因为这是弥赛亚自身的神秘——对于他的到来与未来，人类的理性不可能理解和预知，或者因为人类恐惧弥赛亚到来的末世审判，悖论是在祈祷中要求弥赛亚的迟到，以便有着悔改的机会。或者弥赛亚自身变得无用了，但此无用启发了不可能的纯粹性——任一物都可能是弥赛亚。或者因为不可能一直保持为不可能，因为此不可能的不可能性——未来一直可能，历史不会封闭与终结，因为不可能之为不可能，还一直有着期盼与希望。或者，更为可怕与痛苦的是，指向拯救的不可能状态，如同地狱的永恒状态。或者是被灭绝的自然物，再也不可能再生。

9.662. 不可能性之为"不可能的可能性"：这是以基督教为代表的启示性与化身性。基督教以耶稣基督的化身事件，让犹太教的弥赛亚成为当下化的真理性事件，尽管基督教不得不再次把弥赛亚的再次来临，如同犹太教一样再度延异，但不可能性已经成为可能。这也是犹太教与基督教的相关差异，在现代性则是德里达的犹太性弥赛亚与马里翁的法国天主教式的基督性的差异。不可能已经成为可能，这就要求历史彻底接受基督，一个基督已经足够了，一次牺牲就以救赎历史。这也表现在佛教中，如果认为所有生灵都有着佛性，那么，任何人都可以成佛，佛陀就是示范；或者尽管每个人都有"胎藏"或"如来藏"，或阿赖耶识，但因为熏染，有的可以转依，有的彻底不可能，需要通过他力或者缘分，那么，自我得救就是不可能的。但转识成智激发了人性的佛性部分，而体现出普遍性。

9.663. 可能性之为"可能的可能性"：这是哲学对于"潜能"（potential）的激发，世界与人性都有着潜能，有待于在历史的发展中，以各种方式去激发，或者通过模仿，或者通过唤醒，不仅仅是人性的潜能，还有自然的潜能，尤其是自然的潜能，自然自身生产的可能性。这尤为体现在"相似性"上，中国智慧把自然的相似性与人为的制作性，二者之间的转换，体现得最为丰富。西方则是通过模仿理论，人性模仿自然，感性的相似性与非感性的相似性，而结合起来。随着技术的日益发达，人性中自然的相似性与潜能反而减弱了，需要重新唤醒。这也是要求人类去关注自然自身的生产，在仿生学的意义上，在技术再度自然化的意义上，激发自然潜能的可再生性。

9.664. 可能性之为"可能的不可能性"：这是技术的进化，技术来自可能的实际需要，但人性只要想到的，就可能要去实现，这是不可能的梦想，此不可能来自人性技术的制作，要使之可能。技术就是要以绝对的可能来做看似完全不可能的事情。技术已经在取代感性，尤其是知性，元宇宙是要渗透人的灵魂-知性与生命相关的思考力上，当然可能无法代替判断力——如果可以事先预判好人坏人，通过大数据计算，那就深度取代了灵魂！判断力是灵魂的隐秘功能，这个可能性有多大呢？而与生命力相关的精神性——面对瞬间与幻象的想象力或者创造力关联，AI显然还不可能具备，否则，就是机器彻底地进化，而超过了人性。或者说，未来的进化不是人性，而是外在机器物或者人工智能的进化，就是人性庸用化的发展历程：感知的技术代具——这是古代技术一步步地代替感官，到知识的计算机或者算法的程序化——这是现代性，直到未来——元宇宙——就是大数据与判断力——取代灵魂，直到未来……

9.665. 或者，未来的思想，就是要整合这"四重"的不可能性？这也许是另一种的"统一场论"？或者，整合"四重不可能性"，就是"第五维"要贯通的逐步转化工作？这需要对于世界与现代性进行重新定位，这是四重的定方位。

9.6651. 第一方位是"第三维"的"生活世界"，一旦以个体肉身出生后，肉身会死去的世界，是我们出生后所生活的现实世界，是具体的，自身触感的世界。

9.6652. 第二方位是"第四维"的"虚拟世界"，是超越的、幻想的、虚拟化的世界，作为四维世界，古老的人性之做梦的世界，古代神话的某些幻想、现代性的技术虚幻，都指向这个四维的网络化的虚拟世界。

9.6653. 第三方位则是"前维度"的"之间世界"：自然与人世，现实与超越，"胎儿-母体"的子宫保护式的过渡世界，一方面指向自然自身的弥赛亚性或自然永恒的再生性，一方面是重新审视或以自由的要求重新进入世界，自然的自然性与自由的自由性，二者的重新结合，但不同于第四维的虚拟程序化世界，也不同于现实规则秩序化的第三维世界。

9.6654. 第四方位则是"第五维"的"思想世界"：这个世界，是要从第五维的弥赛亚性显示出发，古代的神光，道教的洞天福地或内观图景，各种宗教的天国，以及量子物理学指向的微观世界，重新生成出另一个不同于既有三维的生活世界，但又穿越了第四维的虚拟世界，并且压缩了前维度的之间世界，现代性似乎需要建构一个如同道教外丹丹鼎一般的"道场"——"生命宇宙技术的实验室"，那不是"物的议会"与病毒实验室，也不应该是动物园的优质驯养或植物园的简单嫁接技术，而是都应该被生命宇宙技术的"元生命实验室"所取代，但又必须与内丹的生命节奏相应，外在技术与内在技术的相应，如同外丹与内丹的相应，才可能避免技术伦理的灾难，从而塑造出统一场式的"真生命的新世界"。

9.6655. 但这无疑还处于某种思想实验之中，是某种虚托邦的想象，尽管生命宇宙技术对此已经有着明确的指向了。

9.666. 由此形成了庸用哲学的基本世界观——"四方化的世界理论"，这是世界之重新的"定方位"，如同康德在启蒙年代的思想之定方位，尼采对于现代性的定方位，以及雅斯贝尔斯在精神疾病时代的世界定向，世界的全球化时代之斯洛特戴克的球体学，等等，但在2019—2022年之后，世界应该从"地方性"出发，重新定位，不是帝国式的天下观，而是从万年以来的长江稻作文明出发，联系"稻"的生命技术与"道"的生命哲学，在我们这个化工燃料与数字虚拟时代，把外在技术生产向着内在的生命技术生产，加以转化，乃至于从余地出发，调整整个世界的全球政治格局，如此的"定方位"，将打开未来的世界新图景。

9.67. 最为具有整体经验的"四重力"及其相互作用，塑造了一个时代的基本精神：个体生死的同时性，有限的极端处境–无限的幻象夸张。

9.671. 比如，古希腊雅典城邦所出现的神话传说与丰富生活：

9.6711. 古希腊的神话：那么多的神明还在起着奇幻的作用，自然神秘意志的遗留；

9.6712. 悲剧舞台：英雄人物的受难，传达出人之必死性的极端可能形态；

9.6713. 人性的历史战争：作为群体的人性，在战争状态或例外状态中经验加速的考验；

9.6714. 个体的极端生活：苏格拉底等哲人，讨论智慧的必要性，但被判处死刑。

9.672. 比如，中国汉帝国所体现的生命经验的极致与整体性：

9.6721. 道教的出现：民间宗教发明神秘技术，接续古代神话与不死的渴望，仙洞的出现；

9.6722. 墓葬的埋葬：生死的同时性，墓葬空间之为生死同时性与过渡的转化空间；

9.6723. 帝王的战争：甚至汉武帝发动的远征也是与寻找长生不老药隐秘相关；

9.6724. 宫廷的权斗：宫廷在家族之间的权力争夺中的中蛊式谋算，决定了大众生活的幸福与否。

9.673. 那么，在我们这个时代，又如何呢？——

9.6731. 奇点的来临：人工智能生物化，不死性技术在干细胞生物技术与基因技术中的正确庸用。

9.6732. 虚拟空间：元宇宙的虚拟空间让人性的欲望得到了充分的表达，也控制算计着人性。

9.6733. 世界大战：在大地空间的战争之后，大地-海洋-太空的新争夺，决定了未来战争的形态。

9.6734. 个体的免疫：个体的健康决定了生命的生活品质，一切的哲学思考都指向生命技术。

9.7. 走向生命宇宙技术

9.7. 可以直观的神秘才是真实的神秘，可以再生的元生命才是永生的生命。"元生命"已经有着三次的演化版本了：从量子蝴蝶之梦——自然生命到人类之梦，已经是结合元宇宙与元生命的"第一版"；中国的内丹外丹的结合——器道哲学，则是"第二版"；现在人性要进入升级版或者"第三版"——生命宇宙技术。